KB119231

꿈, 심리의 비밀

나남
nanam

나남신서 2011

꿈, 심리의 비밀

2019년 9월 1일 발행
2019년 11월 1일   2쇄

지은이   국경복
발행자   趙相浩
발행처   (주) 나남
주소   10881 경기도 파주시 회동길 193
전화   (031) 955-4601 (代)
FAX   (031) 955-4555
등록   제 1-71호(1979. 5. 12)
홈페이지   http://www.nanam.net
전자우편   post@nanam.net

ISBN 978-89-300-4011-2
ISBN 978-89-300-8655-4 (세트)

나남신서 2011

꿈, 심리의 비밀

국경복 지음

나남
nanam

만약 당신이 어떤 사람에게 꿈을 해석해 준다면 그의 하루는 굉장히 명쾌할지 모른다. 그러나 만약 당신이 꿈 탐색을 가르쳐 준다면 그는 평생 내적 지혜의 근원을 가질 것이다. ― 클라라 힐, 〈꿈 치료〉, 7쪽

꿈 해석에 관심을 두기 시작한 지 40년 가까이 되었다. 젊은 시절부터 내가 꾼 꿈이 어떤 의미인지 무척 궁금했다. 그 당시 처음 만난 책은 한건덕 선생의 〈꿈의 예시와 판단〉이었다. 그는 불의의 사고로 다리를 잃고 이후 일생 꿈 연구에 매달렸던 분이다. 그 책은 재미있었다. 꿈속의 해나 별, 조상이 어떤 상징적 의미를 갖는지 자세히 설명하고 있었다. 시중에서 흔히 발견할 수 있는 해몽서 수준을 뛰어넘는 책이었다. 그러나 꿈에 관한 지식이 깊어지면서 그의 해석방식이 잘 맞지 않음을 깨달았다. 그는 '예지몽' 전문가였던 것이다. 하지만 우리가 기억하는 꿈은 대부분 '심리몽'이고 '예지몽'은 일부에 불과하다.
  이후, 프로이트나 융과 같은 대가의 꿈 분석에 관한 저서에 눈을 돌렸다. 사실, 이들 책은 난해하고 전문적인 용어도 많아 심리학에 지식이 없는 초심자가 읽기는 쉽지 않다. 하지만 꿈 해석에 대한 열정으로 틈틈이 읽었다. 어느 정도 꿈 해석 실력이 쌓이자 나와 가족,

주위 사람의 꿈을 해석해 주기도 했다. 그리고 내가 꾼 꿈을 꾸준히 기록했다.

나중에는 꿈꾸는 뇌의 특성을 과학적으로 밝힌 신경생리학자의 저서들도 공부했다. 이들 책 역시 뇌에 관한 기초지식이 없으면 이해하기 쉽지 않다. 의도하지는 않았지만, 내가 꿈 해석에 지속적으로 관심을 둘 수 있었던 이유 중 하나가 비교적 이해하기 쉬운 책에서부터 점점 어려운 저서로 옮겨 갔기 때문이 아닌가 싶다.

2014년 공직을 마무리할 무렵, 아는 교수 한 분이 꿈을 전문적으로 공부하기 위한 대학원 심리학과 입학을 권유했다. 강의를 듣는 동안 꿈에 관한 이론이나 내용은 조금밖에 다루지 않아 실망했다. 하지만 심리학자의 다양한 관점과 이론을 통해 인간 심리에 관한 이해의 폭을 넓힐 수 있었고, 결과적으로 꿈 공부에 큰 도움이 되었다.

대학원을 졸업하고 상담 관련 자격증을 취득한 후 지역의 건강가정지원센터에서 상담위원으로 활동하면서, 찾아온 내담자가 꾼 꿈도 접할 수 있었다. 그러다가 일반인도 자신의 꿈을 스스로 해석할 수 있는 책이 있었으면 유용하겠다고 상상했다. 그러기 위해서는 재미있고 이해하기 쉬워야 한다고 생각했다.

그래서 꿈에 관한 이야기를 사례를 중심으로 쉽게 써보자는 생각으로 붓을 들었다. 2018년부터는 '라파엘'이라는 필명으로 블로그 "이야기 꿈의 해석"(blog. naver. com/cook8104)에 꿈과 해석 사례를 올리고 있다. 블로그를 운영하며 그동안 꿈에 관해 공부한 내용을 거듭 숙고해 보는 소중한 기회를 갖게 되었다.

이 책은 다음과 같은 몇 가지 특징이 있다. 먼저, 독자가 흥미를 느낄 수 있도록 꿈에 관한 이야기, 역사 그리고 사례 중심으로 서술했다. 프로이트, 융, 펄스, 보스, 프랭클 등 심리학자의 꿈 이론이나 가설은 최대한 간결하게 정리했다. 신경생리학자의 뇌에 관한 연구 부분도 쉽게 정리하려고 노력했지만, 이 분야와 관련해 기초지식이 없는 분에게는 다소 어려울 수 있다. 읽기 힘든 부분은 그냥 넘겼다가 나중에 읽어도 큰 지장은 없을 것이다.

둘째, 꿈의 자극원에 의한 유형 분류를 시도했다. 꿈은 촉발요인에 따라 다양하게 만들어진다. 꿈마다 생성원인이 다르기 때문에 그 의미와 활용방식도 서로 다르다. 이 책 끝부분에 독자가 스스로 해 볼 수 있도록 "꿈 종류의 판단을 위한 간편 자가진단법"을 부록(p. 427) 으로 넣었다.

셋째, 꿈의 유형 분류에서 제일 어렵고 까다로운 부분이 '심리몽' 과 '예지몽'의 구분이라고 본다. 마지막에 내가 그동안 구분하는 데 활용했던 꿈 분류 기준을 제시했다.

이 책은 독자가 꿈에 관한 지식을 통해 꿈을 해석할 수 있는 능력을 가질 수 있도록 구상되었다. 일반인을 위해 썼지만, 임상 현장에서 꿈과 관련해 이해와 해석이 필요한 심리상담사나 정신과의사에게도 도움이 되리라고 본다. 꿈 심리에 처음 접하는 독자를 위해 뒤에 전문용어에 관한 해설을 덧붙였다.

이 책은 5개의 부로 이루어져 있다. 1부는 꿈의 종류와 정의, 2부는 꿈 해석에 관한 관점이 변화해온 역사, 3부는 자극원에 따른 꿈의 유형 분류, 4부는 꿈의 상징, 재료와 추진력을 소개했다. 마지막으로 5부에서는 꿈 해석에 대한 기존 학자의 접근 방법을 요약해 소개하고, 내가 독자적으로 제시하는 체계적 꿈 분석 방법을 사례 중심으로 기술했다.

이 책에서 인용한 꿈은 200개에 달한다. 나, 나의 지인과 내가 상담했던 분들의 꿈도 일부 소개했다. 이 책이 꿈을 이해하고 해석하려는 독자에게 조금이라도 도움이 된다면, 이는 꿈의 비밀을 찾기 위해 노력한 위대한 학자들 덕분일 것이다. 나는 이 거장들의 어깨 위에서 더 넓은 세상을 볼 수 있는 행운을 누렸다. 그리고 내가 상담했던 내담자의 꿈들은 사전에 양해를 받고 공개한다는 말씀을 드린다. 이분들께도 깊은 감사를 드린다.

끝으로 이 책이 나오기까지 도움을 준 분들께 감사를 드리고 싶다. 우선 이 책의 출판을 흔쾌히 허락해 주신 나남 조상호 회장님, 편집 책임 방순영 이사님과 편집과 교정을 담당한 옥신애 님께 감사를 드린다. 특히, 조 회장님은 필자에게 많은 유익한 조언을 해주셨다. 또한 바쁜 시간을 쪼개 교정을 봐준 나의 동료 손석창 님께도 고마움을 전한다.

책을 집필하는 동안 지속적으로 지원과 격려를 해준 사랑하는 아내에게 감사의 마음을 담아 이 책을 바친다.

2019년 여름
국 경 복

나남신서 2011

꿈, 심리의 비밀

차례

1부

꿈이란 무엇인가?

해석하지 않은 꿈은 읽히지 않은 편지와 같다.

— 탈무드

1장

다양한 종류의 꿈

시인 윌리엄 워즈워스*는 노래했다. "하늘의 무지개를 바라볼 때면 내 마음 뛰누나." 시인의 가슴을 뛰게 했던 무지개는 빛이 물방울을 통과하면서 다양한 색깔로 분리되어 나타나는 현상이다. 하늘의 무지개 색깔처럼 사람들이 꾸는 꿈도 다양하다. 다양한 종류의 꿈을 살펴보자.

꿈 1 윗니가 빠졌어요

2017년 3월 초, 아직 차가운 기운이 남아 있지만 따스한 햇볕이 내리쬐던 어느 날이었다. 밖으로 나오니 상큼한 기분이 들었다. 수련을 받는 동료들과 함께 점심식사를 하러 가는데, 그중 한 분이 조용히 내게 다가왔다.

"선생님, 제가 어제 이상한 꿈을 꾸었는데 제 꿈 좀 해석해 주세요."

나는 그녀의 이야기를 들으면서 의식적으로 다른 동료들과 약간 거리를 두면서 걸었다.

"무슨 꿈인데요?"

---

* 영국 낭만주의 시인으로 〈무지개〉 등 많은 시를 지었다.

"제가 아는 한 여성분, 제 딸 그리고 저, 이렇게 셋이서 길을 걸어가고 있었어요. 그런데 제 딸이 그 여성분을 만나서 반갑다고 포옹했는데 그만 그분과 부딪쳐 제 딸 윗니들이 빠지고 입술이 터져 피가 났어요. 깨고 나니 기분이 몹시 언짢았어요. 걱정도 되어서 해몽서를 찾아보니 윗니는 윗사람을 의미하더군요. 그렇다면 제 윗사람께 무슨 좋지 않은 일이 생기나요?"

나는 걱정스러워하는 얼굴을 쳐다보며 "꿈속에서 만난 그분과 현실에서 무슨 일이 있었나요?" 하고 다시 물었다.

"다니는 교회에서 한동안 그분과 사이가 좋지 않았죠. 속상했지만 대놓고 감정을 드러내지는 않았어요. 그런데 그분이 얼마 전에 다른 교회로 가겠다고 말하기에 속으로 잘되었다고 생각했거든요. 그런데 며칠 전에 다시 우리 교회로 왔어요. 저는 그분이랑 또 언짢은 일이 생길까 봐 걱정이 됐어요."

"안심하세요. 예지적인 꿈은 아니고 심리적인 꿈으로 보이네요. 선생님의 불안한 마음상태가 드러난 꿈이에요."

나는 그녀에게 이 꿈은 현실에서 그녀가 겪은 신자분과의 갈등이 꿈으로 재연된 것이라고 덧붙였다. 나의 해석을 듣고 난 후 그녀는 "안심이 돼요"라고 했다. 내가 이 꿈을 심리몽(心理夢)으로 분류한 이유를 이 책의 맨 뒷장에서 자세히 설명한다.

꿈 2 어디서 오줌을 싸!

어린 시절 나의 꿈이다. 꿈에 소변이 마려워 방문 밖으로 나가니 집 뒤편에 쌓아 놓은 퇴비가 있었다. 나는 거기에다 대고 마음껏 오줌을 쌌다. 무척 시원한 느낌이 들었다.

잠에서 깨어 보니 허리 아랫부분이 축축했다. 담요에다 실례를 한 것이다. 부끄러웠지만 어머니께 오줌을 쌌다는 말을 하니, 깔깔 웃으시면서 이웃집 할머니에게 가 소금을 받아 오라고 시키셨다. 어머니는 내 머리에 쌀을 까부르는 키를 모자처럼 씌워 주셨다. 어머니가 시키는 대로 할머니를 찾아가 "엄마가 소금 얻어 오래요"라고 했더니 웃으시면서 부엌으로 들어가셨다.

잠시 후, 할머니는 한 손에는 나무막대기를 들고 다른 손은 주먹을 쥐고 부엌에서 나오셨다. 나를 돌아 세우시더니 내 키 위에 소금을 뿌리고 막대기로 키를 때리면서 동네 사람이 모두 들을 수 있게 큰 목소리로 "어디서 오줌을 싸" 하며 고함을 질렀다.

나는 부끄러워서 집으로 도망쳤다. 어머니와 이웃집 할머니의 작전이 성공했는지, 그날 이후로 이부자리에 더 이상 지도를 그리지 않았다. 이 꿈은 가득 찬 오줌이 방광을 압박하여, 그 생리적 압박감이 뇌에 전달되어 만들어진 생리몽(生理夢)이다.

꿈 3 입가에 피를 머금고 노려보는 친구의 모습

1999년 어느 날, 한 시골 마을에서 살인 사건이 발생했다. 그 마을에는 친구 두 명이 함께 살았는데, 마을 사람들은 이 둘 사이가 좋다고 생각했다. 그러나 그것은 겉모습일 뿐 사실은 그렇지 않았다. 김갑질(가명)은 박을수(가명)에게 일방적으로 복종을 요구했다. 사람 좋은 을수는 하인처럼 굴복하면서 살았다. 사건이 발생한 날에도, 갑질은 을수에게 소주를 사 오라고 했다. 을수는 늘 하던 대로 자기 돈으로 소주와 오징어를 사 왔다. 술이 약했던 을수는 그날따라 술을 많이 마셨고 서로 취한 상태에서 말다툼과 몸싸움이 있었다.

한순간 을수는 갑질을 벽으로 세게 밀쳤다. 갑질은 넘어지면서 벽의 모서리에 부딪혀 쓰러졌다. 을수는 갑질이 저항할 수 없는 상태에

있음을 알자 그동안 억눌렸던 분노가 폭발하여 수건으로 목을 졸라 죽였다. 얼마 후 제정신으로 돌아온 을수는 겁이 났다. 당황한 그는 집 안 뒤뜰에 죽은 친구의 시신을 묻었다.

그날 이후 을수는 꿈을 꾼다. 소변이 무척 마려워서 집 뒤로 간다. 용무를 보는데 등 뒤에 으스스한 느낌이 든다. 뒤를 돌아본다. 아무도 없다. 일을 마치고 돌아서는데 갑질이 입가에 피를 머금고 목에는 수건을 두른 채 자신을 노려본다. 을수는 공포에 떨면서 도망친다. 그러나 갑질이 그의 발목을 잡는다.

을수는 소스라쳐 잠에서 깬다. 온몸이 땀으로 범벅이 되어 있다. 이 같은 악몽은 거의 매일 계속된다. 그는 결국 경찰에 자수한 후 감옥에서나마 마음의 평안을 얻는다. [1]

사람은 외부의 충격적인 사건을 겪으면 심리적 외상을 받는다. 유사한 꿈을 반복해서 꾼다면 그 꿈의 내용이 자신의 일상에 중요한 주제가 되어 있음을 뜻한다. 이 꿈도 심한 불안과 공포가 초래한 강박적인 심리몽이다. 이 같은 악몽은 심리몽 중에서도 트라우마(trauma) 꿈이다. 이러한 악몽이 지나치면 정신적 장애까지도 겪게 되어 심리 치료를 받기도 한다.

꿈 4 꿈에서 한 공부

1987년경 나는 직장에서 실시하는 유학시험에 선발되기 위해 프랑스어를 공부했다. 기회가 있을 때마다 이어폰을 귀에다 꽂고 다니면서 회화를 듣고 따라서 중얼거리곤 했다. 스스로도 이렇게 열심히 공부해 본 적이 있었나 하는 생각이 들 정도였다. 잘 때도 녹음기를 틀어 놓고 잤다.

그러던 어느 날, 자는 도중에 프랑스어로 말을 했다. 깨어나니 꿈이었다. '꿈속에도 공부를 하는구나!' 하고 생각하니 신기한 느낌이 들었다.

사람의 뇌는 때로 수면 중에 현실에서 경험한 내용을 반복도 하고 기억으로 저장도 한다. 이 과정이 꿈으로 재생될 수도 있다. 이러한 꿈을 나는 학습몽(學習夢) 혹은 정리몽(整理夢)이라고 부른다.

하룻밤 잠은 보통 얕은 수면단계에서 깊은 수면단계까지의 4단계를 거치는 과정을 수차례 반복하면서 진행된다. 이 중 깊은 수면단계는 구체적인 정보를 기억하는 것과 관련된다.[2] 따라서 학자들은 밤을 새워 공부하는 것보다는 공부 후에 어느 정도 숙면을 취하는 방식이 암기한 내용을 더 확실히 기억하는 데 효과적이라고 한다.

꿈 5 너를 창으로 찔러 죽여야겠다

19세기 중반, 미국의 발명가 하우는 재봉틀을 만들기 위해 고군분투하고 있었다. 당시에는 손바느질이 전부였기 때문에 옷을 만들기 위해서는 한 올 한 올 인내심 있게 꿰매 나가는 수밖에 없었다. 번번이 실패만 거듭하던 하우는 어느 날 깜빡 잠이 들었다. 꿈속에서 그는 어느 밀림을 헤매다가 원주민들에게 포로로 붙들려 그들의 왕 앞에 끌려갔다.

그때 왕은 하우에게 "너를 창으로 찔러 죽여야겠다. 단, 지금부터 24시간 이내에 바느질을 할 수 있는 기계를 만들어 준다면 목숨을 살려줄 뿐만 아니라 공주를 아내로 주겠다"고 말했다. 하우는 목숨은 구해야 하겠기에 허겁지겁 사력을 다해 보았으나 마감시간이 다 되도록 기계를 만들지 못해 결국 창에 찔려 죽게 되었다. 병사가 창을 들어 올려 하우를 찌르려는 순간, 하우는 창끝을 쳐다보았다. 이상하게도 창끝에는 구멍이 나 있었다.

잠에서 깨어난 하우는 '참 이상한 꿈도 다 꾸는군' 하고 생각했다. 그러나 그 순간 번쩍 스쳐 지나가는 생각이 있었다.

"이거다! 바느질을 하기 위해 바늘이 꼭 옷감을 관통할 필요가 없다. 관통하지 않고 바느질을 하려면 바늘구멍은 바늘 끝에 있어야 한다!"

하우는 당장 실험실로 달려가 꿈속에서 본 창의 모양대로 바늘을 만들어 보았다. 이렇게 역사적 발명품의 하나인 재봉틀이 탄생했다. [3]

현실의 끈질긴 연구와 실험은 꿈으로까지 연장되는 경우가 있다. 이러한 집념가의 뇌는 수면 중에 하나의 연구실이 되어 낮 동안 풀지 못했던 문제를 풀기 위해 연구와 창작활동을 하기도 한다. 이 같은 꿈을 나는 연구몽(硏究夢) 혹은 창작몽(創作夢)이라고 부른다. 그를 찔러 죽이려던 '창끝의 구멍'은 그가 바늘귀의 위치를 지금까지와 다른 관점으로 바라보도록 암시한 것이다.

꿈 6 산 위로 떠오르는 태양

2007년 2월이었다. 퇴근해서 집에서 쉬고 있는데 아는 선배에게 전화가 왔다. 그는 다짜고짜 나에게 물었다.

"이 꿈이 어떤 꿈인지 해석 좀 해주게."

선배는 내가 젊은 시절부터 꿈 해석에 관심을 두고 오랫동안 공부해온 것을 알고 있었다.

"무슨 꿈인데요?"

"태양이 산 위로 떠오르는 꿈인데⋯."

"누가 꾸었는데요?"

나는 다시 물었다. 그는 전화기 너머 잠시 머뭇거리다가 말했다.

"잘 알잖아, ○○○."

"그분은 이번에 자치단체장 선거를 준비한다는 보도가 있던데 …. 꿈에서 사용된 상징으로 보아 예시적인 꿈으로 보이는데, 대통령이라면 몰라도 자치단체장에 당선될 사람이 꿀 수 있는 꿈은 아니에요."

"왜?"

"태양은 세상에 하나밖에 없고 온 세상을 비추기 때문에 절대적인 권력이나 영향력을 상징해요. 그래서 시장 당선을 예지한 꿈이라고는 볼 수 없네요. 꿈 내용이 어떤 건지 자세히 말해 주세요."

그 선배는 나와의 대화를 잠시 중단했다. 옆에 있는 꿈 당사자와 얘기하는 것 같았다.

"꿈에 자신은 침대에 누워 있는데 창문 너머 해가 산 위로 솟아올랐대."

"그분과 지금 대통령 후보로 거론되는 분과는 무슨 관계지요?"

"대학교 동기로 오래전부터 잘 알고 있대."

"그렇지만 지금 두 분은 정당도 서로 다르잖아요? 해가 솟아오르는 꿈을 꾸더라도 자신의 꿈이 아니고 누군가 대권을 쥐는 장면을 목격한다는 의미도 있어요. 아무튼 이 꿈은 대권과 관련된 꿈으로 보이고 본인하고는 직접 관련이 없는 것 같네요."

그해 2007년 12월에는 대통령 선거가 예정되어 있었다. 이 꿈은 미래에 일어날 일을 예지해 주는 정신감응적(telepathic) 예시몽(豫示夢) 혹은 예지몽(豫知夢)이다. 심리학자 융은 인간이 가지고 있는 무의식의 예지 혹은 텔레파시 능력을 인정했다.

꿈 7 나는 꿈을 꾸고 있다!

나는 광활하게 펼쳐진 들판에 서있었고, 아내는 해가 지는 쪽을 가리켰다. 나는 그 풍경을 바라보며 생각했다.

'정말 이상하네 … . 저런 색을 여태까지 한 번도 본 적이 없는데.'

그런데 갑자기 머릿속에서 이런 생각이 떠올랐다. '꿈을 꾸고 있구나!' 그때처럼 의식이 선명하고 또렷했던 기억은 없었다. 눈에 비치는 색깔들은 너무도 아름다웠고, 자유로운 느낌은 너무도 유쾌했다. 나는 그 아름다운 황금색 밀밭을 가로질러 달리기 시작했다. 두 손을 허공에 저으면서 목청껏 소리를 질렀다.

"나는 꿈을 꾸고 있다! 나는 꿈을 꾸고 있다!"

갑자기 꿈이 사라지기 시작했다 … . [4]

이같이 꿈을 꾸는 동안 스스로 꿈을 꾸고 있다는 사실을 깨닫는 꿈을 자각몽(自覺夢)이라고 한다. 즉, 자각몽은 꿈을 꾸는 동안 자신이 꿈속에 있음을 인식하는 꿈[5]이다.

꿈 8 꿈이란 정보의 잡음에 불과하다

한때는 프로이트의 열렬한 숭배자였다가 나중에는 맨 앞에서 신랄한 비판자가 된 홉슨은 신경생리학자이다. 그는 "꿈의 내용은 가능한 한 황금이 아니라 개똥이요, 인지적 보물이 아니라 쓰레기이며, 중요한 신호가 아니라 정보의 잡음이라고 여겨야 한다"[6]고 주장했다.

다음은 홉슨 자신이 꾼 꿈이다.

나는 마치 사우나에서 나는 것과 같은 연기를 보았다. 그런데 나중에 보니 농장의 집이 불에 타고 있었다. 다시 보니 역시 집과 같이 보였지만 이번에는 장소가 (길 건너로) 바뀌어 있었다. … 하지만 나는 여전히 화재를 걱정하고 있었고 불을 낸 사람에게 벌을 주려고 벼르고 있었다. 갑자기 장면이 완전히 바뀌었다. 나는 작은 강가에 있었다. 빠르게 흐르는 물살과 흰 빛깔의 물이 보였다. 그때 주황색 공이 소용돌이치는 물속을 향해 솟아올랐다. … 그러더니 갑자기 줄리아가 물속에 뛰어들더니 매우 힘차게 팔을 저어 물살을 가르며 헤엄쳐 나갔다. 그러더니 공을 잡아 반대편 강가로 던져 버렸다. 이것은 거의 기적처럼 보이면서 동시에 매우 정상적으로 보였다.

홉슨은 자신의 꿈을 이렇게 해석한다.

만일 이것이 정신착란적인 경험이 아니라면, 정신과전문의로서 지금까지 내가 한 모든 수련은 조금도 가치가 없는 것이다. 나는 이 꿈속에서 시각적 환각, 섬망(정신적 혼란으로 환각 등 장애가 생기는 상태), 강렬한 감정(분노, 걱정, 의기양양), 그리고 무엇보다도 결정적인 단서로서 지남력(자신이 놓인 상황을 올바르게 인식하는 능력) 장애와 그것과 가까운 사촌뻘인 작화증(터무니없이 이야기를 만드는 현상)을 경험했다. 깨어 있는 상태라면 마치 미친 것처럼 보일 이러한 이야기는 꿈속에서는 지극히 정상적으로 느껴졌다. [7]

비록 꿈을 꿀 때 뇌의 상태가 이러한 특성들을 가지고 있다고 해도 꿈을 꾼 사람의 심리상태나 그가 처한 상황과 전혀 무관하다고 단정해서는 안 된다. 꿈의 내용이 현실과는 동떨어진 방식으로 드러났다고 해도 그 안에서 내재된 감정이나 의미를 찾을 수 있다.

덧붙이자면, 사람은 눈을 감고 상상의 나래를 펼치는 공상의 경우에도 현실과는 동떨어진 생각을 할 수 있다. 예컨대 새처럼 하늘을 날고 싶다는 상상이나 공상을 한다고 해서 그의 심리상태가 비정상이라고 할 수는 없다. 공상이나 상상은 그 자체로 생각하는 사람이 바라는 소망일 수도 있기 때문이다.

참고로 대부분 꿈을 꾸는 렘수면 단계에서는 신경전달물질인 세로토닌과 노르아드레날린의 분비가 급격히 줄어든다. 세로토닌은 상상과 현실을 구분해 주고, 노르아드레날린은 주의 집중에 필요한 신경조절물질이다. 이 두 신경조절물질이 부족하기 때문에 꿈에서는 꿈과 현실을 구분할 수 없고, 시각적 이미지를 의지력으로 연결하지 못해 맥락 없는 이야기가 전개된다.[8] 즉, 뇌에서 분출되는 신경전달물질이 의식상태와 꿈꾸는 상태에서 서로 다르다는 점이 꿈에서 드러난 소망, 불안, 공포, 희망 등 마음의 상태를 부인하는 이유가 될 수는 없다.

꿈 9 돼지꿈을 꾸었는데 복권을 사야 하나요?

햇빛은 맑고 투명하다. 그러나 이 햇빛이 프리즘을 통과하면 빨, 주, 노, 초, 파, 남, 보, 7가지 색으로 나뉜다. 햇빛이 프리즘을 통과하면서 다양한 색깔로 분리되는 것과 같이, 꿈도 촉발원인에 따라 여러 종류로 분류할 수 있다. 또 다른 비유로 풀〔草〕을 들 수 있다. 풀은 쓰임새에 따라 약초, 식용초, 관상용초, 잡초 등 여러 종류로 나눌 수 있다. 이와 마찬가지로 꿈에도 여러 종류가 있다.

어떤 사람은 대박이 나는 꿈에 많은 관심을 갖는다.

"새벽에 돼지꿈을 꾸었는데, 복권을 사야 하나요?"

내가 가끔 받는 질문이다.

앞서 미래를 예지하는 꿈, 생리적인 꿈, 심리적인 꿈, 기억을 회상하는 꿈, 어떤 현상을 탐색하는 꿈 등 촉발원인에 따라 다양한 종류가 있다는 사실을 살펴보았다. 따라서 꿈을 정확히 해석하려면 먼저 어느 종류에 속하는지를 판단해야 한다.

자신이 꾼 돼지꿈이 예지몽이 아닐 수도 있다는 점을 이해한다면 돼지꿈을 꾸었다고 무조건 복권을 사지는 않을 것이다. 자신의 돼지꿈이 예지몽으로 분류되더라도 꿈속에서 일어난 사고, 감정이나 행동 등 요인들도 함께 살펴보아야 어떤 꿈인지 정확히 판단할 수 있다. 이 부분은 이후 더 자세히 다룰 것이다.

2장
꿈과 영화의 유사점과 차이점

1. 꿈과 영화는 비슷하다

1895년 12월 28일, 프랑스 파리의 어두컴컴한 한 지하 살롱에서 수십 명의 사람이 영화 상영을 기다리고 있었다. 잠시 후, 뤼미에르 형제가 세계 최초로 만든 50초짜리 짧은 영화, 〈열차의 도착〉이 상영되었다. 당시 사람들에게 그 장면은 충격 그 자체였다. 사람들은 기차가 자신을 향해 돌진해 오는 모습에 경악하거나 "으악!" 하고 비명을 지르며 달아났다. 당시 상영된 영화는 흑백에다 음성도 없어서 오늘날 관점에서 보면 별것도 아니었다. 하지만 사람들은 생전 처음으로 화면 속에서 사람과 물체가 움직이는 모습을 보고 크게 놀랐다. 영화는 사람들에게 엄청난 인기를 끌었다. 다음 해에 베를린, 런던 등 유럽의 주요 도시에서 영화가 상영되기 시작했고, 이후 영화는 미국, 러시아 등 전 세계로 급속히 확산되었다. 9

사람은 악몽처럼 강렬한 꿈을 꿀 수도 있는데, 대부분의 꿈을 마치 영화처럼 영상으로 경험한다. 꿈은 수면 중 뇌의 활동 결과로 나타나는 시각적 심상(心象)이다. 꿈의 이러한 측면 때문에 하버드대 교수 홉슨은 "꿈은 멀티미디어적 사건이다"라고 했다. 10

꿈이란 수면 중 우리의 뇌에서 한 편의 영화가 상영되는 것과 같다. '나는 광활하게 펼쳐진 들판에 서있었고, 아내는 해가 지는 쪽을 가리켰다'는 꿈에서와 같이 보통은 영상처럼 펼쳐진다. 드물기는 하지만 문자, 소리 등으로 나타나는 꿈도 있다.

그런데 사람들은 꾸는 꿈이 영화처럼 영상으로 나타날 때 흑백영화처럼 나타날까, 혹은 총천연색영화처럼 나타날까? 홉슨은 수면 연구실에서 얻은 수천 편의 꿈 보고서 가운데, 자세히 기억된 꿈이 흑백이었던 적은 단 한 건도 없었다고 단언한다.[1] 대부분의 경우 우리는 총천연색의 다채로운 꿈을 꾼다.

보통 꿈이라고 하면, 수면 중에 체험한 꿈을 깨어난 후에도 회상이 가능한 '기억몽'을 말한다. 현대 신경생리학의 입증 결과에 따르면, 인간이 8시간 동안 잠을 잔다면 그중 2시간 정도는 꿈을 꾼다. 하지만 깨어서 기억하는 꿈은 매우 적다. 우리가 꾸는 대부분의 꿈은 잊힌다. 나는 이렇게 잊힌 꿈을 '망각몽'이라고 부른다. 사실 꿈은 현실 체험과는 달라서 웬만한 꿈은 기억되지 않는다. 그 이유 중 하나로, 꿈을 꾸는 동안에 뇌의 지휘부 역할을 하는 전두엽을 포함한 다른 부분이 쉬면서 활동하지 않기 때문이기도 하다.

2. 그러나 꿈은 영화와는 다르다

2014년 7월에 개봉한 영화 〈명량〉은 크게 성공한 대작이었다. 1,700만 명이 넘는 관람객이 영화관을 찾으며 한국 역사상 최고의 흥행 기록을 세운 영화 중 하나다.

〈명량〉은 임진왜란(1592~1598년) 6년간에 있었던 실화를 바탕으로 한다. 당시 조선은 오랜 전쟁으로 혼란이 극에 달했다. 왜군이 무서운 속도로 한양으로 진격하자 조선은 바람 앞 촛불과 같은 신세가 된다. 왜군은 해상 보급로로서 지금의 진도와 육지 사이에 있는 해협인 울돌목을 지나야만 했다. 그리고 그곳은 이순신 장군이 지키고 있었다. 1597년 9월, 장군의 군대와 왜군은 운명적으로 마주친다. 장군에게 남은 건 전의를 상실한 병사와 두려움에 가득 찬 백성, 그리고 12척의 배뿐이었다. 장군은 불굴의 용기와 지혜로 330척에 달하는 왜군을 명량 앞바다에서 무찌른다. 세계 해전사에 길이 남은, 기적과 같은 이 전투의 승리로 왜군의 사기가 크게 꺾이고 조선은 기사회생의 기회를 맞는다.

이처럼, 영화 속의 주인공은 내가 아니다. 등장인물도 나와는 관련이 없다. 영화 속 인물들의 사랑, 미움, 갈등, 야망에 공감은 할 수 있지만 현실의 나와는 무관하기도 하다. 이 점에서 꿈은 영화와는 다르다. 꿈에서 주인공은 대부분의 경우 나 자신이다. 등장인물도 내가 아는 사람인 경우가 많다. 무대의 배경도 나에게 익숙한 장소인 집, 동산 등의 주변 환경을 재료로 쓴다. 내가 꾸는 꿈에서 내가 주인공으로 나오니 흥미와 관심이 더 생길 수밖에 없다. 그런데도 상당수의 꿈은 많은 상징과 은유로 이루어져 있어, 이해하기도 명확히 해석하기도 어렵다.

3장

꿈이란 '수면 중에 일어나는 정신활동'이다

"꿈이란 무엇인가?"

수 세기 동안 많은 심리학자, 신경생리학자가 규명하려고 한 명제 중 하나다.

프로이트는 "꿈은 하나의 소망 충족이다"[12]라고 했다. 특히, 성적인 욕구가 드러난 것이라 했다. 이른바, 유명한 욕구 충족 이론이다. 융은 "꿈은 무의식이 말하고자 하는 어떤 특별한 것을 표현한다"[13]라고 했다. 융에게 꿈은 무의식이 전달해 주는 메시지이다.

아들러는 "꿈의 목적은 꿈이 불러일으키는 감정 속에 내재해 있다. 개인이 창출하는 감정은 언제나 그 사람의 생활양식 (*life style*) 과 일치한다"[14]라고 말했다. 즉, 아들러는 자신의 생활양식이 감정적으로 투사된 것이 꿈이라고 말한다.

일반적으로 정신분석가는 "꿈은 당사자가 잠을 깬 후 기억할 수도 있고 기억하지 못하기도 하는, 잠자는 동안의 의식적인 경험"[15]으로 정의한다. 반면, 신경생리학자인 홉슨은 "꿈은 의식적인 경험과 마찬가지로 잠자는 동안 뇌의 활성을 우연히 자각하는 것에 지나지 않는다"[16]라고 한다.

한국의 한건덕은 "꿈은 얕은 잠 상태에서 어떤 미해결의 관심사와 미래사를 판단하고 예지한 잠재의식의 표현이다"[17]라고 한다.

이렇듯 꿈에 대한 정의는 학자에 따라 다양하다. 이들의 견해를 모두 포괄할 수 있는 정의를 내린다면 꿈이란 '잠자는 동안 일어나는 정신활동'이라고 할 수 있을 것이다.

꿈의 내용과 꿈이 말하고자 하는 암시는 꿈의 정의 못지않게 중요하다. 나의 경험에 비추어 보면, 미래에 닥칠 일이 궁금하거나 꿈자리가 뒤숭숭하여 마음이 불안해 꿈의 의미를 묻는 사람이 대부분이었다. 또 어떤 분은 자신이 꾼 꿈의 의미를 짐작하고 있었으나 꿈에서 드러난 상징과 은유를 세부적으로 명확히 하고 싶어서 해석을 부탁하기도 했다.

보통 사람들은 꿈을 어떻게 규정할까? 인류가 즐겨 사용하는 속담을 보자. 그 안에는 사람들의 정신세계가 담겨 있다. 대개의 경우, 꿈은 믿을 게 못 된다는 내용이 많다. 프랑스에는 "꿈은 거짓말이다", 영국에는 "꿈은 반대이다"라는 속담이 있다. [18] 우리도 "꿈보다 해몽이 좋다"나 "개꿈 꾸었다"라는 관용구가 있다. 그리고 "꿈에 서방 맞은 것 같다"는 속담도 있다. 이 속담은 꿈속에서 기다리던 정인(情人)을 만났으나 깨고 나니 그가 없어 허무하다는 뜻이다. 이들 속담은 꿈을 허황된 일로 표현한다는 공통점이 있다.

해석해 보면 별다른 의미가 없는 꿈도 분명히 있다. 하지만 꿈을 제대로 분류하거나 정확하게 해석하지 못해서, 상당 부분 허황된 꿈으로 오해한다고 본다. 또한 어떤 꿈은 난해하여 그 해석이 어렵기도 하다. 하지만 꿈을 제대로 해석한다면 허황되거나 거짓이 아니며, 오히려 꿈을 꾼 이에게 풍부한 정보와 메시지를 암시하거나 주는 경우도 많다.

2부

꿈 해석의 역사

어머니, 제가 꿈을 꾸었어요. 하늘에 별 가운데 하나가 제 위로
떨어지는 거예요. 떨어진 그 별에서 천상의 지배자인 '안'의 기가
느껴져요.

— 실가메시

꿈이란 무엇일까? 꿈에는 어떤 의미가 있을까? 꿈은 신이 전달하고자 하는 예언적 계시일까? 혹은 일상에서 겪은 사건들의 단순한 재현일까? 아니면 그저 수면 중 뇌의 의미 없는 활성화로 만들어진 잡음에 불과한 걸까?

고대로부터 현재까지 인류는 꿈의 진정한 의도를 알아내고자 부단히 노력했다. 고대 시대에는 꿈을 신이나 죽은 조상의 혼령이 전달해주는 메시지로 보았다. 꿈 해석 관점에서 혁명적 변화를 일으킨 프로이트와 일단의 심리학자들은 꿈을 무의식이 의식에게 전달하고자 하는 의사소통의 수단으로 보았다. 최근 신경생리학적 관점에서 꿈을 탐구하는 학자 중 일부는 꿈이 단지 정보의 잡음에 불과하다는 주장도 한다.

누구의 주장이 옳은가? 이들이 기록하고 탐구한 내용을 고대부터 현대까지 개괄적으로 살펴본다면 꿈을 이해하고 해석하는 데 도움이 될 것이다.

1장

신령적 접근: 꿈의 전달자는 신이었나?

기원전 4천 년대 말의 아시리아와 바빌론의 설형문자 서판에는 성
직자와 왕이 꿈에서 자카르 신의 훈계를 받는 상황이 묘사되어 있다.[1]
사실, 꿈의 역사는 다른 문명의 역사와 마찬가지로 문자에 의한 기록
의 역사이다. 문자가 있어야 기록을 통해 후세에 지식과 지혜가 전수
될 수 있기 때문이다. 고대인의 꿈에 대한 생각도 이들이 남긴 문자
기록을 통해 알 수 있다.

1. 고대 이집트: 꿈을 읽는 신관

1) 샹폴리옹, 고대 이집트 역사의 문에 들어가는 열쇠를 찾아낸 자

다른 동물과 인간과의 차이 중 하나는 문자를 발명하여 사용한다
는 점이다. 문자의 발명으로 인간은 만물의 영장이 될 수 있었다. 문
자를 통해 선조가 성취한 지식과 지혜를 전수받고 이를 더욱 발전시
킬 수 있었다. 인류 문명은 문자를 통해 지식이 누적되면서 비약적으
로 발전했다. 인류 역사상 가장 오래된 문자를 발명한 사람들 중 하

나는 고대 이집트인이다.

1798년 프랑스의 나폴레옹은 군대를 이끌고 이집트에 원정을 갔다. 함께 간 학자들은 이집트의 문화를 보고 충격에 빠졌다. 유럽인이 원시적인 떠돌이 사냥 생활을 하고 있을 시기에 이집트인은 이미 통일왕국을 이루고 찬란한 문화를 꽃피웠던 것이다. 하지만 이들은 이집트의 유적과 유물을 직접 눈으로 보고도 난처한 입장에 빠진다.

이집트 로제타석

무덤 안의 벽화나 탑, 심지어 지팡이에 새겨진 상형문자와 같은 이상한 기호를 해독할 수 없었기 때문이다. 이집트 문명의 수많은 지식과 지혜는 문자 안에 잠들어 있었다.

1799년 7월 15일, 나폴레옹의 이집트 원정대 소속이었던 부샤르 대위가 알렉산드리아에서 56㎞ 떨어진 지중해변의 작은 마을 로제타에서 현무암으로 된 검은 돌을 발견한다. 이 돌에는 고대 이집트의 상형문자, 아랍인이 사용했던 민중문자(상형문자의 필기체), 그리스문자 등 3가지 문자가 새겨져 있었다. 이 심상치 않은 돌은 로제타 마을에서 발견되었다고 해서 '로제타석'이라고 불렸다. 나중에 영국군이 이 돌을 빼앗아 가 지금은 영국의 대영박물관에 보관되어 있다. 이 로제타석의 고대문자는 샹폴리옹의 집념과 노력의 결실로 풀린다.

샹폴리옹은 1790년 프랑스 남부의 한 마을에서 태어났다. 그는 어려서부터 라틴어, 그리스어, 아라비아어, 콥트어 등에 천재적인 소질을 보였다. 그는 우연히 나폴레옹과 이집트에 다녀온 학자 푸리에를 만나 로제타석에 쓰인 문자의 사본을 보았다. 이때부터 샹폴리옹은 고대 이집트문자를 해독하기 위해 집념을 불태운다.

1822년 샹폴리옹은 마침내 상형문자를 푸는 기초 원리를 발표했다. 그는 이집트의 상형문자가 뜻글자〔표의문자(表意文字)〕라기보다는 소리글자〔표음문자(表音文字)〕와 비슷한 성격을 띠고 있다고 발표했다. 그때까지 학자들은 이집트문자를 사물의 형상을 본뜬 뜻글자로 이해하고 있었다. 마침내, 같은 해 9월 14일 샹폴리옹은 27개나 되는 파라오(왕)의 이름을 해독함으로써 이집트 상형문자의 음가(音價, 소리의 측정치)를 모두 밝혀냈다. 2 샹폴리옹의 노력 덕택에 고대 이집트인이 수천 년 동안 스핑크스처럼 침묵을 지켰던 이집트 역사의 문이 열렸다. 그들이 남긴 모험담, 지혜와 익살을 담은 단편, 연애를 다룬 시편뿐만 아니라 꿈에 관한 기록도 드러났다.

2) 고대 이집트인, "꿈은 신의 계시이다"

지도를 펼쳐 놓고 유럽과 아프리카가 둘러싼 지중해를 찾아 오른쪽 아래로 눈을 돌려 보면, 넓은 북부 아프리카에 길게 드리워진 나일강과 마주친다. 나일강은 6,650km의 장강이다. 적도 남쪽의 고원 지대에서 발원하여 아프리카 북동부를 지나 지중해로 흘러든다. 시간을 거슬러 기원전 3천 년 전으로 되돌아가면 우리는 고대 문화를 꽃피운 통일왕국을 만나게 된다. 그리스의 역사가 헤로도토스는 '이집트는 나일강의 선물'이라고 했다. 나일강 덕분에 고대 이집트 문화가 찬란하게 꽃필 수 있었다.

이집트 문명은 기원전 5천 년경부터 시작되었으며, 기원전 3천 년경에 통일왕국이 세워졌다. 기원전 31년 클레오파트라 7세와 동맹을 맺은 로마의 안토니우스가 악티움 해전에서 아우구스투스에게 패하고 자살함으로써 이집트는 로마에 병합된다. 고대 이집트 왕조의 역사는 그리스도의 탄생 이후 현재까지의 시간보다도 긴 시간이다.

고대 이집트인은 기원전 3천 년쯤 자신의 언어를 기록할 수 있는 문자를 만들어 당시 왕의 업적과 사회의 생활상, 심지어 꿈에 관한 내용도 기록했다. 당시 이집트인에게 꿈은 신들과 교감하는 수단 중 하나였다. 이들은 꿈을 신의 계시(message)로 보았다. 파라오의 꿈을 해몽하는 '신관'(神官)은 아주 중요한 사람이었다. 그의 해몽이 국가 정책을 결정하기도 했다.

보통 사람들도 꿈을 궁금해 했다. 그래서 꿈을 쉽게 풀이할 수 있는 '열쇠'들이 등장했다. 많은 꿈을 조사해서 길몽과 흉몽을 구분해 놓은 자세한 목록이 있었다. 다음과 같은 기록들이 있다. 꿈에서 이렇게 자신을 본 사람에게는 좋은 일이 생기리라고 생각했다.

입에 흙을 가득 담고 있었다면 이웃의 재산을 갖게 되리라. 당나귀의 살코기를 먹었다면 승진한다는 뜻이고, 나룻배를 타고 강을 건넜다면 어려움이 끝나리라. 젖소와 사랑을 나누었다면 집에서 즐겁게 하루를 보낼 것이고, 나무를 잘랐다면 숙적이 죽었다는 소식을 듣게 되리라. … 또한 꿈에서 커다란 고양이를 보았다면 길몽이다.

반대로, 다음과 같은 꿈을 꾼 사람은 나쁜 일이 생긴다고 했다.

오이를 먹었다면 어려움이 닥칠 것이라는 뜻이고, 여자의 성기를 보았다면 크나큰 불행이 닥칠 것이란 뜻이다. 아시아인의 옷을 입었다면 재산을 빼앗길 것이고, 난쟁이를 보았다면 삶의 절반을 잃을 것이다. … 그리고 꿈에 우물 바닥을 본 사람은 감옥에 갇힐 운이다. [3]

꿈에 관한 이러한 문구를 보면, 전반부는 꿈에 나타난 상징으로, 후반부는 현실에서 마주치게 될 예언으로 되어 있다. 즉, '꿈에서 저러한 것을 보거나 체험하면, 현실에서 이렇게 될 것이다'의 조건문으로 되어 있다. 이집트인은 꿈이 장래 일어날 일을 예지해 준다고 보았다.

이집트인이 꿈을 이렇게 해석한 이유를 이해하려면 당시 이집트인의 생활이나 문화적 특성을 알아야 한다. 시간과 공간을 초월하여 현대에도 이해할 수 있는 당시의 문화적 관습은 "나룻배를 타고 강을 건넜다면"과 "우물 바닥을 본 사람은" 등이다. 오늘날에도 배를 타고 강을 건너는 일은 어려움을 극복하고 일을 성취하는 것으로 이해할 수 있다. 또한, 우물 바닥을 보거나 갇힌 경우 쉽게 빠져나오지 못하기 때문에 이와 같이 본 것 같다.

이집트인은 꿈에 난쟁이를 본 것은 그의 삶을 절반이나 빼앗길 것을 예언하는 흉몽으로 보았다. 당시 이집트인이 난쟁이를 부정적으로 생각하고 있었다고 이해할 수 있다.

커다란 고양이를 본 것을 길몽라고 한다. 고대 이집트인에게 고양이는 특별한 숭배의 대상이었다. 곡물이 주요 자원이었던 나라에 큰 피해를 입히던 쥐와 같은 설치류를 사냥하는 고양이의 민첩한 행동 때문이었다. 이집트인은 고양이를 바스테트 여신의 화신이라고 보았고, 특히 암고양이는 가정의 풍요와 안전을 상징하는 동물이었다. 이집트의 어떤 벽화에는 고양이가 그려져 있으며, 심지어 고양이가 죽으면 미라로 만들기도 했다.

입에 담은 흙, 당나귀의 살코기, 젖소, 잘린 나무, 오이, 여자의 성기, 아시아인의 옷 등도 당시 이집트인의 문화와 관습을 알아야 해석이 가능하다. 따라서 꿈의 상징이 갖는 통시대적인 보편성과 당시 시대의 문화적 관습이나 양식의 특수성을 함께 이해해야 정확한 꿈 해석이 가능하다.

당연한 말이지만, 동일한 상징이라도 문화권이 다르면 같은 뜻으로 해석해서는 안 된다. 이후 예시할 '뱀'도 시대와 문화권에 따라 같거나 다르게 인식되었다.

2. 고대 수메르: 〈길가메시 서사시〉에 기록된 꿈

다시 지도에서 지금의 이라크 지역으로 눈을 돌리면 또 다른 문명의 발상지인 유프라테스강이 보인다. 현재 터키의 아르메니아 고원에서 발원하여 이라크 남부에서 티그리스강과 합류한 후, 페르시아만까지 뻗어 총 2,700여 ㎞에 이른다. 수메르 시대부터 시작된 남부 메소포타미아 문명의 탄생지이다.

수메르인도 기원전 3천 년보다 다소 앞서 문자를 만들었는데, 학자들은 수메르인이 발명한 설형문자(모양이 쐐기와 비슷해서 쐐기문자라고도 한다)가 역사상 가장 오래된 문자라고 한다.[4] 1846년 영국의 롤린슨이 수메르문자의 비밀을 밝혀낸다. 그는 3가지 언어로 쓰인 문서를 발견했는데, 그 가운데에는 롤린슨이 이미 알고 있던 고대 페르시아 문자와 그때까지 아무도 알지 못했던 수메르문자가 있었다. 롤린슨은 이미 알고 있는 단어들을 서로 비교하면서 수메르문자를 해독했다.[5] 롤린슨의 노력으로 수메르의 역사가 세상에 그 모습을 드러냈다.

기원전 2천 년 수메르의 도시국가 중 하나였던 우루크는 이라크의 수도 바그다드에서 남쪽으로 250㎞ 떨어진 지점에 있었는데, 지금의 텔 와르카라는 지역이다. 우루크 도시의 성벽은 끝없이 이어졌고, 그

바빌로니아 〈길가메시 서사시〉 점토판

안에는 약 8만 명이 살았다고 한다.

1872년, 영국의 스미스가 이곳에서 점토판을 발견하고 이들 문자가 해독되면서 수메르는 전설에서 역사적 사실로 드러났다. 역사학자, 고고학자, 언어학자의 노력으로 기원전 2천 년대 초기 바빌로니아 시대에 점토판에 수메르어로 새겨진 다양한 문학작품을 만나게 되었다.

이 중 〈길가메시 서사시〉는 길가메시를 주인공으로 한 일련의 작품을 바탕으로 한다. 유럽인이 그리스·로마 작품을 고전으로 받드는 것처럼, 이 작품은 바빌로니아인의 고전이었다. 메소포타미아 문명의 최고의 문학작품으로 불리는 〈길가메시 서사시〉는 우루크 문화기 초기의 지배자 길가메시의 생애를 압정을 일삼던 청년 시절부터 그 죗값으로 육지와 바다를 떠돌다 귀국하는 데까지 그리고 있다. 충성과 용기, 그리고 시대를 뛰어넘는 불사(不死)에 대한 인간의 욕망 등을 다룬 감동적인 이야기다. 6

고대 수메르인도 꿈을 신이 자신의 뜻을 전달하는 수단으로, 꿈의 해몽은 신의 뜻을 읽는 것으로 보았다. 〈길가메시 서사시〉를 통해 이들의 꿈과 그 해석을 접할 수 있다. 여기서는 〈길가메시 서사시〉에 나오는 몇 가지 꿈을 살펴보기로 한다.

꿈 1 길가메시가 엔키두를 만날 것을 예지한 꿈

우루크의 왕 길가메시는 신인 어머니와 인간인 아버지 사이에 태어났다. 길가메시는 인간의 숙명인 죽음을 피할 수 있는 방법을 찾아

나선다. 길가메시는 친구인 엔키두를 만나기 전에 꿈을 꾼다. 그는 자신의 어머니인 들소의 여신 닌순에게 꿈 이야기를 한다.

"어머니, 제 꿈 이야기를 들어 보세요. 간밤에 꿈을 꾸었어요. 기막힌 꿈이었어요. 어머니, 들어 보세요. 하늘에 별들이 나타났습니다. 그런데 그 별들 가운데 하나가, 오, 맙소사, 어머니, 글쎄 그것이 제 위로 떨어지는 거예요. 떨어진 그 별에서 천상의 지배자인 '안'(신들의 아버지)의 기(氣)가 느껴져요. 저는 그 유성(流星)을 들어 보려고 했지요. 그런데 어머니, 그것이 어찌나 무거운지 꼼짝도 하지 않는 거예요. 수많은 우르크 사람이 모두 그걸 보려고 우르르 몰려와 그 옆에 서서 호기심을 갖고 보고 있었어요. 젊은이들이 한꺼번에 달려들었어요. 그리고 어린애들처럼 그 발에 키스하기도 했어요. 저 또한 사랑에 빠진 여인을 대하듯 그것을 껴안았지요. 그런데 어머니, 제가 힘겹게 그것을 안아서 당신 발 앞에 옮겨 놓자, 당신께서는 그것을 제 형제로 만들어 주었어요. 참으로 신기한 꿈이었어요. 어머니는 모든 걸 알고 계시죠? 제 꿈을 풀어 주세요."

"아들아, 내 아들 길가메시야, 내 말을 들어 보아라. 네 형제는 별들 가운데 하나란다. 네가 어렵사리 그것을 들어 내 발 앞에 놓았지. 그래서 난 그걸 네 동료로 삼은 거란다. 내가 사랑에 빠져 여인을 대하듯 그것을 포옹한 것은 장차 네게 강력한 힘을 지닌 자가 온다는 뜻이란다. 땅에서 가장 힘이 센 사람이자 동료를 구해 주는 강한 친구라는 뜻이다. 네가 곤경에 처할 때마다 널 구해줄 사람이란다. 내 아들아, 걱정하지 마라. 네 꿈은 분명코 길몽이니까."[7]

길가메시는 학정을 일삼는 힘센 폭군이었다. 그는 자신의 성욕을 충족하려 도시 안에 있는 처녀들에게 초야권(初夜權, 권력자가 신랑보다 먼저 신부와 첫날밤을 치를 수 있는 권한)을 행사한다. 길가메시의 폭정에 시달린 백성들은 길가메시의 행동을 막기 위해 야수와 같이 야생의 삶을 살던 엔키두를 부추긴다. 엔키두는 초야를 치르러 처녀의 집으로 들어가려는 길가메시를 막고 황소처럼 격렬하게 싸운다. 하지만 나중에는 서로 화해하고 친구가 된다.

길가메시의 어머니 닌순은 엔키두를 양자로 받아들이면서 아들의 든든한 오른팔이 되기를 바랐다. 결국, 어머니 닌순의 꿈 해석과 같이 엔키두는 길가메시의 친구가 된다.

꿈 2 재앙을 예지한 꿈

길가메시는 잠을 청했지만 깨고 만다. 그리고 친구에게 다시 자신이 본 것을 설명했다.

"내가 본 것은 정말 놀라운 것이었다네! 하늘이 떨고 땅이 울었다네. 태양이 사라지고 어둠이 왔지. 번개가 번쩍이고 불꽃이 솟구쳤네. 구름이 솟아오르더니 죽음의 비가 내렸네! 그러더니 광채와 불꽃이 사라졌네. 그리고 땅에 떨어진 것들은 모두 재로 변하더군."

책 〈수메르, 혹은 신들의 고향〉을 쓴 시친은 길가메시가 꿈에서 본 이 장면이 로켓 발사에 대한 고대의 목격담이라고 생각했다.[8] 하지만 이 꿈이 예언적인 꿈이라면, 자신이나 자신의 왕국에 재앙이 덮친다는 의미로 해석된다.

또 다른 기록에 의하면, 에안나툼 왕 이후 250년쯤 뒤인 기원전 22세기 무렵, 라가시를 지배했던 구데아 왕은 닌기르수 신을 위해 에닌누 신전을 건립할 때 닌기르수 신의 꿈을 꾸고, 그 꿈의 의미를 해몽의 여신이기도 한 난셰 여신에게 풀어 달라고 했다.[9]

이같이 고대인은 왕국의 운명을 앞둔 중대사나 전쟁에 앞서 신의 뜻 혹은 하늘의 천명(天命)을 알기 위해 꿈을 해석할 수 있는 사람에게 의지하곤 했다.

3. 고대 그리스: 문학작품이나 기록에 나타난 꿈

고대 그리스의 대시인 호메로스는 〈일리아스〉라는 작품을 썼다. 그의 출생 시기는 약 기원전 800년이며, 그가 태어난 장소도 현재 터키의 이즈미르 지역인 스미르나가 가장 유력하다고 한다. 그는 대서사시 〈일리아스〉와 〈오디세이아〉를 기술했다. 그리스 역사가 헤로도토스는 "모세가 유대인에게 그랬듯, 호메로스는 헤시오도스와 함께 그리스인에게 그들만의 고유한 신을 마련해 주었다"[10]라고 평가했다.

19세기 말까지 그리스의 작품은 신화와 문학으로만 읽혔다. 하지만, 독일인 슐리만이 1873년 신화 속의 도시로만 알려졌던 트로이를 발굴함으로써 트로이가 역사상 실재했던 도시임이 세상에 드러났다. 1876년, 슐리만은 트로이 때보다 더 놀라운 유적을 미케네에서 발굴하여 다시 한 번 세상의 이목을 집중시켰다. 슐리만은 이곳에서 아가멤논과 카산드라 등의 무덤을 발견했다. 그의 발견은 전설로만 여겨졌던 고대 그리스 신화가 역사적 사건으로 인정받는 데 크게 기여했다.[11] 무릇 고대의 신화가 사실에 기반을 둔 역사적 사건으로 인정받기 위해서는 문자로 쓴 글, 유물과 유적 등이 뒷받침되어야 한다.

호메로스의 작품은 트로이 전쟁의 단면을 생동감 있게 묘사하고 있다. 도망친 헬레네와 헬레네를 데려간 파리스, 헬레네를 되찾으려 한 메넬라오스, 이 세 사람의 삼각관계가 트로이 전쟁의 직접적인 원인이 되었다.

발굴된 트로이 성벽

또한, 호메로스의 작품에는 신이 인간에게 다양한 종류의 꿈을 꾸게 하는 대목이 나온다. 그중 일부를 소개한다. 고대 그리스인도 꿈을 신이 인간에게 주는 예언이자 계시로 여겼다. 이들은 꿈으로 점을 치는 방법을 '오네이로만키아'라고 했는데, 귀납적인 예언과 본능적 예언의 중간쯤에 위치한 방법이었다.

꿈 1 파리스의 태몽, 활활 타오르는 횃불

파리스는 트로이의 왕 프리아모스의 아들로 불행한 운명을 타고났다. 어머니 헤카베는 그를 임신했을 때 이상한 꿈을 꾸었다. 꿈속에서 활활 타오르는 횃불 하나를 낳았는데, 그 불꽃이 점점 트로이 시내로 번지더니 전체를 잿더미로 만들었다.

해몽가는 충격적인 얘기를 들려주었다. 뱃속의 아이가 트로이를 몰락시킨다는 것이었다. 헤카베는 아이가 태어나자 차마 죽일 수가 없어 시종을 시켜 아이를 이데산에 버리게 했고, 한 목동이 그를 발견하여 훌륭하게 키웠다. 어느덧 파리스는 준수하고 용맹스런 청년으로 성장했다. 그는 한 경기에 참가하여 경쟁자를 물리치고 우승했다. 미천한 신분인 이방인에게 패한 데이포보스가 화를 이기지 못하고 칼을 빼 들고 파리스의 목을 치려 달려들자, 파리스는 궁전 안 제우스 제단으로 도망쳤다. 바로 그때, 예언가 카산드라가 동생을 알아보았다. 프리아모스와 헤카베는 기뻐하며 파리스를 다시 아들로 받아들였다. [12]

다소 특이한 이 꿈은 태몽이다. 어머니 헤카베가 임신 중에 꾸었기 때문이다. 활활 타오르는 횃불은 태아가 성장하여 온 세상을 비추는 영향력 있는 인물이 될 것으로 해석해야 한다. 그러나 그 영향력이 트로이 전체에 미치면서 결국 잿더미로 만드니 후에 장성한 태아로 인해 트로이가 큰 재난을 맞거나 멸망하리라는 예지몽이다. 나중에 그리스와 트로이 간 전쟁이 일어나고 전쟁에서 트로이가 패함으로써 이 꿈의 예언은 현실이 된다.

파리스는 성인이 된 후, 영문도 모른 채 한 사건에 휘말린다. 헤라, 아테네, 아프로디테, 세 여신이 황금사과를 놓고 서로 자기 것이라고 싸웠다. 세 여신은 제우스에게 판결을 부탁했다. 제우스는 셋 중 한 여신을 택해 나머지 두 여신의 원한을 사고 싶지 않았다. 그래서 가장 아름다운 여신을 고르는 일은 인간 중 가장 잘생긴 파리스가 해야 한다고 둘러대 위기를 모면했다.

세 여신이 파리스 앞에 나타나자, 그는 당황했다. 여신들은 가장 아름다운 여신으로 뽑히려고 파리스에게 뇌물 공세를 펼친다. 헤라는 부귀영화와 권세를, 아테네 여신은 전쟁에서의 승리와 명예를,

아프로디테는 세상에서 가장 아름다운 여인을 주겠다고 약속했다. 파리스는 경솔하게도 아프로디테 여신에게 황금사과를 건네주었다.

당시 세상에서 가장 아름다운 여인은 스파르타의 왕 메넬라오스의 왕비인 헬레네였다. 파리스와 아프로디테가 스파르타 왕궁에 도착하자, 메넬라오스는 그들을 극진하게 대했다. 파리스는 메넬라오스가 없는 틈을 노려 헬레네에게 트로이로 같이 가서 살자고 유혹한다. 젊고 잘생긴 파리스에 반한 헬레네는 궁전에 있는 금은보화까지 몽땅 챙겨 파리스를 따라 트로이로 도망갔다. 아내 헬레네가 파리스와 함께 사라지자 메넬라오스는 화가 머리끝까지 치밀어 올랐다. 메넬라오스는 형 아가멤논을 찾아가 도움을 청하고, 그리스와 트로이 간의 10년 전쟁은 이렇게 시작된다. 미케네의 왕 아가멤논은 그리스의 총사령관이 되어 트로이 전쟁에 참여한다.

꿈 2 아가멤논에게 들려준 거짓 꿈

제우스는 그리스 총사령관 아가멤논의 꿈속에 나타나 그리스군의 출전을 부추긴다. 다른 신과 인간은 모두 잠들었지만 제우스는 잠이 오지 않았다. 그는 어떻게 하면 아킬레우스의 명예를 지키고, 그리스군을 죽음으로 내몰 것인지 골똘히 생각했다. 이리저리 생각하던 제우스는 무릎을 치며 '거짓 꿈'을 불러 아가멤논에게 전할 말을 일러주었다. 거짓 꿈은 즉시 제우스의 명령을 받고 아가멤논의 막사로 슬며시 스며들었다. 아가멤논은 피곤에 지쳐 곤히 잠들어 있었다. 거짓 꿈은 아가멤논이 가장 존경하는 네스토르의 모습을 하고 그에게 제우스의 말을 전했다.

"아트레우스의 아들이여, 수많은 군사를 이끌어야 할 당신이 이렇게 단잠에 빠져 있다니 한심한 일이오. 자, 어서 내 말을 들으시오.

아가멤논의 황금가면

나는 멀리 있어도 항상 당신을 염려하는 제우스의 전령이오. 그분은 이제 트로이인의 도시를 빼앗을 때가 되었으니 지체 없이 그리스군을 무장시키라고 당부하셨소. 올림포스의 신들이 헤라의 간청에 못 이겨 트로이군에 파멸을 안겨주기로 합의를 보았다 하오."

깜짝 놀라 잠에서 깨어난 아가멤논의 귓전에 아직도 신의 음성이 쟁쟁하게 울리는 듯했다. 제우스의 의중을 알 턱이 없는 아가멤논은 벌써 승리감에 도취되어 가슴이 벅차올랐다. 그는 의관을 갖추고 왕홀(지휘봉)을 집어 들고 밖으로 나가 장수 회의를 소집했다. 그리고 그들에게 간밤의 꿈을 들려주고 병사를 무장시키라고 명령했다. 13

그리스의 총사령관 아가멤논이 꾼 꿈은 제우스의 전령이 전달해 주는 방식으로 표현되어 있다. 제우스는 올림포스의 12신 중에 최고의 신이다. 또, 꿈에서는 트로이를 공격하라고 재촉하면서 여러 신이 지혜의 신이자 제우스의 아내인 헤라의 간청에 따라 트로이군을 파괴할 것이라고 예언해 준다. 이에 그리스는 트로이를 공격했으나 견고한 성채에 막혀 전쟁은 지지부진 교착상태에 빠진다. 오히려 트로이 측의 헥토르가 이끄는 공격에 그리스군은 궤멸 직전까지 가기도 한다. 그리스의 전사 아킬레우스가 참전하여 헥토르를 죽이고 그리스군을 위험에서 구한다.

꿈 3 알렉산더 대왕의 태몽과 사자문양의 봉인

알렉산더 대왕은 마케도니아의 왕 필리포스 2세의 아들로 태어났다. 필리포스 왕은 아들을 위해 그 시대에 가장 이름 높은 철학자인 아리스토텔레스를 스승으로 모셔 왔다. 그는 아버지 사후, 20세에 왕위를 계승한다. 알렉산더 대왕은 당시 오리엔트 지역을 지배하던 페르시아제국을 멸망시키고 동쪽으로는 인더스강 유역, 서쪽으로는 그리스, 남쪽으로는 이집트를 정복하여 대제국을 건설했다. 진시황이 중국을 통일한 기원전 221년보다 100여 년을 앞선 대제국의 건설이었다. 이로써 알렉산더 대왕은 유럽 문화의 중요한 기둥 중 하나인 헬레니즘 문화의 토대를 쌓았다.

알렉산더 대왕의 흉상

알렉산더의 아버지 필리포스는 왕녀 올림피아스를 만나 사랑하게 되었다. 그런데 결혼식 날 밤, 신부는 이상한 꿈을 꾸었다. 벼락이 몸에 떨어져 불이 붙고, 번개가 불꽃을 흐트러뜨리며 사라지는 꿈이었다. 그리고 얼마 후 이번에는 필리포스가 다시 꿈을 꾸었다. 아내의 몸에 봉인(封印, 밀봉한 자리에 도장을 찍음)을 했는데, 그 봉인의 흔적이 사자의 모습인 꿈이었다. 해몽가 아리스탄테스는 필리포스 왕에게 말했다.

"이 꿈은 왕자님의 잉태를 나타내는 계시입니다. 왕자님은 사자처럼 용맹스럽고 강한 분이 되실 겁니다."[14]

꿈 4 전쟁의 승리를 예지한 꿈: 방패 위에서 춤추는 사티로스

알렉산더 대왕이 이끄는 군대가 보스포루스해협을 건너 페르시아 영토에 진입했을 때, 티로스 도시는 굴복하지 않고 끝까지 저항했다. 당시 도시는 성채로 둘러싸여 있어 방어벽을 뚫기가 매우 힘든 상황이었다. 알렉산더는 티로스를 포위하고 있었고, 성벽 앞에 진을 친 채 시간을 허비하는 것에 화가 나 있었다.

그때 알렉산더는 자신의 방패 위에서 한 사티로스가 춤추는 꿈을 꾸었다. 사티로스는 그리스 신화에 나오는 괴물로, 얼굴은 사람이지만 머리에 뿔이 나 있으며 하반신은 염소의 모습을 하고 술과 춤을 좋아하기로 유명했다.

알렉산더는 꿈 해석가인 아리스탄도로스를 불렀다. 그는 사티로스라는 말을 풀어 sa Tyros라고 했는데 이는 '그대의 티로스', 즉 '티로스가 그대의 것이다'라는 뜻이었다. 여기서 그대란 알렉산더 대왕을 의미한다. 용기를 얻은 왕은 열심히 싸워 결국 도시를 점령했다.[15]

이 꿈은 예지몽이다. 상징은 괴물 사티로스와 글자(그대의 티로스)가 혼합된 형태로 등장했다. 이처럼 꿈에 나타나는 상징은 숫자나 글자로 표현되기도 한다. 예지적인 꿈을 거의 언급하지 않던 프로이트가 이 꿈에 관해 다음과 같이 말한 점은 흥미롭다.

대왕이 티로스를 포위하던 어느 날, 그는 사티로스가 미친 듯이 춤을

추는 꿈을 꾸었다. 그때 마침 대왕의 군대에 종군하던 해몽가 아리스탄도로스가 이 꿈을 해몽하여 … 티로스가 곧 함락될 것이라고 예언했다. 대왕은 이 해몽에 의거해 전투력을 강화하고 침공한 결과, 티로스를 함락했다. 이 해몽은 억지같이 보였지만 실제로는 옳았던 것이다.[16]

프로이트가 예지몽의 존재를 아예 부인하지 않았다는 점은 분명하다. 그는 이렇게 말한다.

어느 꿈이든지 두 가지로 해석할 수 있다. 하나는 정신분석적 해석이며, 또 하나는 본능적인 경향을 도외시하고 지고한 정신작용의 표현을 목표로 하는 신비적인 해석이다. 개중에 후자에 해당하는 꿈도 더러 있지만, 여러분이 이 견해를 다른 꿈에 적용하는 것은 불가능하다.

즉, 프로이트는 예지적인 꿈의 존재를 인정했지만, 이러한 꿈을 모든 꿈에 환원시켜 일반화할 수는 없다고 했다.[17]

4. 성경에 기록된 요셉이 해몽한 꿈

성경에는 많은 꿈이 기록되어 있다. 꿈은 하느님이나 하느님의 대리자인 천사가 전달하는 메시지로 이해되었다. 여기서는 창세기에 나오는 요셉이 해석한 꿈을 소개한다. 역사학자나 성서학자는 요셉이 활동했던 시기를 기원전 18세기로 추정한다. ●

─────────

● 이들은 요셉이 이집트로 팔려 간 시기를 기원전 18세기로 추정한다(김호동, 〈한 역

어느 날, 파라오는 꿈을 꾸었다. 모든 요술사와 현인도 그의 꿈을 풀이하지 못했다. 그때 헌작 시종장이 왕에게 과거 요셉이 자신의 꿈을 풀이해준 사실을 아뢰자, 파라오는 요셉을 불러들였다. 파라오가 요셉에게 말했다.

"내가 꿈을 하나 꾸었는데, 그것을 풀이할 자가 하나도 없다. 그런데 너는 꿈 이야기를 듣기만 하면 그것을 풀이한다고 들었다."

"저는 할 수 없습니다만, 하느님께서 파라오께 상서로운 대답을 주실 것입니다."

파라오가 요셉에게 이야기했다.

"꿈에서 보니 내가 나일강가에 서 있는데, 살찌고 잘생긴 암소 일곱 마리가 나일강가에서 올라와 갈대밭에서 풀을 뜯었다. 그 뒤를 이어 또 다른, 가냘프고 아주 못생기고 마른 암소 일곱이 올라오는데 그것들처럼 흉한 것은 이집트 온 땅에서 본 일이 없다. 그런데 이 마르고 흉한 암소들이 먼저 올라온 그 살찐 일곱 암소를 잡아먹었다. 그러나 이렇게 잡아먹었는데도 그것을 알아볼 수 없을 정도로 여전히 그 모습이 흉했다. 그러고는 내가 잠에서 깨어났다.

내가 또 꿈에서 보니, 밀대 하나에서 여물고 좋은 이삭 일곱이 올라왔다. 그런데 그 뒤를 이어 딱딱하고 야위고 샛바람에 바짝 마른 이삭 일곱이 솟아났다. 이 야윈 이삭들이 그 좋은 일곱 이삭을 삼켜버렸다.

내가 이 꿈들을 요술사들에게 이야기했지만 아무도 나에게 풀어

사학자가 쓴 성경이야기: 구약편〉, 까치, 2016, p. 54). 또 다른 자료에서는 요셉의 초청으로 아버지 야곱이 이집트로 이주한 시기가 12왕조(기원전 1875~기원전 1850)라고 한다(폴 라이트, 〈손에 잡히는 성경 지도〉, 이용중 옮김, 부흥과개혁사, 2009).

주지 못했다."

그러자 요셉이 파라오에게 말했다.

"파라오의 꿈은 한가지입니다. 하느님께서 앞으로 하고자 하는 바를 파라오에게 알려 주시는 것입니다. 좋은 암소 일곱 마리는 7년을 뜻합니다. 그 뒤를 이어 올라온 마르고 흉한 암소 일곱 마리도 7년을 뜻합니다. 여물고 좋은 이삭과 야위고 샛바람에 바짝 마른 이삭도 그러합니다. 이것들은 기근이 들 7년을 뜻합니다. 하느님께서 앞으로 당신께서 하고자 하시는 바를 파라오께 보여 주시는 것이라고 제가 파라오께 아뢴 바가 바로 이것입니다. 앞으로 오게 될 일곱 해 동안 이집트 온 땅에는 대풍이 들겠습니다. 그러나 그 뒤를 이어 일곱 해 동안은 기근이 들겠습니다. 그러면 이집트 땅에서는 전에 들었던 그 모든 대풍이 잊히고, 기근이 이 땅을 고갈시켜 버릴 것입니다. 이렇듯 뒤따라오는 기근이 하도 심하여, 이 땅에 대풍이 든 적이 있었다는 것을 아는 이조차 없을 것입니다.

파라오께서 같은 꿈을 두 번이나 되풀이하여 꾸신 것은 하느님께서 이 일을 이미 결정하셨고 지체 없이 그대로 실행하시리라는 것을 뜻합니다. 그러니 이제 파라오께서는 슬기롭고 지혜로운 사람 하나를 가려내시어, 이집트 땅을 그의 손 아래 두시는 것이 좋겠습니다."[18]

요셉은 파라오의 꿈을 정확하게 해석했을 뿐만 아니라 앞으로 이집트에 닥칠 환란을 막는 방법까지도 제시했다. 이 점이 요셉의 탁월한 면이다. 예지몽이라도 장래에 닥쳐올 일을 요셉처럼 잘 해석하는 사람을 만나기 쉽지 않다. 본인이 어느 정도 타고나든지 아니면 오랜 경험과 훈련을 통해 해석에 통찰력을 갖춘 경우에나 가능하다. 과거에는 이러한 능력을 신으로부터 부여받았다고 믿었다.

이 사례를 통해 알 수 있는 또 다른 사실은 꿈을 해석하는 데 당시 시대적 배경과 풍습을 알지 못하면 정확한 판단이 어렵다는 점이다. 요셉과 파라오의 이야기에서 알 수 있듯 고대에는 꿈속에서 신이 인간에게 말을 건다고 믿었으며, 미래에 관한 꿈 메시지에 특별한 관심을 보였다.[19] 고대 이집트, 메소포타미아, 그리스 등에서도 꿈을 신이 계시를 받은 자를 통해 인간에게 주는 메시지라고 이해했다.

5. 석가모니가 꾼 5개의 꿈

석가모니가 완전한 깨달음이 있기 전 보살이었을 때 꾼 꿈과 해석이 다음과 같이 기술되어 있다.

꿈 1
위대한 대지는 그의 침상이었고, 산의 왕인 히말라야는 베개였고, 왼손은 동쪽 바다에 두고, 오른손은 서쪽 바다에 두고, 두 발은 남쪽 바다에 두는 꿈을 꾸었다. 이것은 최상의 깨달음을 성취할 것을 예언한 꿈이다.

꿈 2
덩굴이 배꼽에서 자라 구름에 닿은 꿈이다. 이것은 고귀한 팔정도 (불교 수행에서 8가지 올바른 길)를 성취할 것을 예언한 꿈이다.

꿈 3
머리가 검고 몸이 하얀 벌레들이 발에서 시작하여 무릎을 거쳐 온몸을 뒤덮는 꿈을 꾸었다. 이것은 하얀 옷을 입은 많은 사람이 완성된 자인 석가모니에게 귀의할 것이라고 예언한 꿈이다.

꿈 4

각기 다른 색을 한 네 마리 새가 네 방향에서 와서 그의 발에 앉아 모두 하얀색으로 변하는 꿈을 꾸었다. 이것은 완성된 자가 선언한 법과 계율로서 네 카스트(인도의 세습적 계급제도)가 … 최상의 해탈을 실현할 것이라고 예언한 꿈이다.

꿈 5

분뇨로 된 큰 산을 걸어가는 데 분뇨로 전혀 더럽혀지지 않는 꿈을 꾸었다. 이것은 완성된 자가 가사, 탁발, 거주지, 약이 필요해 구한다고 해도, 위험성과 목적을 잘 알고 살펴서 탐욕, 무지 또는 집착에 빠지지 않는다는 것을 예언한 꿈이다. [20]

나의 해석은 이렇다. 이 다섯 개의 꿈은 당시 석가모니가 처한 상황이나 꿈에서 드러난 상징을 고려하면 모두 예지몽으로 보인다.

꿈 1은 석가모니가 해탈 후 세상에 미칠 영향력의 범위가 넓고 깊음을 암시하고 있다. 꿈에서 상징된 대지, 히말라야산, 바다는 그 넓이, 높이, 깊이를 표상한다. 실제로 불교는 인도에서 멀리 떨어진 중국, 한국, 일본에까지 퍼져 나갔다.

꿈 2에서 석가모니의 몸은 나중에 창시될 불교를 상징한다. 배꼽은 몸의 중심에 자리 잡고 있다. 불교의 영향력이 중심에서 구름에 닿을 정도로 멀리 뻗어 나간다는 의미이다.

꿈 3에서 석가모니의 몸은 불교를 상징하고, 머리가 검고 몸이 하얀 벌레는 불교에 귀의할 신자를 표상한다. 인간이 벌레로 표상되었다고 기분 나쁠 필요는 없다. 이는 단지 석가모니의 설법과 행동에 감화되어 석가모니의 곁에 있게 된다는 은유적 표현에 불과하다.

꿈 4에서 각기 색이 다른 네 마리 새는 서로 다른 민족이나 종족을 뜻하고 네 방향은 동서남북 사방을 의미한다. 석가모니의 발은 불교를 은유하며, 이 새들이 발에 앉았으니 불교에 귀의함을 상징한다. 하얀색이 상징하는 바를 정확히 해석하려면 당시 문화와 관습을 알아야 하기 때문에 여기서는 이 부분에 대한 해석을 보류한다.

꿈 5에서 분노로 된 큰 산이란 인간 세상에 만연한 두려움, 정욕, 탐욕 등을 의미한다. 그런데 발을 더럽히지 않고 걸었으니 이들을 초월하여 극복한다고 해석된다.

6. 페르시아: 키루스 2세의 태몽

세계 역사상 가장 강력하고 거대했던 왕국 중 하나인 아케메네스의 페르시아 왕조 키루스 2세●는 메디아 왕조의 마지막 왕의 외손자로 태어났다. 그는 소아시아(지중해, 흑해, 에게해 등에 둘러싸인 광대한 지역) 전역을 지배하는 페르시아 왕조를 건설한다. 그는 리디아(현재 터키), 바빌로니아, 아라비아 사막과 이집트 인근에 이르는 서부아시아 전역까지 공격하여 영토를 확보한다.

기원전 6세기 당시 소아시아는 메디아의 지배를 받았고, 페르시아도 약소국으로서 메디아의 지배를 받았다. 그 메디아의 왕 아스티아

● 이란인에게는 건국의 아버지로 인정받으며, 유대인을 바빌로니아에서 해방해 고향으로 돌아가게 해주었다고 한다. 〈구약성서〉에는 고레스 왕으로 기록되어 있다.

게스에게는 만다네라는 딸이 있었다. 어느 날, 만다네는 오줌을 싸서 그 오줌이 전 도시를 덮고, 나아가 소아시아 전역에까지 범람하는 꿈을 꾸었다.

해몽가로부터 꿈이 의미하는 바를 자세히 듣고 난 왕은 놀라지 않을 수 없었다. 그는 그 꿈이 두려웠던 나머지, 딸이 결혼할 나이가 찼을 때 일부러 자신의 지위에 어울리지 않는, 메디아의 중류층보다도 훨씬 낮다고 생각되는 페르시아의 한 남자에게 그녀를 시집보냈다.

아스티아게스 왕은 딸이 시집간 해에 또 다른 꿈을 꾸었다. 딸의 자궁에서 줄기를 뻗기 시작한 포도덩굴이 점점 자라 소아시아 전역을 덮어 그늘지게 만들었다.

이번에도 그는 또 다시 해몽을 들었다. 해몽가는 '자신의 딸에게서 난 아이(외손자)가 자라 왕을 내몰고 소아시아를 다스리게 될 꿈'이라고 했다. 왕은 임신 중인 딸을 불러들여 신하들로 하여금 그녀를 엄중히 감시하도록 했다. 딸이 자식을 낳는 대로 그 아이를 죽여 없애기 위해서였다.

이 아이는 몰래 소 치기의 가정으로 보내져 성장했다. 후에 페르시아에 있는 자신의 부모에게 돌아와 페르시아의 왕이 되었다. 그리고 페르시아를 메디아의 속박으로부터 해방시키고 강대국으로 만들었다. [21]

이 꿈들에 대한 나의 해석은 이렇다. 꿈에서 재료로 사용된 상징(오줌, 포도덩굴)과 꿈꾼 이의 신분, 그리고 당시 상황을 종합할 때, 예지몽으로 보인다. 앞의 꿈은 만다네 공주가 직접 꾸었다. 그녀는 꿈에 오줌을 싸서 전 도시와 소아시아 전역을 범람시킨다. 여기서 오줌은 영향력을 상징한다. 즉, 그녀 혹은 그녀를 대신할 수 있는 사람의 영향력이 언젠가는 자신이 살고 있는 나라와 소아시아 전역에까지 확장된다는 의미이다. 이 꿈은 태몽과는 직접적인 관련성은 없다. 하지만 당시 해몽가는 그녀 아니면 그녀를 대신할 수 있는 사람이 아버지를 능가하는 영향력을 행사할 수도 있다고 왕에게 해석해 주었을 것이다. 그 때문에 왕은 놀라고 두려워서 딸을 신분에 맞지 않는 하층민에게 시집보낸 것이다.

뒤의 꿈은 왕 자신이 꾼 것이다. 이 꿈은 자신의 딸이 시집간 해에 꾸었다. 딸의 자궁에서 난 포도덩굴 줄기가 자라서 소아시아 전역을 덮는 꿈이다. 꿈의 상징, 꿈을 꾼 시점, 포도덩굴이 나온 장소 등을 고려하면 이 꿈은 예지적인 태몽이다. 여성의 자궁은 생명이 잉태되는 장소이다. 그곳에서 포도덩굴이 나왔으니 포도덩굴은 태아를 상징하며, 그 줄기가 뻗어서 소아시아 전역에 미친다는 것은 태아의 업적 혹은 영향력이 광대한 영역에 미친다는 의미이다. 이 꿈은 비록 왕이 꾸었지만 자신의 꿈은 아니고 딸이 낳은 자식이 위대한 업적을 달성하게 됨을 목격하게 된다는 뜻이다.

7. 로마 시대에 기록된 꿈

꿈 1 카이사르, 모국을 손에 넣는 꿈

카이사르는 로마의 정치가이자 장군이다. 그는 조카인 아우구스투스가 로마 제국을 수립하도록 기초를 닦았고, 이집트 클레오파트라 여왕과 바람을 피우기도 했으며, 그를 지지했던 친구들과 동료들에게 암살당했다. 그는 믿을 수 없는 정도로 짧은 기간 동안 유럽에서 엄청난 영토를 정복했다. 오늘날의 프랑스, 벨기에, 룩셈부르크, 독일의 라인강 서안, 심지어 영국의 일부 지역까지 점령했다.

그는 로마 원로원과 충돌하자 내란을 일으켜 무력으로 정권을 장악한다.

기원전 49년 10월 1일경, 그는 군단을 이끌고 이탈리아 북쪽 국경인 루비콘강을 건넜다. 당시 총독은 원로원의 허가 없이는 병력을 인솔하고 자신의 속주(*province*, 로마 제국의 지방행정조직)를 벗어날 수 없다는 것이 로마의 법이었다. 따라서 루비콘강을 건너는 순간 카이사르는 반란을 일으킨 것이 된다. 그는 루비콘강을 건너며 "주사위는 던져졌다"(*Alea iacta est*)는 유명한 말을 남겼다.

〈플루타르크 영웅전〉에는 카이사르의 일화가 이렇게 기록되어 있다. 카이사르가 루비콘강을 건너는 결정을 내리기 전날 밤, 그는 내전의 참사를 생각하며 최종 결정을 내리지 못한 채 괴로워했다. 그날 밤, 그는 그의 어머니와 성관계를 하는 꿈을 꾸었다. 이 꿈은 카이사르가 그의 모국(母國)을 손에 넣는 것으로 풀이되었다. 22 참고로 영어는 모국 혹은 조국을 motherland로 표현한다. 자신이 태어난 땅이 모국인 것이다. 따라서 꿈은 자신의 조국을 어머니의 품으로 상징화하여 표현했다.

성교하는 꿈을 꾸면 망측하게 생각하는 경우가 많다. 성관계하는 꿈은 대개 심리몽인 경우 억압된 욕구의 발산이며, 예지몽인 경우는 일의 성패와 관련된다. 문제는 심리몽과 예지몽을 구분하기 쉽지 않다는 점이다. 이 구분이 상당히 까다롭기 때문에 여기서는 이 정도로만 언급하고 맨 뒷장에서 자세히 살펴본다.

꿈 2 콘스탄티누스 대제의 꿈, "너는 승리할 것이다"

서기 312년, 당시 로마 제국은 동·서로마 황제 간의 4두정치로 분열되었다. 콘스탄티누스 대제는 군대를 이끌고 알프스를 넘었다.

콘스탄티누스 대제 조각상

그가 로마에 입성했을 때 로마는 찬탈자 막센티우스가 지배하고 있었다. 그는 지난 5년 동안 두 명의 도전자를 꺾고 황제의 자리를 차지하고 있었다.

콘스탄티누스는 막센티우스를 공격하기 위해 이탈리아 북부 밀라노에서 남쪽으로 진군하면서 플라미니아 가도(街道)를 지나가고 있었다. 진군하는 도중에 그와 군사들은 하늘에서 십자가 표식과 함께 '인 호크 시뇨 빈체스'(In hoc signo vinces)라는 문구를 보았다. '이 문장을 가지고 네가 승리할 것이다'라는 의미이다.

콘스탄티누스는 이 문구가 무엇을 뜻하는지 궁금해 하면서 잠자리에 들었다. 그날 밤, 꿈에서 젊은 남자(또 다른 기록에는 천사)가 찬란한 빛을 뿜으며 그 글자와 똑같은 표식을 들고 나타났다. 그는 "이 십자가 안에서 너는 승리할 것이다" 하더니 그에게 "적과 싸울 때 이와 똑같은 표식을 사용하라"고 했다.

콘스탄티누스는 오시우스라는 에스파냐 주교를 불러 꿈 이야기를 했다. 그는 그 젊은 남자가 예수라고 확신했다.

콘스탄티누스는 기술자들을 불러 꿈에 보았던 십자 모양을 넣어 군기를 만들라고 명령했다. 이것은 예수의 십자가도 아니고 정십자가도 아니었다. 그것은 그리스 글자 P 자를 한가운데 두고 X 자를 교차한 모양이었다.

콘스탄티누스는 꿈에서 본 표식을 들고 막센티우스를 공격했지만 성벽은 쉽게 무너지지 않았다. 그런데 로마의 거대한 성벽 뒤에 숨어 두 번이나 콘스탄티누스의 공격을 피하던 막센티우스가 갑자기 부대를 이끌고 테베레강을 건너 벌판에서 대적했다. 신이 개입하지 않고서는 벌어질 수 없는 상황이었다. 무모한 전술을 택한 막센티우스는 콘스탄티누스의 공격에 대패하여 밀비우스 다리 근처에서 죽었다. [23]

콘스탄티누스는 이날 대승을 거둔 후 로마 제국을 다스리는 유일한 황제가 되었다. 그리고 자신에게 승리를 미리 알려준 십자가와 이를 숭배하는 기독교에 보답하기로 결심했다. 로마 제국의 이전 황제들은 기독교인을 콜로세움에서 사자 밥으로 던져 주는 등 수백 년 동안 기독교를 탄압했으나, 콘스탄티누스는 그 악연의 사슬을 끊고 싶었다. 서기 313년, 그는 로마 제국이 기독교를 공식적으로 인정한다는 "밀라노 칙령"을 발표하기에 이른다. 세계에서 가장 큰 제국이 기독교를 정식 종교로 받아들인 것이다. [24] 이로써 기독교는 세계적인 종교가 되는 발판을 마련했다.

8. 아르테미도로스, 고대 서양 꿈 해석의 최고 권위자

1) 〈꿈의 열쇠〉

고대 서양의 꿈 해석과 관련된 중요한 인물이 있다. 바로 아르테미도로스(Artemidoros)이다. 그는 2세기 그리스 리디아 지역의 작은 마을 달디스에서 태어나, 의사로 활동했다.

2세기 무렵, 그리스는 로마 제국의 지배를 받고 있었다. 리디아는 현재 터키의 서부 지방으로 그리스와 지중해에 가까운 지역이다. 당시에는 그리스, 소아시아, 이집트까지 지중해 일대를 여행하는 것이 유행이었다. 아르테미도로스도 여러 해 동안 그 지역을 직접 다니면서 꿈의 사례를 수집하고 그가 얻은 경험을 토대로 꿈을 해석했다. 그리고 〈꿈의 열쇠〉(Oneirocritica)라는 책을 썼다. 그가 쓴 책 중 라틴어로 간행된 〈꿈의 해석〉(De Somniorum Interpretatione, 1546)이 발견되어 고대 꿈 해석 역사에 귀중한 사료가 되고 있다.

프로이트는 아르테미도로스를 고대 후기 꿈 해석의 최고 권위자[25]라고 격찬했다. 아르테미도로스는 당시 신비적, 미신적 경향의 해몽과 거리를 두고 되도록 경험적 사실에 근거하여 합리적으로 분석하려고 했다. 그는 "사실에 입각"하여 "내 원칙의 증인이자 척도로서 늘 경험에 의지"했다고 말했다. 이를 위해 그는 해몽이 이루어진 수많은 현장을 돌아다니며 사례를 수집했고, 기존의 온갖 문헌을 검토하며 자신이 수집한 자료와 대조했으며, 그 가운데 비교적 빈도가 높은 것을 선별하여 일반화했다. 그는 여행과 다독을 해몽가의 필수 자질로 보았고, 특히 의학서를 많이 읽을 것을 아들에게 권했다. [26]

2) 꿈의 유형별 분류

아르테미도로스는 꿈을 두 가지로 분류했다. 첫 번째는 현재 또는 과거에 영향을 받은 꿈으로, 미래에 관해 아무 뜻도 없는 꿈이다. 이런 꿈은 반수면 상태의 악몽이나 가위눌림을 겪을 때처럼, 주어진 표상(예컨대 굶주림)이나 그 반대 표상(예컨대 포식)을 공상적으로 확대하는 환상(幻想)도 포함한다. 두 번째는 미래를 결정하는 꿈이다. 꿈속에서 받는 직접적인 예언, 목전에 임박한 일의 예언, 꿈의 해석이 필요한 상징적인 꿈이 이것에 속한다.[27] 아르테미도로스가 분류한 꿈을 간략히 도식화하면 〈그림 1〉과 같다.

아르테미도로스의 꿈의 분류를 현대식으로 표현하면, 제1유형은 자극적인 꿈 혹은 심리적인 꿈이고, 제2유형은 예지적인 꿈이다. 그는 다음과 같이 말했다.

우리의 감정 가운데 일부는 자연스럽게 영혼의 움직임을 따르며, 영혼에 자리를 잡아 꿈을 불러일으킨다. 가령, 사랑에 빠진 사람은 사랑하는 사람 곁에 있는 꿈을 꾼다. 두려움에 사로잡힌 사람은 그가 두려워하는 것을 본다. 굶주린 자는 먹는 꿈을, 목마른 자는 마시는 꿈을, 잔뜩 무엇을 먹은 자는 토하거나 질식하는 꿈을 꾼다. 따라서 이런 꿈을 꾸는 것은 그 바탕에 감정이 있기 때문이라고 할 수 있다. 이런 꿈에는 미래의 고시(告示)가 없고 현재의 기억만이 있다. … 신체적 꿈에는 부족함에서 오는 것과 과도함에서 오는 것이 있고, 정신적 꿈에는 두려움에서 오는 것과 희망에서 오는 것이 있다.[28]

그는 프로이트가 〈꿈의 해석〉을 저술하기 1,700여 년 전에 이미

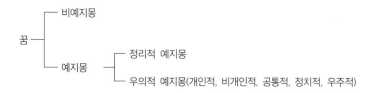

〈그림 1〉 아르테미도로스의 꿈 분류

```
        ┌─ 비예지몽
  꿈 ┤
        │              ┌─ 정리적 예지몽
        └─ 예지몽 ┤
                       └─ 우의적 예지몽(개인적, 비개인적, 공통적, 정치적, 우주적)
```

예지적인 꿈에서 탈피하여 인간의 감정이 꿈을 불러일으킬 수도 있다고 통찰했다. 이러한 아르테미도로스의 통찰은 대단한 성과라고 본다. 다만, 그의 탐구는 심리몽을 더욱 과학적으로 밝혀지지는 못했다는 한계가 있다.

아르테미도로스는 예지몽도 정리적(定理的) 예지몽과 우의적(愚意的) 예지몽으로 세분했다. 정리적 예지몽은 그 결과가 예지몽에 나타났던 것과 정확히 일치하는 경우이다. 어떤 항해자가 난파당하는 꿈을 꾸었는데, 잠에서 깨자마자 물이 배를 집어삼켰고 다른 몇 사람과 함께 겨우 구출되는 일이 일어나는 경우, 혹은 어떤 사람이 함께 사냥을 가기로 약속한 사람 때문에 다치는 꿈을 꾸었는데, 다음 날 그를 만나 그에 의해 꿈에서 보았던 바로 그 부분을 다치는 경우이다.

우의적 예지몽은 다른 것이 매개가 되어 어떤 일을 의미하는 경우이다. 이러한 예지몽에서 사건을 자연의 법칙에 따라 수수께끼처럼 들려주는 것은 바로 영혼이다. 예지몽은 영혼의 움직임 또는 영혼의 복합적인 형상화로서, 좋든 나쁘든 다가올 사건을 의미한다.

3) 꿈꾼 사람의 신분에 따른 상대적 해석

아르테미도로스는 꿈을 정확히 해석하기 위해 예지몽을 꾼 자가 누구인지, 즉 직업, 출생, 재산, 몸의 상태, 연령을 정확하게 알아야 한다고 말한다. 이는 예지몽을 꾼 사람과 그것을 해석하는 사람에게 유용할 뿐만 아니라 꼭 필요한 사항으로, 그는 꿈 내용이 같거나 유사하다고 해도 꿈을 꾸는 사람이 누구인가에 따라 그 의미가 달라질 수 있다고 한다. 또한, 꿈이 상징하는 의미를 정확히 해석하기 위해 꿈꾼 자의 신상뿐만 아니라 전반적인 생활, 습관, 건강상태 등을 파악해야 한다고 말한다. 아르테미도로스는 말한다.

만약 당신이 은이나 금으로 변하는 꿈을 꾸었다고 가정하자. 당신이 노예일 경우 이 꿈은 다른 곳으로 팔려 나간다는 것을 의미한다. 가난하다면 부자가 된다는 것을 의미하고, 부자라면 사기를 당한다는 것을 의미한다.

꿈을 꾸고 난 후 느낌이 어떠했는지도 중요하다. 그는 꿈을 통해 다른 사람의 꿈 메시지가 대신 전달되기도 한다고 말했다. 꿈에 등장한 인물의 성격이나 특성이 꿈꾼 자 혹은 친인척과 비슷하거나 이름이 비슷하다면 꿈이 사실로 나타나는 경우가 많다고 한다.

그는 한 여성을 예로 들었다. 이 여성은 남편이 아닌 다른 사람과 결혼하는 꿈을 꾸었다. 이 꿈은 여러 가지로 해석할 수 있지만 그중에서도 죽음의 경고로 볼 수 있다. 꿈에서 결혼은 죽음을, 죽음은 결혼을 상징한다. 결혼식이나 장례식의 상황이 유사하기 때문이다. 이런 암시적 의미는 현실과 맞아 떨어졌다. 다만 꿈꾼 후에 죽음과 맺어진 사람은 꿈꾼 자 본인이 아니라 그녀의 언니였다. [29] 고대 그리스에서 결혼에 따르는 모든 예식 절차는 장례식에서도 그대로 하는 풍습이 있었다. [30]

나는 아르테미도로스의 꿈 해석 방식을 현대에도 적용할 수 있다고 본다. 예컨대, 자신의 집이 불에 활활 타오르는 예지몽을 꾸었다고 하자. 꿈꾼 사람이 사업가라면 사업이 융성하게 번창할 것으로 해석해야 한다. 작가의 경우 자신의 작품이 세상에 널리 알려질 것으로, 종교인이라면 자신의 설교가 세상에 전파되어 영향을 미칠 것으로 해석해야 한다. 즉, 꿈의 내용 못지않게 꿈을 꾼 사람에 따라 해석이 차이가 난다.

끝으로, 아르테미도로스가 소개한 꿈을 다루며 프랑스의 철학자 푸코가 시도한 성에 관한 꿈 분석이 시사하는 바가 있어 덧붙이고자 한다. 푸코는 아르테미도로스의 꿈 해석을 소개하면서, 그 시대의 성욕 혹은 성행위(아프로디지아, *aphrodisia*)에 관한 풍습들을 발견한다. 푸코는 말한다. "우리는 이 저술로부터 당시 매우 널리 퍼져 있었고, 아마도 상당히 오래 전부터 확립되었을 도덕적 전통에 대해 증언을 듣게 되리라 기대해도 좋을 것이다."

푸코가 소개한 많은 꿈 사례 중 당시 도덕적 전통과 관련된 두 가지 사례만 들어보자. 먼저, 성행위의 파트너에 대한 아르테미도로스의 해석은 이렇다. 자기 아내와 관계를 맺는 꿈은 길한 징조이다. 아내와의 관계는 합법적이고 승인된 행위이기 때문이다. 반면, 쾌락을 제공하는 창녀와 접촉하는 꿈은 분명 어느 정도 가치가 없다. 창녀와의 관계는 자손의 생산이라는 소득도 없이 정액만 헛되이 낭비·소모되는 행위이기 때문이다. 특히, 꿈속에서 창녀의 집에 가는 것은 죽음을 예고하는 것일 수 있다.

다음으로, 꿈에 등장한 성행위의 체위에 관한 그의 시각은 이렇다. 얼굴과 얼굴을 맞대고 하는 성행위는 자연적이며, 따라서 좋은 상황에 대한 예고이다. 그 외 다른 모든 체위는 성적 도취에 의해 생기는 비정상적이고 무절제한, 본능 과다의 부산물이다. 특히, 오럴 에로티시즘에 의한 행위는 흉악한 짓이자 도덕적 죄로서 자연이 정해준 위치에서 벗어나 있기 때문에 나쁜 전조 혹은 예고가 된다. 31

9. 중국인의 꿈과 해석

1) 진사원의 〈몽점일지〉

일찍이 중국의 주나라 시대(기원전 1046~기원전 256)에는 태복(太卜)이라는 관직에서 삼조(三兆), 삼역(三易), 삼몽(三夢)의 방법을 관장했다. 32 여기서 태복은 점을 치는 업무를 관장하며, 이 중 삼몽은 꿈의 해몽을 관장한다. 옛날 중국에서는 꿈의 해석을 점치는 행위와 동일시했다.

명나라(1368~1644) 때인 1562년 진사원(陳士元)은 〈몽점일지〉(夢占逸旨)라는 책을 썼다. '몽점일지'란 꿈을 점칠 수 있는 뛰어난 가르침이라는 뜻이다. 진사원은 자신이 꾼 영몽에서 얻은 깨달음을 몽학 이론의 근간으로 삼아 10편과 외편 20편을 편찬했다. 이 책의 꿈 사례는 총 773건으로 사례 669건과 의학적 설명을 위한 104건으로 구성되어 있다. 그가 쓴 〈몽점일지〉의 서문에는 책을 쓰게 된 이유와 그에 관한 꿈도 함께 소개하고 있다.

1562년 가을 8월 16일, 나는 대청마루 위에 부들자리를 깔고 그 위에 앉아 있었다. 달을 바라보니 월색이 점점 높아져서 계화(桂華, 달의 정기)가 막 비추기 시작하니 흥겨움이 더했다. 만월이 서서히 모습을 바꾸어 이지러질 무렵이었다. 번영과 쇠망의 순환은 취흥에 겨워 대작할 때는 맛있던 술도 흥이 다하면 초맛으로 변함과 같은 이치라는 생각이 들었다. 그러다 삿자리 베개를 베고 맑은 기분으로 누우니 바로 잠이 들었다.

꿈속에 빛나는 흰 눈썹을 한 노인이 신선 옷을 입고 뜰에 내려왔다. 나에게 상자 하나를 주기에 열어 보니 책 한 권이 들었는데 금색문자(金色文字)여서 눈이 어지러운 중에도 어렴풋이 보이는 것이 과두(蝌蚪, 중국 고대문자체 중 하나) 모양의 옛 전자(篆字, 옛 서체 중 하나)였다. 당연히 궁금하여 즉석에서 읽고 싶었으나 그럴 수 없어 소매 안에 간직했으나 빠트릴까 걱정되었다. 그리고 이러한 기이한 보물을 갑자기 갖게 됐다는 사실에 의문이 생겼다. 노인에게 재배(再拜)하고 "노인장과 저의 만남이 꿈은 아니겠지요?" 여쭈었다. 노인이 웃으며 말하기를 "어찌하여 만남을 꿈이 아니라고 하랴, 왜 꿈을 참이 아니라고 하는가?" 하였다.

이때 홀연히 일으켜 깨우는 소리에 놀라 잠에서 깨어나니 새벽이 밝아오고 있었다. 나는 감탄하여 "이것은 어떠한 상서(祥瑞)인가?" 하고 중얼거렸다. … 그 순간 나는 지난밤 꿈속에서 노인과의 만남을 계기로 몽서(夢書)를 서술하기로 결심하고 노인의 철언(哲言)을 지표삼아 지금까지 보고 들은 바를 작은 부분까지 정리하고 미묘한 경계까지 논술하여 내외편을 찬하여 〈몽점일지〉라고 책 이름을 정했다. [33]

〈몽점일지〉에 등장하는 인물은 635명으로 소설 속의 인물 6명 중

가공인물로 추정되는 3명을 빼면 632명이 실존 인물이다. 이 중 제왕이 90명, 문인이 26명, 승도가 7명, 여인이 92명인데, 이 중 황후나 비빈이 75명이고 태몽이 85건이다. 평민은 남녀 15명이고 나머지는 모두 역대 관리이다. 주목할 사실은 평민이 15명에 불과하다는 점이다. 이는 저자가 문헌적으로 고증할 수 있는 인물 위주로 인용했음을 보여준다. 이 책에서 인용한 서적은 311종이고, 인용례는 783건이며, 인용한 시는 29수이다.

진사원은 육몽편(六夢編)에서 꿈을 6가지 종류로 구분했다. 6몽은 정신이 교통하는 것이요, 8각(八覺)●은 형체가 접촉하는 것이다. 6몽은 정몽(正夢), 악몽(噩夢), 각몽(覺夢), 오몽(寤夢), 희몽(喜夢), 구몽(懼夢)으로, 이 여섯은 꿈의 나타남이다. 〈주례주〉(周禮注)에 이르기를, 정몽이란 감응하지 않아 움직임이 없어 평안하여 스스로 된 꿈이다. 악몽이란 깜짝 놀라서 된 꿈이다. 각몽이란 깨어 있을 때 생각한 바가 꿈이 된 것이다. 오몽이란 깨어 있을 때 무념으로 겪었던 일이 꿈이 된 것이다. 희몽이란 기쁘고 즐거움이 꿈이 된 것이다. 구몽이란 두렵고 무서움이 꿈이 된 것이다.

진사원은 "형체와 정신은 서로 감통(感通)하므로 꿈꿀 때나 깨어 있을 때나 서로 연결되어 있음으로써 진기(眞機)를 조화하여 빈틈없이 융합시킨다. 그러므로 점몽자는 세시(歲時, 사계절)를 파악하고 천지의 운회를 관찰하고 음양의 기(氣)를 변별하고 해, 달, 별의 형상을 살펴 점몽(占夢)에 참고해야 한다"[34]고 했다.

● 팔각은 고각(故覺), 위각(爲覺), 득각(得覺), 상각(喪覺), 애각(哀覺), 낙각(樂覺), 생각(生覺), 사각(死覺) 등 8가지 깨어 있는 징후이다.

2) 공자와 이백의 태몽

공자는 춘추전국시대의 정치가, 사상가, 교육가로 유교(儒敎)의
시조이다.

공자의 어머니는 공상(空桑, 공자의 출생지)과 푸른 용에 관한 꿈을
꾸었다. 우선 〈공연도〉(孔演圖)에 이르기를, 공자의 어머니는 꿈에
흑제(黑帝)가 보낸 사자를 따라가 흑제를 알현했다. 흑제가 말하기
를 "너는 장차 공상에서 젖을 먹이게 되리라" 했다. 공자의 어머니는
잠에서 깬 후에도 느낌이 남아 있었다. 그런 후 얼마 지나지 않아 공
상에서 공자를 낳았다. 한편 〈보독기〉에 이르기를, 공자의 어머니
는 공자를 잉태할 때 꿈을 꾸었다. 푸른 용 두 마리가 하늘에서 내려
와 공자의 어머니 방 벽에 붙었다고 한다. 이로 인해 푸른 용이 공자
를 탄생시켰다고 흔히 말한다. 공자의 잉태 시에는 신녀(神女)가 쟁
반에 이슬을 받쳐 들고 있었고, 뜰에 다섯 노인이 서 있었으며, 기린
(전설 속의 신성한 동물)이 옥으로 된 책을 토했다고 한다.[35] 동양에서
용은 훌륭한 인물, 권세나 권력, 영향력 등을 상징한다. 용이 하늘에
서 내려와 어머니의 방 벽에 붙었다는 것은, 어머니의 몸에 잉태하게
될 것임의 은유적 표현이다.

이백은 중국 당나라 시대 시인으로 중국 역사상 최고의 시인 중 한
사람으로 꼽힌다.

〈속이원〉(續異苑)에 이르기를 이백의 어머니가 꿈을 꾸었는데,
창문 밖에서 바둑알을 얻었다고 한다. 도사 둘이서 방 밖에서 바둑을
두기에 가서 관전하니, 그중 한 도사가 바둑판 위의 흰 바둑알 하나
를 집어서 주어 받았다. 이로부터 잉태하여 얼마 후 이백을 낳았다.

한편, 이백은 젊었을 때 붓에서 꽃이 피는 꿈을 꾸고 이름을 천하

에 알렸다. 〈당서〉(唐書)에 이르기를, 이백은 젊었을 때 붓 머리에서 꽃이 피는 꿈을 꾸었다고 한다. 그러한 후에 그의 천재성이 뛰어나게 우러러보이면서 이름이 천하에 알려졌다.[36]

꿈속의 신령이나 도사는 현실에서 권위자, 지도자, 스승 등을 상징한다. 이들이 주는 음식을 먹거나 주는 물건을 받으면 회임기에 있는 여인은 태기를 갖고 아이를 낳을 것임을 암시한다. 앞의 바둑알 꿈에서는 장차 태어날 이백의 유능함이나 위대함까지는 예지하고 있지 않다. 태어나서 나중에 훌륭한 위인이 되는 경우에도 태몽에서부터 반드시 위대성을 암시하는 것은 아니다. 백범 김구 선생의 어머니도 태몽으로 밤알 한 톨을 얻는 꿈을 꾸었다.

3) 장자와 충장세자의 꿈

장자는 중국 전국시대의 철학가로 도가(道家)의 대표적 인물이다. 다음은 장자의 꿈이다.

장자 〈제물편〉(齊物篇)에 이르기를 오래전에 나, 장주(莊周)는 꿈에 나비가 되어 펄럭펄럭 날았는데 유유자적하여 내가 장주인 것을 몰랐다. 그러나 잠에서 깨니 내가 장주인 것을 알자 혼란했다. 장주와 나비 사이에는 반드시 구분이 있건만 장주가 꿈에 나비가 되었는지 나비가 장주가 되었는지 나는 지금 알 수가 없구나.

〈양서〉(梁書)에, 충장세자(忠莊世子)가 말하기를 '내가 일찍이 꿈속에서 물고기가 되었다가 다시 새로 변했다' 했다. 그것이 꿈이라도 꿈속에서 물고기, 새의 즐거움과 어찌 같지 않을 수 있으랴? 꿈을 깬 후에는 어찌 물고기, 새의 근심을 할 수 있겠는가?[37]

이같이 꿈에서 사람이 사물로 변하는 현상을 물화(物化)라고 한다. 이들 두 꿈은 사람이 꿈속에서 나비, 물고기, 새로 변하여 여유 있고 자유로우며, 즐겁고, 편안하게 살고 있거나 앞으로 그렇게 살고 싶은 심정을 나타낸 것이다. 이들 꿈은 예지적인 꿈이 아니라 심리적인 꿈이다.

심리학자 펄스에 따르면 꿈은 자신 인격의 부분을 나타낸다고 한다. 따라서 펄스의 방식으로 해석하면 꿈을 꾼 장자나 충장세자가 스스로 나비, 물고기나 새가 되었으므로 현실에서 이 동물처럼 행동하여 체험해 보고 싶은 자신 인격의 일부분이 투사(投射)되어 꿈으로 창작된 것이라 할 수 있다. 꿈을 꾸는 동안 뇌는 자신의 감정이나 생각을 표현하기 위해 나비 혹은 물고기를 지어낸다. 이렇게 지어내는 현상을 작화(作話)라고 한다.

4) 중국의 꿈 해석 방식에 대한 견해

중국에서는 꿈 해석을 점성술과 동일하게 보았다. 이러한 신비적 · 미신적 전통은 한국에도 이어져 아직도 꿈의 해석을 점치는 행위와 동일하게 생각하는 사람들이 적지 않다.

하지만 꿈의 해석은 미래의 길흉을 예견하는 점과는 분명히 다르다. 그 이유는 다음과 같다. 첫째, 장래를 예시하는 꿈은 전체 꿈 중 극히 일부이다. 둘째, 예지몽 혹은 예시몽은 장래에 일어날 일을 예시해 준다. 하지만 점성술적 방식이 아니라 체계적 방식으로 상징을 해석하고 내용을 종합적으로 판단해야 꿈의 진정한 의미를 이해할 수 있다. 특히, 은유적 방법으로 상징적인 꿈을 해석하는 데에는 전문지식과 상당한 경험이 뒷받침되어야 한다. 또한 앞서 밝힌 바와 같이 꿈꾼 사람이 처한 개별적 상황도 알고 있어야 한다.

10. 한국인의 꿈과 해석

꿈 1 고구려 산상왕, 자식을 낳는 꿈

산상왕은 고구려 10대 왕으로 9대 고국천왕의 동생이다. 고국천왕이 사망하자 왕비였던 왕후 우 씨의 도움으로 왕이 된다. 고구려 시대에는 형이 죽으면 형수와 결혼하는 풍습이 있었다. 산상왕은 보위에 오르는 데 도움을 준 형수 우 씨와 살아야만 했다. 하지만 왕비 우씨는 늙어서 자식을 낳지 못했다. [38]

아들이 없자 왕은 산상왕 7년(203년) 봄 3월에 산천에 기도했다. 이달 보름날 천신(天神)이 말했다.

"내가 너의 작은 왕후에게 사내를 낳게 할 것이니 근심하지 말라."

왕이 깨어나 이를 여러 신하에게 말했다. "꿈에 천신이 나에게 이와 같이 간곡히 말했는데, 후궁이 없으니 어떻게 하겠느냐?"고 물었다. 국상(國相, 고구려 최고관직) 을파소가 아뢰었다.

"천명은 측량할 수 없사오니 임금님은 기다려 보십시오."

산상왕 12년(208년) 겨울 11월에 교시(郊豕, 제사에 쓸 돼지)가 달아났다. 관리가 돼지를 쫓아 주통촌(酒桶村)에 이르렀으나 이리저리 달아나 잡을 수 없었다. 그때 한 여인이 나타났다. 나이는 스무 살쯤 되어 보이며 얼굴은 곱고 어여뻤다. 그녀가 웃으면서 앞질러 가 돼지를 잡아 주었다.

왕은 이 말을 듣고 이상히 여겨 밤에 그 여인의 집을 찾았다. 그 집에서는 왕을 감히 거절하지 못했다. 그 여인은 말했다.

"대왕의 명령은 감히 어길 수 없습니다만, 만약 아이를 가지게 되거든 버리지 말기를 바랍니다."

왕은 이를 허락했다. 삼경(三更, 밤 11시~새벽 1시)에 이르자 왕은 대궐로 돌아갔다.

산상왕 13년(209년) 봄 3월, 왕후는 왕이 주통촌 여자와 관계한 것을 알고 이를 질투해 몰래 군사를 보내 죽이려 했다. 그 여인은 남자 옷을 입고 도망쳤다. 군사가 뒤쫓아 그녀를 죽이려 하니 그녀가 물었다.

"너희들이 지금 와서 나를 죽이려 함은 임금의 명령이냐, 왕후의 명령이냐? 지금 나의 배 속에는 아이가 들어 있는데 이는 실로 왕의 혈육이다. 나는 죽어도 좋으나 또한 왕자까지 죽이려 하느냐?"

군사들이 감히 그녀를 죽이지 못하고 돌아와서 여인이 한 말을 왕후에게 알리니, 왕후는 노하여 그녀를 꼭 죽이려고 했으나 뜻을 이루지 못했다. 그해 가을 9월에 주통촌의 여인이 사내아이를 낳으니 왕은 기뻐하며 말했다.

"이것은 하늘이 나에게 뒤를 이을 아들을 주심이로다."

처음 교시(郊豕)의 일로 그 어미와 관계할 수 있었으므로 그 아들의 이름을 교체(郊彘)라 하고 그 어미를 작은 왕후로 삼았다. [39] 그 아들이 훗날 고구려 11대 동천왕이다.

산상왕의 대를 이을 후사에 대한 절실한 마음이 이 예지적 꿈을 꾸게 만든 동력이 되었다. 꿈에서 천신은 그의 천신에 대한 믿음과 예지적 무의식이 만들어낸 것이다.

꿈 2 신라의 문희, 언니의 꿈을 사다

신라의 태종 김춘추는 김유신 장군과 어울리는 사이였다. 김유신 장군의 여동생 중 문희가 김춘추와 결혼하여 문명왕후가 된다. 〈삼국유사〉의 김춘추와 문희가 만나는 장면은 다소 극적이다.

문희의 언니 보희가 꿈에 서악(西岳)에 올라가서 오줌을 누었더니 오줌이 서울(서라벌)에 가득 찼다. 이튿날 아침에 아우 문희에게 꿈 이야기를 했더니 문희는 듣고 청했다.

"내가 이 꿈을 사겠어요. 비단치마를 주면 되겠어요?"

문희가 옷깃을 벌리고 꿈을 받을 때 보희는 말했다.

"어젯밤 꿈을 너에게 준다."

문희는 비단치마로 꿈값을 치렀다. 열흘 후, 김유신은 김춘추와 공을 차다가 일부러 김춘추의 옷고름을 뜯는다. 김유신이 여동생과의 만남을 주선하기 위하여 일부러 꾸민 일이다.

"내 집에 들어가서 달기로 합시다."

처음 보희에게 옷고름 다는 일을 맡겼으나 사양하자 동생인 문희가 옷고름을 달아 주었고, 이 일을 계기로 김춘추는 문희와 사랑하는 사이가 되었다. 김유신은 문희가 아이를 밴 것을 알자 꾸짖었다.

"부모에게 혼인 말도 하지도 않고 아이를 배었으니 무슨 일이냐?"

김유신은 온 나라에 소문을 내고 동생을 공개적으로 불태워 죽이려했다. 김유신은 선덕여왕이 남산에 놀러가는 때를 기다려, 뜰 가운데 나무를 쌓아 놓고 불을 지르니 연기가 일어났다. 선덕여왕이 보게 하려는 처사였다. 여왕은 무슨 연기냐고 신하에게 물었다.

"아마 유신이 자기 누이를 불태워 죽이려는 것 같습니다. 그의 누이가 남편도 없이 몰래 임신했기 때문입니다."

"그것이 누가 한 짓이냐?"

여왕이 다시 물으니 옆에 있던 춘추공의 얼굴빛이 변했다.

"그것은 네가 한 짓이니 빨리 가서 목숨을 구하라."

그 이후 김춘추와 문희는 혼례를 치른다. [40]

이 꿈은 예지몽이다. 서악은 신라 수도인 경주에 있는 산이다. 수도인 서라벌에 있는 산에 올라가 오줌을 싸서 경주 시내를 오줌에 잠기게 했으니 영향력이 나라 전역에 미칠 것임을 암시한다. 꿈을 꾼 이가 학자라면 연구가 온 세상에 영향을 미치며, 사상가라면 이론이나 사상이 천하에 영향력을 미친다는 예시이다. 권력자든 학자든 간에 세상에 영향력을 행사한다는 측면에서 공통점이 있다.

또 하나, 꿈은 사고 팔 수 있는 것이 아니다. 현실에서 보희가 여동생 문희가 훗날 왕후가 된다는 사실을 목격하거나, 알게 된다는 뜻일 수는 있다. 이 경우 꿈에서 오줌을 싸서 영향력을 행사한 사람은 보희이기 때문에, 현실에서 보희가 목격한다고 해석하기가 어렵다. 훗날 왕후가 된 문희가 자신이 꾼 꿈이 망측하자, 꿈의 줄거리를 약간 비틀어서 말하거나 암시했을 수 있다는 것이 가능한 해석 중 하나이다.

꿈 3 백제, 은산별신제의 기원이 된 꿈

오랜 옛날 은산 지방(현재의 충남 은산리)●에 역질이 유행하여 마을에서 날마다 장정들이 죽어가자 사람들의 불안이 대단했다. 어느 날 마을의 한 노인이 잠시 낮잠이 들었는데, 백마를 탄 장군이 나타나 이렇게 말했다.

● 은산리에는 무형문화제 9호로 지정된 은산별신제를 지내는 풍습이 있다.

"나는 백제를 지키던 장군인데 많은 부하와 함께 억울하게 죽어 백골(白骨)이 산야에 흩어져 있다. 그러나 아무도 돌봐 주는 사람이 없어 백골이 비바람에 시달리고 있으니 백골을 거두어 묻어 주면 마을에 퍼진 역질을 쫓아내 주겠다."

잠에서 깬 노인은 마을 사람들에게 꿈 이야기를 하고 백마 탄 장군이 꿈에 가르쳐준 장소에 가보았더니 과연 백골이 흩어져 있었다. 마을 사람들은 역질을 없애 주기를 바라면서 백골을 정성껏 모아 장사를 지내고 제사를 지냈다. 그랬더니 마을에 역질이 없어졌다. 이후 병마(病魔)를 없애고 마을을 태평하게 해달라며 사당을 지었고, 백제가 멸망한 후에는 조국 회복전쟁 때 희생당한 원혼을 위로하는 제사를 지내게 되었다. 그 제사가 곧 오늘날의 별신제(別神祭)이다. 별신제는 원래 3년에 한 번씩 정월에 지내는 일이 많지만 윤달에는 지내지 않으며, 제관(祭官)이 무장(武裝)하는 것이 특징이다. 지금은 격년으로 대제(大祭)와 소제(小祭)를 지낸다. [41]

이 꿈은 꿈 내용이 현실을 거의 그대로 드러낸 투시적 예지몽이다.

꿈 4 발해의 대조영, 신으로부터 금으로 된 증표를 받는 꿈

대조영은 발해를 건국한 시조이다. 그는 668년 고구려가 멸망한 뒤 당나라 영주(營州, 현재의 랴오닝성 조양 지방)에 그 일족과 함께 옮겨와 거주했다. 696년, 이진충 등이 이끈 거란족이 반란을 일으켜 영주 지방이 혼란에 빠지자 대조영은 말갈 추장 걸사비우와 함께 그 지역에 억류되어 있던 고구려 유민과 말갈족을 각각 이끌고, 당나라의 지배에서 벗어나 동쪽으로 이동했다. 당나라는 대조영을 진국공(震國公)으로 봉하고 회유하여 당나라 세력 아래 다시 복속하고자 했으나 대조영은 거부했다.

이제 당나라와의 일전은 피할 수 없었다. 대조영은 추격하는 당나라 군대를 천문령으로 유인하여 격파한 후 만주 동쪽으로 이동하여 지금의 길림성 동모산에 성을 쌓고 도읍을 정했다. 처음에 대조영은 국호를 진, 연호를 천통이라고 했다. 그때가 699년 무렵으로 여겨진다. 42

어느 날 꿈에 신인(神人)이 대조영에게 나타나 금부(金符, 금으로 된 증표)를 주며 "천명이 네게 있으니 우리 진역(震域)을 다스리라"고 말한다. 이 꿈 때문인지는 확실하지 않으나 처음에는 나라 이름을 진(震)43이라고 했다가, 중국 당나라로부터 공인을 받으면서 '발해'라는 명칭으로 바뀌어 부른다.

이 꿈도 거의 투시적 예지몽에 해당한다. 꿈에서 신인은 권위 있는 자를 상징하고 금으로 된 증표는 금의 속성과 같이 변하지 않고 고귀하고 가치 있는 것을 상징한다.

꿈 5 고려의 왕건, 9층 금탑에 오르는 꿈

왕건은 877년, 송악군(松嶽郡, 지금의 개성)에서 왕륭의 장남으로 태어났다. 당시는 신라의 국력이 쇠퇴했던 시기로, 한편으로는 견훤이 남쪽 지방에서 웅거하여 후백제라고 칭했고, 다른 한편에서는 궁예가 고구려 땅인 지금의 철원에 도읍을 정하고 나라를 태봉이라 했다. 한국사에서는 이 시기를 후삼국 시대라고 한다.

호족 출신인 왕륭은 현재 개성 지역의 세력가였다. 그는 신라 송악군의 사찬 벼슬로 있다가 903년에 송악군을 궁예에게 바치고 그의 신하가 되었다. 왕건의 나이 26세 때 일이다. 같은 해, 왕건은 궁예의 명령을 받아 수군을 지휘하여 금성군(錦城郡, 지금의 전남 나주)을 함락했다. 909년 전남 진도, 목포에 있는 견훤의 군대를 칠 때도 수군과 전함을 활용했다. 아마도 이 시기에는 바다가 육로보다는 이동이 더 편했기 때문이었을 것이다. 이렇듯, 왕건이 활동한 무대 중의 하나가 해상항로였다. [44] 왕건은 궁예가 폭정을 일삼자 홍유, 배현경, 신숭겸, 복지겸 등 장수의 추대를 받아 궁예를 몰아내고 918년에 새 왕조인 고려의 태조가 되었다. [45]

왕건은 30세인 907년에 꿈을 꾼다. 9층 금탑(金塔)이 바다 가운데 서있는 것을 보고 스스로 그 위에 올라가는 꿈이다. 왕건은 이 예지적인 꿈을 꾼 뒤, 11년 만인 918년 고려를 개국한다.

이 꿈을 해석하면 다음과 같다. 먼저 9층탑의 9이다. 동양에서 숫자 9는 최고에 도달한다는 의미이다. 중국에서 숫자 9는 매우 먼 곳이나 여러 번 반복되는 것을 표현할 때도 종종 쓰인다. 예를 들어 구공(九空, 아득하고 먼 하늘), 구만리장천(九萬里長天, 아득히 높고 먼 하늘), 구천(九泉, 저승, 깊은 땅속)을 상징한다.

9층탑의 상징적 의미는 신라 645년에 건축된 황룡사 9층탑의 건축 유래를 보면 추론이 가능하다. 황룡사 9층탑은 '하늘을 받치는 기둥'(支天之柱)을 상징한다. 선덕여왕 때 이웃나라 구한(九韓)이 틈만 나면 신라를 침공했다고 한다. 그래서 9층탑은 각 층마다 한 나라씩으로부터 나라를 지키는 수호의 힘이 있다는 믿음을 담는다.

신라 제27대에는 여왕이 주인이 되어 비록 도(道)가 있었으나 위엄이 없어 구한이 침노했는데, 만일 용궁 남쪽 황룡사에 9층탑을 세운다면 이웃 나라의 재앙을 진압할 수 있을 것이다. 1층은 일본, 2층은 중화 (中華), 3층은 오월(吳越) … 9층은 예맥(濊貊)이다. [46]

9층탑의 한 층 한 층은 나라 혹은 지역을 상징하는데, 그 탑은 예로부터 가치 있고 고귀함을 상징하는 금으로 되어 있다. 금탑에 스스로 오른다는 것은 자신의 노력으로 지배 내지 통제력을 가짐을 뜻한다고 본다.

마지막으로 이 9층 금탑이 바다 한가운데 서있다. 왜 바다인가? 현실에서 왕건이 바다를 중심으로 세력을 키워 왔기 때문이다. 따라서 왕건에게 바다는 자신을 떠받치는 세력을 의미한다. 요약하면, 이 꿈은 왕건은 자신의 지지 세력을 기반으로 스스로의 노력으로 천하를 지배하는 존귀한 통치자가 된다는 예언적 꿈이다.

꿈 6 조선의 경복궁이 불타는 꿈

조선 선조 시대, 영의정 유성룡은 신묘년(1591년) 겨울 어느 날 우연히 꿈을 꾼다. 경복궁의 연추문(延秋門)이 불에 타서 잿더미가 된 것이다. 유성룡이 그 아래를 배회하고 있으니 곁에 어떤 사람이 말하기를, "이 궁궐은 처음에 자리를 정할 적에 지나치게 아래로 내려갔으니 지금 만약 고쳐 짓는다면 마땅히 약간 높게 산 쪽에 가깝게 자리를 정해야 할 것이오"라고 했다. 놀라 깨어나니 온몸에 땀이 흘렀는데 감히 다른 사람들에게 꿈을 말할 수 없었다고 한다.

이듬해 임진년(1592년) 4월에 임금이 탄 수레가 왜적을 피해 경복궁을 떠나고 세 궁궐인 경복궁·창덕궁·창경궁이 모두 불에 타서 잿더미가 되어 버렸다. 적병이 팔도에 가득 찼으며 여러 사람이 나라회복이 가망 없다고 의심했다.

유성룡은 비로소 친한 사람들에게 이 꿈 이야기를 했다. "꿈속에서 이미 경복궁을 고쳐 지을 일을 의논했으니, 이는 곧 나라가 회복될 징조이므로 왜적을 족히 두려워할 것이 못 되오"라고 했다. 이윽고 왜적은 물러가고 임금의 행차는 도성으로 돌아왔다.

신묘년 겨울은 임진왜란이 일어나기 5개월여 전이다. 꿈에서 불에 탄 연추문은 경복궁의 서쪽에 있는 문이다. 1592년 왜적이 조선에 쳐들어와 임금은 서울의 도성 경복궁을 버리고 의주로 피란을 간다. 왜적이 물러나자 선조는 불에 탄 도성에 다시 돌아오고 영의정 유성룡은 전란을 수습한다. 이후 그는 고향으로 내려가 〈징비록〉(懲毖錄)을 썼다. '징비'란 "미리 잘못을 뉘우치고 경계해서 뒤의 환란을 대비한다"는 뜻이다.

이 꿈은 왕궁이 불에 탈 정도로 나라에 큰 재난이 닥치며, 나중에는 회복될 것이라는 예지적인 꿈이다. 유성룡은 이 꿈을 다음과 같이 해석했다.

아직 현실로 닥쳐오지 않은 미래의 일을 꿈에서 보는 것이 어떤 이치인지를 알 수가 없으나, 사람의 마음은 본디 형체는 없지만 신령스러워 일의 조짐을 먼저 알아내는 것이다. 나는 평생에 꿈꾼바 징험(어떤 징후나 징조를 경험함)이 많았는데, 몸소 널리 돌아다닌 곳의 거의 반 이상은 꿈속에서 본 것이다. [47]

유성룡은 사람의 마음에는 일의 조짐을 먼저 알아차리는 신령스러운 능력이 있다고 믿었다. 아마도 꿈에서 나온 내용이 현실에서 실현되는 경험을 했기 때문으로 보인다.

한 가지 덧붙이자면, 예지몽에서 불에 타는 장면의 의미는 상황에 따라 다르게 해석될 수 있다. 즉, 불에 활활 타오르는 꿈은 자신이 추진하는 사업이나 일이 크게 성공한다는 암시이다. 반면, 불에 타서 재로 변하는 모습을 보면 처음에는 추진하는 일 등이 순조롭게 진행되지만 나중에는 수포로 돌아간다는 뜻이다.

2장

심리적 접근: 신으로부터 인간에게로

나는 꿈을 해석할 수 있는 심리학적 기법이 있다는 사실을 증명해 보이
고자 한다.　　　　　　　　　　　　　　— 프로이트, 〈꿈의 해석〉 중

1. 프로이트, 꿈의 해석을 코페르니쿠스적으로 전환시키다

고대와 중세 시대에 꿈은 신이나 죽은 조상의 영혼 등이 꿈을 꾼 사
람에게 전달하는 계시라고 보았다. 즉, 꿈은 신령스러운 존재가 전
달하는 영적인 매개체였다. 따라서 고대와 중세 시대 기록으로 남은
꿈은 대부분 예지몽이다. 심지어 중국과 한국 등 동양에서는 해몽을
점을 치는 행위와 동일하게 생각했다. 이러한 오랜 문화나 관습은 지
금도 우리 사회에 일부 남아 있다.

근대 유럽, 합리주의와 경험주의가 발달하자 꿈 해석에 과학적으
로 접근하려는 시도가 등장했다. 특히, 지그문트 프로이트(Sigmund
Freud, 1856~1939)는 꿈을 인간의 심리에 의해 만들어지는 것으로
보았으며, 꿈을 잘 해석하고 활용하면 심적 고통으로 발생한 병도 치
유할 수 있다고 보았다.

지그문트 프로이트

　꿈의 해석에 관한 이러한 새로운 시각은 천동설을 배척하고 지동설을 주창한 코페르니쿠스적 전환에 비유되기도 한다. 그 맨 앞에 프로이트가 있다. 그는 인간의 모든 행동은 심리적 원인에 의해 결정되며, 인간의 행동은 의식적 요소보다는 무의식에 의해 더 많은 영향을 받는다고 했다. 그리고 꿈의 해석을 통해 인간 내면의 무의식적 요소도 밝힐 수 있다고 주장했다.

　1) "히스테리는 성적 공포의 결과라네"

　1896년, 40세가 된 프로이트는 오스트리아 비엔나 지역 정신의학 및 신경학회에서 '히스테리의 병인(病因)'에 관해 강연했다. 그는 자신이 직접 치료한 히스테리 환자에 관한 18가지 사례를 통해 히스테리의 원인이 되는 트라우마(외상후 스트레스 장애)가 "유년 초기(사춘기 이전)에 속한 것이 틀림없으며, 그 내용은 생식기의 실질적인 자극(성교를 닮은 과정)이 틀림없다"고 발표한다. 그는 이전에 친구에게도 말했다.

"히스테리는 섹스 이전의 성적 공포의 결과라네. 강박 신경증은 섹스 이전 성적 쾌락의 결과야. 이것은 나중에 자기 책망으로 변하지."

프로이트는 18세 소녀 카타리나를 치료한 적이 있었다. 그녀는 프로이트에게 숨이 가쁘고, 어지럽고, 무서워서 숨이 막히는 신경성 증상을 호소했다. 그는 질문을 통해 14세 때 삼촌이 자신을 유혹하려고 몇 번 시도했으나 거부했으며, 그로부터 2년쯤 뒤 삼촌이 여자 사촌의 몸 위에 엎드려 있는 것을 보았다고 밝혔다. 그때부터 그녀의 증상이 시작되었다. 14세의 순진한 소녀는 삼촌의 관심이 몹시 싫었을 뿐이다. 그 기억은 그녀에게 혐오감을 주어 불안 신경증이 생겨났고 이것이 히스테리에 의해 악화된 것이다.

프로이트는 신체적 손상이 없음에도 심리적 요인에 의해 신체 일부가 마비되는 증상이 발생함을 발견했다. 그는 환자 자신도 알지 못하는 무의식의 세계가 존재하며, 그 속에서 일어나는 심리적 활동이 증상의 원인이라고 보았다. 카타리나는 프로이트의 치료를 받으면서 감정을 솔직히 방출했으며, 나중에는 우울했던 태도는 사라지고 건강한 활력이 돌아왔다. 이러한 치료법을 '대화 치료' 혹은 '정신의 굴뚝 청소'라고도 한다.

프로이트는 자신이 내린 결론을 청중 앞에서 매우 세련되게 설명했다. 그는 히스테리 연구자가 '버려진 도시의 유적을 찾아내는 탐험가와 같다'고 말했다. 그는 잘 믿지 않는 청중에게 히스테리의 기원을 아동의 성적 학대에서 찾아야 한다고 말했다.

그러나 청중은 그에게 비웃음과 비난만을 보였다. 당시 사회를 본

크라프트에빙은 '과학적 동화처럼 들린다'고 비꼬았다.

　냉소적인 청중의 반응은 당시 시대적 상황 때문이기도 했다. 19세기의 유럽에서는 엄격한 도덕적 윤리와 사회적 계급이 중시되고, 성 (sex)에 관한 사항은 금기시되었다. 더욱이 여성이 자신의 성적 욕망을 발설한다는 것은 있을 수 없는 일이었다.

　프로이트는 흥분해서 말을 이었다. "수천 년 묵은 문제의 해결책, 나일강의 근원을 제시했는데도 그런 소리를 할 것인가!"라고 한 다음, 무례하게도 그들 모두 지옥에 갔으면 좋겠다고 했다. [48]

　프로이트는 치료를 위해 처음에는 최면술, 나중에는 자신이 개발한 자유연상법을 사용했다. 자유연상법은 환자를 편안한 소파에 비스듬히 뉘어 놓고 그에게 떠오르는 것을 모두 얘기하라고 격려함으로써 환자의 억압되었던 무의식적 고통이나 소망이 드러나게 하는 방법이다. 그는 한 걸음 더 나아가, 꿈의 해석을 통해 꿈을 꾼 사람의 억압된 무의식적 욕망을 입증하려고 했다.

2) "내가 높은 곳에 있는 권세를 굴복시키기 못한다면 지옥을 움직이리라"

　1900년에 발행된, 정신분석 분야에서 기념비적인 프로이트의 저작 〈꿈의 해석〉은 다음과 같은 도발적인 문구로 시작한다.

　나는 이 책에서 꿈을 해석할 수 있는 심리학적 기법이 있다는 사실을 증명해 보이고자 한다. 또한 그 해석 과정을 통해 인간의 마음이 갖고 있는 여러 가지 힘의 정체를 밝히려 한다. [49]

프로이트는 꿈을 꾼 사람에게 자신이 제시한 자유연상법을 이용하면 꿈을 꾼 사람이나 그의 분석가는 결국 그 의미를 풀어낼 수 있다고 보았다. 그는 이런 기법으로 자기 자신의 꿈과 분석 대상자의 꿈을 1천 개 이상 해석했다고 주장했다. 그리하여 그는 일반 법칙을 발견했다. "꿈은 소망의 충족이다."

프로이트가 소개한 의사 페피의 꿈 사례를 통해 프로이트의 명제를 확인해 보자. 페피는 병원 근처에서 하숙했는데, 잠이 많은 사람이었다. 그는 때맞춰 일어나기가 어려워서 하숙집 부인에게 매일 아침 깨워달라고 부탁했다.

어느 날 아침, 잠을 자고 있는 그에게 부인은 "페피 씨, 어서 일어나세요, 병원에 갈 시간이에요" 하고 큰 소리로 외쳤다. 한참을 자던 젊은 의사는 다음과 같은 꿈을 꾸었다. 병원의 한 침대 위에 자기가 자고 있고, 머리맡에 매달려 있는 명찰에는 '아무개, 조수, 22세'라고 쓰여 있었다. 페피는 이미 병원에 와 있으니 출근할 필요가 없겠다고 생각하여 돌아누워 다시 계속 잠을 잤다. 50

프로이트는 꿈의 분석을 위해 '나타난 꿈'〔현재몽(*manifest dream*)〕, '잠재적 꿈 사고'(*latent dream thought*)와 '꿈 작업'(*dream work*)으로 구조화했다. 앞의 예에서 '나타난 꿈'은 드러난 꿈 내용 그 자체이다. 즉, '그가 병원의 한 침대 위에서 자고 있고, 이미 병원에 와 있으니 출근할 필요가 없겠다고 생각한 것'이다. 그의 내면에 있는 진실한 '잠재적 꿈 사고'는 계속해서 더 자고 싶다는 자신의 욕망이다. '꿈 작업'은 잠재적 사고가 현재몽으로 전환되는 무의식적 정신 작용을 말한다. 51 페피의 뇌는 꿈 작업을 통해 더 자고 싶은 자신의 욕망을 '나는 이미 병원에 와 있네'로 전환한다. 이로써 그는 일어날 필요가 없이 계속 잠을 잘 수 있었다. 즉, 더 자고 싶다는 욕망(잠재적 꿈 사고)→ 꿈 작업(무

의식적 정신 작용)→‘병원에 와 있네’(나타난 꿈)의 순서로 심적 변환이
이루어진다.

결국, 이 잠꾸러기 의사는 아무런 양심의 거리낌 없이 계속 잠을
잠으로써 자신의 소망을 충족한다. 그리하여 “꿈은 (억압된) 소망의
(위장된) 충족이다”라는 프로이트식 꿈 해석의 명제가 입증된다.

‘해몽 책’이라고도 불리는 〈꿈의 해석〉은 꿈에 관한 내용뿐만 아니
라, 오이디푸스 콤플렉스, 억압의 기능, 욕망과 방어 사이의 갈등 같
은 정신분석의 근본 개념을 개괄하며 풍부한 사례를 제시했다. 하지
만 발행 초기 이 책은 일부 사람에게 호된 비판을 받았고, 프로이트
는 ‘외설 작가’라는 말까지 들었다. 이 책은 6년 동안 겨우 300부밖에
팔리지 않았다. [52]

“내가 높은 곳에 있는 권세를 굴복시키기 못한다면 지옥을 움직이
리라.” 이 문구는 올림포스의 신들 때문에 소망을 이루지 못하자 격
분한 여신 헤라가 내뱉은 말이다. 프로이트는 이 말을 인용하기를 원
했다. 그는 자신의 주장에 말도 안 되는 어리석은 이야기라고 질타하
는 격분한 외침이 들려올 것이라고 예언했다.

그의 설득력 있는 주장에도 불구하고 비엔나의 ‘높은 곳에 있는 권
세’는 꼼짝도 하지 않을 터였다. 그러나 그는 “이 권세에 의해 거부당
한 소망은 정신의 지하세계(무의식)에 의존하겠다”고 생각했다. [53] 이
문장에서 ‘이 권세’란 당시 비엔나를 지배하던 의학계로 읽힌다. 그리
고 그들에 의해 자신의 정신분석 이론이 말도 안 되는 어리석은 이야
기라고 거부당했음에도 불구하고 계속 인간의 무의식을 탐구하겠다
는 프로이트의 의지도 읽힌다.

3) 프로이트가 해석한 몇 개의 꿈

여기에서 제시하는 꿈은 프로이트가 분석한 수많은 꿈 중 극히 일부에 불과하다. 꿈 해석에 관한 그의 특징적 사고를 엿볼 수 있는 꿈들을 소개하고자 한다.

꿈 1 음식을 먹으려 부엌에 갔다가 화를 내면서 나온 꿈

프로이트 자신의 어린 시절 꿈이다. 여행에서 돌아와 너무 피곤한 나머지 굶고 잤더니 여러 가지 욕구가 나타나는 꿈을 꾸었다. 그중의 하나이다.

나는 밀가루로 된 음식을 먹으려고 부엌으로 갔다. 거기에 세 명의 여자가 있었는데, 그중 한 사람은 그 집의 부인으로서 마치 떡이라도 만들 듯 무엇인가를 반죽하고 있었다. 그녀는 나에게 '곧 끝나니 조금만 기다려 주세요'라고 말했다. 나는 기다릴 수 없어서 화를 내며 부엌에서 나왔다. [54]

프로이트는 자신이 어렸을 적에 이와 비슷한 체험을 했던 사실이 있다고 한다. '어렸을 때 배가 고파 부엌으로 가면 아궁이 옆에 서 계시던 어머니가 조금만 있으면 점심시간이 될 테니 그때까지 기다리라고 했다.' 종종 과거 경험은 뇌의 기억으로 저장되어 있다가 수면 중 욕구와 결합하면서 이같이 꿈의 재료로 사용된다. 이를 프로이트가 제시한 꿈의 구성 요소인 '나타난 꿈', '잠재적 꿈 사고', '꿈 작업'으로 나누어 해석해 보자.

'나타난(명백한) 꿈'은 드러난 꿈 내용 그 자체이다. 즉, '어린 프

로이트가 음식을 먹으러 부엌에 갔고, 음식을 만드는 것을 기다리다가 기다리라는 말에 화를 내면서 나온 사실'이다. 그의 내면에 있는 '잠재적 꿈 사고'는 배가 고파 음식을 먹고 싶다는 욕망이다. 그의 뇌는 무의식적 과정인 '꿈 작업'을 통해 음식을 먹고 싶었으나 이루지 못하고 좌절된 욕망을 '나는 부엌에 들어가서 기다린다'로 전환한다. 즉, 음식을 먹고 싶은 욕망(잠재적 꿈 사고) → 꿈 작업(무의식적 정신작용) → 먹지 못하고 화를 내고 나옴(나타난 꿈)의 순서로 전환된다.

이제 상징적인 꿈을 해석하려면 자유연상법을 활용해 꿈이 만들어지는 과정과 반대로 탐색하면 된다. 즉, 먹지 못하고 화를 내고 나옴(나타난 꿈) → 꿈 탐색(자유연상법) → 음식을 먹고 싶은 욕망(잠재적 꿈 사고)의 순서로 이루어진다. 예컨대, 해석가는 꿈꾼 이에게 이렇게 물을 수 있다. "꿈에서 조금만 기다리라고 말을 들으니 어떤 생각이 나세요?" 그러면 어린 시절 체험이 떠오르고 그때 배고팠던 생각, 음식을 먹고 싶은 욕망 등이 연상될 것이다.

덧붙이자면, 이 꿈은 음식에 대한 욕망과 신체 내부의 물리적 자극이 결합한 생리몽이다. 현재의 배고픔으로 야기된 위장의 자극이 뇌에 전달되고, 수면 중에 뇌는 자극을 유추하고 연상을 통해 기억의 저장소에서 과거 어린 시절 경험을 끄집어내어, 현재 자극과 결합한 작화현상으로 만들어진 것이다.

꿈 2 한 교양 있는 부인의 억압된 성적 소망의 꿈

어느 교양 있는 부인은 '사랑의 봉사'에 관한 꿈을 꾸었다. 꿈속에서 그녀는 제1육군 병원으로 갔다. 그리고 보초에게 말했다.

"병원장(그녀는 미지의 이름을 댔다)님을 뵈려고 왔습니다. 내 자신이 병원에서 무언가 봉사하고 싶어서 그럽니다."

그녀는 이때 '봉사'라는 말을 세게 발음했으므로, 그 말을 들은 보초는 '사랑의 봉사'를 말함을 금방 깨달았다. 그녀가 나이를 먹었으므로 하사관은 잠시 망설이다가 들어가도록 했다. 그런데 그녀는 병원장실에는 가지 않고 어두컴컴한 큰 방으로 들어갔다. 방 안에는 많은 장교와 군의관이 긴 탁자를 둘러싸고 서 있거나 앉아 있었다. 그녀는 선임 군의관에게 용건을 말했다. 군의관은 그녀의 짧은 말에서, 그 뜻을 금방 알아들었다. 그녀는 말했다.

"저뿐이 아닙니다. 비엔나에 사는 주부나 소녀는 언제라도 기꺼이, 장교건 사병이건 누구든 상관없이 …."

그러자 꿈속에서 소란한 웅성거림이 일어났다. 그녀가 한 말을 사람들이 옳게 이해했다는 증거로 장교들은 이 말을 듣는 순간 당황한 듯 좀 놀라는 표정을 지었다. 그녀는 계속했다.

"우리의 결심을 이상하게 여기시겠지만, 우리는 진정으로 희망하고 있습니다. 전장에 나가시는 병사는 목숨이 아깝다든가, 아깝지 않다든가 말할 수는 없지 않겠어요."

그리고 잠시 숨 막히는 침묵이 계속되었다. 선임 군의관은 그녀의 허리에 팔을 두르며 말한다.

"부인, 사실 이렇게 말하는 김에 …."(소음)

그녀는 '남자는 똑같구나'라고 생각하면서 남자의 팔을 풀었다. 그리고 입을 열었다.

"어머나, 저는 늙은 여자입니다. 저에게 그런 일은 적당치 않습니다. 한 가지 조건을 생각해 봐야겠습니다. 나이라는 것을 생각해 보면, 나이 먹은 여자와 젊은 청년이 …(소음) 아아, 망측한 일입니다."

군의관은 "부인 말씀을 잘 알았습니다" 하고 말했다.

몇 사람의 장교가 한꺼번에 큰 소리로 웃어댔다. 그 가운데는 결혼

전, 그녀에게 구혼했던 남자의 모습도 보인다.

그리고 그녀는 모든 일이 잘 처리되도록 자기가 아는 병원장에게 안내해 달라고 애원한다. 그런데 그 순간, 자기가 그 병원장의 이름을 모른다는 것을 깨닫고 당황한다. 그럼에도 선임 군의관은 그녀에게 아주 정중하게 그 방 위층으로 통하는, 아주 좁으면서도 긴 철재 나선형 계단을 올라가라고 가르쳐 주었다. 층계를 올라가면서 그녀는 한 장교의 말소리를 듣는다.

"참으로 놀라운 결심이군. 젊었든 늙었든 그런 거야 상관있나. 대단한 여자야."

그녀는 자기의 의무를 재빨리 완수하려는 감정으로 가득 차서 수많은 계단을 뛰어 올라간다.

이 꿈에 대한 프로이트의 해석이다.

결국 꿈을 꾼 여자는 장교, 하사관, 병사의 정욕을 채워주기 위해 마치 애국심을 발휘하듯 자기 몸을 바쳐도 좋다는 공상이 뚜렷해진다. 이 꿈은 확실히 망측스럽고 대담한 성적 공상의 전형이다. 그러나 이 점은 이 꿈의 어디에도 나타나 있지 않다. 이야기의 순서로서, 이런 것을 고백해야 하는 바로 그 대목에서 현재 내용의 표면에 이유를 알 수 없는 소음이 일어나 어떤 것이 말살되거나 억제되어 버린 것이다. 말살된 대목에 나타나 있는 이 망측스러움이야말로, 그 부분을 억제하는 동기였다고 추측할 수 있다. [55]

즉, 부인의 성적 욕망(잠재적 꿈 사고) → 꿈 작업(무의식적 정신 작용) → 사랑의 봉사(나타난 꿈)의 과정을 거치면서 꿈이 생성되었다. 따라서 꿈의 해석 과정은 사랑의 봉사(나타난 꿈) → 꿈 탐색(자유연상법)→ 부인의 성적 욕망(잠재적 꿈 사고) 순서로 이루어진다.

한편, 내용 중 소음 부분은 무의식의 전환 과정에서 꿈이 부분적으로 왜곡된 것이며, 프로이트는 이를 '꿈의 검열'이라고 부른다. 프로이트는 이 검열을 국민의 자유로운 토론을 막기 위한 권위적인 정부의 언론 검열과 같다고 한다.

현대 뇌과학 측면에서도 꿈의 검열작용에 관한 설명이 가능한가? 검열이 이루어진다면 도덕과 양심을 담당하는 초자아의 영역이 되어야 한다. 초자아 기능은 뇌의 전전두엽 배쪽 내측(앞이마 아래 안쪽) 영역이다. 하지만 이 부위는 꿈꾸는 동안 활성화되지 않는다.[56] 따라서 초자아에 의한 검열은 이루어지기 힘들다고 보아야 한다. 검열이 아니라면 무엇일까?

나는 그 이유가 꿈의 표현방식이 현실보다 제한적이기 때문이라고 본다. 현실에서는 언어, 문자, 음성, 감정, 표정, 동작 등 의사 전달 수단이 다양하다. 하지만 꿈은 주로 영상이나 음성을 통해 전달된다. 이러한 제약 때문에 꿈은 흔히 현실보다는 상징과 은유 기법을 더 많이 사용한다. 프로이트의 가설과 같이 검열을 피하기 위해서가 아니라, 꿈의 표현방식이 현실과는 다르기 때문에 은유나 상징을 통해 드러난다고 본다.

꿈 3 도라의 꿈, 그리고 프로이트의 오해석

1898년 여름, 도라는 열여섯 살의 나이에 프로이트의 진료실에 처음 찾아왔고 2년 뒤인 1900년 10월에 그에게서 정신분석 치료를 받기 시작했다. 1905년, 프로이트는 도라의 치료 사례를 발표했다.

도라를 둘러싼 가정환경은 다소 복잡했다. 요약하면, 도라를 둘러싼 이중의 삼각관계가 만들어진다. 첫째 축은 도라의 아버지, 어머니 그리고 도라 아버지가 내연의 관계를 맺은 K 부인과의 관계이다. 둘째 축은 사춘기를 심하게 겪는 도라 자신, 도라의 아버지와 K 부인의 남편인 K 씨와의 관계이다.

도라의 아버지는 부자에 똑똑한 제조업자였으나, 결핵과 결혼 전 감염된 매독의 영향으로 고생하고 있었다. 그 역시 프로이트의 환자였으며, 자신의 딸 도라를 프로이트에게 데려온 사람이기도 했다. 도라의 어머니는 대단히 강박적인 여성으로 많은 시간을 집 안 청소에 몰두했고, 남편을 성적으로 거의 만족시키지 못하는 듯했다.

도라의 가족에게는 가깝게 지내는 K 씨 가족이 있었다. K 부인은 도라의 아버지가 심하게 아플 때 간호해준 적이 있으며, 도라는 K 집안의 어린 아이들을 돌본 적이 있었다. 도라의 아버지는 K 씨 부인과 열정적인 불륜 관계에 빠져 욕구를 해소했다.

한편, 자신의 부인에게 암묵적으로 거부당한 K 씨는 도라에게 관심을 돌렸다. 도라는 열여섯 살의 매혹적이고 잘생긴 젊은 여자로 성장했을 때, 그때까지 그녀의 나이 많은 친구 가운데 가장 다정했던 K 씨를 증오한다고 고백했다. 이미 4년 전부터 도라는 히스테리 증상을 보이기 시작했다. 편두통과 신경성 기침이 주요 증상이었다. 도라의 히스테리도 악화되었다. 한때 매력적이고 활기찼던 도라는 여러 가지 불쾌한 증상을 드러냈다. 기침 말고도 히스테리성 실성증(失聲症, aphonia, 갑자기 쉰 목소리가 나오거나 속삭여야만 말할 수 있는 히스테리성 발성장애)이 생기고, 이따금씩 우울증이 나타났으며, 비합리적인 적대감을 드러내고, 심지어 자살을 생각하기도 했다.

도라는 자신이 어째서 불행한지 이유를 제시했다. 오랫동안 좋아하고 신뢰했던 K 씨가 산책 도중 자신에게 성적으로 접근했다는 것이다. 그녀는 몹시 불쾌하여 K 씨 따귀를 때렸다. 비난을 들은 K 씨는 그런 사실을 부인하고 오히려 도라를 공격했다. 도라가 오직 성에만 관심을 가지며 외설스런 문학을 읽고 흥분하곤 한다는 것이다. 도라의 아버지는 K 씨 말을 믿고 도라의 비난을 공상이라고 일축하고 싶어 했다.

이후 프로이트는 도라의 아버지가 K 부인과 뜨거운 연애를 하며 자신의 집안에서 겪는 좌절을 보상받고 있음을 알았다. 도라도 이 사실을 알게 되었다. 주의 깊고 의심이 많은 도라는 자신이 사모하는 아버지가 그 자신의 음란한 관계 때문에 딸의 고뇌에 찬 비난을 믿지 않으려 한다고 확신했다.

프로이트는 도라와 11주간 분석을 끝내기 전에, K 씨와 도라의 아버지, 그리고 K 부인에 대한 도라의 뜨거운 감정을 발견했으며, 도라 자신도 이것을 어느 정도 인정했다. 프로이트는 사춘기인 도라의 불안한 정신 속에서 풋사랑, 근친상간, 동성애적 욕망이 서로 우위를 차지하려고 다투고 있다고 읽었다.

도라는 프로이트에게 자신의 꿈을 이야기했다. 도라의 어머니는 불타는 집에서 작은 보석상자를 구하고 싶어 한다. 그러나 아버지는 보석상자 대신 아이들을 구해야 한다고 고집한다.

프로이트는 도라의 이야기를 들으면서 그녀의 어머니가 그렇게 귀하게 여기는 보석상자에 관심을 집중했다. 프로이트가 도라에게 무엇이 연상되느냐고 묻자, 도라는 K 씨가 자신에게 바로 그런 상자, 값비싼 상자를 준 것을 기억했다. 그러자 프로이트는 도라에게 보석상자는 여성 생식기를 가리킨다는 사실을 일깨워줬다. 그러자 도라가 응수한다.

"교수님이 그렇게 말할 줄 알았어요."

프로이트는 대꾸한다.

"그러니까 너도 알고 있었다는 거로구나. 이제 꿈의 의미가 더 분명해지는군. 너는 혼잣말을 했지. '그 남자가 나를 쫓아오고 있어. 그 남자는 내 방으로 강제로 들어오려고 해. 내 '보석상자'가 위험해. 만일 불행한 일이 생기면 그건 아빠 책임이야.' 그래서 네 꿈에서 그 반대를 표현하는 상황을 만들어낸 거지. 네 아빠가 너를 위험에서 구해 주는 상황 말이야. 꿈이라는 영역에서는 일반적으로 모든 것이 그 반대로 바뀌어. 곧 그 이유를 알게 될 거야.

확실히 비밀은 네 엄마에게 있구나. 엄마가 어떻게 이 꿈에 등장했을까? 너도 알다시피 엄마는 아빠의 사랑을 두고 너와 경쟁하는 사이였잖아."[57]

프로이트는 이 꿈을 도라의 성적 히스테리와 연결해 해석했다. 프로이트는 자신이 구축한 성적 심리모형에 지나치게 맞추려다가 무리하게 해석한 것이다.

하지만 나는 이 꿈을 아버지와 어머니에 대한 도라의 심리적 상태를 드러낸 꿈이라고 해석한다. 도라의 어머니가 자식, 특히 자신보다는 집 안의 가치 있는 물건에 더 관심과 애착을 가지고 있고, 반면 아버지는 귀한 물건보다는 도라 자신을 포함한 자식을 더 귀하게 여긴다는 도라의 내면적 판단과 심리 상태가 보석상자라는 상징을 통해 드러난 것이라고 해석해야 한다. 덧붙여, K 씨가 사주었던 보석상자는 그녀의 심리 상태를 표현하기 위한 재료로 사용되었다.

하지만 프로이트는 자신의 관점을 계속 고집했다. 프로이트는 도라의 아버지와 K 씨 편에 서서, 그녀가 K 씨를 격렬하게 거부하는 것이 신경증적 방어기제라고 해석했다. 그는 믿었던 가족과 친구의 배신이 사춘기 소녀의 마음에 정신적 외상을 일으켰을 수 있다는 점을 이해하지 못했다. 도라의 감정을 무시하고 그녀의 이야기를 왜곡하면서, 그는 오로지 도라에게 이전부터 병이 있었다는 점만 강조했다. 결국 도라는 치료를 포기했다.

'정신의 생물학' 분야를 개척한 정신과의사 캔들은 도라의 사례에 관해 "슬픈 이야기이며, 프로이트 경력에서 최악의 사례가 되었다"[58] 고 지적했다. 하지만 도라의 꿈을 잘못 해석한 사례가 프로이트가 꿈에 관한 위대한 통찰을 무너뜨릴 정도는 아니라고 본다.

4) 인류 역사상 가장 먼저 정신을 마주한 인물

지그문트 프로이트는 1856년 당시 오스트리아 땅이었던 프라이베르크에서 유태인 아버지 야코프와 어머니 아말리에 사이 첫 아들로 태어났다. 어머니는 아버지보다 19세 연하이자 아버지의 세 번째 아내였다. 프로이트에게는 이미 전처 출생의 장성한 두 이복형제가 있었다. 프로이트의 아래로 다섯 명의 여동생과 막내 남동생이 태어났다.

프로이트 가족은 1859년에 오스트리아 수도인 비엔나로 이주했으며 프로이트는 이곳에서 성장했다. 직물상이었던 아버지는 가족 내에서는 권위적인 모습을 보였으나, 유태인으로서 겪는 사회적 제약과 수모를 경험하면서 많은 가족을 부양하는 데 경제적 어려움을 겪었다. 어머니는 자신의 첫아들에게 사랑과 긍지를 느끼며 많은 기대를 하는, 정이 많은 사람이었다. 나중에 프로이트는 두 살 무렵 어머니의 벗은 모습을 보고 어머니에 대한 성적 애착을 느꼈다고 진술했다.

1892년 프로이트는 최면 치료의 한계를 인식하고, 아무런 제약 없이 말하게 하는 것이 훨씬 더 나은 방법이라고 생각하여 '자유연상법'이라는 새로운 치료 방법을 시도했다. 1896년에는 '정신분석'이라는 용어를 처음으로 사용했다.

1900년 정신분석의 기념비적 저작인 〈꿈의 해석〉을 출간했다. 오늘날 이 책은 20세기의 가장 중요한 저서로 인정받는다.[59] 프로이트는 꿈을 통해 인간의 무의식에 도달할 수 있다고 보았다. 그래서 그는 '꿈은 무의식에 이르는 왕도(王道)'라고 말했다.

1923년 〈자아와 이드〉를 출판하여 인간의 정신구조를 원초아(id), 자아(ego), 초자아(superego)로 나누어 설명했다. 이 모델은 사람들이 왜 그렇게 복잡하고 모순된 행위를 하는지를 설명하는 데 도움이 되었다. 정신에 관한 사람들의 사고방식을 바꾸어 놓은 혁명적인 개념이었다. 하지만 이 이론도 그의 다른 이론과 마찬가지로 많은 사람에게 비판받았다.[60] 프로이트는 지나친 흡연으로 구강암에 걸렸고, 이때부터 죽을 때까지 30여 차례에 걸쳐 고통스러운 수술을 받는다.

1933년 히틀러가 독일 내 권력을 장악하면서 반유태주의 정책을 추진하자, 5월 10일 프로이트의 저서도 그의 친구 아인슈타인이 쓴 책과 함께 베를린에서 공개적으로 소각되었다. 이에 대해 프로이트는 "우리는 굉장한 진보를 이루고 있다. 중세라면 그들은 나를 불태웠을 테지만, 오늘날에는 내 책을 불태우는 것으로 만족하니 말이다"라고 빈정거렸다. 프로이트는 히틀러와 나치가 오스트리아를 침공하지 않으리라 믿었으나,[61] 1938년 히틀러는 오스트리아를 침공하여 합병한다. 나치에 의해 프로이트의 집과 사무실이 수색당했고 딸 안나와 아들 마르틴은 게슈타포에 끌려갔다가 풀려났다. 결국 프로이트는 런던으로 탈출한다.

1939년 암의 고통이 참을 수 있는 한계를 넘어서자 그는 주치의에게 필요한 조치를 취해 달라고 부탁했다. 그는 2센티그램 모르핀을 맞고 편안히 잠들었고 혼수상태가 끝나자 죽음이 찾아왔다. 9월 23일

새벽 3시, 그의 나이 83세였다. [62]

프로이트의 업적에 대해 바뱅은 "그는 인류 역사상 가장 먼저 정신을 마주한 인물이 될 것"[63]이라고 찬사를 보냈다. 또한 브레너는 "프로이트의 〈꿈의 해석〉은 반세기 이전 다윈의 〈종의 기원〉이 생물학에 공헌한 것과 같이 심리학에 혁명적이며 기념비적인 공헌을 했다"고 평가했다.

한때 프로이트를 추종했던 융은 다음과 같이 평가했다. "그가 무의식으로 통하는 길을 발견한 것은 우리 문화에 충격을 주었다. 그는 꿈을 무의식 과정에 대한 가장 중요한 정보원으로 인정함으로써, 잃어버려 이제는 어쩔 수 없다고 여겨진 가치를 과거와 망각으로부터 되찾아 왔다. 그는 자신의 경험으로 무의식적 정신의 존재를 증명했다."[64] 반면, 왓슨은 "생각의 역사에서 어떤 인물도 프로이트만큼 평가의 수정이 많았던 사람은 없을 것이다. 다윈은 분명히 아니었고 마르크스도 아니었다"라고 냉혹하게 평가했다. [65] 또한, 프로이트를 다윈이나 코페르니쿠스와 같은 위대한 학자와 동등한 반열에 올려놓는 것은 타당하지 않다는 비판도 있다. [66]

2. 융, 꿈은 무의식이 말하고자 하는 어떤 특별한 것을 표현한다[67]

프로이트와 마찬가지로 카를 융(Carl Jung, 1875~1955)도 꿈을 해석하고 꿈꾼 이에게 이를 통찰시킴으로써 정신 치료가 가능하다고 보았다. 융이 직접 꾸거나 해석한 꿈을 통해 그의 꿈에 대한 관점을 살펴보기로 한다.

카를 융

1) 무의식이 전하는 메시지

무의식은 우리에게 무언가를 알려 주거나 영상으로 암시하면서 하나의 기회를 준다. 무의식은 어떤 논리로도 이해되지 않는 것을 우리에게 때때로 전해줄 수 있다. 동시성 현상과 예언적인 꿈, 예감을 생각해 보라!

처가 한 사람이 죽었다. 그 시각 나는 아내의 침대가 벽으로 둘러쳐진 깊은 구덩이가 되는 꿈을 꾸었다. 그것은 어딘지 고풍스러운 분위기를 풍기는 무덤이었다. 그때 나는 어떤 사람이 혼을 내뿜는 것과 같은 깊은 한숨소리를 들었다. 내 아내와 닮은 부인의 형상이 구덩이에서 몸을 일으키더니 위로 떠올랐다. 그녀는 흰 옷을 입고 있었는데 그 옷에 이상하게도 까만 표지가 찍혀 있었다.

깨어나 아내를 깨우고 시계를 보았다. 새벽 3시였다. 그 꿈이 하도

기이하여 한 사람의 죽음을 예시하는 것일지도 모른다고 생각했다. 아침 7시에 아내의 조카가 3시에 죽었다는 소식을 들었다!

한 번은 내가 가든파티에 참석하는 꿈을 꾸었다. 나는 누이동생을 발견하고 깜짝 놀랐다. 왜냐하면 그녀는 이미 몇 해 전에 죽었기 때문이다. 나의 죽은 친구도 거기 있었다. 나머지 사람은 아직 살아 있는 친지들이었다. 누이동생은 내가 잘 아는 여인과 함께 있었다. 나는 꿈속에서 벌써 그 여인의 죽음이 임박했다고 추정하면서 그녀는 그렇게 되도록 정해져 있다고 생각했다.

몇 주 후, 나는 가까이 지내던 여인이 사고로 죽었다는 소식을 들었다. 나는 그 여인이 꿈에서 보았으나 기억이 나지 않던 바로 그 여자라는 사실을 금방 알아차렸다.

이런 체험을 하면 우리는 무의식의 가능성과 능력에 대해 일종의 존경심을 갖게 된다. 다만 우리는 비평적 태도를 견지해야 하며, 그러한 '전달'(무의식이 전해 주는 내용)이 언제나 주관적인 의미도 함께 지니고 있다는 것을 알아야 한다. 그것은 실제와 부합하는 것일 수도 있고 아닐 수도 있다. 아무튼 나는 무의식의 암시를 기초로 얻을 수 있었던 견해가 나에게 빛을 밝혀 주고 예감의 영역을 내다보는 눈을 열어 주는 것을 경험했다. [68]

프로이트도 예지적인 꿈의 존재를 부인하지는 않았지만 일반화하기 어렵다는 이유로 깊이 탐구하지는 않았다. [69] 오랫동안 꿈을 연구해 온 나의 견해로, 예지적인 꿈은 분명히 존재한다. 다만, 아직은 예지적인 꿈을 객관적이고 과학적으로 검증할 수는 없다는 약점이 있다.

2) 꿈의 보상작용

한 여인이 있었는데 어리석은 편견과 합리적 주장에 대한 어리석은 반항으로 유명했다. 밤새도록 논의해 봤자 아무런 효과가 없는 그런 여자였다. 남의 말은 귓등으로도 안 들었다. 그런데 그녀의 꿈은 전혀 딴 방향으로 나아갔다.

어느 날 밤, 그녀는 사회적으로 매우 중요한 모임에 참석하는 꿈을 꾸었다. 주인 여자가 다음과 같은 말로 그녀를 맞이했다.

"와주셔서 참 고마워요. 친구들이 모두 와서 기다리고 있어요."

주인 여자는 그녀를 이끌고 가서 문을 열었다. 그녀가 문 안으로 들어간 곳은 소 외양간이었다.

융은 이 꿈이 나타내는 언어는 너무나도 단순해서 누구라도 이해할 수 있다고 설명한다. 처음 그녀는 자신의 자만심을 정면으로 공격하는 꿈의 의미를 인정하지 않으려고 했다. 그러나 마침내는 그 의미가 마음을 찔러 스스로 초래한 야유를 인정하지 않을 수 없었다. [70]

융은 꿈을 무의식이 자신의 의식에 전달해 주는 메시지라고 본다. 무의식은 자신의 의식에게 다음과 같이 경고한 것이다. '너 그렇게 주변 사람을 멸시하고 무시하면 소 외양간에 들어가는 것과 같이 천하고 지저분한 대접을 받게 될 거야.' 융은 꿈의 이러한 기능을 보상작용이라고 불렀다. 즉, 보상작용이란 (현실의) 의식이 결여된 것을 보충하고 통합하여 심리적 조화에 이르게 하는 것을 말한다. 융은 이러한 균형이 깨지면 정신질환이 발생한다고 보았다.

꿈의 일반적 기능은 기묘한 방법으로 정신적 평형 전체를 회복해 줄 수 있는 꿈의 재료를 산출함으로써 심리적 균형을 되찾는 것이다. 나는 이것을 우리의 심적 확장을 보충하는 꿈의 역할이라고 부른다. 이는 비현실적인 생각을 하는 사람이나, 자신을 과대평가하는 사람, 특히 자신의 능력에 부치는 어마어마한 계획을 세우는 사람이 날아가는 꿈이나 떨어지는 꿈을 꾸는 이유를 설명해 준다. 꿈은 인격의 결함을 보충하고, 동시에 그 방향을 따르면 위험하다고 경고한다. [71]

융에 의하면 인간의 무의식은 꿈을 통해 의식에게 도움이 되는 대화를 걸어온다. 따라서 무의식이 보내 주는 내용을 정확히 해석해 활용하면 현실에서 유익한 도움을 받을 수 있다고 본다. 하지만 모든 꿈을 해석할 수 있는 것은 아니다. 이 점은 융도 인정했다. '꿈은 안타깝게도 이해하기 어렵다.' 그래도 꿈의 해석을 통해 유익한 정보를 얻을 수 있다면 탐구할 만한 가치가 있는 것이 아닌가!

3) 집단 무의식의 발견

나는 어느 낯선 이층집에 있었다. 그것은 '나의 집'이었다. 나는 2층에 있었는데 로코코 양식의 훌륭한 고가구가 갖추어진 거실이었다. 층계를 거쳐 1층으로 내려왔다. 그곳은 더 오래된 중세풍이었다. 지하실로 통하는 돌계단을 내려가니 그곳은 고대 로마 양식이었다. 이쯤 되자 나의 흥미는 더해 갔다. 나는 마룻바닥에서 고리를 발견하고 석판을 들어올렸다. 좁은 돌계단을 따라 나지막한 동굴로 들어섰다. 먼지 더미 속에 원시 문화의 유물처럼 뼈가 사방으로 흩어져 있고, 반쯤 삭아 버린 두개골 두 개를 발견했다. 그 순간 나는 잠에서 깨어났다. [72]

프로이트는 이 꿈의 해석과 관련해 두개골과 관련된 '소원'(소망)

을 발견하도록 융을 재촉했다. 융은 프로이트가 은밀한 죽음의 소망 (*thanatos*, 공격적 죽음 본능)이 잠재되어 있다고 해석할 것이라 짐작했다. 융은 프로이트와의 우정을 잃지 않으려고 거짓말을 했다.

"나의 아내와 처제의 죽음입니다."

이제 융은 이 꿈의 진정한 소망을 발견하는 일이 융 자신에게 달려 있다는 사실을 깨달았다.

융은 꿈에 나온 집에 대해 로코코 양식의 2층은 조부모·증조부모 세대를 길러낸 문화적 배경을 상징하므로 개인 무의식이, 중세 양식의 1층은 융이 속한 게르만 민족의 공통된 무의식이, 로마 양식의 지하 1층은 서양 세계의 공통된 아리아인이라는 인종적 무의식이, 그리고 원시 시대 동굴은 인류의 공통된 무의식이 반영된 것이라고 해석했다. 이것이 그 유명한 융의 집단 무의식(보편적 무의식) 이론이다. [73]

꿈 해석에서 집단 무의식은 융이 발견한 커다란 성과라고 본다. 집단 무의식은 역사, 전설, 선조로부터 전승되는 이야기 등을 통해 우리의 뇌에 체화된다. 그리고 이 집단 무의식은 종종 꿈으로 나타나기도 한다.

다만, 나는 꿈 해석 과정에서 집단 무의식과 개인 무의식이 서로 상충할 경우 개인 무의식이 더 우선되어야 한다고 본다. 집단 무의식은 보통 간접 경험이지만, 개인 무의식은 직접 경험이기 때문이다. 개인적 경험은 강렬하고 기간이 길수록 더 크게 영향을 미친다. 예컨대 꿈에서 조상은 집단 무의식에서는 보호자, 수호자 등으로 인식될 수 있다. 하지만 그 조상이 살아생전에 꿈을 꾼 사람을 학대하여 그의 정신에 학대자나 약탈자로 내재화되었다면 부정적으로 해석되어야 한다.

융은 꿈 해석을 통해 무의식을 탐구하는 방식에서도 프로이트와 차이를 보인다. 그는 프로이트식의 자유연상법을 거부하고 직접연상 기법에 기댔다. 융은 꿈 상징의 '확충'을 선호해서, 꿈을 한층 폭넓은 신화적, 상징적 문맥 속에 위치시킴으로써 상징에서 더욱 깊은 의미를 이끌어냈다. 융은 "각각의 꿈 상징과 중세 연금술 사이에 상당한 상관관계가 있음"을 밝혀냈다. 융은 꿈 상징이 연금술에 상응하는 것을 살폈을 뿐만 아니라, 연금술 속에서 융 학파의 분석 과정과 인간 정신의 발달 과정을 상징적으로 보여 주는 형태를 찾아냈다.

확충에는 개인적 확충과 집단적 확충이 있다.

나는 검은 개와 흰 개가 나오는 꿈을 꾸었다. 개인적 확충으로 보면, 나는 어렸을 때 강아지를 키웠다. 나는 그 강아지를 아주 좋아했다. 그 강아지를 생각하면 안전한 느낌과 가족과 긴 산책을 했던 때가 떠오른다. 집단적 확충으로, 검은 개와 흰 개는 선과 악, 죽음과 삶 등 대립적인 것을 나타낸다. 개는 양 떼를 돌보는 선한 목자와 목자의 개에 대한 이야기처럼 신화적으로 풀이할 수도 있다. 그와 관련된 다른 얘기도 많을 것이다. 어쨌든 이것은 확충이 어떤 식으로 이용되는지에 대한 일반적 예로 충분할 것이다. [74]

즉, 개인적 확충은 꿈꾼 이의 개인 무의식, 집단적 확충은 집단 무의식을 토대로 한다.

4) 프로이트와의 결별

얼마 후, 융은 스위스와 오스트리아 국경의 산악 지대 풍경이 배경으로 나오는 꿈을 꾼다.

저녁 무렵, 나는 오스트리아 제국의 세관관리 복장을 한 연상의 남자를 보았다. 그는 약간 구부정한 자세로 나에게는 눈길 한번 주지 않고 지나쳐 버렸다. 그의 표정은 고집스럽고 다소 우울하고 짜증을 내는 듯했다. 그 장소에는 다른 사람들도 있었는데, 누군가가 나에게 저 노인은 실제로 이곳에 존재하는 것이 아니라 몇 년 전에 죽지 못한(편히 저승길에 들어가지 못한) 망령 가운데 하나라고 말했다.

이것이 그 꿈의 첫 부분이었다. 나는 이 꿈을 분석하기 시작했다. '세관'과 관련해 나는 금방 '검열'이라는 낱말을 떠올렸다. '경계'와 관련해 한편으로는 의식과 무의식의 경계를 생각했고 다른 한편으로는 프로이트와 나의 경계를 생각했다. 국경에서의 아주 엄격한 세관검사는 분석을 암시하는 것으로 여겨졌다. 국경 지대에서는 여행 가방을 열고 밀수품이 없나 검사한다. 이런 검사 과정에서 무의식의 가정(假定)들이 드러난다. 그의 직업이 즐겁거나 만족할 만한 것을 거의 가져다주지 않았으므로 늙은 세관관리는 세상을 비뚤게 보았다. 나는 그가 프로이트의 유사물이라고 생각하지 않을 수 없었다.[75]

융의 이 꿈은 사실상 프로이트와의 결별을 예고한 것이다. 그럼에도 융은 프로이트의 업적을 높이 평가했다.

프로이트의 가장 큰 업적은 아마도 신경증 환자를 진지하게 다루고 그들의 독특한 개인적 심리를 파고들어간 데 있을 것이다. … 그는 말하자면 환자의 눈으로 관찰했고 그 결과, 병에 대해 그때까지 가능했던 것보다 한층 더 깊은 이해에 도달했다. 이 점에서 그는 불편성과 용기를 지니고 있었으며, 〈구약성서〉의 예언자처럼 그는 거짓 신들을 타파하고 당시 마음의 부패를 무자비하게 폭로함으로써 수많은 불성실

과 위선의 가면을 벗겨 버렸다. 그는 자신의 연구가 인기 없어도 개의
치 않았다. [76]

5) 인간 무의식의 영역을 더 깊이 탐색한 인물

카를 융은 1875년 스위스 한 호수가 마을인 캐스빌에서 태어났다.
아버지는 목사였고, 어머니는 몸이 아파서 요양 생활을 했기 때문에
주로 아버지와 생활했다. 그는 유년기에 아버지에게 크게 영향을 받
았다. 아버지는 친절하고 정열적이며 학구적이었다. 융은 아버지에
대해 "그 시절에 언제나 의지할 수 있는 존재였다"고 회상했다.

12세에 융은 인문계 중고등 과정인 김나지움에 입학했다. 한 번은
친구가 그에게 장난을 쳐 넘어졌는데, 돌에 머리를 부딪치는 바람에
거의 의식을 잃었다. 그 이후 그는 부담스러운 학과 공부나 숙제를
맞닥뜨리면 의식을 잃는 발작을 일으키게 되었다. 어느 날 저녁, 그
는 아버지가 한 친구에게 하는 말을 우연히 듣게 되었다.

"카를을 위해서라면 모든 것을 다 바쳐도 좋은데, 만일 끝내 치료
가 불가능하다면 장래가 어떻게 되겠는가?"

비탄에 젖은 이 말을 듣고 그는 더 이상 약해져서는 안 되겠다고 결
심하고, 발작의 기미가 오면 자신의 노력으로 이를 억눌렀다. 그는
노력을 통해 신경증적 발작을 극복했다.

1900년, 프로이트가 〈꿈의 해석〉을 발표한 바로 그해, 당시 25세
였던 융은 의과대학을 마치고 스위스 취리히대의 한 정신병원에 조수
로 취직했다. 그가 수련 기간 동안 관심을 두고 연구한 중심 주제는
'무엇이 정신병자의 내면에서 일어나고 있는가?' 하는 문제였다. 융
의 말을 옮겨보자.

… 이런 상황에서 프로이트는 나에게 중요한 인물이 되었다. 무엇보다도 그가 히스테리와 꿈의 심리학에 대한 기본적 탐구를 했기 때문이었다. 그의 견해는 나에게 개별적 사례에 대한 더욱 폭넓은 연구와 이해의 길을 열어 주었다. 프로이트는 정신의학자가 아니고 신경학자였지만 심리적 문제를 정신의학에 도입했다. [77]

1907년에 융은 비엔나의 프로이트를 방문하고 그가 명석하고 비범한 인물이라는 사실을 알게 되었다. 1909년 융은 비엔나로 프로이트를 다시 방문했는데, 과학성과 초과학성에 대한 토론 과정에서 상당한 거리감을 느꼈다.

한때 융은 자신의 교수직이 위험에 처할지도 모른다는 경고를 받으면서도 프로이트의 열렬한 지지자였다. 프로이트는 자신이 제시한 심리적 억압 이론 중 억압의 원인을 성적 외상(trauma) 때문이라고 보았다. 융은 프로이트가 한 말을 생생하게 기억했다.

"친애하는 융, 성 이론을 결코 버리지 않겠다고 나에게 약속하십시오. 그것은 가장 본질적인 것입니다. 보시오. 우리는 성 이론을 가지고 하나의 교리를 만들어야 합니다. …"

융은 이 점에 의문을 가지고 있었다. 융은 신경증 환자를 다룬 사례에서 성욕 문제는 다만 부차적 역할을 할 뿐이라고 보았다. 억압의 주된 요인 중에는 사회 적응, 비극적인 삶의 정황으로 인한 억압, 체면 차리기 등이 있었다. [78] 당시 미국 클라크대의 초청으로 미국을 여행 중이던 융은 프로이트와 꿈의 해석에 관해 토론하면서 '프로이트는 독선적이고 권위주의적인 자세를 풀지 않았다'고 회상한다. 이후 융은 프로이트가 주장한 오이디푸스 콤플렉스나 성적 발달 단계의 본질에 회의를 품고 프로이트와 결별한다. 융은 "현대 물리학자가 모든 힘을, 이를테면 열에서만 끌어낼 수 없는 것과 마찬가지로 심리학자 역시 모든 본능을 권력이나 성의 개념 따위로 분류할 수 없다"라고 하면서 이 점이 프로이트가 초기에 범한 오류라고 비판했다. [79]

융은 취리히 학파의 이론을 '분석심리학'이라고 부르기로 했다. 1916년에 무의식의 구조를 발표했는데, 여기서 그는 개인 무의식과 집단 무의식, 아니마, 아니무스, 개성화 등의 개념을 적용했다. 1936년 60세에 융은 '개성화 과정에서 꿈의 상징'을 발표했다.

1955년 융이 80세이던 해, 그의 자서전적 기록인 〈회상과 꿈과 사상〉을 펴냈다. 86세에는 영국 BBC 방송에서 인간의 무의식 세계에 관한 강연을 했고 그해 6월 세상을 떠났다.

3. 아들러, 꿈은 꿈꾼 사람의 생활양식을 반영한다

알프레드 아들러(Alfred Adler, 1870~1937)는 프로이트나 융과는 다른 관점에서 꿈을 해석했다. 그는 꿈이 꿈꾼 사람의 생활양식(life style)을 반영한 것이라고 했다. 즉, 개인의 감정은 꿈에 반영되는데, 그 감정은 자신의 생활양식과 언제나 일치한다. 여기서 생활양식이란 자신, 타인과 세상을 바라다보는 스스로의 신념 체계와 일상을 인도하는 감정 및 행동양식을 의미한다. [80]

1) 꿈, 삶의 방식의 재현

아들러에 의하면, 꿈은 현재 삶의 문제를 표현하며 꿈꾼 이의 현실 생각을 반영한 것이다. 아들러가 소개한 꿈을 통해, 꿈 해석에 관한

알프레드 아들러

그의 관점을 살펴보기로 한다.

꿈 1 피를 흘리는 여자의 육체가 던져지는 꿈
꿈이 자신의 생활양식을 감정적으로 반영한 것이라는 아들러의 주
장에 상당히 합치하는 꿈이다.
아들러는 어느 한 사람을 치료했다. 그는 자신의 두 아이를 맹목적
으로 사랑했으나 그의 아내는 아이들의 교육에서 형식적인 냉정함을
지켰다. 남편의 눈에는 아내가 아이들을 경시하는 것으로 보였으며
부부의 서로 다른 태도가 결혼생활을 어렵게 했다. 결국, 부부는 더
이상 아이를 갖지 않기로 마음먹었다.
어느 날, 남편은 피를 흘리는 여자의 육체가 무자비하게 이리저리
던져지는 꿈을 꾸었다. 아들러와 남편이 대화하는 도중에, 그는 의
사인 어느 친구의 손에 해부실로 끌려가서 본 장면을 떠올렸다. 한

편, 아들러는 그가 두 차례 목격한 출산 장면이 그에게 깊은 영향을 미쳤다는 사실을 확인했다. 아들러는 이렇게 해석했다. 이 환자는 더 이상 아내가 아이를 낳게 할 생각이 없다.

덧붙이자면, 이 남자가 해부실에서 본 시체와 아내의 출산을 목격한 장면이 연합되어 이 꿈의 재료로 사용되었다. 아들러는 자신의 결론에 도달하기 위해 아마도 다음과 같이 물었을 것이다. '꿈에서 어떤 느낌이 들었나요?' 그의 대답은 아마도, 두려움이나 회피와 같은 부정적 감정이었을 것이다.

이 남자의 또 다른 꿈은 이런 내용이었다. "마치 내가 잃어버렸거나 납치당한 셋째아이를 찾고 있는 것 같았다. 불안감이 말이 아니었다. 사방으로 쫓아다녔지만 헛수고였다." 이 남자는 당시 미국의 한 아이가 납치되었다는 소식을 들은 직후 이 꿈을 꾸었다. 따라서 현실에서 알게 된 아이의 납치 사건이 꿈의 재료로 사용되었다.

다음은 아들러의 해석을 요약한 것이다. 현실에서 이 남자에게는 셋째아이가 없었다. 따라서 이 꿈은 아내가 아이들을 돌보지 못하는 탓에 셋째가 생기면 큰일이라는 식으로 그가 출산을 두려워함을 보여준다. 즉, 따스한 감정이라고는 전혀 없는 사람과의 관계를 청산하고, 그런 의도의 일환으로 아이를 더는 갖지 않기로 한 결심을 표현하고 있다. 또한 생활양식과 관련해서는 삶의 문제를 회피하려는 태도 등이 꿈에 드러났다고 본다. [81]

꿈 2 심한 눈보라를 피해 남편에게로 간 여성의 꿈
"혼자 벤치에 앉아 있는데 갑자기 심한 눈보라가 몰아쳤습니다. 나는 급히 집으로 들어가 남편에게로 갔기 때문에 다행히 도망칠 수 있었어요. 그리고 나는 남편이 신문 광고란에서 적당한 일자리를 찾아

내도록 도와주었습니다."

어느 우울증 환자의 꿈이다. 아들러는 이렇게 해석한다. 이 꿈은 남편과 화해하고 싶다는 감정을 분명하게 보여 준다. 처음에 그녀는 안락한 가정을 구축하는 데 실패한 남편의 무력감과 연약함에 불만을 느꼈다. 하지만 그녀가 꾼 꿈은 '혼자 난관에 부딪치기보다는 남편의 곁에 있는 편이 오히려 낫다'는 것을 의미하고 있다. 한편, 이 꿈에는 혼자 있을 때의 위험이 지나치게 강조되고 있다. 이 또한 그녀가 용기와 독립, 협동을 드러내고 시행하는 일에 아직 마음의 준비가 되지 않은 상태임을 보여 준다. [82]

아들러는 말한다. "꿈의 목적은 꿈이 불러일으키는 감정 속에 내재해 있다. 개인이 창출하는 감정은 언제나 그 사람의 생활양식과 일치한다."[83] 그가 심리적 측면에서 이같이 해석하는 것은 탁월한 통찰이라고 본다. 어떤 꿈은 자신의 감정, 인지, 행동 등을 포괄하는 생활양식을 재현하며 그 안에는 자신의 감정이 투사된다. 꿈으로 드러난 내용은 과거 기억의 단순한 재현이 아니라 기억에 감정이 이입되고 투사된 회상이다. 그러므로 심리적인 꿈에는 자신의 주관적 감정이 반영되어 있다.

현대 신경생리학에서 밝혀졌듯, 꿈을 꾸는 렘수면 동안에는 감정을 담당하는 편도체와 기억을 담당하는 해마가 함께 활성화되기 때문에 아들러의 추측이 옳다고 본다. 하지만 뇌과학 측면에서 보면 그의 통찰은 여기까지이다. 이성적 판단과 실행 기능을 가진 전전두엽은 쉬고 있기 때문에 꿈이 자신의 모든 생활양식을 반영한다는 그의 주장은 제한적으로 받아들여져야 한다고 본다.

꿈 3 소녀들이 카드놀이를 하는 광경을 목격한 꿈

"어떤 가게에 들어갔는데 소녀들이 카드놀이를 하고 있었어요."

이 꿈을 꾼 사람은 심각한 광장공포증을 앓는 환자였다. 사업가인 이 환자는 어느 날 몸이 아파 일을 못 하는 상태로 침대에 누워 있다가 이 꿈을 꾸었다.

아들러는 해석한다. 꿈을 꾼 사람은 자신을 미래 상황에 놓고 있다. 자신이 침실에서 벗어나 사업장에 나가 규정 위반을 조사하는 상황이다. 그녀의 정신에는 그녀가 없으면 어떠한 것도 제대로 돌아가지 않으리라는 확신이 강하게 작용하고 있다.

여기서 나타나는 그녀의 감정은 우월감이다. "내가 없으면 제대로 돌아가는 게 하나도 없어. 건강을 되찾고 일을 다시 시작하기만 하면 모든 사람에게 내가 없으면 일이 절대로 원만하게 돌아가지 않는다는 사실을 보여 줘야겠어." 아들러는 덧붙인다.

> 어떤 꿈을 구성 요소로 나누고 이 요소가 꿈꾼 사람에게 어떤 의미인지를 알아낼 수 있다면, 약간의 수고와 어느 정도의 통찰만으로도 꿈 뒤에서 작동하는 힘이 어떤 목표를 향한다는 사실을 확인할 수 있다. [84]

아들러식으로 보면 그녀는 꿈을 통해 우월 목표를 추구하고 있다. 하지만 현대 뇌과학에서 밝혀진 바와 같이, 꿈꾸는 동안에는 이성을 담당하는 전두엽보다는 감정과 기억을 담당하는 편도체와 측두엽이 활성화된다. 즉, 꿈은 이성보다는 직관을 더 활용한다. 이 점을 고려한다면 꿈이 그녀의 우월 목표를 보여 준다기보다는 내가 없어도 가게가 잘 운영될까 하는 걱정스런 감정이 꿈으로 재현되었다고 보아야

한다. 그리하여 이 꿈을 보다 더 깊이 탐색하려면 그녀에게 이렇게 물어야 한다.

"꿈속에서 느낀 감정은 어땠나요?"

2) 열등감을 극복하기 위해 투쟁한 인물

알프레드 아들러는 1870년 비엔나의 유복한 유태인 가정에서 4남 2녀 중 둘째로 태어났다. 아들러는 병약했으며 동생의 죽음으로 의사가 되고자 결심했다. 아들러의 유년기는 여러 형제자매 사이에서 병약함과 열등감을 극복하려는 투쟁 과정이었다. 그는 초등학교 시절 공부를 못해, 담임교사가 아버지에게 학교를 그만두고 구두수선공 수련을 받게 하라고 조언하기도 했다. 그러나 그의 아버지는 교사의 조언을 일축하고 아들을 격려했다.

이러한 경험은 그가 개인심리학 이론을 형성하는 데 많은 영향을 미쳤다. 그에 의하면 어린 시절 최초로 경험한 부적절감이나 열등감을 극복하고 우월성 또는 완전성을 추구하려는 것이 인간의 가장 기본적인 동기이다. 이로 인해 인간은 생물학적 조건과 환경적 제약을 극복하고 자신의 삶을 선택하고 창조할 수 있다.

1902년부터 1911년까지 아들러는 프로이트와 교류하면서 정신분석 운동의 중추적인 역할을 맡았다. 그러나 견해 차이로 프로이트와 결별하고 난 후 독자적인 이론 체계인 개인심리학을 발전시켰다.

1930년대 독일의 나치 세력이 오스트리아에도 점차 강해지자 아들러는 고국을 떠나 미국에 정착했다. 1937년 5월 28일 아들러는 스코틀랜드 애버딘의 한 대학에서 강연을 앞두고 산책하던 중 심장마비로 갑자기 사망했다.[85]

아들러는 "꿈의 목적은 꿈이 불러일으키는 감정 속에 내재해 있음에 틀림없다. 꿈은 감정을 북돋워 일으키기 위한 수단이나 도구에 지나지 않는다. 꿈의 목적은 그 내용 뒤에 남는 감정에 있다. 한 개인이 창출하는 감정은 언제나 그 사람의 생활양식과 일치한다"[86]고 보았다. 즉, 꿈은 자신의 생활양식이 감정에 반영되고, 그 감정이 투사되어 창작된다고 보았다.

4. 펄스, 꿈은 통합으로 가는 왕도이다

프리츠 펄스(Fritz Perls, 1893~1970)가 제시한 게슈탈트(Gestalt) 해석법은 꿈에서 나타나는 모든 것이 꿈꾼 사람의 정신 일부를 대변한다고 본다. 이 방법은 분석이나 해석을 내리기보다, 꿈에 나타나는 여러 사람과 사물이 되어 보는 연기(role play)를 하거나 '그들이 되어 이야기하기'를 다루며 꿈에 대한 통찰이 일어나도록 한다. 게슈탈트 꿈 해석 사례를 살펴보자.

1) 실연을 통한 깨달음

꿈 1 불길에 둘러싸인 아이에 관한 어느 간호사의 꿈

24세의 간호사 샤론은 어렸을 때 아버지에게서 겪은 성폭행 때문에 권위적인 인물을 아주 불신하게 되었다. 그래서 상담 과정에 성심을 다해 참여하는 것을 썩 내켜하지 않았다. 그녀는 이런 꿈을 꾸었다. "한 아이가 불길에 둘러싸여 있었는데, 처음에는 무기력하게 지켜보기만 했지만 위험을 무릅쓰고 불길로 들어가 아이를 구해 냈어요. 그

프리츠 펄스

러고 나서 아이를 안고 상담자의 집으로 달렸어요.”

이 꿈을 다루면서 샤론은 걱정하는 부모, 위협받는 아기, 둥글게 포위한 불길과 상담자의 역할을 차례대로 해 보았다. 이 실연(實演)을 통해 그녀는 이 모든 인물이 자기 인격의 부분이라는 것을 깨달았다. 그리고 내면의 아이를 구함으로써 실제 상담자뿐만 아니라 자기 속에 있는 상담자를 신뢰하려는 의지를 드러내는 이 꿈의 존재론적 메시지를 인식했다. [87]

게슈탈트 해석법의 창시자 펄스는 융과 마찬가지로 모든 꿈이 꿈꾸는 사람에게 보내는 실존적 메시지를 갖고 있다고 생각했다. 특히, 꿈꾸는 사람이 외부의 권위적 인물이 행하는 ‘해석’에 반응하는 것이 아니라, 자신 내면으로부터 그 메시지를 스스로 새롭게 발견할 때 그 메시지의 존재를 더욱 분명하게 느낄 수 있다고 보았다. 펄스는 꿈을 꾼 사람이 실제로 연기함으로써 꿈의 메시지가 구체적으로 드러난다고 본다.

게슈탈트 치료자는 꿈을 해석하기보다는 내담자(꿈꾼 사람)로 하여금 꿈에서 본 것을 마치 '지금-여기'에서 일어나는 것처럼 연기해 보도록 권유한다.[88] 즉, 게슈탈트 해석법은 꿈꾼 자의 입장이 되어 보거나 꿈의 상황을 연기함으로써 꿈의 진정한 의도를 파악하려는 방법이다. 게슈탈트에서는 꿈에 등장하는 인물뿐 아니라 자연물, 가재도구 등 모든 것을 자신의 마음이 투사된 것으로 본다. 꿈꾼 사람이 자신의 감정과 상황을 말할 때 꿈의 의도를 잘 알아차릴 수 있다고 본다.

게슈탈트 꿈 작업은 보통 4단계로 이루어진다.[89]

첫 번째 단계로 내담자로 하여금 자신의 꿈을 이야기하게 한다. 예를 들어, '나는 내 사무실로 걸어 들어가 내 책상이 깨끗한 것을 봅니다. 서류가 하나도 없어요. 그리고 책장에 있던 책도 모두 달라져 있네요. 내 공학서적 대신 역사와 희곡과 예술에 대한 책이 있어요. 나는 가정부가 모든 걸 바꾼 게 틀림없다고 생각합니다' 등이다.

두 번째 단계로 꿈의 요소를 확인한다. 여기서는 '나, 내 사무실, 내 책상, 내 책, 공학서적, 가정부' 등이다.

세 번째 단계로 내담자로 하여금 꿈의 요소가 되어보게 한다. 예컨대, '그 책상이 되어 보세요' 등이다.

마지막 단계로 치료자의 도움을 받아 자신의 꿈을 이해하고 자기 내면의 진정한 모습을 자각하도록 한다.

꿈 2 밧줄에 목이 걸려 허둥대는 꿈

외부 환경으로 향해야 할 충동이나 감정이 자기 자신의 꿈으로 나타났고, 역할연기를 통해 그 의미를 알아차리도록 한 사례이다.

클라크슨의 한 내담자는 꿈에서 어두운 복도에 드리운 밧줄에 목이 걸려 허둥대는데, 기분 나쁜 남자의 웃음소리가 들려와 깼다.

그는 꿈 작업을 통해 스스로 밧줄과 꿈속의 남자 역을 번갈아가며 동일시해 봄으로써 자신을 파괴하고 싶은 충동과 접촉할 수 있었고, 또한 그 충동이 자신의 부친에 대한 반전된 분노감이라는 것도 깨달았다. 이 작업을 통해 그의 평소 불안증세와 친구들에게 가끔 폭발적으로 향했던 분노발작이 현저히 감소되었다.[90]

게슈탈트 해석에서는 자신의 심리상태가 꿈에 투사된다고 본다. 투사란 자신의 감정이나 정서 중 스스로 인정하거나 받아들이기 어려운 부분을 상대방의 탓으로 돌리는 심리작용이다. 예컨대 이 꿈에서와 같이 아버지를 증오하는 아들이 있다고 가정하자. 아들은 자신이 아버지를 증오한다는 사실을 인정함으로써 받는 심리적 죄책감을 피하기 위해, 아버지가 자신을 미워한다고 믿는다. 이렇게 함으로써 아들은 죄책감에서 벗어날 수 있다.

앞서 살펴본 것과 같이 게슈탈트 꿈 작업의 4단계로 이 꿈을 살펴보면 다음과 같다.

첫 번째 단계로 내담자가 자신의 꿈을 이야기하게 한다. 예를 들면, '나는 집 안에 있어요. 복도는 어두운데, 밧줄이 걸려 있어요. 나는 그곳에 서있는데, 갑자기 밧줄이 내 목에 걸렸어요. 나는 허둥대고 있는데 갑자기 기분 나쁜 남자의 목소리가 들려옵니다' 등이다.

두 번째 단계로 꿈의 요소를 확인한다. 여기서는 '나, 내 집 안, 어두컴컴한 복도, 목에 걸린 밧줄, 남자, 목소리' 등이다.

세 번째 단계로 꿈을 꾼 사람으로 하여금 꿈의 요소가 되어 보게 한다. 예컨대, '그 복도가 되어 보세요' 등이다.

마지막 단계로 해석가의 도움을 받아 자신의 꿈을 이해하고 자신의 진정한 내면의 모습을 자각한다.

꿈 3 시골 버스정류장에서 발생한 사건에 관한 꿈

"그동안 예수님을 사랑한 게 아니라 이용했던 것 같고 생각해 보니 누군가를 사랑한 적도 없었다고 처음 고백하며 오열했던 후로 기적 같은 일들이 벌어졌다고 했는데요."

질문자가 말했다. 다음은 그녀의 답변이다.

"세례 받던 날 새벽에 꿈을 꿨어요. 시골 버스정류장에 앉아 있는데 버스가 지나가는 바람에 모래가 날려 앞이 하나도 안 보였어요. 모래가 가라앉을 때쯤, 아주 괴기스러운 할머니가 다가오는 거예요. 제가 성령의 이름으로 당신을 물리치겠다고 힘껏 소리 지르고서 쓰러졌는데, 다섯 명의 아주머니가 나타나 저를 감싸 안아 줬어요. 그런데 그분 모두 어깨뼈 바로 밑에 십자가가 있었어요. 아직도 그 꿈이 생생해요. 꿈에서 깼더니 딱 세례를 받으러 갈 시간이었어요. 그 후로 공황장애(극심한 불안과 함께 숨이 막히거나 가슴에 통증이 오는 장애)가 완전 말짱해졌죠. 물론 지금도 '이렇게 돈 다 털어 연구소 만들고 운영하다가 거지 되는 거 아니야?' 이런 연약한 생각을 할 때면 문득문득 공황증상이 와요. 근데 '지금 내 생각이 이 증상을 만들어 내는구나'라고 기도하면 곧 괜찮아져요. 그래서 저는 완벽한 극복은 없다고 생각해요. 인간관계도, 대화도 평생 훈련해야 해요."[91]

꿈의 배경인 시골 버스정류장, 버스, 모래 바람, 괴기스러운 할머니, 아주머니, 십자가 등은 꿈을 꾸는 데 필요한 재료이다. 보통 꿈을 꾸는 사람이 어린 시절 체험했거나, 영화, 소설, 동화 등에서 보았거나 상상했던 내용을 재료로 사용한다.

게슈탈트 해석법은 꿈을 꾼 사람에게 꿈에서 등장하는 버스정류장, 버스, 모래 바람, 할머니, 아주머니 등이 되어 역할연기를 해 보라고 권한다. 이 실연을 통해 꿈꾼 이의 내면적 성격이나 사고의 특

성을 드러나게 한다.

시골 버스정류장, 버스와 바람에 날리는 모래가 되어 보면 자신의 황량하고 스산한 마음의 일부가 드러날 것이다. 이어서 모래바람으로 앞이 하나도 안 보이는 것은 현실에서 느끼는 자신의 막막한 감정임을 알게 될 것이다. 다가오는 괴기스러운 할머니는 자신이 현실에서 가끔 겪는, 공황장애와 같이 예고 없이 찾아오는 극도의 불안감이라는 사실을 알아차릴 것이다. 십자가 표시를 한 5명의 아주머니는 자신을 믿음의 길로 인도하는 안내자라고 깨닫게 된다. 그녀들이 자신을 감싸 안아 주는 연기를 해 보면서, 그녀가 믿음을 통해 공황장애의 두려움을 극복할 수 있다는 자신감을 알아차리게 될 것이다.

2) 게슈탈트 치료법의 창시자

프리츠 펄스는 독일 출생의 유대계 정신과의사다. 그는 베를린에서 태어나 성장했으며 28세에 의학박사 학위를 받았다. 심리학에도 관심을 가졌으나 분트의 실험심리학에 만족할 수 없었다. 1926년 프랑크푸르트에서 당시 유명했던 신경정신의학자 골드슈타인을 만나, 전체로서 통합된 유기체 이론을 접하고 매우 감명을 받았다. 1934년 펄스는 히틀러의 탄압을 피해 남아프리카로 갔고, 거기서 정신분석학회를 창립하기도 했다.

1942년에 프로이트의 공격본능 이론을 비판하는 새로운 이론을 개발하여, 책 〈자아, 배고픔, 공격〉을 펴고 프로이트 학파와 완전히 결별했다. 1946년 미국으로 이주했다. 1950년 '알아차림'(*awareness*) 이론을 정립하는 한편, 처음으로 게슈탈트 치료라는 용어를 만들어 냈고, 공저로 〈게슈탈트 치료〉라는 책을 펴냈다. [92]

펄스는 자유로운 영혼을 지닌 활달한 성격의 소유자였다. 의외의 행동으로 사람들을 당황하게 만들었으며 매우 자극적인 쇼맨십으로 사람들을 압도하며 강렬한 영향을 미쳤다. 그의 성격에 대한 주변 사람의 평가는 극단적으로 다양하다. 매우 도전적이고 통찰력이 있으며 영감이 탁월한 사람으로 평가되기도 하는 반면, 엉뚱하고 자아도취적이며 충동적인 사람으로 평가되기도 했다.

꿈에 나오는 모든 요소는 투사된 자신의 부분이며, 이들은 이상적으로는 자신에 통합되고 수용될 수 있다. 아니면 적어도 부분적으로 자기 것으로 인정할 수 있는 것들이다. 펄스는 꿈속의 감정과 상징의 경험적 현실성을 높이기 위해, 마치 지금 꿈을 꾸고 있는 것처럼 현재 시제로 말하도록 내담자를 유도한다. 프로이트에게는 꿈이 '무의식으로 가는 왕도'이지만, 펄스에게는 '통합으로 가는 왕도'였다. 꿈을 통해 인격의 손실된 부분을 되찾아 전체(whole)가 될 수 있기 때문이다.

펄스는 77세가 되는 1970년에 심장마비로 사망했다. [93]

5. 보스, 꿈은 있는 그대로를 드러낼 뿐이다

메다드 보스(Medard Boss, 1903~1990)의 현존재 분석(Dasein analysis)은 실존주의에 바탕을 두고 무의식의 개념을 거부하기 때문에, 꿈이 무의식의 상징적 표상 또는 심리의 내적 역동을 드러내는 것이라는 프로이트 학파의 가정에 동의하지 않는다. 현존재 분석의 관점에서, 꿈으로 드러난 내용은 단순하게 있는 그대로를 나타낼 뿐이다. 당근은 당근일 뿐이지 드러난 현상 이면에 어떠한 현상도 숨겨져 있지 않다고 본다.

　그러나 현존재 분석가에게도 꿈은 중요한데, 그 이유는 다음과 같다. 첫째, 꿈은 내담자의 세상을 향한 개방성 범위를 드러낼 수 있기 때문이다. 예컨대 친절한 노인에 관한 꿈을 꾸는 사람은 돌봄과 부드러움의 경험에 열려 있는 사람이며, 항상 황량하고 아무도 살지 않는 땅에 대한 꿈을 꾸는 사람은 친밀한 관계에 대한 가능성에 닫혀 있는 사람이다. 둘째, 꿈꾸는 사람이 꿈속에서 드러난 세상에 어떻게 반응하는지가 중요하기 때문이다. 아름다운 공작을 안고 있는 꿈을 꾸는 사람은 세상의 화려함과 정교함에 열려 있고, 반대의 경우에는 세상이 보여 주는 화려함을 거부하는 사람일 수 있다.

1) 현상학적 관점에서의 꿈 해석

　꿈은 존재에 대해 전에 알지 못했던, 중요하고 참고할 만한 맥락을 드러내고 그것들은 꿈꾸는 동안 처음으로 존재하기 시작한다.[94] 여기서는 보스가 치료한 환자의 꿈과 현상학적이며 현존재 분석적 관점을 소개한다.

꿈 1 동물원의 호랑이와 사자를 보고 두려워하는 꿈

　28세의 어떤 남자가 꿈을 꾸었다. 그는 고향에 있는 동물원을 방문했다. 그곳에는 특히 멋지고 큰 호랑이와 사자가 있다. 동물원 관리자와 함께 사육장의 육중한 문을 열고 들어가 아주 큰 날고기 덩어리를 동물들에게 준다. 동물들은 매우 좋아한다. 그런데 동물원 관리자가 문을 열어 두었고, 단단해 보이던 사육장의 창살이 철로 만들어져 있지 않고 얼음으로 되어 있다는 것을 알고는 점점 두려움을 느낀

다. 동물원 관리자가 도착했을 때, 햇볕이 구름 사이에서 나타나 얼음 울타리가 빠르게 녹기 시작했다. 그는 전력을 다해 빨리 도망치다가 숨이 차서 깼다. [95]

보스는 이렇게 분석한다. 이 꿈 경험에 관해 정당하게 말할 수 있는 것은 안전하게 갇혀 있던 어떤 생물(호랑이와 사자의 현상으로 나타남)이 꿈을 꾼 사람을 뒤쫓아 와 그를 해치고 잡아먹으려 위협하고 있다는 점이다. 따라서 현존재 분석가의 첫 질문은 다음과 같을 것이다. "정말로 호랑이와 사자를 그렇게 무서워해야 합니까? 그들과 친해질 수는 없습니까?"

꿈꾼 사람은 즉시 응수한다.

"그런 상황이라면 선생님 역시 공포에 질렸을 것이라 단언합니다."

분석가는 다음과 같이 대답한다.

"나의 실제적인 질문은 '꿈에서 왜 생명력의 실체가 위험하고 거친 동물을 통해서만 나타나는가'라는 것입니다. 아마도 생명력에 대한 당신의 불안 때문에 생명력의 위험하고 공격적인 측면만이 드러났을 것입니다. 사자와 호랑이의 특성이 당신의 현존재 개현(開顯, 열어서 드러냄)의 불안한 상태와 일치하기 때문에, 어쩌면 가능한 모든 자연적인 생명 현상 가운데 사자와 호랑이만이 당신 꿈에 나타날 수 있었을 것입니다. 두려움이 없는 자유로운 사람이었다면 그의 애인과 즐겁게 만나는 꿈으로 자연 생명력의 실체를 만났겠지요."

이런 식으로 분석가는 직접적으로 주어진 현상에 머무른다. [96]

꿈 2 친구와 함께 음식을 실컷 먹는 꿈

"식당에서 나의 옛 친구와 점심식사를 하고 있었습니다. 식당은 사람들로 차 있었습니다. 여성과 몇몇 어린이의 목소리도 어디에서나들을 수 있었습니다. 햇살이 가득 비추어 식당 안은 따뜻하고 밝습니다. 그렇게 평화롭고 느긋한 장소에서 만날 수 있어 아주 행복했습니다. 우리는 소갈비를 똑같이 주문합니다. 마음껏 먹고 아이들에 관해 얘기합니다. 내가 초대한 친구가 음식을 즐기며 실컷 먹어 만족스럽습니다. 그러다가 잠에서 깼습니다. 친구의 방문이 꿈속에서만 있어 조금 슬펐습니다. 꿈꾸기 전날, 나는 그와 다시 만나기를 간절히 바랐습니다. "[97]

이 꿈은 어느 건강한 유럽인이 꾸었다. 보스는 꿈에 대한 프로이트나 융의 심리 내적인 접근 방식을 비판했다. 그는 꿈을 존재 그 자체로 두고 실존적이고 현상학적인 시각에서 분석했다. 보스는 꿈을 꾼 사람이 의식적으로 꿈을 꾸기 전날 몇 차례 친구와의 아주 특별한 관계를 떠올리며 그가 자신의 곁에 있기를 바랐다고 분석했다.

보스에 의하면, 모든 소망은 본질적으로 무엇에 대한 소망이다. 즉, 꿈꾸는 사람의 소망이란 무엇을 만지고 냄새 맡는 방식과 같이 어떤 현상과 연관되는 특별한 방식을 의미한다. 이때 무엇에 대한 소망의 관련 방식은 어떤 것을 수동적으로 바라는 것에 만족하는 잠재적 양식과는 다르다. 심리 내적인 표상은 소망으로서가 아니라, 오히려 물리적 접촉에서 이루어진다.

무엇인가를 원하는 사람은 그것을 손으로 만지는 것과 같이, 이미 '거기에'(out there) 머문다. 거기에서 사물-인간, 즉 세상-속-존재(being-in-the world)는 어떤 현상에 열려 있다. 그 세계는 이러한 현상이 명료한 지각의 영역에서 스스로 드러나는 곳이다. 꿈이 목표하는 바는 꿈꾸는 사람의 전반적인 세상-속-존재를 드러내는 것이다. 즉, 꿈꾸는 동안 자신의 현존재(실존)를 특정 짓는 존재가 열려 있거나 혹은 제한되며 특별한 방식을 보여 주는 것이다.

꿈 3 치아가 빠지는 꿈

보스는 의대에 다니는 26세의 한 학생의 꿈을 소개한다.

분석을 시작한 지 3개월 후의 꿈이다. 어젯밤 나는 기이하고도 '중층적인' 꿈을 꾸었다. 꿈속에서 나는 입안에 자갈이 가득 들어 있는 것과 같은 특이한 느낌이 들어 일어났다. 나는 그 일부를 뱉어 냈다. 그것들이 자갈이 아니라, 썩고 부러진 내 치아라는 사실을 알고는 엄청나게 무서웠다. 그 두려움 때문에 나는 잠에서 깨어났다. 내가 꿈을 꾼 것이 정말 사실인지 알기 위해 확인했다. 운 좋게도 그것은 꿈이었다.

분석을 시작한 지 18개월 후의 꿈이다. 가족, 친척과 친구들이 내가 방금 성사를 받았던 교회 밖으로 나오고 있다. 우리는 근처 호텔에서 평소의 성사 음식을 찾는다. 나는 빵 한 조각을 막 깨물자마자 씹고 있던 모든 치아가 사라진 것을 알았다. 남아 있던 치아는 검고 푸르게 부어 깊이 파여 있다. 그때 내가 유일하게 기억한 사실은 치과에 가야 한다는 것이다. 의사는 나를 자세히 살폈고, 사람들은 새로운 의치가 실제 치아라고 생각할 것이라는 의사의 말을 듣고 나는 위로받는다.

분석을 시작한 지 27개월 후의 꿈이다. 그리고 4개월 후 치료는 성공적으로 마쳤다. 꿈에서 나는 거울을 보고 내 치아를 살펴본다. 꿈속에서 나는 지난 몇 개월 동안 유치가 차례대로 빠졌다고 생각한다. 많은 치아 사이로 새롭고 길며 강한 치아가 있다는 사실을 거울에서 확인하고 나는 기뻐한다. [98]

현상학적 입장에서는 인간의 치아와 치아의 잠재적인 상실에 대한 본질적 특성을 찾으려고 한다. 이는 사물의 방법과 이유, 있는 그대로의 고유하고 광범위한 사물의 의미를 발견하려는 것을 뜻한다. 치아는 인간이 세상과 관련을 맺는 매우 특별한 영역, 즉 사물을 잡고쥐고 포획하며 동화시키고 지배력을 얻는 것에 연관된 영역에 이용된다. 사람들이 치아를 또 다른 하나의 신체적 대상으로만 본다면 실상을 제대로 이해한 것이 아니다. 현실적으로 치아는 인간이 환경에서먹는 것을 획득한다는 의미에서 연관을 맺고 '신체화'(bodying)에 참여한다.

인간의 신체적 성질에 대한 적절한 통찰이 있다면, 치료자는 '치아꿈'과 관해 훨씬 깊은 이해에 도달할 수 있다. 당연히 이러한 깊은 통찰은 치료에 긍정적인 영향을 준다. 이 꿈을 꾼 사람을 다시 자각시키는 현상학적 접근 방법을 몇 가지만 소개하면 다음과 같다.

첫 번째 꿈에 대해 치료자는 다음과 같은 질문을 할 수 있다. "당신은 이제 꿈을 꿀 때보다 훨씬 더 멀리 볼 수 있지 않을까요? 꿈을 꿀때와 똑같이, 현실에서도 같은 일이 당신에게 발생할 수 있을까요? 꿈속에서와 같이 부서지는 신체적 치아뿐만 아니라 당신의 치아가 속한 세상과 당신의 완전한 실존적 연관성이 큰 격동을 겪고 있다고 인식할 수 있지 않을까요? 이제 당신은 깨어 있습니다. 당신은 꿈에서치아의 상실에 대해 느꼈던 공포와 같은 감정을 느끼나요? 그렇다면지금 완전히 깨어 있는 상태에서 경험하는 그 공포는 당신이 이전에세상과 맺었던 관계성의 파괴로부터 그리고 이에 따른, 사물을 움켜쥐는 새로운 방식의 부족으로부터 나온다고 생각하지 않습니까?"

두 번째 꿈에 대해 치료자는 다음 질문을 할 수 있다. "첫 번째 꿈보다는 훨씬 적지만 두 번째 꿈에서 당신은 아직도 여러 개의 상실되는 치아가 있습니다. 당신은 치아의 일부를 잃고도 사물을 적당히 잡을 수 있습니다. 당신은 깨어 있을 때도 쥐고 이해하는 능력에 더욱 넓은 '은유적인' 의미에서 결함이 있다고 의심하나요? 꿈을 꾸는 동안 스스로 깨물고 씹는 능력을 향상할 수 없는 일이 당신에게 일어나고 있나요? 대신, 당신은 정말 냉정하게 말해 치과의사와 같은 누군가가 당신을 도와주기를 기대합니다. 당신이 꿈꾸는 동안과 아주 비슷하게 훨씬 더 중요한 일이 현실에 있지 않나요? 당신은 이제 현실에서 당신이 잡으려는 본래의 실존적 능력을 최대한 활용할 수 있음을 깨달을 수 있지 않나요? 당신의 분석가가 당신에게 의치를 심어줄 때까지 당신은 단지 거기에 앉아서, 진행되는 분석을 기대하는 그러한 정도로 말입니다. "

현존재 분석의 성공적인 종료 직전에 꾼 세 번째 꿈에서, 그녀의 공포에 반전이 일어난다. 그녀는 전보다 더 아름답고 새로운 치아가 성장하는 모습을 보고 기쁨에 넘친다. 꿈꾸는 동안 그녀가 아직도 실제적, 감각적인 지각의 영역에서 치아가 변화하는 것 이상의 인식을 하지는 못한다는 점은 분명하다. 하지만 꿈꾸는 동안 나타난 이런 상태는 이전에 꿈속에서 경험한 치아의 상태보다는 훨씬 개선된 상태다.

그녀는 깨어났을 때 다음과 같은 사실을 자각할 것이다. 즉, 치아 꿈의 대체된 특성은 과거 위축된 강박적 신경증의 무력감이 매우 적극적인 자립성과 쾌활함으로 바뀌는 정신적 실존의 성숙과 일치한다는 사실이다. 이같이 그녀는 안심했으며, 위축되는 고통을 당하지 않고 분석가의 도움도 더는 받지 않아도 되었다. [99]

현존재 분석 관점에서 꿈 분석의 단계를 요약하면 다음과 같다. 먼저, 내담자가 꿈속에서 인식한 것을 깨어 있는 상태에서도 그대로 명확하게 표현하도록 한다. 두 번째로 내담자는 꿈과 실제 삶 사이의 유사점을 찾아내는 단계로 옮겨간다. 끝으로 상담자는 내담자의 경험에 따뜻한 수용을 통해 이들의 잠재력을 온전히 펼칠 수 있도록 도와준다. 100

2) 심리 치료에 현존재 분석 방법을 적용한 인물

메다드 보스는 실존 철학을 심리 치료에 적용한 현존재 분석을 제창했다. 그는 스위스의 장크트갈렌에서 태어나 취리히에서 성장했다. 그의 부친은 취리히의 한 대학병원 관리인이었다. 그래서 보스는 어려서부터 의학을 공부하려는 소망을 가졌고 파리와 비엔나에서 공부했다. 1925년에는 프로이트에게서 심리분석을 공부했다. 프로이트는 젊은 보스를 잘 돌보았고 고기를 사먹을 수 있도록 보스에게 종종 용돈을 주기도 했다고 한다.

보스는 학교를 졸업한 후, 취리히의 유명한 정신병 치료소에서 정신과의사로서 수련을 쌓았다. 그는 취리히에서 융과 빈스방거와 같은 정신과의사와도 밀접한 관계를 맺었다. 이 두 명의 의사는 이미 프로이트의 정신분석과는 상당한 거리를 두고 있었다. 이들의 정신분석에 대한 의심과 의혹은 보스에게 상당한 영향을 미쳤다.

2차 세계대전 동안 보스는 스위스 군대에 복무했고, 하이데거 실존 철학을 접한다. 전쟁 종료 후 보스는 하이데거와 친분을 맺고 25년간 교류했다. 하이데거와의 연구를 통해 보스는 데카르트 철학과 뉴턴의 물리학을 전제로 세워진 현대 의학 및 심리학이 인간 존재와 그 의미에 관해 잘못된 가정에 기초하고 있다고 믿었다. 보스가 제창한 현존재 분석은 심리 치료의 실존적 접근을 위한 실존 사상에 기반을 두고 내담자가 자신의 세계를 열어 가도록 돕는 것에 중점을 둔다. 1971

년 하이데거는 보스가 스위스 취리히에서 최초로 현존재 분석 심리 치료와 심신의학 연구소를 설립하도록 격려한다.

현존재 분석은 존재가 세상으로부터 분리되고 구분되어 있다는 생각이 아니라 근본적으로 세상을 향해 열려 있는 존재, 즉 세상-속-존재로 세상과 연결되어 있다는 사고에서 시작된다. 보스는 빈스방거와 마찬가지로 프로이트의 정신분석 이론을 기계적·역학적·편파적인 '개념적 괴물'이라고 보았다.

현존재 분석은 심리적 문제를 주로 '개인의 세상에 대한 폐쇄성의 문제'로 간주한다. 인간은 세상과 관계를 맺는 수많은 가능성을 가진 존재이고, '정신증'은 이런 가능성이 박탈되고 막히고 위축된 것이라고 보았다. 반면, 심리적 건강은 심리적으로나 신체적으로 개방되어 있는 그대로를 수용하는 상태다. 즉, 심리적으로 건강한 사람은 다른 사람을 사랑하고 신뢰하는 데 열려 있다.

현존재 분석의 관점에서 보면 꿈에 드러난 내용은 단순하게 있는 그대로를 나타낼 뿐이다. 꿈이란 깨어 있을 때의 삶의 축소판이나 재현이 아니라, 자기 안에서 일어나는 자발적이고 진정한 경험의 상태다. 보스는 내담자가 꿈속 세상에서 발견한 새로운 잠재력에 대해 칭찬받는 것처럼 실제 삶에서 나타나는 새로운 가능성에 대해서도 지지와 격려를 받아야 한다고 했다. 치료자가 내담자의 꿈속 경험을 따뜻하게 수용함으로써 내담자는 잠재력을 온전히 펼칠 수 있다고 본다.

또한 보스는 다음의 두 가지 근본적인 원칙을 통해 꿈꾸는 동안 사람의 존재 양식에 들어갈 수 있다고 했다. 첫째, 꿈꾸는 자의 현존재가 꿈꾸는 동안 어떤 현상에 열려 있는지 그리고 이 현상이 그 자신에게 어떤 영향을 미치는지 알아야 한다. 둘째, 꿈에 드러나는 것에 대한 꿈꾼 자의 반응, 즉 보이는 것에 어떻게 그 스스로가 향하는지를 면밀히 검토해야 한다.

1990년 보스는 취리히 교외에서 영면했다. [101]

6. 프랭클, 꿈은 심령적 무의식이 전해주는 메시지다

빅터 프랭클(Victor Frankl, 1905~1997)은 오스트리아 비엔나에 있는 한 병원의 의사였다. 그는 1942년 9월 가족과 함께 나치에 체포되어 강제수용소에 수감되었다. 프랭클은 3년 동안 아우슈비츠 등에서 매일 삶과 죽음이 오가는 극단적인 생활을 하다가 기적적으로 살아남았다. 하지만 함께 수용되었던 사랑하는 아내, 부모, 형제자매는 수용소에서 사망했다. 그는 강제수용소 생활을 경험하면서 "아무리 고통스럽고 비참한 비인간적 상황에서도 삶은 의미를 지닐 수 있으며 그렇기 때문에 의미 있는 것"이라는 깨달음을 얻는다.

1) 수형인의 꿈과 실존적 좌절

꿈 1 강제수용소에서의 꿈

수용소에 갇힌 사람이 가장 자주 꾸는 꿈이 무엇이라고 생각하는가? 빵과 케이크와 담배 그리고 따뜻한 물로 하는 목욕이다. 이런 단순한 욕구를 충족하지 못하는 상황이 꿈속에서나마 소원을 이루도록 만드는 것이다. 그런 꿈이 조금이라도 도움이 되는가 하는 것은 별개의 문제다. 하지만 꿈을 꾼 사람은 꿈에서 깬 다음 수용소 생활로 돌아오고,

꿈속에서의 환상과 현실이 엄청나게 다르다는 것을 뼈저리게 느껴야
만 했다.

나는 동료가 괴로워하는 소리를 듣고 잠에서 깼던 어느 날 밤의 일을
결코 잊을 수 없다. 잠을 자면서 몸부림치는 것이 악몽을 꾸고 있는 것
이 분명했다. 평소에도 악몽이나 황홀경에 시달리는 사람을 특히 딱하
게 생각하던 나는 그 불쌍한 사람을 깨우려고 했다. 그러다 갑자기 내
가 무슨 짓을 하려는지 깨닫고 놀라면서 그를 흔들어 깨우려던 손을 거
두어들였다. 그 순간 나는 나쁜 꿈일지라도 꾸는 것보다 꿈을 꾸지 않
는 것이 우리를 둘러싼 수용소의 현실만큼이나 끔찍하다는 사실을 깨
달았다. 그런 끔찍한 곳으로 그를 다시 불러들이려고 했다니. [102]

프로이트는 '꿈은 소원의 충족'이라고 말했다. 현실에서 채우지 못
한 욕망을 꿈에서 충족한다는 뜻이다.

힘든 현실로부터 도피하여 과거로 되돌아가는 현상을 '퇴행'이라고
한다. 나는 행복했던 과거 시절로 되돌아가는 현상을 '적응적 퇴행'이
라고 부른다. 이와는 반대로 '부적응적 퇴행'도 있다. 예컨대 동생이
태어나 엄마의 사랑을 독차지하면 아이가 갑자기 대소변도 잘 가리지
못하는 상태로 되돌아가는 경우가 있다. 엄마의 관심과 사랑을 되찾
으려는 심리적 욕구 때문이다. 위 사례에서 감옥에 갇힌 사람이 악몽
을 꾸었다면 부적응적 퇴행 현상이 일어난 것이다.

꿈 2 강제수용소에서의 꿈, 그리고 죽음

아우슈비츠 강제수용소는 나치가 유태인을 학살하기 위해 만든 감
옥이다. 다음은 프랭클과 함께 갇혔던 F 씨의 꿈과 죽음에 관한 이야
기이다.

우리 구역의 고참 관리인인 F 씨는 전에는 꽤 유명한 작곡자이자 작사가였다. 그가 어느 날 나에게 고백했다.

"의사 선생, 선생님께 드릴 말씀이 있습니다. 이상한 꿈을 꾸었어요. 꿈에서 어떤 목소리가 소원을 말하라는 거예요. 내가 알고 싶은 것을 말하면 모두 대답해줄 거라고 하더군요. 그래서 제가 무얼 물어보았는지 아십니까? 나를 위해 이 전쟁이 언제 끝날 것인지 물었지요. 무슨 말인지 아시겠소, 의사 양반? 나를 위해서 말이요. 저는 우리가 언제 수용소에서 해방될지, 우리의 고통이 언제 끝날지 알고 싶었어요."

"언제 그런 꿈을 꾸었소?"

"1945년 2월에요."

그때는 3월이 막 시작되었을 때였다.

"그래, 꿈속의 목소리가 뭐라고 대답합디까?"

그가 내 귀에다 나직하게 속삭였다.

"3월 30일이래요."

그는 희망에 차 있었고 꿈속의 목소리가 하는 말이 옳다고 확신하고 있었다. 하지만 약속의 날이 임박했을 때 전쟁 뉴스를 들어 보니 우리가 자유의 몸이 될 가능성은 거의 없어 보였다. 3월 29일, 그는 갑자기 아프기 시작했고 열이 아주 높게 올랐다. 3월 30일, 그의 예언자가 그에게 말했던 것처럼 그에게서 전쟁의 고통이 떠나갔다. 헛소리를 하다가 그만 의식을 잃었다. 3월 31일에 그는 죽었다. 사망의 직접적인 원인은 발진티푸스였다. [103]

F 씨는 수용소에서의 고통에서 벗어나려면 전쟁이 끝나야 하고 전쟁이 끝나는 날 자신이 살 수 있다고 확신했다. 상황이 이러하니 그에게는 전쟁이 종료되는 날이 매우 중요했다. 전쟁이 종료되는 날짜

까지도 환상을 품어 이 같은 꿈이 만들어진 것이다.

융은 어떠한 꿈이 일종의 보상작용이라고 했다. 현실의 극심한 육체적, 심리적 고통을 꿈을 통해 보상받음으로써 F 씨는 삶과 죽음의 경계선상에서 미치지 않고 살 수 있었던 것이다.

프랭클은 F 씨의 죽음이 미래에 대한 믿음의 상실로 인해 초래된 것이라고 보았다. 나중에 프랭클은 자신의 수용소 체험을 통해 '의미 치료'(logotherapy)라는 개념을 만든다. 살아가야 할 이유, 희망, 의미를 찾지 못하는 사람은 육체적으로도 면역력을 잃고 결국 병마의 희생양이 된다는 것이다. 프랭클은 존재 그 자체나 존재의 의미를 잃어버리는 현상을 '실존적 좌절'이라고 말했다. 그리고 이 실존적 좌절 역시 정신질환을 초래한다고 했다. 프랭클은 심리 치료와 정신위생학적 치료자에게 니체의 말을 전해 준다.

"'왜' 살아야 하는지 아는 사람은 그 '어떤' 상황도 견딜 수 있다."

2) 프랭클이 해석한 심령적 무의식에 관한 꿈

프랭클도 프로이트와 마찬가지로 꿈에서 표현되는 무의식을 중시했다. 그런데 프로이트는 본능적 무의식에 초점을 둔 반면, 프랭클은 심령적 무의식도 중요시했다. 프랭클의 이러한 관점은 융이 '꿈은 무의식이 전달하는 메시지'라고 인정한 측면과 공통점이 있다. 프랭클에게 심령적 무의식의 요소는 인간 내면에 잠재된 도덕, 양심, 종교 등에 관한 것이다. 그는 심령적 무의식과 현실이 갈등을 일으키면 고통이나 신경증을 유발할 수 있다고 보았다. 프랭클이 제시한 심령적 무의식에 관한 몇 가지 꿈을 소개한다.

꿈 1 딸의 순결을 걱정한 어느 여인의 꿈

한 여인이 꿈을 꾸었다. 세탁물과 함께 더러운 고양이 한 마리를 세탁장에 갖다 놓는 꿈이었다. 프랭클은 그 여인에게 자유연상법을 사용하여 다음 내용을 털어 놓게 했다.

그녀는 무엇보다도 '고양이'를 사랑한다고 했다. 그러나 그녀는 하나밖에 없는 자식인 딸을 '무엇보다도' 똑같이 사랑했다. 이로써 우리는 '고양이'가 '딸'에 해당한다는 것을 추측할 수 있다. 그런데 어째서 그 고양이는 '더러워져' 있었을까?

최근 그녀가 딸의 연예 사건에 따른 풍문을 걱정했다는 사실을 알게 되자, 프랭클은 그 이유를 분명히 알 수 있었다. 이것이 바로 그녀가 딸을 주의 깊게, 그리고 끊임없이 관찰하고 뒷조사한 이유였다. 이 꿈은 따라서 딸에게 도덕적 '순결성'을 지나치게 강요하며 괴롭히지 말라, 그렇지 않다면 딸을 잃을지도 모른다는 경고였다. [104]

고양이와 딸은 그녀가 가장 소중하게 사랑한다는 공통점이 있다. 그녀의 사랑이라는 공통적 요소가 매개가 되어 꿈속의 고양이는 현실의 딸과 연결된다. 나의 견해로 보자면, 이 꿈은 자신의 딸이 현실에서 도덕적 순결성을 잃은 것에 대한 걱정과 그것을 엄마가 깨끗하게 정화해 주고 싶은 심리상태를 표현한 것이라고 보아야 한다.

꿈 2 어느 음악가의 답답한 꿈

어느 환자는 하룻밤에도 반복하여 같은 꿈을 꾼다. 꿈속에서 그는 다른 도시에 있었다. 그리고 어떤 여인에게 전화를 걸려고 했다. 그런데 그 전화의 다이얼은 엄청나게 컸고 수백 개나 되는 번호가 있었다. 그래서 그는 한 번도 제대로 번호를 돌린 적이 없었다. 현실에서 그는 대중음악 작곡가였고 외관상으로는 성공한 것처럼 보였으나 내면에는 언제나 불만이 있었다. 그가 꿈속에서 있었던 다른 도시는 종교음악 작곡가로서 매우 만족스러운 한때를 보냈던 곳이었다.

그는 프랭클에게 꿈속에서의 엄청나게 큰 다이얼이 자신이 선택했을 때 겪었던 곤혹을 뜻하는 것이라고 했다. 프랭클은 생각했다. 그렇다면 환자의 선택은 무엇일까? 그것은 그가 걸려고 한 전화번호가 아니라 그가 선택한 직업을 뜻한다. 그는 대중음악 작곡가로서 보수는 좋으나 내키지 않는 작업을 계속하느냐, 아니면 종교음악가가 되느냐 하는 문제를 놓고 선택해야만 하는 처지였다. 이 꿈은 참된 신앙과 예술적 직종으로 되돌아가고 싶은 환자의 욕망을 드러낸 것이 분명했다. 프랭클은 큰 다이얼이 직업을 상징한다고 해석했다. 그는 꿈을 꾼 사람에게 자유연상법을 활용하여 이와 같은 내용을 찾아냈을 것이다.[105]

나의 해석은 이렇다. 이 작곡가는 꿈에서 종교음악을 하면서 행복했던 도시에 있다. 그의 마음(자신의 초자아)은 종교음악에 기울어져 있다. 전화를 걸어야 할 꿈속의 여인은 그의 이상인 종교음악을 상징한다. 종교음악에 다가가기 위해 전화를 한다. 꿈속에서도 그의 이상을 향해 접촉을 시도하는 것이다. 이때 그가 사용한 전화기는 도달하고자 하는 수단, 즉 경제적 뒷받침을 의미한다. 그런데 그 전화 다이얼은 작동이 안 된다. 종교음악을 하면 현재의 만족할 만한 보수를 받지 못할 것이라는 불안을 암시한다. 꿈속에서 그는 매번 시도하지만 달성하지 못한다. 이 꿈은 열정적인 작곡가의 직업적 선택에 대한 심리적 갈등을 표현한다. 그는 현실에서도 그리고 꿈속에서도, 종교음악가와 대중음악가의 선택의 길 위에서 결정을 못하고 있다.

이 꿈에서도 상징이 사용되었다. 꿈은 종종 상징을 활용하여 진정한 의도를 표현한다. 꿈에서 사용되는 상징이나 은유는 해석을 어렵게 한다. 하지만 인간은 현실에서도 수많은 상징에 둘러싸여 산다. 언어, 수학, 과학, 음악, 예술 등 거의 모든 분야에서 상징이 사용된다. 상대방의 표정만 보고 기쁘거나 혹은 슬픈 감정을 이해하는 것도 상징 덕분이다. 상징은 복잡한 현상이나 얘기를 간단하고 명쾌하게 표현한다는 장점이 있다. 꿈에서의 상징은 현실에서 숨겨지거나 억압되는 진정한 의도(본능적 욕망 혹은 종교나 도덕이 성격으로 체화된 초자아 등)일 수 있다.

덧붙이자면, 사람은 살아가면서 학업이나 직업 등 자신의 진로를 결정하는 과정에서 선택해야 하는 경우가 있다. 쉽게 선택하지 못하는 상황에서 발생하는 갈등과 그로 인한 불안이나 신경증을 해소하기 위해서는 현실과 이상을 조화시키는 지혜가 필요하다. 증상이 심하면 심리상담을 받는 것도 한 방법이다.

3) 끊임없이 삶의 의미를 추구한 인물

빅터 프랭클은 실존 치료의 한 유형인 의미 치료를 창시한 정신과 의사이다. 프랭클은 1905년 오스트리아의 비엔나에서 태어났다. 프로이트가 〈꿈의 해석〉을 발표한 지 5년 후이다. 그는 비엔나대에서 의학을 공부하고 신경의학과 정신의학을 전공했으며 젊은 시절에는 프로이트와 아들러와 접촉하며 영향을 받았다.

프랭클은 비엔나의 한 병원에 의사로 재직하면서 신혼생활을 하던 1942년 9월에 가족과 함께 나치에 체포되어 강제수용소에 수감되었다. 그는 자신과 함께 수용된 아내의 안위를 걱정하며 다시 만날 희망으로 절망적인 상황을 견뎌 낸다. 그는 추운 겨울 어느 날 강제노동에 시달리다가 빙판길에 넘어져 웅덩이에 빠지면서 문득 함께 체포되어 수용된 아내를 떠올린다.

> 나는 그녀의 모습을 아주 정확하게 머릿속으로 그렸다. 그녀가 대답하는 소리를 들었고 그녀가 웃는 것을 보았다. 그녀의 진솔하면서도 용기를 주는 듯한 시선을 느꼈다. 실제든 아니든 그때 그녀의 모습은 이제 막 떠오르기 시작한 태양보다도 더 빛났다. 그때 한 가지 생각이 내 머리를 관통했다. 바로 사랑이야말로 인간이 추구해야 할 궁극적이고 가장 숭고한 목표라는 것이다. 나는 인간의 시와 사상과 믿음이 설파하는 숭고한 비밀의 의미를 간파했다. [106]

이러한 체험을 통해 프랭클은 '인간의 구원은 사랑을 통해, 그리고 사랑 안에서 실현된다'는 믿음을 지니게 되었다. 프랭클은 강제수용소에서 직면한 상황을 초월하여 의미 있는 어떤 것을 붙잡을 수 있는 사람이 상황을 절망적이고 헛되게 보았던 사람보다 훨씬 더 생존할 확률이 높음을 목격했다.

1945년 프랭클은 강제수용소에서 풀려나와 강제수용소에서의 경험을 소재로 책을 저술했다. 이 책은 〈인간의 의미 추구〉라는 영어 제목으로 알려지며 세계적인 베스트셀러가 되었다. 그는 다음 해에 비엔나 병원에 복귀했으며 1947년에 재혼했고 1955년에는 비엔나대의 신경정신과 교수가 되었다.

그는 '의미 추구의 의지'를 인간의 가장 기본적인 욕구로 보았으며 이러한 가정에 근거하여 '의미 치료'를 제창했다. 그는 아무리 험난한 환경에서도 인간에게는 자신의 삶을 선택할 자유가 있으며, "왜 사는지를 아는 자는 어떤 비극도 견딜 수 있다", "비극은 우리를 죽이지 못하며 오히려 강하게 만든다", "누구도 인간으로부터 빼앗아갈 수 없는 단 한 가지는 어떤 상황에서든 자신의 태도를 선택할 수 있는 마지막 자유이다"라는 점을 강조했다.

프랭클에 따르면, 치료자의 가장 중요한 과제는 내담자로 하여금 자신의 삶을 선택할 수 있는 자유를 회복하여 그 의미를 발견하도록 돕는 것이다. 그의 이러한 태도는 내담자의 꿈을 해석하는 데도 그대로 나타난다. 그는 많은 저서와 강연을 통해 의미 치료와 실존적 삶에 대한 자신의 생각을 널리 전했으며, 1995년 심장마비로 사망했다. [107]

7. 요약: 심리학자들의 꿈에 관한 관점 비교

지금까지 소개한 심리학자들이 꿈에 관해 어떤 관점과 견해를 가졌는지를 종합하고 비교하여 이들의 특징을 파악함으로써 결론을 대신하고자 한다. 이 장에서 소개한 학자들은 심리 분야에서 각기 독자적 영역을 개척한 선구자이다. 프로이트는 정신분석학, 융은 분석심리학, 아들러는 개인심리학, 펄스는 게슈탈트를 창시했다. 보스와 프랭클은 같은 실존주의적 입장이지만, 보스는 현상학적인 현존재 분석을, 프랭클은 의미 치료의 영역을 개척했다.

이들이 꿈을 바라보는 관점은 조금씩 다르다. 프로이트, 융과 프랭클은 꿈과 무의식과의 연계 관계를 중시한 반면, 아들러, 펄스와 보스는 무의식이 꿈에 미치는 영향에 대해 별다른 언급을 하지 않거나 무시했다.

이들 심리학의 거장이 인간의 심리구조에 대해 제시한 가설이나 분석 내용은 상당히 방대하고 난해하다. 따라서 여기서는 꿈의 해석과 직접적으로 관련이 있는 부분만 간략히 언급하기로 한다.

프로이트는 성격의 3원 구조 이론을 제시했다. 프로이트는 성격이 원초아, 도덕적인 초자아, 그리고 이들 사이에서 조정하거나 제어하는 자아로 구성된다고 보았다.

융은 개인 무의식과 집단 무의식의 개념을 제시했다. 개인 무의식은 자아에 의해 인정받지 못한 경험, 사고, 감정, 지각, 기억을 의미한다. 개인 무의식은 개인의 심리적 갈등, 미해결된 도덕적 문제, 정서적 불쾌감을 주는 생각과 같이 여러 이유로 억압된 것일 수 있다. 융에 의하면 개인 무의식은 꿈을 만들어 내는 데 중요한 역할을 한다. 한편, 집단 무의식은 개인의 마음속에 존재하는 인류 보편적인 심리적 성향과 구조를 말한다. 집단 무의식을 구성하는 중요한 내용은 본능과 원형이다. 본능은 행동을 일으키는 충동을 의미하며, 원형은 경험을 지각하고 구성하는 방식을 뜻한다.[108] 집단 무의식의 개념은 꿈의 상징을 해석하는 데 매우 중요한 도구로 쓰인다.

펄스는 인간의 내면에 상전(topdog)과 하인(underdog)과 같은 분열적 요소가 있다고 본다. 반면에 보스는 꿈은 있는 그대로를 드러낼 뿐이라면서, 꿈의 상징이나 무의식적 기능을 무시하고 오로지 현상학적 관점에서만 꿈을 분석한다. 같은 실존주의 학자인 프랭클은 꿈의 무의식적 기능을 인정하며, 특히 삶의 진정한 의미 추구를 중시한다.

꿈의 특성과 관련해 프로이트는 꿈의 진정한 목적은 소망, 특히 성적 욕구의 충족에 있다고 보았다. 융에 의하면, 어떤 꿈에는 보상작용이 있다고 한다. 보상작용이란 자신에게 만족스럽지 못하거나 열등감 혹은 사회적 지위에 대한 불만이 강할 때, 그 불쾌감을 보충하려는 심리작용을 말한다. 융은 이 보상작용을 통해 의식이 결여된 것을 보충하고 통합하여 심리적 조화에 이를 수 있다고 보았다.

아들러는 꿈을 감정이 그의 생활양식을 통해 반영된 것이라고 본다. 프로이트가 말하는, 어떤 꿈은 낮의 잔상(day residue)에 불과하다는 개념보다도 더 광범위한 개념이다.

펄스는 꿈에 나오는 모든 요소는 투사된 자신의 부분이며, 이들은 이상적으로는 자신에 통합되고 수용될 수 있다고 본다. 아니면 적어도 부분적으로 자기 것으로 인정될 수 있는 것으로 본다.

보스는 현존재 분석적이고 현상학적 관점에서 꿈을 바라보기 때문에 꿈 이면에 숨어 있는 상징을 해석하지 않는다. 또한, 현존재 분석가는 꿈에서 드러난 꿈속 세상에서 새로운 잠재력을 발견하고, 꿈꾼

〈표 1〉 꿈에 대한 심리학자들의 관점 비교

구분	프로이트	융	아들러	펄스	보스	프랭클
창시 분야	정신분석학	분석심리학	개인심리학	게슈탈트	실존주의 (현존재 분석)	실존주의 (의미 치료)
꿈의 정의	꿈은 무의식에 이르는 왕도이다	꿈은 무의식이 전달해주는 메시지다	꿈은 꿈꾼 사람의 생활양식을 반영한 것이다	꿈은 통합으로 가는 왕도이다	꿈은 있는 그대로를 드러낼 뿐이다	꿈은 심령적 무의식이 전해 주는 메시지다
심리구조의 가설	성격의 3원구조 (원초아, 자아, 초자아)	개인 무의식, 집단 무의식	생활양식	상전, 하인	실존주의, 현상학적 관점	실존주의, 삶의 의미 추구 관점
꿈의 특성	소원의 성취	보상작용 등	생활양식의 투사	인격 요소의 투사	실존적 잠재력의 개방 혹은 폐쇄	심령적 무의식 요소(도덕, 양심, 종교 등)
상징 해석 방법	자유연상법	확충법	-	실연	-	-
꿈의 예지기능	인정하나 연구하지 않음	인정	부인	-	부인	-

이의 경험을 따뜻하게 수용함으로써 잠재력을 온전히 펼칠 수 있도록 해준다.[109] 즉, 분석가는 꿈에서 드러난 실존을 통해 꿈꾼 이의 실존적 잠재력이 현실에서도 닫혀 있는지 열려 있는지를 살펴보고, 그의 잠재력이 실현될 수 있도록 도와주어야 한다.

프랭클에게 꿈의 특성인 심령적 무의식의 요소는 인간의 내면에 잠재된 도덕, 양심, 종교 등이다. 프랭클은 심령적 무의식과 현실이 갈등을 일으키면 고통이나 신경증을 유발할 수 있다고 본다.

꿈의 상징을 해석하기 위해 프로이트는 자유연상법, 융은 확충법, 펄스는 실연 방법을 제안했다.

끝으로 이들 심리학자의 꿈에 대한 관점 비교는 〈표 1〉과 같다.

3장

신경생리학적 접근: 꿈은 뇌의 잡음에 불과한가?

신경생리학의 발달로 꿈의 특징이 더욱 명확하게 드러났다. 꿈에 관한 또 다른 비밀의 문은 그동안 전혀 예기치 않던 방향에서 조금씩 열렸다. 신경생리학과 수면과학의 발달로, 렘수면 기간에 뇌의 일부 영역은 자거나 쉬지 않고 열심히 활동한다는 사실도 알게 되었다. 여기서는 뇌의 활동을 토대로 꿈의 비밀을 파헤치려고 한 학자의 노력과 그들이 달성한 성과를 살펴보자.

1. 게이지, 뇌의 특정 부위의 손상으로 인격이 바뀌다

뇌를 연구하는 사람들은 불운을 당한 사람을 통해 뇌의 기능과 역할에 관해 중대한 발견을 하기도 한다. 그리고 꿈을 꾸는 동안 뇌의 상태가 어떻게 변화하는지도 파악되면서 꿈에 관한 또 다른 비밀의 문이 서서히 열리게 되었다.

1848년 9월 13일, 미국 버몬트주에서는 철로공사가 한창이었다. 철도건설회사에서 일하는 25세 청년 피니어스 게이지(Phineas Gage, 1823~1860)는 앞에 놓인 커다란 바위를 부숴야 했다. 그는 작업 중 충

피니어스 게이지

전하던 화약이 실수로 폭발하여 약 6kg에 달하는 쇠못에 머리뼈를 관통당했고, 왼쪽 전전두엽(이마 앞부분 겉질)●의 대부분이 파괴되었다. 쇠못이 매우 빠르게 통과했기 때문에 다른 부분의 뇌는 손상이 널리 퍼지지 않았다.

　동네 의사 할로는 경험이 부족하긴 했지만, 사고 현장에서 매우 사려 깊게 게이지를 치료했다. 그는 다친 지 채 12주도 지나지 않아 걷고 말하고 다시 일할 수 있었다. 하지만 회복된 게이지는 성격뿐 아니라 사회적 행동을 통제하는 능력 면에서도 전혀 다른 사람이 되었

● 엄밀하게는 피질(혹은 회색질)은 대뇌의 겉질 전체, 엽은 넓게 드러난 대뇌피질 중 특정 영역인 전두엽, 두정엽, 측두엽, 후두엽 등을 지칭하지만 여기서는 전전두엽으로 표기한다.

다. 사고가 나기 전에는 신중하고 사려 깊은 사람이었던 그는 사고 이후 전혀 신뢰할 수 없는 사람이 되었고 앞으로의 계획도 못했으며 혼자 알아서 적절히 무언가를 하지도 못했다. 그는 남을 전혀 고려하지 않았고 일에도 무책임했다. 또 행동 중에서 선택하라고 하면 어느 쪽이 가장 적절할지 결정하지 못했다.

할로는 "그의 지적 능력과 동물적 경향 사이에서 평형 상태의 균형이 깨져 버린 것처럼 보인다. 그는 변하기 쉽고 불손하며, 간혹 굉장히 모욕적인 언행에 빠져든다. 어떤 제한이나 충고가 자신의 욕망과 어긋날 때엔 참지 못하며, 간혹 끈질기게 완고해지고, 그러면서도 변덕스럽고 왔다 갔다 하며 … 이 점에서 그의 마음이 완전히 변해 버렸고 그 점이 너무나 명백하여 그의 친구나 친지는 그가 '더 이상 게이지가 아니다'라고 묘사할 정도"라고 했다.

게이지의 인격 혹은 정체성이 사고 중에 손상된 몇 제곱센티미터의 뇌 조직에 달렸던 것이다. 게이지의 사망 뒤 부검은 이루어지지 않았지만, 구멍이 난 그의 머리뼈는 박물관에 보관되었다.

게이지에게는 불행했던 사고였지만 그의 사고는 인간의 뇌와 꿈의 연구에 큰 도움이 되었다. 세월이 흐른 뒤 한나 다마시오와 안토니오 다마시오는 법의학적 연구를 통해 쇠못이 편도체를 억제하고 정서적·인지적·사회적 정보를 통합하는 데 중요한 전전두엽의 두 영역(배쪽 내측 영역과 일부 내측 영역)을 파괴했다고 주장했다. [110]

이 사례로 연구자들은 전두엽 특정 부위의 손상이 한 인간의 인격까지 바꿀 수 있다는 사실을 알게 되었다. 뇌의 특정 부위가 사람의 성격에 영향을 미치는 물리적 기반이라는 것이다. 즉, 게이지에게 발생한 이 불행한 사고는 인간의 정신 혹은 마음의 문제로만 여겨졌던 성격이 두뇌에 생물학적 기반을 두고 있음을 드러낸 사건이라는 점에서 큰 의의를 갖는다.

일부 역사가는 쇠못이 게이지의 머리를 관통하는 사고가 일어났을 때 현대적 의미의 신경과학이 시작되었다고 본다. 실제로 이 사건을 계기로 과학자들은 인간의 두뇌를 체계적으로 연구하기 시작했다. 사고 당사자인 게이지에게는 불행한 일이었지만 동시에 이는 현대 과학의 앞날을 개척한 역사적 사건이었다. [11]

꿈을 꾸는 동안에 우리 뇌 전전두엽의 일부 영역은 깨어있을 때와는 달리 그다지 활성화되지 않고 쉰다는 사실이 나중에 밝혀진다. 즉, 꿈을 꿀 때는 사고, 행동, 감정을 조정하고 통합하는 이성적인 영역이 제대로 작동하지 않을 수 있다는 것이다.

2. 브로카, 뇌는 영역별로 전문화되어 있다

과거에는 인간의 정신은 분할할 수 없으므로 뇌 역시 나눌 수 없다고 믿었다. 그런데 폴 브로카(Paul Broca, 1824~1880) 교수는 우연한 기회에 뇌가 손상된 환자를 보면서 확신을 얻고 그때까지의 믿음에 반론을 제기했다.

게이지가 사망한 다음 해인 1861년, 브로카가 외과의사로 일하는 프랑스 파리의 한 병원으로 중환자가 실려 왔다. 환자 이름은 르보르뉴였지만 사람들은 "탕"(Tan)이라고 불렀다. 그가 겨우 이 단어만 발음할 수 있었기 때문이었다.

38세의 예리한 분석가이자 명예욕이 강했던 의사 브로카는 르보르뉴의 감각 기능과 운동성 기능을 검사했다. 숫자에 관해 묻자 그는 손가락으로 대답했다. 마비가 어떻게 진행되었는지를 묻자 그는 우선 혀를 가리켰고, 그런 다음 오른팔, 그러고 나서 오른쪽 다리를 가리켰다. 의사는 르보르뉴의 이마 쪽 뇌가 치료할 수 없을 정도의 손상을 입었다고 추측했다.

르보르뉴는 1861년 4월 17일 사망했다. 하루 뒤 브로카는 르보르뉴의 뇌를 절단했는데, 눈으로 봐도 심하게 손상된 것을 알 수 있었다. 전두엽(이마 앞부분 겉질)뿐만 아니라 두정엽(정수리 부분 겉질)과 경계 부분에 있는 측두엽(옆측 이마 부분 겉질) 부분도 심하게 망가져 있었다.

브로카는 병상 기록을 근거로 르보르뉴가 전두엽의 두 번째 혹은 세 번째로 솟아난 굴곡에 손상을 입은 것이 실어증을 낳았다고 추정했다. 르보르뉴는 가장 먼저 실어증을 겪었고 그 후 몇 년 뒤 마비 증상이 왔으므로, 언어 능력은 전두엽 영역에 있는 게 분명하며 그것도 두 번째 혹은 세 번째로 융기된 굴곡에 있을 것이라 추측했다. 뇌를 다친 다른 환자에게서도 전두엽의 두 번째 굴곡과 세 번째 굴곡이 입은 명확한 손상을 확인했다. 특히, 세 번째 굴곡이 눈에 띄게 망가져 있었다. 그가 전두엽의 세 번째 굴곡에 언어를 관장하는 부위가 있다고 발표하자 의료계는 경악했다. 그때까지만 하더라도 뇌의 굴곡에 특정 기능을 지정한 사람이 아무도 없었다. 그것도 언어 능력이라니!

브로카의 노력으로 인간의 뇌도 영역별로 역할이 특화되고 전문화되어 있다는 사실이 최초로 밝혀졌다. 군대에 비유하면, 군대도 육군, 해군, 공군, 해병대 등으로 전문 분야가 있고, 육군 안에서도 보병, 포병 등과 같이 정밀하게 특기병으로 구성되는 것과 같다.

꿈꾸는 동안 편도체가 활동한다면 공포나 분노와 같은 감정이 활성화되었을 가능성이 있다. 앞서 말한 바와 같이, 19세기 사람들은 뇌가 정신이나 영혼과 마찬가지로 분할될 수 없다고 믿었다. 뇌는 항상 하나의 전체로 파악되었으며 이로 인해 뇌의 기능도 분할할 수 없었다. 그런데 브로카는 뇌의 부위에 따라 기능도 다르다는 결정적인 증거를 확보한 것이다. [112] 사람들은 언어 영역에서 처리된 정보를 입을 통해 표현하도록 통제하는 뇌의 부위를 발견자의 이름을 따서 '브로카 영역'이라고 부르게 되었다. 이제 사람들은 인간의 뇌가 부위별로 특화된 역할을 담당함을 알게 되었다. 이후 계속적인 연구를 통해 뇌의 다른 특정 부위의 기능과 역할이 밝혀졌다.

뇌가 영역별로 전문화되어 있어 기능과 역할이 서로 다르다면, 잠을 잘 때 뇌의 어느 부위가 적극적으로 활동하는지에 따라 뇌가 지금 어떤 기능을 수행하는지 짐작할 수 있다. 더욱이 꿈을 꾸는 시점에 활성화된 영역을 확인하면 대략 어떤 꿈을 꾸는지도 짐작할 수 있다. 예컨대 동기, 정서나 감정 등을 처리하는 데 중요한 역할을 하는 편도체가 꿈을 꾸는 동안 활성화된다면 이는 두려움, 공포, 욕망, 분노 등 감정적인 꿈을 꾸고 있을 가능성을 시사한다.

이후, 뇌의 각 영역이 부위별로 전문화, 국소화되어 있음에도 추론이나 창의력 같은 복잡한 사고 과정의 경우 각 영역이 서로 정보를 주고받으며 유기적으로 활동한다는 사실도 밝혀졌다. [113]

3. 몰래슨의 사고, 무의식을 관장하는 뇌 영역을 발견하다

H. M. 으로 잘 알려진 헨리 몰래슨(Henry Molaison, 1926~2008)은 아홉 살 때 자전거를 탄 사람과 부딪혀 넘어졌다. 그 때문에 머리에 부상을 입고 결국 간질 환자가 되었다. 세월이 지나면서 그의 병세는 악화되어 일주일에 대발작 1회와 블랙아웃(blackout) 10회를 겪을 정도가 되었다. 27세가 되었을 때 그는 심각한 무능력자였다.

몰래슨의 간질은 측두엽에서 기원한 것으로 판단되어, 스코빌은 마지막 수단으로 양쪽 측두엽의 안쪽 표면과 측두엽 내부 깊숙이 들어 있는 해마를 절제하기로 결정했다.• 그 수술은 성공적으로 이루어져 몰래슨의 발작은 경감되었다. 그러나 몰래슨은 심각한 기억상실에 빠졌고 결국 회복하지 못했다. 1953년에 이루어진 이 수술 이후에도 몰래슨은 늘 그랬듯이 영리하고 친절하고 재미있는 남성이었지만, 새 기억을 영구적인 기억으로 변환하는 능력을 상실했다.

브렌다 밀너(Brenda Milner, 1918~)는 몰래슨이 수술 후 특별한 기억 장애가 생겼다는 것을 처음 알아낸 학자이다.[114] 밀너는 일련의 논문을 통해 몰래슨이 상실한 기억 능력과 여전히 보유한 기억 능력, 그리고 그 각각과 연관된 뇌 영역을 매우 상세하게 보고했다. 밀너는 몰래슨이 보유한 능력이 대단히 특수하다는 것을 발견했다. 우선, 그는 완벽할 정도로 좋으며 몇 분 동안 지속되는 단기기억 능력이 있었다. 그는 학습한 긴 숫자 열이나 시각 이미지를 짧은 기간 동안 쉽게 기억할 수 있었다. 또 너무 오래 끌거나 너무 많은 화제를 다루지만 않는다면 정상적으로 대화할 수 있었다. 이 단기기억 기능은 나중에 '작업기억'으로 명명되었고, 몰래슨에게서 절제하지 않은 전전두엽피질 영역이 그 기능에 관여한다는 것이 밝혀졌다. 둘째로, 몰래슨은 수술을 받기 전에 일어난 사건들에 관해 완벽하게 좋은 장기기억을 가지고 있었다. 그는 영어를 기억할 수 있었고, 지능은 좋았으며, 어린 시절의 많은 일을 생생히 회상했다.

몰래슨에게 매우 심각하게 결여된 것은 새로운 단기기억을 새로운

• 수술로 절제한 부위는 좌·우뇌의 해마 앞부분 3분의 2, 그 주변 조직과 편도체였다 (리타 카터·크리스토퍼 프리스, 〈뇌 맵핑마인드〉, p. 343).

장기기억으로 변환하는 능력이었다. 이 능력이 없어 그는 방금 전에 일어난 일을 망각했다. 그는 새 정보에 주의를 기울이는 한에서는 그 정보를 보유했지만, 관심을 딴 데로 돌리고 1∼2분이 지나면 좀 전의 화제나 그가 생각했던 바를 기억할 수 없었다. 식사하고 채 한 시간도 지나기 전에 그는 자기가 무엇을 먹었는지 기억하지 못했고, 심지어 먹었다는 사실조차 기억하지 못했다.

밀너는 몰래슨을 거의 30년 동안 매달 관찰했는데, 밀너가 방에 들어가 인사할 때마다 몰래슨은 그녀를 알아보지 못했다. 또한 몰래슨은 최근에 찍은 사진 속 자신이나 거울 속 자신을 알아보지 못했다. 그는 수술 전의 자신만 기억하기 때문이었다. 그는 자신의 바뀐 외모에 관한 기억도 없었다. 그의 정체성은 수술을 받은 시점으로부터 50년 넘게 고정되었다. 나중에 밀너는 몰래슨에 대해 이렇게 말했다. "그는 새로운 지식을 조금도 획득할 수 없다. 그는 과거에 묶여, 오늘을 일종의 유아적 세계에서 산다. 그의 개인사는 그 수술로 중단되었다고 할 수 있다."

몰래슨에 대한 체계적 연구로부터 밀너는 복잡한 기억의 생물학적 토대에 관한 3가지 중요한 원리를 도출했다. ① 기억은 별개의 정신 기능으로 다른 지각, 운동, 인지 능력과 확실히 구별된다. ② 단기기억과 장기기억은 따로따로 저장될 수 있다. 내측 측두엽, 특히 해마를 잃으면 새로운 단기기억을 새로운 장기기억으로 변환하는 능력이 파괴된다. ③ 적어도 한 가지 유형의 기억은 뇌의 특정 위치에 할당될 수 있다. 내측 측두엽과 해마가 손상되면 새로운 장기기억을 저장하는 능력에 심각한 장애가 생기는 반면, 뇌의 다른 영역을 잃으면 그런 장애가 생기지 않는다. [115]

오랜 세월 동안 밀너는 몰래슨의 기억 결함이 철저하다고, 즉 그는 어떤 단기기억도 장기기억으로 변환할 수 없다고 생각했다. 그러나 1962년, 밀너는 기억의 생물학적 기초에 관한 또 하나의 원리를 증명했다. 하나 이상의 기억 유형이 존재한다는 것이었다. 밀너는 해마를 필요로 하는 의식적 기억 외에 해마와 내측 측두엽 외부에 자리 잡은 무의식적 기억이 존재한다는 것을 발견했다. •

그렇게 밀너는 두 형태의 기억이 서로 다른 해부학적 시스템을 필요로 함을 밝힘으로써 외현기억과 암묵기억의 구분을 증명했다. 그녀는 몰래슨이 몇 가지를 학습하고 장기간 기억할 수 있음을 발견했다. 즉, 그는 내측 측두엽이나 해마에 의존하지 않은 유형의 장기기억을 가지고 있었다. 그는 별의 윤곽을 거울에 그리는 일을 학습했고 그 솜씨는 뇌의 손상이 없는 사람의 경우와 마찬가지로 나날이 향상되었다. 그러나 매 검사일의 시작에 그의 솜씨가 향상되었음을 확인할 수 있었음에도 몰래슨은 전날 자신이 그 과제를 수행했다는 것은 기억하지 못했다. [116]

캘리포니아대의 신경생리학자 래리 스콰이어(Larry Squire)는 밀너의 연구를 확장했다. 그는 인간과 동물의 기억 저장 방식을 비교하여 연구했다. 이 연구와 오늘날 하버드대에 있는 대니얼 샥터(Daniel Schacter)의 연구는 두 가지 주요 기억 유형에 관한 생물학을 다뤘다.

우리가 오늘날 일반적으로 '의식적 기억'이라 부르는 것은 스콰이어와 샥터에 따르면 외현(*explicit*) 기억 또는 서술(*declarative*) 기억••이

• 외현기억과 암묵기억의 구분은 1950년대에 인지심리학의 창시자 중 한 명인 하버드대의 제롬 브루너가 행동을 근거로 하여 제안했다.
•• 서술기억은 의식적으로 재생하는 기억 체계로 말로 서술하기 쉬운 기억이라고 해서 이 이름이 붙었다(존 머데나, 〈젊어지는 두뇌 습관〉, 서영조 옮김, 프런티어, 2018, p. 131).

다. 이는 사람, 장소, 대상, 사실, 사건에 대한 의식적인 회상이다. 몰래슨에게 없었던 것이 바로 이 기억이다. 오늘날 우리가 무의식적 기억이라고 부르는 것은 암묵(implicit) 기억● 또는 절차적(procedural) 기억이다. 이것은 습관화(사소하고 무의미하고 무해한 자극을 무시하는 법을 학습), 민감화(자극이 위협적이거나 잠재적으로 해로울 때 행동을 수정하는 법을 학습, 공포 학습의 한 형태), 고전적 조건화(두 자극을 연결하거나 자극과 반응을 연결하는 법을 학습), 그리고 자전거 타기나 테니스하기와 같은 지각 및 운동 솜씨의 기반을 이룬다. 이것은 몰래슨이 보유한 기억이다.

암묵기억은 단일한 기억 시스템이 아니라 피질 안쪽 깊숙이 자리 잡은 다양한 뇌 시스템이 관여하는 과정의 총체다. 예컨대, 사건과 느낌(공포나 행복 등)의 연결에는 편도체라는 구조물이 관여한다. 새로운 운동 습관이 형성되려면 선조체가 필요하며, 새로운 운동 솜씨나 협응된 행동의 학습은 소뇌에 의존한다.

암묵기억은 흔히 자동성을 갖는다. 이 기억은 의식적 노력이나 심지어 우리가 기억을 끌어내고 있다는 자각 없이도 실행을 통해 직접 재생된다. 경험은 지각 및 운동 능력을 변화시키지만, 그 경험은 의식적인 회상으로는 거의 접근할 수 없다. 예컨대, 일단 자전거 타기를 배우고 나면 자전거를 그냥 타는 것과 같다. 자전거를 탈 때는 몸을 의식적으로 지휘하지 않는다. 각각의 모든 운동에 그렇게 많은 주의를 기울인다면 쓰러질 것이다. 말할 때도 우리는 문장 어디에 명사를 놓을지 또는 동사를 놓을지 고민하지 않는다. 우리는 그 일을 자

● 암묵기억은 정보의 저장이나 인출에 의식을 필요로 하지 않는다. 우리 기억의 대부분은 암묵적 형태다.

동적으로, 무의식적으로 한다. 이것은 행동주의자, 특히 파블로프
와 손다이크, 스키너가 연구한 학습 유형, 즉 '반사적 학습'이다.

많은 학습 경험은 외현기억과 암묵기억 둘 다에 의존한다. 실제로
지속적인 반복은 외현기억을 암묵기억으로 변환할 수 있다. 자전거
타기는 처음에 몸과 자전거에 대한 의식적인 주의 집중과 관련되지
만, 결국 자동적이고 무의식적인 활동이 된다.

철학자와 심리학자는 이미 외현기억과 암묵기억의 구분을 예견했
다. 활동전위의 전달 속도를 최초로 측정한 헬름홀츠는 시각을 연구
하기도 했는데, 1885년에 그는 시각과 행위를 위한 정신 과정의 많은
부분이 무의식 수준에서 일어난다고 지적했다. 1900년 〈꿈의 해
석〉에 언급된 프로이트 정신분석 이론의 핵심 전제는 경험이 의식적
기억뿐만 아니라 무의식적 기억으로도 저장되고 재생된다는 것이었
으며, 이는 헬름홀츠의 생각을 확장한 것이다. 무의식적 기억은 대
개 의식으로 접근할 수 없음에도 행동에 강력한 영향력을 행사한다.

프로이트의 사상은 흥미롭고 큰 파장을 일으켰지만 실제로 뇌가
정보를 어떻게 저장하는지에 관한 실험적 탐구가 없었기에 많은 과학
자는 이를 참이라고 확신하지 않았다. 몰래슨을 상대로 한 밀너의 별
그리기 실험은 과학자가 정신분석의 생물학적 토대를 밝힌 최초의 사
례였다. 해마가 없는(따라서 의식적 기억을 저장할 능력이 없는) 사람이
활동을 기억할 수 있음을 보임으로써 밀너는 우리 활동의 대부분이
무의식적이라는 프로이트의 이론을 입증했다. [117]

4. 베르거, 뇌의 텔레파시를 측정하려다 뇌파를 측정하다

독일의 정신과의사 한스 베르거(Hans Berger, 1873~1941)는 1892
년, 말에서 떨어져 길바닥에 처박히는 사고를 당한다. 베르거는 당
시 상황을 이렇게 설명했다.

19세 대학생이던 나는 뷔르츠부르크에서 군사 훈련을 받다가 큰 사고
를 당해 거의 죽을 뻔했다. 나는 가운데가 낮고 양쪽 가장자리가 높은
우묵한 길가에서 말을 타고 가다가 행군하는 대열 속으로 굴러 떨어졌
다. 포의 바퀴가 곧바로 내 몸을 깔아뭉갤 상황이었다. 말 여섯 마리가
끄는 포가 절체절명의 순간에 멈춰 섰고, 소스라치게 놀랐지만 죽음을
모면했다. 그날 저녁 나는 아버지로부터 잘 지내느냐는 문안 전보를
받았다.

신경과학의 미래를 위해서는 다행스럽게도 그는 부상을 면했다.
그는 그 이전이나 그 이후에도 누가 그에게 그런 식으로 안부를 물은
적은 한 번도 없었다고 하면서 말했다.

나와 형제애가 유난히 깊었던 큰누나가 갑자기 부모님께 내가 불운
을 맞은 것이 틀림없다고 주장했다. 아마도 극한의 위험이 닥치고 확
실한 죽음이 눈앞에 다가온 순간, 내가 발신자가 되고 나와 특별히 가
깝던 누나가 수신자가 되어 텔레파시를 실행했을 것이다. [118]

베르거는 이것이 텔레파시(telepathy, 한 사람의 생각이 다른 사람에
게 전달되는 현상, 정신감응)의 증거라 여겼다. 그는 텔레파시가 어떤

한스 베르거

'심령 에너지'의 물리적 전달에 근거하며, 이를 측정할 수도 있겠다고
생각했다. 1924년 그는 이 가설을 검증하기로 결심하고 두피 안쪽에
두 개의 전극을 넣고 그 사이에서 벌어지는 전기 활동을 기록했다.
하나는 머리 앞쪽, 다른 하나는 머리 뒤쪽이었다. 아니나 다를까 전
극에는 전기 활동이 포착되었다. 하지만 이를 텔레파시의 근거로 내
세우기는 너무 미약했다. 119

　그러나 그는 인간의 뇌에서 뇌파가 나온다는 사실을 알아냈다. 뇌
파란 뇌가 활동함에 따라 뇌의 신경세포가 만들어 내는 전류를 말한
다. 1929년 베르거는 뇌파를 증폭하여 기록하는 뇌파도(EEG, *electro-
encephalogram*)를 이용해 환자의 머리 표면으로부터 뇌파를 측정하는
데 성공했다. 이 뇌파의 기록을 보면, 자고 있을 때와 깨어 있을 때의
뇌의 신경활동이 확실히 다르다. 깨어 있을 때의 뇌파는 주파수(헤르
츠)●가 높고, 진폭(진동의 중심으로부터 최대로 움직인 거리)은 낮다.

● 헤르츠(Hz)는 1초 동안 진동(사이클)이 몇 번 있는지를 나타내는 단위이다. 8Hz는

이에 반해 보통 잘 때의 뇌는 저주파에 고진폭의 뇌파가 나오며, 신경 활동이 상당히 감소한다. [120] 뇌파는 머리의 표면에서 측정 가능할 뿐만 아니라 미약하게나마 외부로도 전달된다. [121]

뇌파도는 임상신경학 분야를 비롯해 수면과 꿈 과학에 혁명을 일으켰다. 간질 환자뿐만 아니라 정상적인 사람의 뇌에서 일어나는 역동적 활동을 객관적으로 평가할 수 있는 수단을 제공했기 때문이다. 그러나 베르거와 연구진은 수면을 1시간 정도만 기록하고 밤 내내 계속한 적은 없었기 때문에 깊은 수면 후에 일어나는 뇌 활동의 많은 변화를 발견할 수는 없었다. 베르거의 실험으로부터 20년 이상이 지나고 나서야 이러한 관찰이 이루어졌고, 수면과 수면이 각성에 미치는 영향을 빠른 속도로 이해하게 되었다.

5. 아세린스키, 최초로 꿈을 꾸는 렘수면을 발견하다

1951년 가을, 유진 아세린스키(Eugene Aserinsky, 1921~1998)는 시카고대의 지하감옥 같은 실험실에서 여덟 살 난 아들의 머리에 전극을 부착하고 있었다. 수면 중 뇌파와 안구 운동을 기록하기 위해서였다. 그는 절박했다. 이 실험에서 반드시 탁월한 성과를 거두어야 학위와 직업을 얻을 수 있기 때문이었다. 나이 서른에 여전히 학생인 아세린스키는 기네스북에 오를 만큼 많은 강의를 들었지만 그에겐 고등학교 졸업장이 전부였다. 임신한 아내와 아들을 부양하기에도 늘 힘에 부쳐서 생활은 극도로 궁핍했다. 수면 중 두뇌 활동에 관해, 과

1초 동안 8회의 진동이 있다는 뜻이다.

학적 사고에 일대 혁명을 일으킬 증거를 발견하고, 학습에서부터 감정 조절에 이르는 모든 일을 정신이 어떻게 처리하는지 밝혀낼 연구가 시작되었지만 지원자가 하나도 없었다. 그래서 그 연구를 아세린스키가 맡게 되었다.

아세린스키는 잠자는 아들의 머리에 전극을 붙이고 밤새도록 뇌파를 기록했다. 생체기록기(*polygraph*, 뇌파·안구 운동·심장박동·호흡 등의 생리현상을 기록하는 기계)의 바늘들은 수면 초기에는 느리고 고른 뇌파를 그리다가 갑자기 빨라지면서 각성 상태의 뇌파 패턴과 유사한, 폭이 크고 날카로운 선을 그어대기 시작했다. 그리고 그 과정이 주기적으로 되풀이되었다.

아세린스키는 무척 놀랐다. 그의 발견은 수면 중에 뇌가 일시 휴업을 선언하고 수동적인 상태에 머문다는 과학계의 통설과 어긋났기 때문이었다. 그래서 생체기록기가 고장 난 줄 알고 기술자들의 자문을 구했다. 그중에는 아세린스키가 사용하는 장비의 설계자도 있었다. 아세린스키는 두 눈동자의 움직임을 따로 기록하는 방법을 궁리해낸 끝에 자신이 관찰한 유별난 뇌파 패턴이 진짜라는 사실을 확인했다.

그는 성인 피험자를 상대로 이 실험을 반복했다. 그 결과, 아들이 보여준 것과 똑같은 거칠고 날카로운 뇌파 패턴을 목격했다. 그뿐만 아니라 그것이 하룻밤에 네다섯 번 정도 시계처럼 정확하고 규칙적으로 나타나며, 피험자의 감긴 눈꺼풀 뒤에서 일어나는 급속 안구 운동(REM, *rapid eye movement*)과 일치한다는 확인했다.

실험 결과를 모두 분석한 후, 아세린스키는 그것이 꿈꾸고 있음을 암시할지도 모른다고 추측했다. 그러던 중, 추측이 확신으로 바뀌는 일이 일어났다. 한 남자 피험자가 잠든 지 얼마 후, 생체기록기의 바늘이 튕겨나갈 듯이 사납게 흔들리고 안구의 움직임이 정신없이 빨라지더니 그가 울부짖기 시작했다. 아세린스키가 서둘러 깨우자 그 피험자는 끔찍한 악몽을 꾸고 있었다고 말했다. 연구가 진척되면서 급속 안구 운동이 나타날 때 깬 피험자는 거의 항상 꿈을 생생히 기억한다는 증거가 늘어갔다. 그러나 안구 운동이 일어나지 않을 때 깨우면 그들은 아무것도 기억하지 못했다. [122]

6. 클라이트먼, 렘수면을 확인하다

아세린스키의 지도교수 너새니얼 클라이트먼(Nathaniel Kleitman, 1895~1999)은 과학자의 자세를 중시했다. 그도 처음에는 제자가 보고한 렘수면의 존재에 반신반의했다. 그는 이번에는 자신의 딸을 피험자로 삼아 직접 실험에 착수했다. 딸이 잠자는 내내 급속 안구 운동이 규칙적으로 나타나자 클리이트먼은 그제야 확신이 생겼다. 아세린스키의 렘수면 실험 결과는 클라이트먼의 최종 승인을 얻어 1953년, 권위 있는 과학 잡지 〈사이언스〉에 발표되었다. 클라이트먼의 이름은 아세린스키의 이름 뒤에 공동 저자로 올랐다. [123]

신경생리학자인 홉슨은 아세린스키의 발견이 기가 막히게 운이 좋았기 때문이기도 했다고 말한다. "왜냐하면 잠이 들 무렵 렘수면이 나타나는 것은 오직 어린아이뿐이기 때문이다!" 홉슨은 세균학의 아버지로 불리는 파스퇴르의 말을 인용하며 이 역사적인 발견에 찬사를 보냈다. "관찰의 영역에서 기회는 준비된 사람에게 찾아온다." [124]

이 획기적인 연구로 수면 중에 일어나는 일에 관한 그때까지의 가정을 완전히 뜯어 고쳐야만 했다. 그들의 생각과는 달리, 뇌는 밤새

빈둥거리기는커녕 깨어 있을 때와 비슷하게 규칙적으로 활성화되며 고도의 흥분 상태에 빠져들었다. 뇌가 렘수면 시기에 정확히 무슨 일을 하는지는 여전히 수수께끼이다. 그러나 꿈이 그 대답의 중요한 일부라는 점에는 이의가 없다. [125] 인간의 가장 내밀한 체험인 꿈이 눈의 운동을 통해 외부로 분명히 드러난 것이다. [126]

연구자들은 수면 중 뇌가 활성화되는 단계에 렘이라는 이름을 붙였다. 눈의 움직임(안구 운동)과 뇌의 활성이 상관관계를 보였기 때문이다. 그들은 꿈도 이 현상과 관련이 있을 것이라고 주장했다. 렘수면은 약 90분의 간격을 두고 주기적으로 나타나며 매일 밤 약 한 시간 반에서 두 시간가량을 차지한다. 이것은 꿈이 지속되기에 충분하고도 남을 만한 시간으로 보였다. [127] 후속 연구를 통해 수면에는 렘수면과 비렘수면(Non-REM)이 있으며 렘수면 중에 대부분 꿈을 꾼다는 사실도 밝혀진다. 렘수면의 발견을 계기로 꿈이라는 주관적인 현상을 객관적·자연과학적으로 연구할 수 있게 되었고 '꿈 과학'은 드디어 현대과학의 반열에 서게 된다. [128]

인간에게 렘수면이 필요하다면 그 이유는 무엇일까? 홉슨은 말한다. 첫째, 렘수면은 사람의 체온 조절에 기여한다. 체온 조절은 포유류의 가장 기본적인 관리 및 유지 기능 중 하나이다. 둘째, 많은 실험에 의하면 렘수면이 절차학습(*procedural learning*)을 강화하고 발전하는 데 기여하는 것으로 나타났다. 절차학습은 의식이 관여하지 않을 때 어떤 활동을 수행하기 위해 후천적으로 습득되는 능력이다. [129]

7. 주베, 고양이도 꿈을 꾼다!

외과의사 미셸 주베(Michel Jouvet, 1925~)는 미국에서 신경생리학을 연구한 후, 프랑스 리옹으로 돌아와 고양이●를 대상으로 실험을 진행했다. 1962년에 실시한 실험으로 그는 동물과 사람이 매우 유사하게 꿈을 꾼다는 것을 밝혔다. [130]

그가 고양이를 선택한 이유는 고양이의 뇌가 사람과 매우 유사하며, 낮 시간에 대부분 잠을 자기 때문이었다. [131] 그는 렘수면 시기에 근육을 이완하는 뇌 조직을 제거한 후 고양이의 수면 상태를 관찰했는데, 렘수면에 들어간 고양이가 갑자기 벌떡 일어나더니 존재하지도 않는 상대에게 장난을 거는 듯한 행동을 보였다. [132] 주베는 수면 중에 뇌가 자발적으로 활성화된다는 사실을 입증한 것이다. [133] 많은 사람은 이러한 행동이 바로 고양이가 꿈을 꾼다는 확실한 증거라고 생각하게 되었다.

그는 자는 동안 깨어 있는 듯한 수면의 단계를 '역설수면'(para-doxical sleep)이라고 불렀다. [134] 역설적이라고 하는 이유는 깨어나기 어려울 정도로 꿈을 꾸는 상태인데도 뇌의 활동은 거의 깨어 있는 사람과 같기 때문이다. 역설수면은 보통 20분 정도 지속되며 대략 5회, 100분 정도로 총 수면 시간의 약 20%에 해당한다.

또한, 주베는 렘수면 중에는 항상 근육 긴장이 능동적으로 억제된다는 사실을 밝혀냈다. 이것은 어떻게 뇌가 활성화되면서도 깨어 있

● 주베는 이 고양이의 이름을 펠릭스라고 불렀다. 사람은 90분마다 렘수면 혹은 역설수면 단계를 거치지만 고양이는 20분이라고 한다(장디디에 뱅상, 〈뇌 한복판으로 떠나는 여행〉, pp. 143~159).

을 때의 행동이 나타나지 않는지를 알아 가는 데 도움을 주었다. 운동계가 척수 수준에서 능동적으로 억제됨으로써, 상부의 뇌에서 꿈에서 경험하는 것과 같은 정교하고 복잡한 움직임을 계획하고 명령하더라도 실제로는 동작이 불가능한 것이다.

주베는 고양이의 뇌간에 전극을 붙였는데, 렘수면 중에 뇌의 각기 다른 영역에서 일어나는 발작적인 뇌파를 관찰할 수 있었다. 이 뇌파는 나중에 PGO파로 불린다. PGO란 뇌교, 시상의 슬상체, 후두엽의 머리글자를 딴 것으로, 뇌교에서 생겨 시상의 시각 중추핵인 슬상체를 거쳐 대뇌피질 후두엽으로 흘러가는 흥분파이다. [135]

이들 뇌파는 깨어 있는 상태에서는 현저하게 감소된다. 이것은 렘수면 중 뇌의 활성화가 심리적으로뿐만 아니라 생리적으로도 깨어 있는 상태와 뚜렷한 차이를 보인다는 것을 뜻한다. PGO파는 사람에게도 나타난다. 불규칙적으로 발생하는 이 자극이 급속 안구 운동을 일으키고, 또 대뇌피질을 자극해 꿈의 내용이 변화한다고 본다. [136]

참고로 시상의 슬상체 혹은 후두피질은 시각로나 시각중추가 있는 곳이다. 꿈꾸는 동안 시각적인 이미지가 분출되는 이유라고 본다. 시각중추 신경세포의 활성화로 인해 마치 깨어 있을 때 사물이나 대상을 보는 것과 같이 눈동자가 움직일 수 있다는 추론이 가능하다.

PGO파의 발견으로 렘수면의 활성화가 고유의 파동을 가지고 있다는 사실을 알게 되었다. 각각의 PGO파(고양이의 경우 하루에 1만 4천 개의 PGO파가 나타났다)는 뇌의 활성화 파동을 전달하는데, 이것은 마치 우리가 깨어 있는 상태에서 갑작스러운 자극에 의해 놀랐을 때 일어나는 현상과 비슷하다. 이는 꿈이란 뇌가 지속적으로 전기적 활성을 띤 상태, 그리고 매우 강하며 뚜렷하게 구분되는 흥분성 자극에 의해 만들어지는 정신 상태라는 것을 뜻한다.

지각이 사고를 압도하는 몰두 상태, 시간·장소·인물의 불연속 및 부조화에 의한 기괴함, 마치 자발적인 활성화 과정이 뇌로 하여금 준비된 시나리오에 따라 쉴 틈 없이 운동을 전개해 나가도록 하는 것과 같은 지속적인 감각 운동의 내용 등 PGO파는 꿈속에서 나타나는 정신 상태의 각각의 측면을 전달한다고 볼 수 있다.[137]

8. 디멘트, 수면의 단계 발견

1952년, 열의에 찬 윌리엄 디멘트(William Dement, 1928~)는 실험실 조교가 될 수 있을까 하여 악명 높은 클라이트먼의 연구실 문을 두드렸다. 클라이트먼은 슬쩍 내다보며 꿈에 관해 알고 있는 것이 무엇인지 그에게 물었다. 젊은 의학도는 정직하게 아무것도 모른다고 대답했다. 무뚝뚝한 클라이트먼은 "내 책을 읽어 보게"라고 짧게 말한 뒤 거칠게 문을 닫았다.

디멘트는 부지런히 그의 책을 찾아 읽은 후 다시 클라이트먼의 연구실을 찾아갔고, 아세린스키의 연구를 거들었다. 디멘트의 도움으로 아세린스키는 렘수면 연구를 완수했고 마침내 오랫동안 기다렸던 박사 학위를 얻게 되었다. 디멘트는 시카고대의 '꿈 연구실'을 이끌게 되어 여간 기쁘지 않았다.

클라이트먼이나 아세린스키와는 달리 디멘트는 '꿈의 해석이 정신의 무의식적 활동을 이해하는 왕도'라는 프로이트의 이론을 숭배했다. 꿈 연구 초기의 이야기를 담은 〈잠을 지켜보는 사람들〉(*The Sleepwatchers*)에서 디멘트는 "프로이트의 정신분석은 1950년대의 사회 곳곳에 배어 있는 것 같았다. 나는 프로이트의 열렬한 숭배자

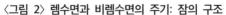

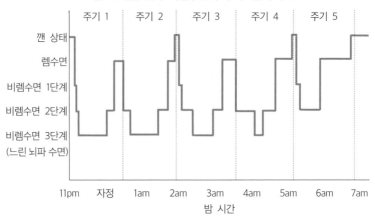

〈그림 2〉 렘수면과 비렘수면의 주기: 잠의 구조

자료: 매슈 워커, 〈우리는 왜 잠을 자야 할까〉, p.69 참조.

였다"라고 썼다.

　프로이트는 꿈이 리비도(*libido*, 성적 에너지)를 발산하는 출구이므로 꿈을 꾸지 않으면 정신질환을 일으킬 수 있다는 이론을 내놓았다. 그래서 디멘트는 주립병원의 정신분열증 환자를 대상으로 렘수면 연구에 착수했다. 그들이 꿈을 꾸지 못해 정신분열증에 걸렸는지 알아내기 위해서였다. 하지만 프로이트의 이론은 더 이상 발전하지 못했다. 뇌파도는 정신분열증 환자 역시 정상적인 렘수면 주기를 거치고 있음을 보여 주었고 그들도 꿈을 꾼다고 보고했다.

　대신 디멘트는 수면은 단계를 거친다는 사실을 밝혀냈다. 1957년 클라이트먼과 디멘트는 수면 단계의 특징을 설명한 논문을 발표했다. 두 사람의 논문은 그 후 수십 년간 거의 모든 의학교재에서 수면과 꿈에 관한 기초 지식을 제공했다.

　뇌에서 발생하는 전류의 움직임을 그린 그림, 즉 뇌파도 기록을 꼼꼼하게 도표로 작성한 결과, 디멘트는 건강한 성인은 예측 가능한 수면 구간을 거친다는 사실을 발견했다. [138] 이후 연구자들은 잠은 비렘수면과 렘수면이 밤새도록 주도권을 차지하기 위해 밀고 당기는 씨름을 반복한다는 사실을 밝혀냈다. 양쪽이 대뇌를 차지하기 위해 벌이는 승패는 90분마다 승패가 뒤집어졌다(〈그림 2〉 참조). 처음에는 비렘수면이 지배했다가 렘수면이 탈환하는 식이었다.

〈그림 2〉를 보면, 세로축에서는 서로 다른 뇌 상태를 표시했다. 맨 위가 각성 상태, 그 아래로 렘수면과 비렘수면의 4단계가 이어진다. 가로축에는 밤 시간을 표시했다. 맨 왼쪽의 오후 약 11시에서 시작하여 오른쪽의 오전 7시까지 이어진다. 이 그래프를 수면 그래프(hypnogram)라고 한다. [139]

9. 홉슨, 활성화-종합 가설을 제기하다

1) 신경세포의 점화를 관찰하다

어느 여름밤, 까만 하늘에는 별이 총총했다. 호숫가에 둘러앉은 친구들이 우주의 광활함과 은하계의 비밀에 감탄하고 있었다. 당시 10대였던 앨런 홉슨(Allan Hobson, 1933~)은 그 순간을 또렷이 기억한다. "자기 어깨 위에 얹혀 있는 뇌의 비밀도 제대로 알아내지 못한 마당에 우주의 경이에 관심을 둔다는 것이 가당찮게 느껴졌습니다. …"

그때 홉슨의 스승인 교육심리학자 샤프는 어린 홉슨에게 그의 미래를 결정지을 조언을 했다. "정신의 비밀을 모두 풀기 위해서는 뇌를 연구해야 한다."

홉슨은 정신의학과 신경과학을 공부하기 위해 1955년 하버드대에 갔다. 당시 그는 〈꿈의 해석〉을 비롯해 프로이트의 저서를 빠짐없이 탐독하던 프로이트 숭배자였다. 영문학 학사논문 주제도 프로이트와 도스토예프스키였다. 그러나 몇 년 후 레지던트 과정에 들어섰을 무렵 그는 프로이트 이론을 의심하기 시작했으며 정신의학에 환멸을 느꼈다. 두 가지 모두 뇌의 작동 방식에 관해 그가 배워온 그 어떤 지식에서도 확고한 기반을 찾지 못한 것 같았기 때문이다.

홉슨은 레지던트 1년차일 때 하버드대에서 미국 국립보건원으로 옮겼고, 그곳에서 프레더릭 스나이더를 만나면서 수면 연구에 관심을 갖게 되었다. 스나이더는 신경학 실험실에서 밤마다 렘수면을 기록하는 선배 과학자이자 초창기 꿈 연구가였다. 스나이더는 꿈을 꾸고 있는 순간을 실제로 구별할 수 없다고 홉슨에게 말했다. 무엇이든 결코 그대로 믿는 법이 없었던 홉슨은 자기 눈으로 보기 전까지는 그 말을 믿을 수 없다고 말했다.

"잠든 피험자의 뇌파가 변하는 것을 목격하고는 바로 그날 밤부터 꿈 연구에 매료되었지요."

홉슨은 고양이를 연구 대상으로 선택했고 로버트 맥칼리와 짝을 이루었다. 자칭 목수이자 땜장이였던 홉슨은 고양이의 뇌간에 삽입할 미세전극을 직접 만들었다. 그때까지 뇌간은 살아 있는 동물을 대상으로는 연구된 적이 없는 부위였다. 두 사람은 각자의 장점을 발휘해 고양이의 뇌간에 미세전극을 삽입했고 어떤 신경세포가 점화하는지 확인했다. 그다음에 그 전기신호를 시청각 시스템으로 전송하여 고양이가 정상 수면 주기를 거칠 때 신경세포의 점화를 직접 보고 들을 수 있는 방법을 찾아냈다.

2) 꿈은 사고가 결여된 전기 · 화학 과정에 의해 유발된다

"맥칼리와 나는 서로 번갈아 가며 관찰하곤 했어요. 한 사람은 실험실을 지키고 한 사람은 집에 가서 잠깐 쉬는 식이었지요. 하지만 뇌간의 극적인 활동을 지켜보느라 같이 밤을 지새운 적이 많았습니다. 우리는 무모했고 그 실험은 거의 미친 짓처럼 보였어요. 그러나 우리는 아무도 발견하리라고 여기지 못한 사실을 발견하기 직전이었고 이미 해냈다는 것을 알고 있었지요."

홉슨과 맥칼리는 결국 꿈에 대한 신경생리학적 설명을 찾아내 1977년에 발표했다. 그들의 발견으로 프로이트 이론과 꿈을 해석하는 심리학적 접근법을 지지하던 버팀목이 대부분 참담하게 무너졌다. 직접 목격한 뇌세포 점화 패턴을 토대로, 홉슨과 맥칼리는 뇌간의 뉴런들이 신경전달물질의 균형을 완전히 뒤바꾸는 순간에 렘수면이 시작된다고 결론지었다.

깨어 있을 때, 우리 뇌는 각성 상태의 활발한 의식에 꼭 필요한 두 가지 신경전달물질로 흘러넘친다. 주의력과 집중력을 높이는 노르아드레날린과 기분 조절, 판단, 학습, 기억에도 중요한 역할을 하는 세로토닌이다. 잠든 후, 뇌의 활동 수준이 전반적으로 감소하면서 이 두 가지 신경전달물질의 순환이 중단된다. 그러니 수면 중에는 주의 집중력이 현저히 감소하고 기분 조절도 뜻대로 안 될 가능성이 높다.

대신, 아세틸콜린이라는 다른 신경전달물질이 분비된다. 아세틸콜린은 뇌의 시각중추, 운동중추, 정서중추를 흥분시키며 급속 안구운동과 꿈의 시각적 이미지를 유발하는 신호 전송을 촉진한다.

사실, 신경전달물질의 존재를 최초로 밝혀낸 학자는 오토 뢰비(Otto Loewi, 1873~1961)이다. 그는 1921년 꿈에서 영감을 얻어 실험으로 그 사실을 입증했다. 그가 발견한 신경전달물질은 나중에 아세틸콜린으로 명명되는데, 맨 처음 발견된 화학물질인 아세틸콜린은 꿈의 생성 과정에도 중요한 기능을 한다.

아세틸콜린에 흠뻑 젖은 뇌는 각성 상태와는 전혀 다른 규칙에 따라 작동한다. 운동신경 충격이 차단되기 때문에 신체는 마비될 수밖에 없다. 따라서 꿈속에서는 아무리 애를 써도 언덕 아래로 질주하는 자동차의 브레이크도 힘껏 밟을 수 없다. 감각정보의 진입도 차단되므로 뇌의 내부에서 생산되는 모든 이미지와 감각을 마치 진짜처럼 해석한다. 이렇게 변화된 상태에서 뇌간의 신호는 어느 순간에는 극심한 두려움을, 다음 순간에는 자유낙하의 흥분을 마음대로 자극할 수 있다. 그리고 뇌는 뇌간의 이러한 신호들과 어울리는 꿈 줄거리를 최선을 다해 자아낸다.

홉슨과 맥칼리는 이 획기적인 연구를 통해 꿈에는 중요한 관념적·의지적·정서적 내용이 담겨 있지 않다는 주장을 견지했다. 꿈 영상(dream imagery, 마음속에서 떠오르는 상)을 생산하는 신호들이 '원시뇌'로 불리는 뇌간에서 발생하고, 더욱 고도로 진화된 전뇌의 인지 영역은 그 신호에 그저 수동적으로 반응하기 때문이라는 것이 그 이유였다. 꿈은 뇌간이 일으킨 뒤죽박죽 신호에 응하여 일부나마 이치에 닿는 꿈 영상을 만들어 내야 하는 고달픈 작업을 최선을 다해 완수한 전뇌의 작품이라는 것이다.

아세틸콜린 외에 또 다른 신경전달물질이 렘수면 동안에 분출되는데, 바로 도파민이다. 도파민은 쾌락과 흥분을 촉진시키는 화학물질이다. 때문에 꿈을 꾸는 렘수면 동안에는 정서와 시각 중추가 크게 활성화되며 흥분 상태가 되는 것이다.

그리고 렘수면 상태가 끝나면 바닷물이 빠지듯 아세틸콜린이 감소한다. 그리고 90분쯤 후에 아세틸콜린이 다시 흘러넘친다. 홉슨과 맥칼리는 뇌간이 지휘하는 화학물질의 이러한 일관된 군무(群舞)가 꿈을 일으킨다고 말했다. 꿈은 그 어떤 메시지도 감추고 있지 않고 심장박동이나 호흡처럼 사고가 결여된 자동적인 전기화학 과정이 꿈을 유발한다고 단언함으로써, 프로이트 꿈 이론의 골자를 없애 버렸다.

3) 프로이트와 홉슨의 가설, 진실성에 대한 투표 결과

홉슨은 이 연구에 토대를 두고 활성화-종합(activation-synthesis) 가설을 제시했다. 그는 "여기 꿈 과학의 생물학적 혁명에서 우리가 심각하게 숙고해야 할 개념이 하나 있다. 비록 꿈속의 변화된 의식상태가 매우 흥미롭고 정보가 풍부할지라도, 꿈은 그 자체로 아무런 특별한 기능을 가지고 있지 않다는 것이다"라고 말했다. 의식적인 경험과 마찬가지로 꿈은 잠자는 동안 뇌의 활성을 우연히 자각하는 것에 지나지 않는다는 입장이었다.

이러한 시각에서 볼 때, 떠들썩하게 찬미되던 꿈의 기능을 수행하는 것은 결국 렘수면 중에 일어나는 뇌의 활성이라고 볼 수 있다. 즉, 렘수면 중에 일어나는 뇌의 활성은 심리적으로 평형 상태를 이루게 하고, 최근 및 이전에 습득한 기억을 통합하며, 정서적 현저성(혹은 관련성)에 따라 개인 정보의 목록을 정리하는 등의 활동을 한다. 이 모든 중요한 기능은 우리가 자각하든 자각하지 않든 수행될 수 있고 수행되어야만 한다. 만일 그러한 기능이 꿈이라는 형태의 의식적 자각에만 의존한다면 우리는 큰 곤궁에 빠질 것이다. [140]

1976년 미국 정신의학회 학술대회에서 홉슨은 자신과 맥칼리의 꿈 개념을 요약해 주었다. 홉슨의 발표가 있고 난 뒤 미국 정신의학회

회원 간에 투표가 시행되었는데, 프로이트의 꿈 이론이 홉슨의 발견에 비추었을 때 과학적으로 주장할 만한 가치가 있는지의 여부를 묻는 투표였다. 당시 미국 정신의학회는 정신분석에 교감하는 회원들이 지배했다. 그런데도 투표 결과는 프로이트에 대한 압도적 반대로 나타났다. 이는 과학적으로 말해, 꿈의 작동원리에 관한 프로이트의 설명을 더는 인정하지 않는다는 것을 의미했다. [141]

4) 활성화-종합 가설과 꿈의 생성 과정

홉슨의 가설을 조금 더 자세히 살펴보자. 홉슨은 프로이트의 정신분석학과 자신의 활성화-종합 가설을 다음과 같이 비교했다.

홉슨에 의하면 꿈의 시작은 뇌교에서 시작한다. 뇌교는 신경전달물질을 분비하여 뇌 전체를 활성화하는 상행 활성계를 깨운다. 그다음에 올라가는 곳이 전뇌기저핵●과 시상하부이다. 전뇌기저핵은 무의식적 자동운동과 관련이 있다. 전뇌기저핵의 마이네르트핵은 아세틸콜린이 가장 많이 분비되는 곳이다. 전뇌기저핵은 꿈속에서 운동의 시작과 운동의 종료, 즉 하나의 운동 프로그램을 실행한다. 시상하부는 식욕, 성욕, 갈증과 같은 본능적 욕구를 다룬다.

그다음으로 올라가면 꽤 넓은 부위가 꿈에 관여한다. 해마(일화적 기억), 편도체(무의식적 기억, 공포, 감정), 전대상회(각성, 감정, 동기의 조절), 그리고 해마방회. 내측 측두엽의 기억 관련 부위와도 관계된다. 꿈에서 기억을 많이 불러오는 이유이다. 여기에 편도체와

● 전뇌기저핵은 대뇌기저핵(박문호 박사), 기저전뇌핵(안드레아 록) 등으로도 번역되나 여기서는 전뇌기저핵으로 통일한다.

꿈 현상	정신분석 가설	활성화-종합 가설
원인	억압된 무의식적 소망	수면 중 뇌의 활성화
시각적 이미지	감각 수준으로 퇴보	시각중추의 높은 합성
망상적 신념	일차적 사고 처리	배외측 전두엽의 비활성화에 의한 작업기억 상실
기괴함	위장된 소망	과잉 연상적 조합
감정	자아의 이차적 방어 반응	변연계의 일차적 활성화
망각	억압	기질적(물리적) 기억 상실
의미	능동적으로 흐려짐	명백하고 현저함
해석	필요	불필요

자료: 앨런 홉슨, 〈꿈〉, p.41.

전대상회가 관여되면 감정이 채색된다. 그다음으로 꿈과 관련된 부위가 시상, 특히 시상의 외측 슬상체이다. 꿈에서 주로 입력되는 감각은 시각이다. 꿈의 대부분은 황당할 정도로 과잉된 운동 동작으로 이어진 시각으로 만들어진다. 그러한 과잉 연상의 시각 이미지가 저장되어 있는 창고가 연합 시각 영역이다.

꿈을 측정할 때 나타나는 것이 앞에서 살펴본 PGO파다. 꿈속에서 뇌교, 시상, 연합 시각 영역이 강력하게 활동한다는 증거다. PGO파가 전뇌의 겉질 구조를 자극하여 급속 안구 운동과 함께 감각 경험을 유발한다. 그러면 그렇게 활성화된 전뇌가 이렇게 내적으로 생성된 정보로부터 꿈을 합성해 낸다.[142] 이 밖에도 다양한 감각 신호를 공간상에서 종합하는 하두정엽과 미세한 운동을 조절하는 소뇌도 꿈꾸는 동안 강력하게 활성화된다.

반면, 배외측 전두엽은 활성화되지 않고 1차 운동 영역은 봉쇄된다. 배외측 전두엽은 감각 기관, 기억 영역에 들어가는 모든 정보를 비교, 예측, 판단하는 곳이다. 배외측 전두엽이 바로 작업기억과 주의 집중의 영역이다. 작업기억은 현재의 정보를 입력 처리한다. 잠자는 동안에는 작업기억이 작동하지 않고 주의 집중도 이루어지지 않는다. 1차 운동 영역의 출력이 척수를 통해 운동 출력으로 나가는 것이 차단된다. 또한, 체감각과 청각 신호도 꿈꾸는 동안 차단된다. [143]

5) 홉슨이 꾼 꿈과 해석

홉슨은 꿈의 내용에 특별한 의미를 부여하는 것을 부인했다. 그는 '꿈은 잠자는 동안 뇌의 활성을 우연히 자각하는 것에 지나지 않는다'고 한다. 정말 그럴까? 홉슨 자신이 기록한 그의 꿈과 그가 밝힌 꿈의 특징을 살펴보자.

꿈 1 집수리에 대한 불안을 나타낸 꿈과 해석
꿈을 꾼 날은 1987년 5월 8일이고 배경은 리처드 뉴랜드이다.

집수리와 관련된 악몽이다. 나는 집 안팎을 손봐야 했는데 해야 할 일이 너무 많았다. 그래서 리처드와 그의 친구가 나를 '도와주러' 왔다. 그러나 그들은 도움이 되기는커녕 말썽만 일으킬 것 같았다. 내 눈에 그들은 한없이 무능하고 부주의한 한 쌍의 골칫거리로 보였기 때문이다. 꿈속에서는 몇몇 장면이 있었는데 모두 똑같은 감정적 주제를 나타냈다. 그것은 바로 집수리에 대한 불안이었다. …
　　그 집은 지금 내가 살고 있는 집과는 완전히 달랐지만 아무튼 꿈속에서는 내 집이었다. 그런데 리처드의 친구가 흰색 벽에 파란색 페인트를 뿌려 대기 시작했다(실제 우리 집에는 흰색이나 파란색 벽이 없다). 페인트를 뿌리는 장치는 마치 농약이나 바퀴벌레 잡는 약을 뿌릴 때 쓰는 기구처럼 등에 짊어지는 탱크 형태였다. 갑자기 페인트는 벽뿐만 아니라 벽에 걸린 그림에까지 마구 튀었다. 나의 걱정이 현실로 확인되는 순간이었다. 나는 리처드에게 소리를 질러 친구를 좀 말려 보라고 말했다. …

이 꿈에 대한 홉슨 자신의 해석이다.

내가 볼 때 이 꿈의 의미는 너무나 분명하다. 나는 그곳에 있는 나의 집과 농장이 걱정스러웠고 부주의한 사람에게 그것을 맡긴 상황이 불안했다. 심리학에서는 이러한 현상에 관해 '정서적 현저성' 또는 '정서적 관련성'이라고 이야기하는데, 이러한 특성만으로도 이 꿈을 충분히 이해할 수 있다. 이 꿈은 나뿐만 아니라 다른 사람의 꿈에서도 자주 나타나는, '준비 부족'이라는 주제의 한 변주곡이라고 볼 수 있다. [144]

홉슨의 해석처럼 이 꿈은 심리몽이다. 마음 깊이 자리 잡고 있던 걱정과 불안한 감정이 꿈의 재료로 활용되고 촉발 요인이 되었다. 즉, 자신의 뇌가 자신의 집수리에 대한 불안을 주제로 이야기를 만들어 낸 것이다. 이러한 현상을 작화라고 한다. 자신의 무의식 속에 잠재한 심리적 불안이 수면 중에 역동적으로 발현된 것이다. 인간의 심리 현상이 꿈을 통해 나타날 수 있다는 것이 프로이트가 주장한 정신분석의 핵심 내용 중 하나가 아닌가?

꿈 2 병약한 남편이 아내의 외도를 의심하는 꿈

다음은 홉슨이 아내의 부정을 의심하는 꿈이다. 꿈에 홉슨과 아내 리아는 외국에 있다.

내 생각에는 헝가리쯤인 것 같다. 리아와 내가 여행 중인데, 우리는 아주 많은 사람과 함께 다리를 통과하고 있다. 높은 아치형인 중세풍 다리 건너편에 있는 작은 마을을 향해 아주 작은 강을 미끄러지듯 간다. 우리는 구식 여관에서 머물 예정이다. 배가 강기슭에 다다르자 이미 서로를 찾아내기 어려워진다. 리아가 힐끗힐끗 보인다. 그녀가 누군가와 이야기하고 있다. 어떤 남자다. 우리가 배에서 내리기 전 아니면 직후에 그녀가 내 드릴 촉을 그 남자에게 주는, 또는 팔아 버리는 모습이 보인다. 그 드릴 촉은 내가 버몬트주에서 나무에 구멍을 내기 위해 커다란 손잡이가 달린 드릴에 꽂아서 사용하던 것이다. 나는 깜짝 놀랐고 속이 좀 상했다. 또한 그 남자가 멘 숄더백에 그 드릴 촉을 사용해서 완벽한 구멍을 낸 것이 보인다. 그런데 그 숄더백은 내 것과 아주 비슷하다.

리아는 그 드릴 촉을 팔고 받은 돈을 나에게 주겠다고 해명한다. 내가 가장 아끼는 공구 중 하나를 나에게 묻지도 않고 낯선 사람에게 넘겼다는 사실이 여전히 뜻밖이다. 나는 아주 불안하고 짜증이 난다. 뭍에 다다르자 그 여관을 찾아 돌아다니다가 여러 차례 서로 헤어진다. 같이 헤매는 어느 한때 그녀는 자기만의 비밀스러운 삶이 필요하다고 분명히 밝힌다. 내가 그 남자에 대해서 묻자 그녀는 자신이 원하면 자유롭게 그 남자와 연인 관계가 될 뜻이 있음을 명백히 한다. 나는 매우 당황스럽고 불안해서 내 걱정을 표현하려고 노력한다. 우리가 마침내 그 여관 같아 보이는 곳에 도착하자 또다시 그녀를 찾기 힘든 이상한 상황이 된다.

그러다가 부엌으로 보이는 곳에 그녀가 있는 게 보인다. 그녀는 무언가 음식 준비를 하고 있다. 나는 이상한 일이라고 생각한다. 왜냐하면 그건 너무나 얄팍한 핑계이기 때문이다. 요리가 언제 끝날지를 물어보자 그녀는 시계를 보더니 45분이라고 답한다. 나는 그녀가 어느 낯선 남자를 선택하든 45분이면 그와 사랑을 나누는 데 충분한 시간이 될 것이라고 생각한다. '그럼 그렇지.'

그런 다음 나는 여관 주위를 걷는다. 여관은 아주 독특한 구조이다. 한쪽에는 극장처럼 지붕 아래에 의자들이 한 줄로 늘어서 있다. 각각의 좌석 옆에는 이국적인 꽃다발이 하나씩 놓여 있다. 나는 이 기이한 구조물을 한 층씩 내려가 마침내 맨 아래층에 도달한다. 나는 리아와 그녀의 연인이 있는 방이 어디인지 알고 싶어 한다. 어떻게 하면 그 방 창가로 가서 그들을 볼 수 있을지 궁리한다. 하지만 아래로 내려가면서 보니 나는 마치 내 호기심을 회피하려는 듯 침실이 있는 층에서 오히려 더 아래로 내려가고 있다. 나는 이 오래된 중세 건축물에 감탄하면서 건물 주위를 빙 돌아 배회하여 반대편에 도달한다. 이 모든 게 아주 이국적이고 완전히 불가능한 일이다. 리아가 있을지도 모르겠다고 생각되는 장소로 돌아왔을 때 그녀의 코트가 보인다. 그녀가 자주 입는(그리고 내가 아주 좋아하는), 가장자리와 모자에 모피가 달린 갈색 코트인데 그녀는 흔적조차 없고 그녀와 함께 있을지도 모르는 남자도 전혀 모습이 보이지 않는다. [145]

이 꿈은 홉슨이 뇌졸중을 앓던 60대 후반에 꾼 꿈이다. 병든 홉슨이 40대 초반의 젊은 아내와 살면서 느끼는 심리적 불안감을 잘 보여주고 있다. 이야기의 배경은 중부 유럽의 어느 중세 도시이다. 부부는 평소에 여행을 많이 했고 이 꿈을 꾸기 이전에 프라하와 체코슬로바키아 남부(보헤미아)를 여행한 적이 있다. 홉슨은 그때 여행이 중세 도시 꿈의 시나리오와 비슷한 점이 있다고 밝힌다.

홉슨은 뇌졸중이 발병한 지 38일 지나서 이 꿈을 꾸었다고 한다. [146]

홉슨 자신이 꿈을 비교적 정확하게 해석한다.

이 꿈은 바로 나의 장애로 인해 리아와 계속 함께하는 것이 불가능해지지 않을까 하는 나 자신의 두려움이다. 깨어 있는 동안에는 이 두려움이 의식 속에 강하게 자리 잡고 있는데, 꿈속에서는 리아가 다른 남자의 유혹에 넘어가기 쉬운 것으로 나타났다. 그녀가 남자의 유혹에 쉽게 넘어갈 여자가 아니라는 사실을 자신이 분명히 잘 알고 있으면서도, 꿈속에서는 나의 두려움과 과거의 내 외도의 내력이 합세해서 그녀를 결혼이라는 보금자리를 박차고 나갈지도 모르는 사람으로 만들어 버린다. [147]

이 꿈도 심리몽이다. 이 꿈은 과거의 체험이 현재의 삶에 크게 영향을 미쳐서 만들어졌는데, 꿈이 작화되는 주요 시점은 과거가 아닌 현재에 있다. 이 꿈은 심리몽 중에서도 현재 시점의 불안이 표출된 꿈이다.

홉슨은 자신이 렘수면 상태에서 꾼 이 꿈에 렘수면의 특징이 잘 나타나 있다고 한다. "즉, 배경이 명확하지 않고, 핵심 인물도 정체불명에다 행동도 이상하고(내가 질투했던 그 남자는 완전히 낯선 사람이었다), 드릴 촉과 숄더백에 난 구멍은 프로이트식으로 해석해야만 말이 되고, 호텔에서 내 아내가 요리를 한다는 것도 그럴듯하지 않은 일이며, 건물 구조도 말이 안 된다. 이런 이질적인 요소를 하나로 묶는, 일관적이고 강력한 정서가 이 꿈에 명백한 의미를 부여한다. 즉, 건강이 악화된 상태에서 나는 가장 중요한 동반자이자 강력한 지지자인 내 아내를 잃을까 봐 걱정하는 것이다." [148]

꿈의 해석에 대하여 홉슨 자신이 가장 강하게 비판했던 프로이트의 방식을 따르고 있는 점은 다소 조화롭지 않다.

나의 추가적인 해석이다. 드릴 촉과 숄더백의 구멍은 무엇을 상징하는가? 이에 대한 프로이트의 설명은 다음과 같다.

음경은 지팡이, 양산, 막대기 … 그것과 흡사한 길고 돌출한 물건으로 상징된다. 여성 성기는 속이 비어 있어 무언가를 넣을 수 있는 것이 특징인 물건이 상징적으로 표현된다. 말하자면 구멍, 웅덩이 … 등으로 상징된다. 149

이러한 관점에서 보면 드릴 촉과 숄더백의 구멍은 남자와 여자의 성적 상징물을 각각 의미한다. 이 꿈은 자기 부인의 억압된 성적 욕망의 표출에 대한 의심과 이에 대한 홉슨 스스로의 불안을 표출한 것이다. 이 점은 홉슨 자신도 동의하고 있다.

이 꿈에는 성적 불안 말고도 더 본질적인 요소가 내포되어 있다. 홉슨의 "부인이 자신의 물건을 다른 남자에게 넘긴다"는 의미의 해석이다. 그는 자신이 아끼는 어떤 물건을 부인이 다른 남자에게 넘기는 장면을 목격한다. 그리고 상실감과 무기력감을 느낀다. 그것이 상징하는 바는 무엇일까? 내 견해로는 자신의 건강과 젊음이 아닌가 생각한다. 그의 젊음과 건강의 상실에 대한 두려움과 좌절이 은유적으로 표현되었다고 해석하는 것이 타당해 보인다.

결론적으로 홉슨이 자신이 제시한 꿈들을 살펴보면 '꿈은 잠자는 동안 뇌의 활성을 우연히 자각하는 것에 지나지 않는다'는 그의 가설은 받아들이기 힘들다.

10. 솔름스, 프로이트의 정신분석 이론을 과학적으로 옹호하다

1) 뇌간이 손상된 환자도 꿈을 꾼다

마크 솔름스(Mark Solms, 1961~)는 아프리카 남서부 모퉁이, 지금의 나미비아에 있는 작은 마을에서 자랐다. 그는 자기 형과 한시도 떨어지지 않고 사이좋게 어울렸다. 어느 날, 여섯 살이던 형이 지붕에서 떨어지며 뇌를 다치는 사고가 일어났다. 그 사건으로 동생 솔름스는 일생에 걸쳐 추구할 탐험의 길로 들어선다.

1980년대 초, 솔름스는 요하네스버그에서 신경과학을 공부하던 중 프로이트의 꿈 이론 강의에 참석한다. 솔름스는 프로이트의 이론을 갱신하여 박사 논문을 쓰기로 결심한다. 솔름스는 우선, 홉슨의 연구 결과를 자세히 읽었다. 솔름스는 홉슨의 1977년도 논문이 '지나치게 단정적이며, 부당한 방법을 써서 프로이트의 역작을 실제보다 하찮게 만들었다'고 생각했다. 그러나 결코 홉슨 이론의 오류를 증명할 생각은 아니었다.

젊은 연구자는 처음에는 요하네스버그, 다음에는 런던의 신경외과 병원에서 뇌졸중과 뇌종양 또는 자기 형처럼 사고로 뇌를 다친 환자를 연구했다. 솔름스는 각 환자에게 질환이나 뇌 손상으로 꿈에 어떤 변화가 있는지 물어보았다. 조사는 성공적이었다. 처음 조사한 환자 중 한 명이 아예 꿈을 꾸지 않는다고 대답한 것이다. 그는 두정엽 손상 환자였다. 두정엽은 다양한 감각 정보를 조합하여 공간적 정향성과 정신적 이미지를 만들어 내는 부위이다. 두정엽의 활동으로 우리는 남태평양 해변에서 휴식을 취하는 공상에 빠지거나 은행에 가는 길을 떠올리거나 부엌을 어떻게 개조할지 상상할 수 있다.

솔름스는 두정엽 손상 환자를 더 많이 만나 보았다. 그들은 하나같이 두정엽 손상 후 꿈을 꾸지 않는다고 말했다. 뇌파 기록은 그 환자들이 여전히 렘수면을 경험하고 있음을 보여 주었다. 따라서 솔름스는 렘수면을 일으키는 뇌간의 신호가 전과 다름없이 전송되고는 있지만, 그 신호를 받아 그림으로 만드는 전뇌의 조직이 망가졌기 때문에 꿈을 꾸지 않는 것이라고 가정했다.

그러다가 정말로 놀라운 사례를 접했다. 우연히 만난 환자 집단에서 그 가정과 어긋나는 양상이 나타난 것이다. 뇌간 손상 환자는 자신이 꿈을 꾸는지 보고할 수 있을 정도로 의식을 유지하는 경우가 드물다. 그러나 솔름스는 여전히 꿈을 꾼다고 보고하는 환자들을 만났다. 홉슨의 꿈 생성 이론에서는 절대로 있을 수 없는 일이었다.

"정말 황당했어요. 뇌의 특정 부위가 특정 기능을 수행한다고 주장하려면 그 부위의 손상이 그 기능 상실로 이어지는 것을 입증할 수 있어야 하거든요. 기존 연구 결과를 읽으면서 렘수면과 꿈의 관계가 그다지 확고하지 않다는 것을 확인했습니다. 그리고 나니 꿈을 꾸게 하는 것은 뇌간이 아니라 전뇌일지도 모른다는 생각이 들더군요."

이 새로운 추측이 사실로 입증되면, 꿈을 더욱 복잡한 두뇌 영역이 일으키는 정신 과정으로 간주하는 심리학적 토대가 확립될 터였다. 그러면 꿈을 단순히 뇌간의 무작위 전기 신호에 대한 무질서한 반응이라고만 말할 수 없을 것이다. 그리고 예로부터 큰 관심을 모아온 꿈의 내용을 과학적으로 설명할 수도 있었다.

게다가 솔름스는 이 새로운 연구로 프로이트의 꿈 이론에 내려진 사망 선고가 시기상조였음이 증명될 거라고 생각했다. 꿈과 렘수면이 각자 온·오프 스위치를 가진 별개의 과정이라면, 뇌의 동기 유발 영역이 꿈을 일으킬 수 있다는 추측도 가능했다. 이는 꿈이 우리의 가장 은밀한 소망과 두려움을 표출한다는 프로이트의 의견에도 들어 맞았다. 또한 기억 형성과 관련된 전뇌의 영역이 꿈 생성에 관여한다는 사실을 증명할 경우, 꿈속 등장인물과 배경, 행동은 꿈꾸는 사람의 경험 창고에서 꺼낸 것으로, 그 창고에는 의식적으로 기억할 수 없는 아동기의 경험까지 저장되어 있다는 프로이트의 주장이 힘을 얻을 것이다.

2) 활성화-종합 가설의 결점을 지적하다

솔름스는 자신이 연구한 결과를 토대로 홉슨이 주장한 활성화-종합 가설이 중대한 방법론적 결점이 있다고 말했다. 홉슨과 맥칼리의 꿈 생성 이론은 꿈꾸기와 렘수면이 동의어, 즉 "렘수면 = 꿈꾸기"라는 가정에 토대를 두었다. 솔름스는 1997년 연구에서 뇌교의 렘 생성 부위에 손상을 입은 6명의 환자에게 아직도 꿈을 꾸는지 물어보았다. 그들은 분명히 "그렇다"고 했다. 이와는 대조적으로, 렘 생성에 중요한 뇌의 부위와는 전혀 상관없는, 전뇌의 특정 부위에 손상을 입은 40여 명의 환자는 뇌 손상 이후 꿈꾸는 경험은 중단되었지만, 환자의 렘 상태는 보존되어 있었다. [150]

홉슨의 가설에 의하면 꿈의 발생을 촉발하는 부위인 뇌교가 손상된 환자는 꿈을 꾸지 말아야 한다. 하지만 솔름스는 뇌교가 손상된 환자도 꿈을 꾼다는 사실을 발견한 것이다. 이에 홉슨의 활성화-종합 가설의 토대가 흔들릴 수 있었다.

3) 그렇다면 꿈을 만들어 내는 뇌의 부위는 어디인가?

솔름스는 꿈과 렘수면이 서로 다른 뇌 메커니즘의 지배를 받는 별개의 과정이라고 추측했다. 그리고 또 다시 뜻밖의 양상을 보이는 환자들을 목격하면서 그의 추측은 확신으로 바뀌었다. 전두엽 한복판에 있는 얇은 조직의 우측과 좌측이 전부 손상된 환자 9명이 꿈을 꾸지 않는다고 보고한 것이다. 그 조직은 백질이었다. 솔름스는 그 환자 9명과 동일한 사례가 있는지 알기 위해 수십 년 전의 의학 문헌까지 모두 훑어보기로 작정했다. 그리고 과학계의 금맥을 발견했다.

1950년대에서 1960년대 초까지 정신분열증 및 기타 망상장애 환자에게 실시한 치료법의 하나로 전두엽 백질 절제술이 있었다. 더 이상 꿈을 꾸지 않는다고 보고한 환자 9명이 손상을 입은 바로 그 부위였다. 대자연은 인간에게 더없이 소중한 백질을 잘 손상시키지 않지만, 외과의사들은 한동안 환자에게 어마어마하게 메스를 휘둘렀던 것이다. 이에 꿈을 꾸지 않는다고 보고한 사람이 셀 수도 없이 많았다.

백질은 탐색계(seeking system)라고도 불리는데, 일차 욕구를 충족하거나 즐거움을 추구할 때 가장 활성화된다고 알려져 있다. 백질이 위치한 전뇌의 복내측(腹內側)은 뇌가 "그것을 원해!"라고 말하는 영역이다. 솔름스는 꿈을 꾸기 위해 꼭 필요한 부위는 원시적인 뇌간이 아니라 바로 백질이라고 확신했다.

렘수면 시 활성화되는 뇌교의 특정 부위가 꿈을 만들어 내는 '제일의 추진력'이 아니라면, 꿈을 일차적으로 촉발하는 부위는 어디일까? 솔름스 등의 연구에 의하면 첫 번째는 전뇌 뒤에 있으며 이는 후두엽-측두엽-두정엽의 피질이 서로 교차하는 이행 지역으로, 정보를 받아들이고 분석하며 저장하는 기능을 한다고 한다. 이 영역이 손상되면 꿈꾸기는 완전히 중단된다고 한다. 두 번째 부위는 전두엽의 배근심 측 4분의 1의 변연백색질이다. 뇌의 이 영역 역시 손상되면 꿈꾸기가 완전히 중단된다. [151] 솔름스는 이들 부위가 꿈을 꾸게 만드는 제일의 추진력이라고 한다.

솔름스는 아세틸콜린이 렘수면의 문을 여는 열쇠라는 홉슨의 주장에는 동의했다. 그러나 꿈을 꾸게 하는 또 다른 신경전달물질은 도파민●이라고 가정했다. 흥분이나 기쁨을 느끼는 활동, 코카인 등의 마약 흡입, 음주, 섹스, 도박, 또는 번지점프 같은 스릴 있는 활동으로 뇌의 보상계(reward system)가 활성화될 때 도파민의 수준도 현저히 증가한다. 뇌의 중앙에 위치한 백질에는 신경섬유다발이 풍부해서 아세틸콜린과 도파민을 모두 전송한다. 솔름스는 실제로 꿈을 꾸게 만드는 뇌 화학물질이 바로 이 도파민이라고 추측했다. 솔름스의 가정은 신경의학자이자 꿈 연구자인 어니스트 하르트만이 1980년에 실험으로 입증한다.

4) 프로이트의 심리학적 꿈 이론을 생리학적으로 뒷받침하다

또 다른 뇌 손상 환자들을 만난 후, 솔름스는 뇌간 혼자서는 꿈을 만들어 내지 못한다는 가정을 더욱 확신했다. 그 환자들은 깨어 있을

● 도파민은 뇌간에서 생성된다. 도파민세포가 특히 많이 모여 있는 곳은 '흑색질'이라고 불리는 중뇌의 작은 부분이다. 이 부위는 실제로 검은 색을 띤다. 도파민은 인간의 정신적 신체적 원동력이 되고 집중력과 반응력을 높이며, 두려움을 없애 주고 활기와 즐거움을 일깨워 주는 효과도 있다(마르코 라울란트, 〈뇌과학으로 풀어보는 감정의 비밀〉, 전옥례 옮김, 동아일보사, 2008, p. 110 참조).

때도 꿈꾸기를 중단하지 못했다. 이들의 손상 부위는 전뇌의 기저핵에 자리한 특정 세포 집단이었다. 꿈의 생성에 관한 홉슨의 이론에서 중요한 역할을 담당했던 곳이다. 홉슨은 꿈을 촉발하는 뇌간의 신경신호가 전뇌기저핵이라는 세포 집단에서 발사되고, 그러면 그 세포들이 전뇌 조직을 활성화시켜서 꿈을 이루는 시각적 이미지와 여타요소를 생성한다고 주장했다.

홉슨의 이론이 옳다면, 전뇌기저핵이 손상될 경우 꿈도 꾸지 않아야 했다. 그러나 솔름스의 연구에서는 정반대의 결과가 나타났다. 전뇌기저핵과 그와 밀접하게 관련된 뇌 조직이 손상된 환자는 오히려 밤에는 전에 없이 자주 생생한 꿈을 꾸고, 낮에는 각성 상태에서의 경험과 꿈을 제대로 구별하지 못했다.

한 예로, 솔름스의 환자 중 교통사고로 머리를 다쳐 전뇌기저핵이 손상된 32세의 남성이 있었다. 그는 유난히 생생한 꿈을 꾸었을 뿐만 아니라 악몽에서 깨어났을 때 꿈이 현실에서도 계속되는 것처럼 느낄 때가 빈번했다. 그는 그 경험이 "누가 뭐래도 진짜"라고 말했다. 아내가 흔들어 깨워서, 유령이 따라다니거나 작은 벌레가 방을 뒤덮은 일이 단지 꿈이라고 일깨워줄 때에야 그의 소름 끼치는 경험도 끝이 났다.

또 다른 연구에 의하면 렘수면 때 깬 피험자의 80%가 꿈을 보고했고, 비렘수면 때 깬 피험자의 5~20%도 꿈을 꾸었다. 즉, 렘수면이 곧 꿈꾸기라는 등식은 성립하지 않는 것이다. 즉, 뇌의 높은 수준의 활성화가 전뇌에 있는 탐색계를 작동시키지 못하면 심지어 렘수면 중에도 꿈을 꿀 수 없다는 것이다. 도파민에 의해 작동되는 탐색계는 꿈 영상과 줄거리 창작에 필요한, 더 복잡한 영역을 활성화할 것이다. 이와 같은 꿈 생성 과정은 꿈의 원천이 잠재의식적 소망이라는 프로이트 이론을 뒷받침하는 완벽한 생리학적● 증거였다.

홉슨은 젊은 신경생리학자의 공로를 칭찬했다. 얼마 후 홉슨에게서 편지가 왔다. 솔름스의 뇌 손상 연구 결과를 수용할 수 있어 무척 기쁘지만, 만약 솔름스가 그 연구를 이용해 프로이트의 꿈 이론을 지지할 생각이라면 "그 순간부터 우리는 절교할 수밖에 없을 것"이라고 쓰여 있었다.

"그가 정신분석 부수기에 왜 그렇게 집착하는지 모르겠어요. 홉슨에게는 정신분석이 실제로 악마 같은 존재입니다. 누구든 프로이트를 들먹이면 홉슨은 십자가를 꺼낼 겁니다. 안타까운 일이지요. 그것 때문에 그의 시야에 사각지대가 생기니까요."

새로운 과학적 증거는 프로이트가 옳았음을 증명하지는 못했다. 하지만 그것은 프로이트 이론의 여러 부분과 적어도 공존할 수는 있다고 솔름스는 주장한다. [152] 솔름스가 내린 결론은 이렇다.

현대의 신경과학은 꿈의 생물학적 기반, 특히 꿈꾸는 상태의 가장 핵심적인 것처럼 보이는 뇌의 영역들과 부수적인 심리 과정에 관해 많은 것을 이해할 수 있도록 만들어 주었다. 이런 지식은 대체로 프로이트의 정신분석적인 꿈 이론과 일치하는데, 그의 이론이 직접적으로 입증되었다고 말하기가 부적절할지라도 그렇다. [153]

● 생리학은 생물체에서 일어나는 물리적·화학적 현상을 세포·조직·기관·개체 등 여러 수준에서 연구하는 학문을 말한다.

11. 꿈꾸는 동안 활성화되는 뇌의 영역

우선, 뇌가 생리학적으로 활동하기 위한 가장 기본적인 단위를 살펴보고, 다음으로 현실에서 의식하는 동안 뇌가 활발히 활동하는 영역과 꿈을 꾸는 동안 활동을 쉬거나 멈추는 영역을 살펴봄으로써 꿈꾸는 동안의 특징을 보기로 한다. 꿈을 꾸는 동안 뇌 부위의 생리학적 영역의 활동을 살펴보는 것은 꿈의 특성을 이해하는 데 분명히 도움이 된다. 하지만 꿈의 진정한 의미를 이해하는 데에는 한계가 있다.

1) 뇌를 움직이는 3가지 기본 요소: 뉴런, 이온 가설, 신경전달물질

과학의 발달로 뇌가 활동하고 정보를 전달하며 생각과 꿈을 만들어 내기 위한 기본적 요소들을 알게 되었다. 이는 20세기 첫 반세기에 나온 신경세포 생물학의 도움 덕분이다. 요약하면 다음과 같다.

뇌의 기능적 조직과 활동의 핵심은 다음 3가지에 기반을 둔다.

첫째는 뇌를 구성하는 기본 단위인 뉴런이다. 신경세포인 뉴런은 뇌의 기본 구성단위이면서 동시에 기초적인 신호 전달단위이다.

둘째는 이른바 이온 가설(ionic hypothesis)이다. 이 가설은 신경세포 내부의 정보 전달에 초점을 맞춘다. 이 가설에 의하면, 개별 신경세포는 전위(電位) 변화에 의해 활동전위●라는 전기 신호를 산출한

● 활동전위(action potentials)란 신경세포의 세포체에서 시작하여 축색돌기 끝까지 이동〔활동(action)〕하는 전기 신호〔전위(potential)〕인데, 이 전기 신호가 축색돌기 끝에 도달하면 신경전달물질이 시냅스로 분비된다. 들어온 자극의 총합이 클수록 활동전위 빈도가 커지고 더 많은 신경전달물질이 분비되므로, 다음 신경세포에 전달하는 신호가 강해진다. 이때 두 신경세포 간의 시냅스 효율이 좋으면 좋을수록

다. 활동전위는 주어진 신경세포 내에서 상당한 거리까지 전파될 수 있다.

셋째는 시냅스 전달에 관한 화학적 이론으로, 신경세포 사이의 정보 전달에 초점을 맞춘다. 뉴런들은 서로 떨어져 있는데, 이들 간 조그만 간극을 시냅스(*synapse*)라고 한다. 신경세포는 신경전달물질이라는 방출된 화학물질을 매개로 하여 다른 신경세포와 정보의 소통이 가능하다. [154]

이 3가지 기본 요소의 상호 작용을 통해 현실에서 생각이 만들어지고 수면 중 꿈도 창작되는 것이다.

2) 꿈꾸는 렘수면 동안 뇌의 활동 부위와 꿈의 생리적 특성

벳펠트(Ole Vedfelt)는 꿈을 꾸는 동안 크게 활성화되는 뇌의 부위와 쉬고 있거나 덜 활성화되는 부위를 제시했다. 〈그림 3〉에서 밝은 부위는 활성화되며, 빗금 친 부위는 쉬거나 활성화되지 않는 부위이다. 신경생리학자의 연구를 통해 우리는 이미 이들 부위의 기능을 알기 때문에 꿈의 생리학적 특성도 이해할 수 있다.

먼저, 활성화되는 부위이다. 뇌간의 뇌교는 PGO파가 시작되는 곳이다. PGO파는 뇌간의 특별한 유형의 전기 자극으로, PGO파가 뇌간을 따라 올라가면 중뇌수도관주위 회백질, 중뇌의 피개와 전뇌 기저핵이 활성화된다. 이들 부위는 각성, 원초적 감정과 핵심적 의식에 관여한다. 시상은 감각 정보의 관문이며 주의력을 관장한다.

시냅스 후 신경세포는 시냅스 전 신경세포에 더 민감하게 반응한다(송민령, 〈송민령의 뇌과학 연구소〉, pp. 122~123).

〈그림 3〉 꿈꾸는 렘수면 동안 활성화되는 뇌의 부위(흰색)

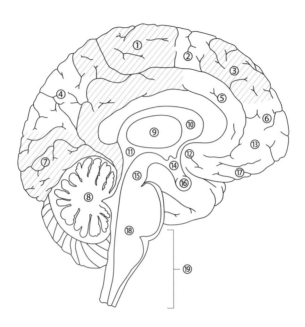

① 두정연합피질
② 전운동 및 보완운동 영역
③ 배외측 전두피질
④ 꿈이 활성화되는 시각피질
⑤ 전대상회
⑥ 내측 전두피질
⑦ 꿈이 비활성화되는 시각피질

⑧ 소뇌
⑨ 시상
⑩ 도엽
⑪ 피개
⑫ 시상하부
⑬ 복내측 전두피질
⑭ 해마

⑮ 중뇌수도관주위 회백질
⑯ 편도체
⑰ 전뇌기저핵
⑱ 뇌교
⑲ 뇌간

자료: Ole Vedfelt, *A Guide to the World of Dreams*, p.21 참조.

편도체는 무의식적 기억, 공포와 감정에 관여한다. 해마는 일화기억, 시상하부는 호르몬과 화학적 작용에 관여한다. 꿈꿀 때 활성화되는 부위인 시각피질은 꿈의 이미지를 만든다. 내측 전두피질과 복내측 전두피질은 상상, 자각, 감정의 순화나 신체와 마음의 통합을 담당한다. 도엽은 신체와 마음, 감정을 연결한다. 소뇌는 자발적 운동조절 등을 담당한다.

반면 덜 활성화되거나 쉬고 있는 부위는 다음과 같다. 배외측 전두엽●은 주변 환경으로부터 자료를 분석하고 실행하는 기능을 한다. 배외측 전두엽은 감각 기관, 기억 영역에서 들어가는 모든 정보를 비교, 예측, 판단하는 곳이다. 배외측 전두엽이 바로 작업기억과 주의 집중영역이다. 작업기억은 현재의 정보를 입력 처리한다. 이 영역이 쉬기 때문에 잠자는 동안에 작업기억이 작동하지 않고 주의 집중도 이루어지지 않는다. 1차 운동 영역의 출력이 척수를 통해 운동 출력으로 나가는 것이 차단된다. 또한, 체감각과 청각 신호도 꿈꾸는 동안 차단된다. 두정연합피질(parietal association cortex)은 감각을 지각한다. [155]

꿈 영상이 맺히는 시각 시스템은 크게 두 부분으로 나뉜다. 한 부분은 일차 시각피질이고 다른 부분은 연합 구역이다. 뒤통수의 불룩 나온 부분과 목덜미 사이에 위치한 일차 시각피질은 눈에서 온 신호를 수용하고 거르며, 망막에 맺힌 모양과 색깔이 변화했는지 등을 분석한다. 그런데 수면 중에는 이 일차 시각피질이 작동을 멈추는 반면, 연합 구역은 계속 작동한다. 연합 구역의 작업 방식은 콜라주 작

● 박문호 박사는 배외측 전두피질이 아닌 배외측 전두엽이라는 용어로 설명하고 있다. 동일한 부위를 가리키는 의미로 이해된다(박문호, 〈뇌, 생각의 출현〉, pp. 365~366 참조).

가와 유사하다. 이미 있는 재료를 훑어보고 적당한 것을 골라 새롭게 조립하고 변형한다. 즉, 과거의 기억을 되살리고, 여기에 자신의 지식을 가미한다. 따라서 우리는 꿈속에서 본다고 믿는데, 사실은 회상하는 것이다. 156

이상과 같은 지식을 토대로 꿈꾸는 동안 뇌의 생리적 특성을 요약해 보자. 먼저, 꿈에서는 감정과 정서가 강하게 작용한다. 이때 활성화되는 영역이 편도체와 시상하부 등이다. 편도체는 공포나 두려움 등 감정을 담당한다. 시상하부는 성욕과 같은 본능적 욕구를 담당한다. 두 번째는 기억의 강한 인출이다. 이때 활성화되는 부위가 해마, 편도체와 내측 측두엽 등이다. 해마는 일화기억을, 편도체는 무의식적 기억과 내측 측두엽에 저장된 기억을 활용한다. 이들 부위의 활성화에 의해 과거의 기억이 재현된다. 그런데 이들 부위가 감정을 담당하는 부위와 결합하면 기억의 단순한 재현이 아니라 자신의 감정이 채색되어 재구성된 기억의 회상이 이루어진다. 이를 통해 꿈이 재창작되는 것이다. 이때 활성화되는 시각피질로 인해 감정으로 물들여지고 회상된 기억들이 영상으로 재현되는 것이다.

반면, 기억의 영역에서 들어오는 모든 정보를 비교하고 예측하면서 판단하는 이성의 영역인 배외측 전두엽은 쉬고 있거나 활성화가 덜 되기 때문에 꿈이 현실과는 다른 방식으로 표출되기도 한다. 예컨대 꿈에서는 하늘을 날거나 동물로 변하는 등 현실에서 일어날 수 없는 사건이 발생하기도 한다. 합리적이고 이성적 판단의 틀을 벗어나기 때문에 꿈은 논리보다는 직관이 더 많이 작용하고, 때로는 이러한 직관이 새로운 통찰을 주기도 하는 것으로 보인다.

또한, 꿈을 꾸는 렘수면 단계에서는 신경전달물질도 변화한다. 세로토닌●은 감정의 격동을 완화하는 구실을 하고, 노르아드레날린은 논리적 사고를 촉진하는데, 렘수면 중에는 뇌는 두 호르몬이 부족하다. 따라서 꿈꾸는 사람은 감정의 폭풍과 터무니없는 비이성적인 장면을 체험하고 공포와 공격성으로 가득 찬 장면 속에서 허우적거린다. [157] 한편, 노르아드레날린은 스트레스와도 관련이 있는데 렘수면 단계에서 이 화학물질이 바닥까지 떨어짐으로써, 렘수면 꿈은 낮 동안 겪었던, 힘들거나 심지어 정신적 외상까지 일으킬 수 있는 감정적 사건들에서 고통을 제거하여 다음 날 아침에 감정을 해소한 상태로 깨어나도록 해준다. 신경과학자인 매슈 워커 교수는 실험을 통해 꿈꾸는 렘수면은 감정을 재조정하는 기능을 수행한다고 주장했다. [158]

반면 주의, 학습, 기억 등을 통제하는 아세틸콜린이 무척 많아진다. 이러한 화학적 상태의 조성은 자유로운 연상을 억제하는 문턱을 낮춘다. 우리가 시각적 이미지나 생각으로 체험하는 뇌의 활동은 이제 쉽게 다른 표상을 불러일으킨다. [159] 한편, 렘수면과 비렘수면 단계의 꿈도 다소 차이가 있다. 즉, 렘수면에서는 꿈이 더 기이하고 비논리적이며, 비렘수면에서는 더 사유적, 논리적이고 반복적이다. [160]

12. 요약: 신경생리학적 관점에서 본 꿈과 꿈 영상

게이지, 르보르뉴, 몰래슨의 뇌 손상과 이들을 연구한 학자의 노력으로 인간의 뇌는 영역별로 전문화되어 있음이 밝혀졌다. 예컨대,

---

● 세로토닌은 주로 뇌간에서 생성된다. 적절한 양의 세로토닌은 좋은 기분이나 감정에 영향을 미치고 내적 안정을 찾는 데 도움을 준다(마르코 라울란트, 〈뇌과학으로 풀어보는 감정의 비밀〉, p. 106 참조).

전전두엽은 사고, 행동, 감정 등을 조정하는 오케스트라의 지휘자역할을 하며, 좌반구 아래쪽 전두엽인 브로카 영역의 손상은 언어장애를 야기한다. 해마와 내측 측두엽 외부에는 무의식적 기억이 존재한다는 사실도 밝혀졌다.

또한 뇌에서는 뇌파와 신경전달물질이 방출되며, 꿈을 꾸는 렘수면 동안의 뇌파와 신경전달물질은 비렘수면과는 다르다는 사실도 알게 되었다. 특히, 꿈을 꾸는 렘수면 동안 방출되는 뇌파는 의식적 각성 상태와 마찬가지인 감마파[16]이다.

한편, 홉슨은 활성화-종합 가설을 제시했다. 그에 의하면, 꿈은 뇌간의 뇌교에서 시작되며, 전뇌기저핵, 시상하부, 해마, 편도체, 내측 측두엽을 활성화시키면서 생성된다. 홉슨은 '잠자는 동안 뇌의 활성을 우연히 자각하는 것에 지나지 않는다'고 주장했다. 반면, 솔름스는 꿈을 만들어내는 제일의 추진력은 후두엽과 측두엽, 두정엽이 교차하는 지역 혹은 욕망의 충족을 담당하는 백질의 복내측이라고 반박하면서, 프로이트의 심리학적 꿈 이론을 신경생리학적으로 뒷받침했다.

앞서 꿈을 수면 중 일어나는 정신 활동으로 정의했다. 신경생리학적 관점에서 꿈꾸는 뇌의 특징을 보면 다음과 같다. 선명한 꿈을 꾸고 있을 때는 시각 영역이 활발하게 활동한다. 악몽을 꿀 때는 편도체의 활동이 활발하고, 해마가 기능하면 최근에 일어난 일이 꿈에 나타난다. 뇌간과 청각 기관으로부터 경계 신호를 보내는 경로, 보충운동피질과 시각연합 영역도 활발히 활동하며, 이것이 꿈의 가상현실 감각을 초래한다. 반대로 사고를 불러 일으켜 현실을 음미하는 전전두엽피질의 배측부는 쉬거나 활발하게 활동하지 않는다.

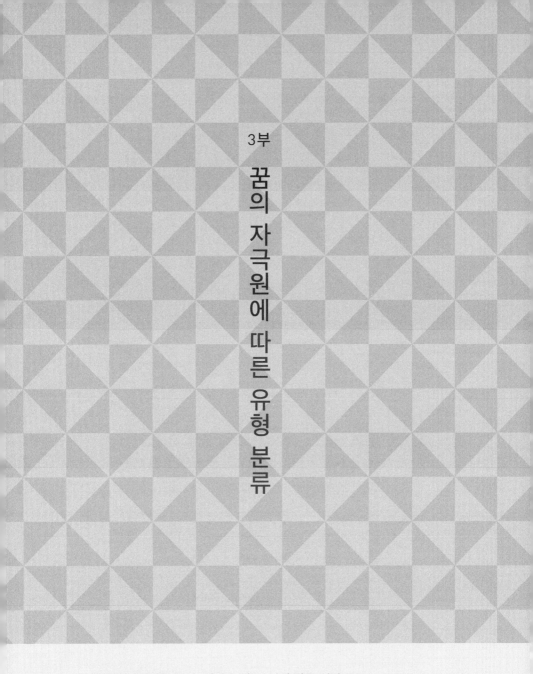

3부

꿈의 자극원에 따른 유형 분류

우연한 기억이란 없다. 개인은 셀 수 없이 많은 인상 중
상황에 영향을 미치고 느끼는 것만을 선택적으로 기억한다.
기억은 삶의 이야기를 재현한다. 이는 경고하기 위해, 위로하기 위해,
목표에 집중하기 위해, 혹은 과거의 행동으로 미래에 대응하기 위해,
지속적으로 자신에게 반복해 왔던 이야기다.

— 아들러

고대로부터 꿈을 유형별로 분류하기 위한 몇몇 시도가 있었다. 꿈을 분류하는 이유는 꿈의 종류에 따라 꿈이 시사하는 의미와 활용 가치가 다르기 때문이다. 예컨대, 심리몽은 심리 치료에 활용이 가능하고, 예지몽은 장래 다가올 일을 사전에 판단하고 대비할 수 있도록 해 준다.

꿈의 유형별 분류에는 앞서 소개한 고대 그리스의 아르테미도로스나 중국 명나라 시대 진사원 외에도, 중국의 주례(周禮), 동한(東漢) 시대 잠부론(潛夫論), 불경(佛經)과 한국의 홍순례 등의 분류가 있다.[1]

나는 먼저 꿈의 기억 여부에 따라 기억몽과 망각몽으로 분류한다. 성인의 경우, 꿈을 꾸는 렘수면 시간은 잠을 자는 전체 시간의 25%[2]이기 때문에 평균 8시간 수면을 취한다면 2시간 이상 꿈을 꾼다. 하지만 수면 중 꾸는 꿈은 대부분 잊힌다. 잠에서 깨어난 후 기억해 내는 꿈은 아주 소수에 불과하다.

이 장에서 주로 다룰 기억몽은 꿈을 유발한 자극원이나 동기에 따라 크게 생리몽, 심리몽, 정리몽·학습몽, 연구몽·창작몽, 예지몽과 기타 꿈으로 분류한다. 심리몽은 다시 과거의 사건이나 사고가 촉

〈그림 4〉 자극원에 따른 꿈의 유형 분류

발 요인이 되어 드러나는 회상몽, 현재의 미해결된 감정이 유발하는 현재몽과 장래 발생할 일에 대해 미리 연습해 보는 시연몽으로 다시 세분한다.

이밖에 단순한 신경세포의 활성화로 나타나 큰 의미가 없는 꿈이나 꿈꾸는 동안 자신이 꿈을 꾸고 있다는 사실을 의식하는 자각몽도 있지만, 자극원에 따른 유형 분류에서 제외할 수 있다고 보기 때문에 여기서는 깊이 다루지 않는다. 〈그림 4〉는 내가 분류한 꿈을 유형별로 표현한 것이다.

1장

생리몽

생리몽(*physiological dreams*)은 수면 중 신체에 가해지는 자극이 유발하는 꿈이다. 따라서 생리몽은 생리적 작용에 심리적 요인이 가세해 만들어진 경우를 제외하고는 심리분석의 대상으로 삼기에는 적절하지 않다.

생리몽은 신체의 외부 자극에 의한 꿈, 내부 자극에 의한 꿈, 그리고 화학물질이 뇌에 자극을 가해 만들어진 꿈으로 세분할 수 있다.

외부 자극에 의한 생리몽은 수면 중 소리나 신체 접촉에 의한 감각 등에 의해 만들어진다. 꿈의 생성을 목적으로 한 의도적 실험을 통해서도 작화된다.

내부 자극에 의한 생리몽은 수면 중에 방광에 오줌이 신체를 압박하거나, 몸이 아프거나 해서 만들어지는 꿈이다.

화학물질의 자극에 의한 생리몽은 알코올이나 화학적 첨가물을 섭취한 후, 뇌에 자극이 가해져 만들어진 꿈이다.

따라서 생리몽은 심리분석의 대상이 아니라 수면에 방해 요소가 될 수 있기 때문에 안전하고 편안한 수면 환경을 이해하는 데 도움을 준다. 생리몽의 사례를 차례대로 살펴보자.

1. 외부 자극에 의한 생리몽

서양 속담에 '반짝인다고 해서 모두 금은 아니다'라는 말이 있다. 이처럼 모든 꿈이 해석의 가치가 있는, 즉 의미 혹은 시사를 주는 심리몽이나 예지몽은 아니다. 다음 꿈들은 단순히 신체 외부에서 가해진 자극으로 인해 만들어진 꿈이다.

꿈 1 모리의 처형당하는 꿈

모리는 1789년 프랑스 대혁명 당시 귀족이었다. 그는 어느 날 꿈을 꾸었다.

모리는 꿈속에서 끔찍한 일을 겪다가 체포되어 법정으로 끌려갔고, 그곳에는 자코뱅당의 마라와 로베스피에르가 있었다. 모리는 뭔가를 변명하다가, 유죄를 선고받아 형장으로 끌려간다. 마침내 단두대의 칼날이 떨어진다. 그때 모리는 머리가 떨어져 나가는 끔찍한 공포를 느끼며 눈을 뜬다.

깨어 보니 침대의 난간이 빠져 목에 떨어져 있었다.[3] 우연히 목에 가해진 외적 자극이 잠자던 그에게 지각되었고, 이 지각이 자신이 뇌에 저장된 기억과 연합하여 꿈이 만들어진 것이다. 즉, 목에 가해진 통증이 이 꿈을 작화한 것이다.

모리는 자신의 하인을 시켜 사람에게 여러 가지 자극을 가하게 하고 나타난 꿈을 기록하여 책을 썼다. 이 책의 제목은 〈잠과 꿈〉(Le Sommeil et les Rêves)으로, 몇 가지 사례를 들면 다음과 같다.

입술과 코끝을 깃털로 간질이자, "끔찍한 고문을 당한다". 누군가 얼굴에 가면을 씌웠다가 잡아당기자, "얼굴 가죽이 함께 떨어져 나갔다". 코에 향수를 갖다 대자, "카이로의 유명한 향수 가게에 있었다. 그러고 나서 도저히 말로 표현하기 어려운, 미친 듯한 사랑의 모험을 떠났다."

이 외적 생리몽은 자극이 외부로부터 가해지면 동시에 꿈이 작화된다는 특징이 있다. 수면 중 일정한 정도 이상의 자극을 가하면 뇌가 이를 지각한다. 자극을 지각한 뇌는 기억으로 저장된 과거나 현재의 경험에 새로이 들어온 감각 자극을 연합해 꿈을 생성한다. 꿈꾼 사람의 뇌에 저장된 기억이나 체험이 서로 다르기 때문에 똑같은 자극을 받는다고 해도 만들어지는 꿈의 내용은 다를 수 있다.

동일한 자극이 뇌에 전달되어도 서로 다른 꿈이 만들어지는 이유를 조금 더 살펴보자. 그 이유는 지각과 감각 자극이 사람에 따라 서로 다르게 선택적으로 이루어지기 때문이다.

먼저 지각에 관해 살펴보자. 지각은 뇌 수준에서 일어나는데, 뇌는 전달된 감각을 조직화하고 식별하며, 해석하여 정신적 표상을 만들어 낸다. 따라서 지각은 주관적이기 때문에 사람에 따라 다르게 나타날 수 있다.[4] 즉, 지각은 받아들이는 사람의 주관에 따라 선택적으로 이루어지기 때문에 똑같은 감각 자극이 전달되더라도 그 사람의 경험, 인식 등에 따라 서로 다르게 나타난다. 이를 인지심리학자는 '지각적 착각'(*perceptional illusion*)이라고 부른다. 이는 우리의 지각이 정확하고 직접적이라는 착각을 가리키는 말이다.[5]

한편, 2000년 노벨생리의학상을 받은 에릭 캔들은 지각의 이전 단계인 감각(*sensation*)도 사실은 실제 세계의 모사(*replication*)가 아니라 추상(*abstraction*)이라고 한다. 캔들에 의하면, "뇌는 감각을 통해 수용한 미가공 데이터를 그냥 취해 충실히 재생산하지 않는다. 오히려 각각의 감각 시스템은 미가공 입력 정보를 우선 분석하고 해체한

다음, 자기 고유의 내장된 연결과 규칙에 따라 재구성한다." [6]

따라서 신체에 동일한 자극이 가해지더라도 감각과 지각의 과정을 거치면서 뇌에서 만들어지는 정신적 표상이 다를 수 있고, 이에 따라 꿈의 내용도 서로 다를 수 있다.

다음은 프로이트가 인용한, 외부 자극에 의한 생리몽의 사례이다. 잠자고 있는 피험자에게 자명종 벨소리를 들려준 후, 그들이 소리에 반응하여 꾼 꿈을 기록한 것이다. 힐데브랜트가 보고한 내용을 프로이트가 인용했다.

꿈 2 교회의 종소리를 듣는 꿈

봄날 아침, 나는 한가로이 거닐고 있다. 푸릇푸릇 물들기 시작한 들판을 가로질러 이웃 마을까지 갔다. 그때, 외출복을 입고 찬송가를 옆에 낀 마을 사람들이 교회로 가는 것을 보았다. 그렇다. 오늘은 일요일이다. 아침 기도가 막 시작할 시간이다. 나도 참석하려고 생각했으나 좀 더워서 교회를 둘러싼 묘지에서 더위를 식히자고 생각했다.

묘지에서 갖가지 묘비명을 읽는 동안, 탑에서 울려 퍼지는 종소리가 들렸다. 탑 꼭대기를 쳐다보니 기도의 시작을 알리는 조그마한 종이 시야에 들어왔다. 잠시 동안 종은 꼼짝도 않더니 이윽고 흔들리기 시작했다. 그리하여 종은 청명하고 요란하게 울렸다. 그 소리가 너무 맑고 우렁차게 울려서 나는 잠에서 깨었다. 그 종소리는 자명종에서 나는 소리였다.

꿈 3 접시 깨지는 소리를 듣는 꿈

하녀가 사기접시 12개 정도를 포개 들고 식당으로 통하는 복도를 걸어오는 것이 보였다. 하녀가 안고 있는 접시들은 곧 중심을 잃을 것 같았다. "조심해. 손에 든 것이 떨어지겠다" 하고 내가 주의했다. 이에 대한 대답은 보통 때와 똑같이 "우리는 이런 일에 익숙해요"였다.

그러나 나는 불안한 마음으로 지켜보았다. 그러다 아니나 다를까, 식당의 문지방에 걸렸다. … 접시들은 떨어졌다. 쩽그렁 소리와 함께 마룻바닥에서 박살나 버렸다. 그러나 곧 깨달았는데, 이 끊임없이 계속되는 소리는 접시가 깨지는 소리가 아니라 단순한 방울소리였다. … 그리고 잠을 깬 후 알았지만, 이 소리는 바로 자명종이 울리는 소리였다. [7]

이 사례들은 동일한 자극을 주더라도 개인이 가지고 있는 과거의 경험과 인식의 틀이 서로 다르기 때문에 전혀 다른 정신적 표상과 꿈이 만들어질 수 있음을 보여준다. 이와 같이, 우리의 뇌는 스스로 이 야기를 창작할 수 있는 이야기꾼(story teller)이다. 외부 자극에 의한 생리몽은 비단 청각뿐만 아니라 촉각 등 다른 자극에 의해서도 생성될 수 있다.

그렇다면 외부 자극이 있을 때마다 꿈이 만들어질까? 반드시 그렇지는 않다. 수면학자인 디멘트 등은 12명을 대상으로 렘수면 단계 때 204회의 청각 자극을 가했다. 그 결과, 단지 20번의 종소리가 꿈으로 나타나는 현상, 즉 체내화(incorporation) 되었다. 이는 자극받은 횟수의 10%에도 못 미친다. 반면, 물 뿌리기, 손에 대한 전기 자극, 혈압계의 압박기 등 신체에 직접 자극을 가하는 경우에 가장 높은 수준인 40%에 가깝게 꿈이 만들어졌다. 이러한 결과를 종합하여 폴크스는 꿈은 비교적 자발적이며 고립된 정신 현상이라고 주장했다. [8]

2. 내부 자극에 의한 생리몽

앞서 내가 어린 시절 담요에 오줌을 싸면서 꾼 꿈을 소개한 바 있다. 방광에 가득 찬 오줌이 신체를 자극했고 그 자극이 뇌에 전달되어 지각되었다. 지각된 자극은 감정과 기억을 불러내 꿈을 만들어 냈다. 다음에 소개할 꿈도 내가 꾼 생리몽이다.

꿈 1 화장실을 찾는 꿈

2014년 3월 16일 새벽이었다. 전날 밤 술을 마시고 난 후 이 꿈을 꾸었다. 외교안보연구원 같은 장소에서 화장실을 찾고 있었다. 강의실 안에 화장실이 있다는 사실을 알았지만 다른 사람들이 수업 중이어서 들어갈 수 없었다. 그중에는 외국인도 보였다. 그러다가 깨어났다. 방광에 통증을 느낄 정도로 오줌이 가득 차서 화장실에 다녀왔다.

이 꿈은 방광 압박이라는 생리적인 현상이 신체와 뇌에 자극을 가하면서 화장실에 가고 싶다는 생리적 배설 욕구와 연합하여 만들어진 꿈이다. 생리적 자극, 통증의 감각이 과거의 유사한 기억과 결합하여 만들어졌다. 꿈에서 사용되는 재료는 과거에 내가 경험한 것이 많다. 이 꿈의 재료로 쓰인 외교안보연구원은 내가 젊은 시절에 몇 주 동안 교육을 받던 장소이다.

나는 술을 마시고 잠이 들면 생리적 각성 때문에 잠에서 깨는 습관이 있다. 그 이유는 첫째, 소변이 방광을 압박하여 불쾌감과 통증을 야기하고 둘째, 술 속에 있는 성분인 아세트알데히드(acetaldehyde)가 뇌에 통증을 유발하기 때문이다. 이 두 가지 요인이 심리적 불쾌감을 유발하고 꿈을 괴기하거나 심지어 두렵게 만든다.

참고로 아세트알데히드는 술을 분해하는 과정에서 우리 몸에 생성되는 독성물질이다. 이 성분이 감정을 담당하는 편도체에 전달되면 불쾌한 감정이 유발되고 이에 따라 부정적인 꿈이 창작되는 것으로 보인다. 술뿐만 아니라 뇌에 자극이나 환각을 주는 약물에 의해서도 꿈이 작화될 수 있다.

꿈 2 티샷을 실수한 꿈

2018년 6월 25일에 꾼 꿈이다. 드라이버로 티샷을 하려고 티를 꽂는데, 앞으로 낮게 경사진 곳이라 꽂을 수가 없었다. 다른 곳을 찾았는데 이번에는 위로 높게 경사가 져서 이곳에 꽂으면 제대로 칠 수가 없었다. 할 수 없이 그냥 쳤는데 쭉 뻗어 나가지 못하고 바로 앞에 떨어졌다. 마음이 불편했다. 깨어 보니 새벽 4시 40분이 조금 지나 있었다. 오줌이 가득 차 방광에 통증이 와서 몸이 불편했다.

이 꿈도 방광에 가득 찬 오줌의 배설 욕구에 대한 압박이 심리적인 불편함을 촉발해 만들어졌다.

수면 중 생리적 자극은 신체 내부의 방광 외에도 위, 심장, 성적 기관 등에 의한 자극이 있을 수 있다. 청소년 시절 흔히 꾸는 수면 중 몽정(夢精)도 이러한 종류의 생리적 자극몽이다. 한창 성장하는 시기에 신체 내부에 성 호르몬이 과다하게 찬 경우 꿈으로 만들어질 수 있다. 예컨대, 꿈에 어떤 사람을 만나 육체적인 사랑을 나눈다. 쾌감을 느끼면서 눈을 떠 보니 꿈이었고 속옷에 분비물이 적셔져 있다. 단순히 신체적 자극에 의해 만들어진 꿈이니 이러한 종류의 꿈을 꾸었더라도 깨어난 후에 현실에서 심리적 죄책감에 사로잡힐 일은 아니라고 본다.

다음의 꿈은 내 꿈 이외에, 내부 자극에 의한 생리몽으로 기록된 꿈이다.

꿈 3 돌로 귀를 얻어맞는 꿈

중세 신학자인 빌라노바의 꿈이다. 그는 앞과 뒤에서 두 차례, 돌로 귀를 얻어맞는 꿈을 꾸었다. 머지않아 맞은 쪽 귀에 심한 염증이 생겼다.[9] 이는 수면 중에 귀의 염증이 귀에 아픈 자극을 주었기 때문에 만들어진 꿈이다.

3. 생리적 자극과 심리상태가 결합한 꿈

다음은 프로이트의 꿈이다. 프로이트는 비엔나에서 기차 여행을 떠났는데, 그가 탄 객차에는 화장실이 없었다. 꿈은 프로이트가 어느 노신사와 함께 기차역에 있는 장면으로 끝났다. 프로이트는 그 노인에게 유리 소변기를 건네주다가 꿈에서 깨어났다. 깨자마자 프로이트는 소변이 마려운 것을 깨달았다. 몸의 생리적 자극이 꿈을 만든 것이다.

프로이트는 자신이 제안했던 자유연상법을 이용해, 어린 시절 기억과 연결시켜 이 꿈이 비록 신체적 자극에 의해 촉발된 꿈이지만 꿈의 내용에는 심리적 요소가 있음을 발견한다.

프로이트는 일곱 살 무렵 겪었던 곤혹스러운 사건을 기억해 내어 이 꿈을 정신분석적 시각에서 해석했다. 그는 부모가 보는 앞에서 부모의 침실에 오줌을 눈 일을 회상했다. 부모는 화를 냈고, 아버지는 "이 녀석은 아무짝에도 쓸모없는 인간이 될 거야!" 하고 말했다. 프로이트는 이 꾸중이 그의 야심을 직접 공격했기 때문에 마음의 상처를 남긴 것을 깨달았다.

프로이트는 꿈속의 노인이 아버지라고 추정했고, 꿈속에서 그 노인에게 공개적으로 망신을 주어서 과거 자신에게 상처를 준 아버지에게 복수하고 싶다는 무의식적 소망을 이룰 수 있었다. 이 무의식적 원망은 어린 시절부터 줄곧 억압되어 있었지만, 그 기묘한 꿈으로 표출된 것이다. [10]

즉, 원래는 생리적 자극에 의해서 만들어진 꿈이라고 하더라도 꿈의 재료나 내용을 깊이 분석하면 그 안에서 무의식적 소망을 발견할 수 있다. 생리몽에도 그 안에 심리적 요소가 가미되어 있을 수 있다는 것이다.

2장

심리몽

    심리몽(*psychological dreams*)은 인간의 식욕, 성욕 등 원초적인 욕망이나 불안, 공포, 놀람 등의 정서가 촉발해 만들어진 꿈이다. 나는 신체 외부나 내부의 물리적 혹은 화학적 자극에 의해 만들어진 꿈(생리몽)과는 다르게, 순수한 심리적 작용에 의해 만들어진 꿈을 심리몽이라고 부른다. 프로이트가 '꿈은 완전한 심적 현상이며 어떠한 것의 소망 충족이다'라고 말한 그 꿈이다.

    심리몽은 정신분석가, 분석심리학자, 게슈탈트 전문가와 실존심리학자 등 모든 심리학자가 중시하는 꿈이다. 이들은 심리몽의 분석을 통해 꿈꾼 사람의 심리 상태를 분명히 이해하고, 이를 토대로 심리상담 혹은 심리 치료에 적극적으로 활용한다.

    심리몽은 다음과 같은 점에서 생리몽과는 차이가 있다. 첫째, 심리몽은 뇌의 독자적이고 자발적인 활성화에 의해 만들어진다는 점에서 신체 외부 혹은 내부의 자극에 의해 작화되는 생리몽과는 자극원이 다르다. 둘째, 심리몽은 과거에 받은 자극이 뇌에 저장되어 있다가 발현된다는 점에서, 뇌가 현재의 자극에 반응해 만들어지는 생리몽과는 시점에서 차이가 있다. 셋째, 심리몽은 외부나 내부로부터 받은 자극이 모두 뇌에 기억되는 것도 아니며, 심리적 회상이 선택적으로 이루어진다는 측면에서도 생리몽과는 다르다.

나는 심리몽을 시점별로 세분한다. 과거로 되돌아가 그때 받았던 심리적 충격을 되새김질하는 회상몽(recollective dreams), 현재의 심적 고통이나 고민 등의 상태를 표출하는 현재몽(current dreams), 걱정, 불안 등의 심리적 요인을 감소시키기 위해 장래 일어날 사건을 미리 연습하는 시연몽(rehearsal dreams)이 있다. 과거로 회귀하는 회상몽도 부적응적 꿈과 적응적 꿈으로 다시 나눌 수 있다. 트라우마꿈은 회상몽 중에서도 대표적인 부적응적 꿈이다.

1. 심리적 회상몽

1) 부적응적 회상몽: 트라우마꿈

트라우마꿈은 과거에 겪은 극심한 공포의 기억이 꿈으로 재현되는 심리몽●이다. 엄청난 심적 스트레스를 받은 당사자는 과거의 체험이나 이와 유사한 상황이 꿈으로도 반복된다. 이 트라우마꿈은 대표적인 현실 부적응적 회상몽이다.

───────

● 트라우마꿈과 관련해 윌머는 실제 경험을 요약한 악몽, 꿈꾸는 사람이 경험하지 않았으나 일어날 수 있는 사건에 대한 악몽, 최초의 경험에 없었던 그리고 있을 법하지 않은 사건에 대한 악몽, 현실과 완전히 분리된 악몽 등 4가지 범주로 분류했다. 외상후 스트레스 장애로 진단하기 위해서는 이 중 첫 번째 범주의 꿈이 반드시 있어야 한다. 외상후 스트레스 장애 환자가 보고한 꿈 중 첫 번째 범주의 비율이 약 45%라고 한다(김선현, 〈외상후 스트레스 장애와 임상미술치료〉, 일파소, 2017, p. 20 참조).

여기서는 전쟁, 대참사, 고문, 강간, 살인 등 극도로 두려운 외상(外傷) 사건●을 직접 혹은 간접적으로 체험하거나 목격한 사람의 꿈을 소개한다.

꿈 1 베트남 전쟁 참전군인의 꿈

베트남 전쟁(1960~1975년)에 참전한 한 군인이 있었다. 전쟁터에서의 그의 임무는 시체 운반용 부대를 열고 죽은 미군을 확인하는 것이었다. 당연히 힘든 일이었다. 어느 날 그는 한 부대에서 절친한 친구를 발견하는, 상상도 못한 일을 겪고 극심한 충격을 받는다. 그는 절친한 친구를 지켜내지 못했다는 죄책감과 무기력감에 시달린다. 이후 그는 끔찍한 꿈을 꾼다.

나는 시체 운반용 부대를 하나씩 열면서 임무를 수행하고 있었다. …
비명과 헬리콥터 소리가 천지에 가득했다. 부대를 하나씩 열었는데,
마지막 부대에 내가 들어 있었다. 나는 비명을 지르며 깨어났다.¹¹

공포의 감정과 체험적 기억이 연합하여 트라우마꿈이 만들어진 것이다. 베트남 전쟁은 영화로도 만들어졌다. 1986년에 제작된 〈플래툰〉(*Platoon*, 소대)은 전쟁의 참혹상을 생생하게 그려 역사상 가장 강력한 전쟁 영화로 평가받는다. 주인공은 19세 병사 테일러이다. 그

● 외상후 스트레스 장애의 개념은 베트남 퇴역군인과 성폭력을 겪은 여성의 증상을 바탕으로 1980년에 의학적 진단명으로 포함되었다(존 앨런, 〈트라우마의 치유〉, 권정혜·김정범·조용래·최혜경·최운경·권호인 옮김, 학지사, 2010, p. 267; 스티브 헤인스, 〈뇌과학으로 읽는 트라우마와 통증〉, 김아림 옮김, 푸른지식, 2016, p. 22 참조).

는 전쟁의 참상을 알지 못한 채 군대에 자원한다. 이 영화는 주인공의 눈에 비친 전쟁의 참혹상과 그 안에서 인간이 어떻게 변화하는지를 그리고 있다. 언제, 어디서, 어떻게 덮쳐올지 모르는 미지의 적을 앞에 두고 소대원 내부는 분열과 대립이 격렬해진다. 주인공은 영화의 끝에서 "나의 전쟁은 끝났지만, 그 기억은 늘 저와 함께할 겁니다"[12]라고 말한다.

꿈 2 9·11 테러를 목격한 이후 꾼 꿈

2001년 9월 11일, 뉴욕에 민간항공기를 이용한 자살테러 사건이 발생했다. 뉴욕의 상징 중 하나인 쌍둥이 빌딩과 국방부 건물이 공격당했다. 사망자가 3,500명에 이른 대참사였다.

9·11 테러 당시 오브라이언은 항공교통 관제사였다. 그 비극적인 날에 댈러스 국제공항에서 아메리카항공 77편의 이륙을 안내했다. 그녀는 레이더 스크린을 통해 비행기가 곧장 백악관으로 날아가다가 방향을 바꾸어 미국 국방부 건물에 충돌하는 것을 보았다. 그 후 며칠 동안 오브라이언은 악몽을 꿨다.

"자다가 수도 없이 벌떡벌떡 일어났어요. 그러고는 그 사건을 떠올리며 그때의 상황을 다시 보고 들었지요."

한두 달 만에 치유 과정이 시작되는 듯했다. 오브라이언의 꿈이 바뀌었기 때문이다. 꿈에서는 레이더 스크린이 초록색 웅덩이가 되어서 그녀 앞에 나타났다고 했다.

"젤로 된 웅덩이였어요. 나는 비행기를 멈추게 하려고 레이더 스크린 속으로 손을 집어넣었어요. 그러나 꿈속에서 그 비행기를 부숴 버리진 못했어요. 그저 손으로 쥐고만 있었죠. 어쨌든 모든 것을 중단시켰어요."[13]

꿈 3 어렸을 적 학대로 인한 꿈

스튜어트는 미국 중서부 작은 마을에서 태어나, 완고한 근본주의 목사와 똑같이 완고한 근본주의 부인의 아들로 자랐다. 중년이 된 그는 치료를 시작한 지 수 개월 만에 자신의 꿈을 말해 주었다.

"배경은 어렸을 때 살던 미네소타의 집이었습니다. 아직도 거기서 어린애로 살고 있는 것 같았어요. 그런데도 지금 내 나이와 똑같다는 느낌도 들었어요. 밤중에 한 남자가 집으로 들어왔습니다. 그가 목을 자르려고 했어요. 그를 본 적이 없는데 이상하게도 나는 그가 누구인지 알고 있었답니다. 고등학교 때 데이트했던 여자친구의 아버지였어요. 그게 다예요. 결말도 없어요. 그가 목을 자르려 한다는 것을 알고 두려움에 놀라 깨어났죠."

그는 매우 성공한 엔지니어였으나 안타깝게도 50대 중반에 심한 우울증에 빠졌다. 그는 사회적으로 성공했으며, 모범적인 남편에 아버지였으나 정작 자신은 쓸모없고 사악한 사람이라고 생각했다. 그는 어린 시절 부모님으로부터 죽도록 매를 맞았다. 부모님은 혁대, 나뭇가지, 빗자루 등 무엇이든 손에 잡히는 것으로 그를 때렸다. 하지만 꿈과 같이 목을 조르거나 베려고 하지는 않았다. 그를 치료한 정신과의사 펙은 이 '목 베는 꿈'은 꿈꾼 자의 속죄를 의미한다고 해석했다. [14]

나는 이 꿈을 펙과 다르게 해석한다. 이 꿈은 부모로부터 받은 육체적 학대가 트라우마꿈으로 만들어진 것이다. 목을 자르려 한 사람은 여자친구의 아버지가 아니라 잔인했던 그의 아버지이다. 이 꿈에서는 심리적 전치(轉置)가 이루어졌다. 심리적 전치란 문제의 초점이나 대상을 바꿈으로써, 어떤 생각을 수용하기 쉬운 생각으로 바꾸는 것이다.

아버지가 그의 목을 직접 자르려는 상황을 그의 도덕적 초자아는 받아들일 수가 없었다. 그의 마음에는 아버지에 대한 증오심과 부모를 미워하는 데 따른 죄책감의 양가감정이 공존하고 있다. 그리하여 그는 꿈속에서 아버지가 아닌 여자친구의 아버지로 전치시켜, 극단적인 공포를 피하면서도 도덕적 죄의식과의 타협을 형성할 수 있었다.

꿈 4 성폭행을 당한 여성들의 꿈

한 여성은 몇 주에 걸쳐 자신의 꿈을 기록했다. 성폭행범은 18세 남자아이로, 창문을 통해 커튼을 젖히고 들어와 목을 조르며 죽이겠다고 위협했다고 한다. 이 트라우마적 사건이 있은 후 그녀는 다음과 같은 꿈을 꾸었다.

친구와 길을 걷고 있었다. 친구의 네 살짜리 딸도 곁에 있었는데, 검은 가죽옷을 입은 남자아이들이 친구의 딸을 때리기 시작했다. 친구는 달아났고, 나는 그 아이를 구해 내려고 애썼다. 옷은 갈기갈기 찢겨 있었다. 나는 소스라치게 놀라서 깨어났다.

욕실로 걸어가고 있었다. 커튼이 내 목을 조르기 시작했고 나는 숨을 쉬지 못해 헐떡거렸다. 비명을 질렀지만 실제로는 아무 소리도 내지 못했다.

렉스 헤리슨과 영화를 찍고 있었다. 그런데 기차가 우리에게 돌진하는 소리가 들렸다. 소리가 점점 커졌다. 기차에 치이려는 순간 깨어났다.

컬러 꿈을 꿨다. 해변에 있었는데 회오리바람이 불어와 나를 휘감았다. 나는 리본이 달린 치마를 입고 있었다. 회오리바람이 내 몸을 빙글 빙글 돌리자 리본이 뱀으로 변하더니 내 목을 조르기 시작했다. 너무 놀라 깨어났다. [15]

이 꿈들은 현실에서 당한 성폭행과는 달리 상징을 사용하면서 내용도 조금씩 재구성되어 나타났다. 하지만 현실과 공통점도 있다. 현실에서 그녀는 목 졸림을 당했다. 두 번째 꿈에서 커튼이 목을 조르고, 네 번째 꿈에서는 리본이 뱀으로 변해 그녀의 목을 조른다. 또 다른 공통점은 첫 번째 꿈에서 폭행당하고 옷이 갈기갈기 찢긴 것이다. 기록에는 없지만 현실에서도 폭행당하고 옷도 찢겼을 것으로 추정된다. 이 꿈에서도 자신이 아닌 친구의 어린 딸이 폭행당하고 옷이 찢긴 것으로 심리적 전치 현상이 나타나고 있다.

성폭행을 당한 또 다른 여성의 경우를 보자. 이 여성은 몸이 없는 얼굴에 대한 꿈을 꾸었다. 이 얼굴은 그녀의 꿈에 자주 나타났는데, 매우 안색이 어둡고 콧수염이 있으며 뺨에는 여드름 자국이 있었다.

그녀는 그가 누구인지 알지 못했다. 실제로 그녀는 이러한 외모를 가진 사람을 알지 못했다. 그런데 몇 년간의 치료 끝에 그녀는 그가 자신에게 성적 학대를 했던 오빠라는 사실을 깨달았다. 그녀는 치료실에서 반복해서 연습했던 것을 그에게 단호히 말했다. 그가 얼마나 많은 상처를 입혔고, 그녀의 삶을 파괴했는지에 대해. 그녀의 오빠는 울기 시작했다. 그는 그녀가 여덟 살이 되기 전에 했던 일들을 기억하지 않기를 바랐다고 하면서 용서를 빌었다. 그런 후 그는 다른 일에 대해서도 그녀에게 사실대로 말할 필요가 있다며 고백했다. 그는 친구들과 함께 버려진 가게의 다락방으로 그녀를 데리고 갔는데, 그녀를 성폭행한 그의 친구 중 한 명이 어두운 안색에 콧수염이 있고

여드름이 났었다고 말했다. 성폭행에 관한 기억이 오직 꿈에서만 가해자의 얼굴로 나타났던 것이다. [16]

성폭행 당시에 받은 극도의 공포를 회피하기 위해 그녀는 본능적으로 자신의 기억을 억압했던 것이다. 하지만 그녀의 기억은 삭제되지 않고 무의식 안에 저장되었다. 이 꿈은 무의식에 저장되었던 기억이 재연된 것이다.

꿈 5 납치되어 폭행과 고문을 당한 남자의 꿈

남아메리카의 어느 나라에 준수한 용모를 가진 권투 선수가 있었다. 그는 자신의 생활과 직업에 만족하며 살고 있었다. 어느 날 그는 어떤 남자들에 의해 납치되어 7일 동안 감금되면서 폭행, 조롱과 극심한 고문을 당했다. 그중 가장 최악의 일은 감금되어 있던 한 여성을 강제로 강간해야만 했던 일이었다. 이 경험으로 인해 그의 인생은 산산조각이 났다. 결국 그는 자신의 나라에서 더 이상 살지 못하고 호주로 망명했다. 그 후 그는 트라우마꿈에 계속 시달렸다. 그는 우여곡절을 거치며 상담을 받았다.

상담 초기, 매일 밤 꾼 악몽은 다음 3가지가 반복해서 나타났다. 첫 번째는 폭행당하는 꿈이었고, 두 번째는 도망가려 하지만 도망갈 수 없는 꿈이었다. 세 번째는 그가 강요에 의해 강간하는 모습을 지켜보는 꿈이었다.

몇 주 후 그는 조금씩 좋아졌다. 그는 아내와 만족스러운 관계를 가졌고 이것은 그를 기쁘게 했다. 하지만 그의 악몽은 더욱 악화되었다. 15일 동안 매일 강간과 폭행을 당하는 악몽을 꾸었다.

상담 중기, 갑자기 그는 그의 고향 또는 호주에 전쟁이 일어나는 새로운 꿈을 꾸게 되었다. 여전히 강간에 대한 꿈은 꾸었지만 이전과는 조금 다르게 경험하고 있었다. 꿈에 자신이 등장하지만 자신을 관찰하는 것처럼 느껴졌다.

5주 후, 그는 자신의 삶을 75% 정도 통제하는 수준에 도달했다고 느꼈다. 새로운 꿈이 나타났는데 공원에서 음란행동을 하기보다는 거리의 화장실로 쫓아가는 꿈이었다. 과거 고문을 받은 후, 현실에서 그는 공원에서 자위를 했었고, 그러한 행동을 하는 자신을 미워했다.

상담 후기, 다시 5주 후 모든 것이 빠르게 진전되어 극적인 일들이 일어났다. 새로운 꿈에서 그는 절벽에 서서 거칠게 파도가 몰아치는 검은 바다를 바라보는 자신을 보았다. 그는 위험이 존재하지만 자신이 그로부터 멀리 떨어져 있다고 느꼈다. 장면이 바뀌어 그는 꿈속에서 자신의 아들이 복잡한 도로를 막 건너려는 장면을 보았다. 그는 잠시 동안 완전히 겁을 먹고 있었다. 그는 그 의미를 알지 못했다. 상담사는 그가 이전에 자신이 마치 큰 위험에 빠져 눈이 휘둥그레진 소년과 같다는 이야기를 했음을 상기시켜 주었다. 점차적으로 그는 정상적인 삶을 회복했다. [17]

오스트리아 출신 미국인 정신과의사 하르트만은 악몽에 관한 꿈 수천 건을 수집했다. 1938년, 네 살이던 그는 부모와 함께 나치에 점령된 빈을 탈출하여 스위스와 파리를 거쳐 뉴욕에 도착했다. 그곳에서 그는 유명한 정신분석가이자 프로이트의 제자였던 아버지의 뒤를 이었다. 나중에 그는 심한 정신적 외상을 당한 사람, 이를테면 대화재, 폭격, 또는 강간을 겪은 사람을 진료했다.

하르트만은 악몽에 관한 고전인 자신의 저서에서 환자가 끔찍한 경험을 차츰 극복함에 따라 꿈이 어떻게 변하는지 서술했다. 처음에 피해자는 꿈속에서 끔찍한 장면을 현실과 유사하게, 마치 그 장면을 고스란히 촬영한 영화처럼 체험한다. 시간이 어느 정도 지나면 꿈속 장면은 점점 더 환상적으로 변했지만 괴로운 공포와 경악, 또는 수치의 느낌은 계속된다. 그다음 이 감정이 잦아들고 꿈은 일상화된다. 즉, 끔찍함은 과거의 일이 된다.[18] 앞서 소개한 고문을 당한 남자의 꿈도 심리 치료를 받으면서 이와 같은 과정을 거쳤다.

한 연구에 따르면 정서적 및 신체적 피해자의 25% 정도가 외상후 스트레스 장애를 겪는다고 한다.[19] 트라우마꿈은 과거 외상을 입었던 두려운 상황을 반복해서 재연(*replay*)하는 특징이 있다. 이 두려운 상황의 재연은 자신의 의지와는 무관하게 반복된다. 이러한 심리적 현상을 '반복 강박'이라고 한다. 꿈을 꾼 당사자는 괴로워하며 현실 적응에 힘들어 한다.

트라우마꿈의 또 다른 특징 중 하나는 죄의식과 자기 책망이다. 자신이 대형 참사를 목격하고도 막지 못했다는 오브라이언의 꿈이 이 경우이다. 하지만 이러한 트라우마도 납치하여 고문당한 사례와 같이 심리 치료를 받으면서 치유될 수 있다.

2) 적응적 회상몽

다음에 소개하는 꿈은 스스로의 노력이나 상담자의 도움으로 현실에 적응하는 적응적 회상몽이다.

꿈 1 리영희 교수의 꿈

리영희 교수는 1970~1980년대 암울했던 시대에 민주화 투쟁에 앞장섰던 분이다. 리 교수는 당시 불의한 정권에 맞서 싸우다가 투옥되기도 했다.

20여 년 전 한양대 재직 시절의 재현인데, 헤아릴 수도 없이 많은 국가권력의 탄압이 생생한 꿈으로 나타나요. 걸핏하면 중앙정보부·안기부·대공반·경찰의 추격의 손을 피하기 위해 자다 말고 맨몸으로 울타리를 뛰어넘고 으슥한 구덩이를 찾아 숨고, 그러다가 끝내는 그 흉악한 집단의 손에 붙잡혀서 묶여 끌려가는, 그런 내용의 꿈입니다. 정말 이런 꿈을 꿀 때, 이런 고생을 끝없이 되풀이해야 할 바에는 차라리 자살하는 것이 낫겠다는 생각으로 몸부림치다가 깨어나는 경우가 흔히 있었어요. [20]

이 꿈도 걱정이나 불안한 상황을 넘어 공포감이 반복하여 재생되는 트라우마꿈이다. 또한 어둡고 고통스러우며 공포에 사로잡히는 현실 부적응적인 회상몽이다.

불안이나 공포도 꿈에서 재생함으로써 현실에서 그러한 상황을 피하거나 피할 수 있는 지혜를 얻을 수 있다는 장점이 있다. 이 같은 현상은 진화론적으로 보면 생존에 적응하려는 뇌의 무의식적 작용이기도 하다. 때로는 과거의 두려운 사건에 압도되어 현실에서도 헤어나지 못하는 경우도 있다. 하지만 리 교수는 프로이트의 책을 보면서 꿈의 속성을 이해하고, 다음의 꿈에서 보는 바와 같이 스스로 공포를 극복했다.

소년 시기의 충족과 행복이 의식의 아득한 저변에 침체해 있다가 성년후에 다시 프로이트적인 꿈이 되는 것인데, 평안북도 대관 시절과 산과 계곡에서 소년의 욕구와 추구가 남김없이 충족되고 행복의 온갖 삶이 재현되는 것이에요. [21]

리영희 교수는 이 꿈속에서 어린 시절 자신의 고향으로 돌아가 마음의 평화와 행복을 만끽한다. 즉, 심리적 퇴행 현상이 일어나는 것이다. '퇴행'이란 불안을 일으키는 위험에 대해 안전감을 유지하기 위해 무의식적으로 작용하는 방어기제 중 하나이다. 또한, 퇴행 과정에서 행복감이나 안도감과 같이 심리적으로 적응적 전환이 이루어지면서 마음이 정화(catharsis) 된다. 이러한 정서적 접촉이 깊을수록 정화 작용도 커져서 꿈에서 깨어나면 심적인 부담감도 감소하고 편안한 마음을 회복한다.

꿈 2 세상을 떠난 아들을 그리워하는 아버지의 꿈

경제부총리였던 김동연 전 장관이 꾼 꿈이다. 2013년 가을, 그는 스물일곱 살의 사랑하는 장남을 혈액암으로 잃었다. 그날 이후 그는 깊은 슬픔에 빠졌다. 아들을 보고 싶은 마음이 간절했다. 어느 날 그는 꿈속에서 아들을 만난다.

언젠가는 이틀에 걸쳐 연속으로 나왔다. 긴 꿈들이었다. 첫 꿈에서는 너무나도 낯익은 장면이 나왔다. 미국에서 공부할 때 어린 큰아이가 잔디에서 뛰놀던 귀여운 모습이었다. 큰아이는 한참을 재미있게 놀고 있었다. 그 모습을 보며 꿈속에서 '생각'했다. 결국은 큰아이가 하늘나라로 갈 것이라는 생각, 그래서 가슴이 찢어지게 아프다는 생각, 그렇지만 놀고 있는 아이에게 내색하지 말아야겠다는 생각이 들었다. 얼른 큰아이의 머리를 쓰다듬고는 뺨에 입술을 대면서 가볍게 뽀뽀해 주었다. 큰아이는 웃으면서 "아빠 돈 많아? 아빠 돈 많아?" 하는 농담을 하는 것이었다.

연이어 다음 날 꿈에는 건강할 때의 늠름한 청년으로 나왔다. 많은

이야기를 나눴다. 꿈속에서 역시 '생각'을 했다. 큰아이가 결국 세상을 뜰 텐데 그러면 나는 어떻게 살 것인가 하는 생각이었다. 큰아이를 끌어안고 "네가 더 살 수 있다면 아빠가 그만큼의 내 수명을 주고 싶어. 아니, 바로 내일 내가 대신 죽어도 좋으니 네가 더 살았으면 좋겠어" 하면서 큰 소리로 울다 깨었다. 우는 바람에 큰아이의 표정을 보지 못한 것이 영 아쉬웠다. 언젠가 다시 만나기 전에, 가끔 그렇게 꿈에라도 나와 주길 소망했다. [22]

이들 꿈도 앞에서 소개한 꿈과 같이 과거로 후퇴하는 심리적 퇴행 현상이 일어났다. 그는 꿈속에서 아들이 살았던 과거로 돌아갔다. 당시의 아들을 만나 심리적 안정감을 경험하기 위해서이다.

첫 번째 꿈에서는 아들에게 뽀뽀해 주고, 두 번째 꿈에서는 청년이 된 아들과 그토록 간절했던 대화를 한다. 두 번째 꿈에서는 '내가 죽고 네가 더 살았으면 좋겠다'는 말로 아들에 대한 아버지의 진솔한 사랑의 감정을 표출하고 큰 소리로 울기도 한다. 아마도 남들이 보는 현실에서는 자신의 깊은 슬픔을 억제했을 것이다. 이 꿈에서도 심리적 퇴행이 적응적으로 일어났다. 마음은 무척 아프지만 현실을 조금씩 받아들이고 인정하는 치유적인 꿈이다. 언젠가 아들이 하늘나라로 가거나 세상을 뜰 것이라고 지각한다는 점도 또 다른 특징이다. 꿈꾼 이의 인지적 사고가 특징적으로 드러났다.

이에 대해 〈살아 있는 당신의 꿈〉의 저자 델라니의 말을 인용하고자 한다. "사람은 누구든지 사랑하는 사람과 가졌던 지난날의 좋은 시간을 다시 경험할 때 그 사람을 잃어버린 슬픔을 진정으로 슬퍼할 수 있다. 그리고 그 과정에서 슬픔을 해소하고 거기서 벗어날 수 있다."

꿈속에서나마 억제했던 감정을 표출하거나 위로를 받으면 마음의 정화 작용을 경험할 수 있다. 꿈을 통해 아들과 함께했던 아름답고 사랑스러우며 따뜻하고 즐거웠던 감정이 다시금 연결된다. 이렇게 함으로써 아들을 잃은 슬픔을 표현하고 상처를 치유할 수 있게 된다. [23]

꿈 3 노무현 대통령이 만족해하는 꿈

문재인 대통령이 노무현재단 이사장 시절에 돌아가신 노무현 전 대통령을 만난 꿈이다. "돌아가신 대통령이 혹시 꿈에는 안 나타납니까?" 하고 기자가 묻자, 문재인 이사장이 답했다.

> 몇 번 나타났죠. 서거 후 묘역을 조성할 때 박석(薄石, 바닥돌)의 배치나 모양에 대해 우리끼리도 과연 유지(遺志)에 부합하느냐 여부로 의견이 분분했거든요. 근데 하루는 노 전 대통령께서 꿈에 나타나더라고요. 묘역 조성에 쓸 자재를 넣어둔 창고 같은 곳을 같이 둘러보았는데, 대단히 만족하셨어요. 꿈에서 깨고 나서 '아, 마음에 들어하시는구나' 하고 안심했지요. [24]

당시 문재인 대통령은 이사장으로서 노무현 전 대통령의 묘역을 조성하는 책임을 맡고 있었다. 이 꿈의 내용을 보면, 최선을 다해 일하면서도 부담감을 가졌던 것으로 보인다. 함께 일하는 분들과도 잘 진행되고 있는지 의논했을 것이다. 고인이 되신 노무현 전 대통령이 과연 흡족해할까 하는 궁금증도 마음에 있었던 것으로 보인다.

이 꿈에서 문재인 대통령은 과거로 퇴행했다. 다행히도 심리적인 퇴행은 적응적으로 이루어졌다. 이러한 꿈은 꿈꾼 사람의 정서적 접촉이 깊을수록 정화 작용도 커져서 꿈에서 깨어나면 심적인 부담감도 감소하고 편안한 마음을 회복한다.

2. 심리적 현재몽

앞서 과거에 관한 기억과 이에 수반하는 감정이 현재 시점에 촉발되어 만들어진 회상몽을 살펴보았다. 여기서 소개하는 꿈은 현재의 걱정, 근심, 불안, 공포● 또는 고통 등이 발현된 심리적 현재몽이다. 현실에서 해소되지 못하거나 좌절된 욕구에 의해 유발된 꿈도 있다. 이들 욕구는 꿈에서 위안을 받기도 하고 때로는 좌절되기도 한다. 그리고 현재의 심적 갈등이 꿈으로 표출되는 경우도 있다.

1) 현재의 걱정, 근심, 불안, 공포 등이 꿈으로 만들어진 심리몽

꿈 1 문재인 이사장이 인사 검증으로 걱정했던 심리몽

2012년 2월, 당시 문재인 노무현재단 이사장과 한 일간지의 기자의 대화이다.

"어떤 날은 인사 문제로 검증 작업하느라 함께 논의하는 꿈을 꾸기도 했고요."

문재인 이사장의 말에 기자가 말한다.

"역시 그때나 지금이나 인사는 검증이 골칫거리네요. 정동기 감사원장 내정자가 낙마했는데, 남의 일로 여겨지지 않았겠습니다."[25]

이 꿈이 만들어진 촉발 요인을 이해하기 위해 감사원장 내정 당시의 상황을 설명하면 다음과 같다. 기자와 문 이사장이 대담하기 약

● 프로이트는 불안과 공포를 구분한다. 불안은 그것을 유발하는 대상과 관계없이 상태 그 자체와 관련되는 반면, 공포는 정확히 그 대상에 주의를 집중한다고 한다(조지프 르두, 〈불안〉, pp. 19~21 참조).

한 달 전, 당시 대통령은 감사원장을 내정했으나 그의 내정이 부적절하다는 비판 여론이 일었다. 이후 내정자는 스스로 사퇴했다.

당시 문 이사장은 이 사건을 뉴스 등을 통해 알고 나서, 자신이 과거 참여정부 시절 청와대에서 근무하면서 인사 검증을 하던 경험이 연상되었을 것이다. 아마 자신도 민정수석이나 비서실장 시절, 공직 후보자에 대해 인사 검증을 하면서 조바심 내지는 걱정을 느꼈을 것이다. 공직 후보의 낙마에 관한 2011년 1월 상황과 과거 자신의 경험이 결합하면서 꿈으로 표상화되었다.

즉, 과거에 체험했던 사건에 대한 걱정, 불안, 공포 등의 감정이 어떠한 사건으로 촉발되면서 꿈으로 만들어진 것이다. 이렇듯 걱정이나 불안한 감정이 촉발한 심리몽은 흔히 다른 형태로도 나타난다. 예컨대, 현실에서 군대를 제대한 사람이 다시 입대 통지서를 받는 꿈을 꾸거나, 시험에 시달리던 학생이 학교 졸업 후에도 시험을 다시 치러야 하는 꿈을 꾸는 경우 등이 대표적이다. 이러한 꿈을 꾸고 난 후, '아! 나는 제대했지' 혹은 '내가 언제 학교를 졸업했는데 이런 꿈을 꾸나?' 하고 안도하면서 걱정이나 불안의 정도가 약화되기도 한다. 이러한 꿈에서는 약한 수준의 반복 강박 현상이 나타난다. 나도 학교를 졸업하고 직장을 그만둔 지 수년이 흘렀는데도 간혹 꿈속에서 준비도 못했는데 갑자기 시험을 봐야 한다거나, 시험을 보는데 연필이 없는 강박적인 경험을 한다.

과거의 체험과 현실의 사건이 연합하여 만들어진 꿈에서 살펴볼 수 있는 또 다른 특징은 신경망의 연결이다. 인간의 뇌에 어떤 기억이 저장될 때, 여러 기억 항목과 연결되어 저장된다. 심리학자는 이 연결망을 '신경망'이라고 한다. 이 신경망은 더 오래된 기억을 강화하기도 하고 새로운 연상을 만들기도 하는 생리적 과정을 담당한다. 어떤 결정적인 자극이 신경망의 한 부분을 움직이면 그곳과 연결된 기억 항목이 연이어 자극되면서 기억으로 떠오르는데, 이러한 심리현상을 발화 혹은 점화(priming) 효과라고 한다. 이와 같은 수면 중 작업은 꿈이 진화적 목적인 생존에 중요한 정보를 통합한다는 이론과 일치한다. [26]

꿈 2 현재 갈등이 해소되지 않아 불편한 심리를 드러낸 꿈들

2011년 2월 초, 당시 나는 요로결석으로 큰 통증을 느끼면서 고통을 받고 있었다. 심리적으로도 위축되었고 몸도 상태가 좋지 않았다. 아침식사 후 휴식을 취하기 위해 침대에 누웠다가 잠깐 잠이 들었다. 꿈에 함께 근무하는 직원들과 식사 약속을 했는데, 점심시간에 전화해도 연락이 되지 않아 답답했다. 이 꿈은 신체의 해소되지 않은 불편함과 마음의 답답함이 뇌를 자극하여, 과거에 있을 수 있었던 경험과 연합하여 만들어진 꿈이다.

또 다른 사례로, 심리상담을 받으러온 30대 전문직 여성의 꿈이다.

새해 첫날부터 이상한 꿈을 꾸었다. 너무 기분이 안 좋고 불안하다. 사람들이 많이 죽는 꿈이다. 얼굴도 이름도 모르는 사람들이 죽어서 잔뜩 너부러져 있다. 내가 사람을 죽인 건지, 어떻게 죽인 건지 모르겠다. 무슨 사건이 일어난 것도 같다. 시체들이 바닥에 너부러져 있는데 어떤 사람이 한 사람의 목을 꽉 조르고 있다. 그 장면에 내가 서 있다가 놀라서 잠이 깼다.

상담 과정에서 그녀의 내면 의식이 드러났다. 그녀는 직업상 냉동

실에서 시체를 본 적이 있다. 시체를 목격했던 이 경험이 꿈의 재료로 사용되었다. 꿈은 무엇을 표현하려 했을까?

현실에서 그녀는 할머니, 할아버지 환자가 많이 밀려와서 스트레스를 받았고, 자신의 담당 업무를 피하고 싶었다고 했다.

"사람들이 가득 앉아서 기다리고 있는 게 지금 생각하면 시체들이 너부러져 있는 것처럼 끔찍하고 너무 싫어요. 도망치고 싶어요."

할아버지 환자 한 분이 막무가내로 사무실 바닥에 가래침을 내뱉었을 때는 목을 조르고 싶은 심정이었다고 한다.[27]

꿈속에서 목을 조르는 어떤 사람은 내담자 자신이 전치된 것이다. 꿈속 '어떤 사람'은 내담자 본인이다. 하지만 그녀의 복수에 대한 본능적 욕구(원초아)는 환자를 돌봐야 한다는 직업윤리인 초자아와 갈등한다. 이러한 심리적 갈등을 피하기 위해 자신이 모르는 '어떤 사람'으로 전치된 것이다.

꿈 3 소복한 여인이 입가에 피를 흘리며 노려보는 꿈

2006년 5월 나에게 얘기해준 내 지인의 꿈이다. 이 꿈도 심리몽이며 두려움을 느끼는 중요 시점은 현재다. 그는 어린 시절 낙동강이 흐르는 한 마을에 살았는데 근처에는 급류가 흘렀다. 그런데 바로 그 장소에서 사람들이 익사하여 죽는 일이 발생하곤 했다. 사람들은 그 장소를 지날 때마다 겁을 냈다.

고교 시절인 어느 날 그는 다소 엉뚱한 생각을 한다. 자신이 공포를 얼마나 오랜 시간 버틸 수 있는지 직접 체험하고 싶었던 것이다. 그날 밤 그는 사람들이 익사하던 장소와 가까운 강가에서 자신의 몸을 담그고 공포를 체험했다. 그러다 너무 무서워서 물속에서 오래 버티지는 못하고 뛰쳐나왔다.

그는 허둥지둥 집으로 돌아와 겁에 질린 채 잠이 들었다. 그런데 꿈에 소복을 하고 머리를 늘어뜨린 한 여인이 나타나 자신이 움직이는 방향으로 고개를 돌리면서 노려보고 있었는데, 입가에 피가 흐르고 있었다고 했다. 너무나 놀라서 깨어났는데, 주변을 살펴보니 그 여인이 자신을 아직도 노려보고 있지 않은가! 그는 한동안 꼼짝도 못하고 극도의 공포를 체험했다. 정신이 들면서 주위를 살펴보니 자신을 노려보던 여인은 방 안에 있는 의자였다. 그 당시 의자의 모양이 그 여인의 모습과 비슷했다. ●

소복을 한 여인이 피를 흘리고 있는 모습은 그가 현실에서 직접 체험했다기보다는 예로부터 전래되어 왔거나, 우리 민족에게 공유, 전승되어온 '장화홍련전'이나 '전설의 고향'과 같은 설화(說話)나 민담(民譚) 등에서 비롯된 것이다. 이것들이 뇌에 무의식적으로 저장되어 있다가 두려운 상황과 연합하여 재현된 것이다. 이 설화나 민담은 우리 민족 고유의 집단 무의식으로 형성되어온 것으로, 그도 영향을 받았다.

집단 무의식이란 용어를 처음 사용한 사람은 융이다. 이 용어에 대한 설명이 다소 길지만 꿈을 이해하고 해석하는 데 중요한 개념이기 때문에 인용한다.

무의식의 또 다른 측면으로, 이른바 비개인적 혹은 집단 무의식이 있다. 집단 무의식이라는 명칭에서 나타나듯 그 내용은 개인적인 것이 아니라 개인이 속한 집단 전체, 일반적으로 국가 전체, 심지어는 인류 전체에 해당한다. 집단 무의식은 개인의 일생 동안 습득되는 것이 아

● 2006년 5월, 꿈꾼 사람은 나의 직장동료로 그에게서 직접 들은 내용이다.

니고 내적 형태 및 본능의 산물이다. 아이는 선천적으로 아무런 개념을 소유하지 않고 태어나지만 그럼에도 상당히 단호한 방법으로 기능하는, 고도로 발달된 두뇌를 가지고 있다. 이 두뇌는 선대로부터 유전된 것으로 인류라는 종족의 정신 기능이 축적된 것이다. 그러므로 아이는 인간의 역사를 거치며 기능했던 것과 같은 방식으로 기능할 준비를 갖추고 태어난다. 뇌 속에는 이미 본능이 형성되어 있으며, 인간 사고의 기초가 되는, 선천적 이미지인 신화적 모티브 공간에 원시적인 이미지도 이미 자리를 잡고 형성된 상태이다. [28]

융에게 집단 무의식은 비개인적인 것, 계승된 모든 형태의 집합을 내포한다. 융이 치료한 어느 여성 환자는 성서에 나오는 문구를 인용했는데, "바람은 제가 불고 싶은 대로 분다"(요한복음 3장 8절)라는 문구에서, 그녀는 바람(wind)이 영(靈, spirit)을 의미한다는 사실을 무의식적으로 이해하고 있었다. 이는 그녀가 집단 무의식적으로 영향을 받았기 때문이다. 융은 "이 옛 이미지를 다시 낳는 것은 꿈이 갖는 원시적인 유사적 사고법이다"라고 덧붙였다. [29]

한 가지 덧붙이면, 꿈의 작화 현상은 인간 기억의 불완전성과 관련이 있다. 먼저, 사람들은 사건의 일반적인 개요는 잘 기억하지만 상세한 내용은 잘 기억하지 못한다. 둘째, 회상하지 못하는 세부 내용에 대하여 압력을 받는 경우, 정확하게 기억해 내려고 진지하게 노력하는 선의를 가진 사람도 자신의 의도와는 무관하게 사건을 만들어냄으로써 그 공백을 채우게 된다. 셋째, 사람은 이렇게 자신이 만들어낸 기억을 믿는다. [30]

2) 현재의 욕구가 유발한 심리몽

프로이트는 '꿈은 소망의 충족'이라고 했다. 그는 특히 성적 소망의 충족을 중시했다. 하지만 심리학자 매슬로에 의하면 인간의 욕구는 더욱 다양하다. 그는 인간의 욕구를 5가지로 구분했다.● ① 생리적 욕구, ② 안전에 대한 욕구, ③ 애정과 소속에 대한 욕구, ④ 자기 존중 욕구, ⑤ 자아실현 욕구가 그것이다. 현재의 욕구에 관한 꿈은 매슬로가 제시한 순서에 따라 몇 가지 사례를 소개하고자 한다. 이러한 욕구는 꿈에서 때로 충족되기도 하고 때로 좌절되기도 한다.

꿈 1 생리적 욕구: 성욕이 좌절된 꿈
노벨물리학상을 수상한 파인만이 이 꿈의 주인공이다.

더치라는 친구가 있는데, 그의 부인은 비엔나의 정신분석학자 집안 출신이었다. 어느 날 저녁 그와 꿈에 대해 긴 토론을 했는데 그는 나에게 꿈이 매우 중요하다고 말했다. 꿈에는 정신분석학적으로 해석할 수 있는 상징이 들어 있다는 것이다. 나는 이런 것들을 거의 믿지 않았지만, 그날 밤에 나는 재미있는 꿈을 꿨다. 꿈속에서 나는 공 세 개로 당구를

● 매슬로는 인간의 욕구를 하위욕구에서 상위욕구로 단계적으로 구분하고 있다. 1단계는 생리적 욕구로 의식주 생존에 필요한 기본적 욕구이며, 2단계는 안전에 대한 욕구로 안전, 보호, 공포로부터의 자유를 추구하는 욕구이다. 3단계는 애정과 소속에 대한 욕구로 사회적 욕구라고도 하며, 친구, 연인, 배우자와 가족 등에 대한 애정과 관계에 대한 욕구이다. 이들 1~3단계의 욕구를 결핍욕구라고도 한다. 4단계는 자기 존중 욕구로 성취, 인정이나 존경에 대한 욕구이며, 5단계는 자아실현 욕구이다. 4~5단계 욕구를 성장 욕구라고도 한다(에이브러햄 매슬로, 〈동기와 성격〉, 오혜경 옮김, 21세기북스, 2009, pp. 156~164 참조).

치고 있었다. 공은 흰색, 녹색, 회색 공이었고, 게임의 이름은 '티시'였다. 공을 어떤 방법으로 포켓에 넣는 게임이었는데, 흰색 공과 녹색 공은 잘 들어갔지만 회색 공은 집어넣을 수 없었다.

　잠에서 깨어 생각하니 꿈은 해석하기가 아주 쉬웠다. 게임의 이름에 미루어 공은 여자를 상징한다! 흰색 공은 누구인지 금방 알 수 있었다. 나는 몰래 유부녀와 만나고 있었는데, 그 여자는 흰 유니폼을 입고 식당의 회계원으로 일했다. 녹색 공도 쉽게 알 수 있었다. 꿈을 꾸기 이틀 전 녹색 옷을 입은 여자와 자동차 극장에 갔다. 그런데 회색 공은 도대체 누구일까? 나는 그게 누구인지 알았다. 그걸 느낄 수 있었다. 그러나 마치 누구의 이름을 떠올릴 때, 입안에서 뱅뱅 돌긴 하지만 정작 이름을 알 수 없는 것과 같았다.

　반나절이 지난 뒤에야 한 여자가 생각났다. 그 여자는 내가 무척 좋아했지만 두세 달 전 이탈리아로 가버린 여자였다. 아주 좋은 여자였고 여자가 이탈리아에서 돌아오면 다시 만나야겠다고 생각했다. 그 여자가 회색 옷을 입었는지는 분명하지 않지만, 그 여자가 회색 공이라는 것이 확실했다. 나는 더치에게 그가 옳았다고 했다. 꿈에는 해석할 것이 있다. [31]

이 꿈에서 당구공은 파인만이 만났던 여성들을 상징한다. '즐긴다'와 '함께 논다'는 공통적인 정서가 당구공을 여성들로 연상시킨다. 프로이트는 이 현상을 '꿈의 검열'이라고 한다. 꿈의 검열이란 꿈을 부분적으로 왜곡되게 만드는 것을 말한다. [32] 프로이트는 도덕적으로는 도저히 받아들일 수 없는 부도덕한 욕망이나 부모, 자식에게 품는 복수나 원망의 감정을 그대로 표출할 수 없기 때문에 이러한 심적인 검열 과정을 거친다고 한다. 따라서 프로이트에 따르면 이는 검열의 결과일 수 있다.

하지만 나는 다른 견해를 가지고 있다. 자신의 은밀한 욕구나 감정을 더욱 정확하게 표현하기 위해서는 은유적 기법이 더 나을 수 있다. 간혹 현실을 그대로 재연하는 투시적인 꿈도 있으나 많은 꿈은 상징이나 은유 기법을 더 많이 사용한다. 꿈이 은유 혹은 암시적으로 표현되는 이유를 박문호 박사는 이렇게 설명한다.

꿈에서는 시각적 내용이 감정적으로 분출됩니다. … 논리적이고 직접적인 표현은 드물고 암시적이고 은유적으로 표현하지요. 이것은 인간의 인지 체계에서 논리적 특성이 최근에 진화된 능력이며, 인간 진화의 대부분 기간에는 은유적 사고를 했기 때문이라고 볼 수도 있습니다. [33]

또 다른 하나, 파인만의 현실적 체험이나 심적 상황을 알지 못하면 당구와 당구공이 즐거운 만남과 여성을 상징하는지 알 수가 없다. 따라서 꿈을 정확히 해석하려면 꿈꾼 사람의 개인적 상황까지 이해해야 한다. 다시 말해, 꿈의 해석을 위해서는 문화, 관습 혹은 시대적 배경 등 객관적, 보편적인 요소뿐만 아니라 개인이 처한 주관적 상황까지 알고 있어야 한다. 꿈 상징의 보편적, 개별적 특성에 대해서는 뒤에서 더 자세히 살펴본다.

꿈 2 안전에 대한 욕구: 창녀의 집에 가면을 쓰고 계단을 올라간 꿈
25세의 공학도인 헨리가 자신의 성적 호기심을 충족하기 위해 모험을 하지만, 동시에 자신의 안전을 염려하는 꿈이다. 꿈에서는 성욕이 그를 창녀에게 가도록 이끈다.

여색(女色)의 모험을 많이 경험한 군대 동료들과 함께 나는 미지의 도시에서 어두운 거리의 어느 집 앞에서 기다리고 있었다. 오직 여자만 들어갈 수 있다고 하여 내 친구는 여자 얼굴을 그린 조그마한 가면을 쓰고 계단으로 올라갔다. 나도 그렇게 했던 것 같은데 잘 기억이 나지 않는다.

이 꿈에 대한 해석은 이렇다. 헨리는 자신의 성적 호기심을 만족시키기 위해 창가(娼家)에 간다. 하지만 그는 그 집에 들어갈 용기는 내지 못하고 그 세계에 들어가기 위해 속임수를 쓴다.[34]

나의 해석이다. 이 꿈은 자신의 성적 욕망과 호기심을 충족하기 위해 그의 원초아가 만들어낸 꿈이다. 하지만 그는 그곳에 가면을 쓰고 친구를 따라 계단을 올라간다. 그의 또 다른 자아나 초자아는 신분이 발각되는 위험에 빠지지 않도록 가면을 쓰게 한다.

꿈 3 애정과 소속에 대한 욕구: 사랑의 고백을 거절당한 여성의 꿈

어느 여성의 꿈이다. 꿈에 그녀는 어떤 극장의 발코니에 있었는데 갑자기 화장실에 가야 했다. 극장 뒤쪽으로 걸어가자 여성 안내원이 있었고 함께 화장실로 갔다. 그러나 그곳은 진짜 화장실이 아니라 벽장 같은 어떤 창고였다. 갑자기 그녀는 소변을 보기 위해 앉는다면 문을 잠글 수 없다는 사실을 깨닫는다. 그때 신사복을 입은 한 남자가 들어왔다. 그곳이 여자 화장실이었기에 그녀는 화를 내며 그에게 나가라고 했다. 그때 작은 땅딸보 같은 또 다른 남자가 들어왔다. 그녀는 이들이 여자 화장실에 있다는 사실에 격분했다. 그녀는 땅딸보를 쳐다보며 "그는 태권도 사범입니다"라고 말하는 다른 남자를 향해 돌아섰다. 그를 쳐다보기 위해 급히 몸을 돌리는데, 그 땅딸보는 군

인의 공격 자세를 취하는 것 같았다. 그런 다음 그는 그녀의 목까지 단숨에 뛰어올랐고, 그녀는 공포에 질려 깨어났다.

현실에서 그녀는 남편과 이혼 이후 전문가로서 명성을 얻고 아이들과 새로운 삶을 찾아 독립적인 생활을 즐겼다. 일상의 데이트도 즐거웠다. 그때 뜻하지 않게 사랑에 빠진다. 그녀는 한 남자에게 감정을 고백한다. 그 남자는 자신의 감정은 그렇지 않다고 답변한다. 그녀는 상당히 거절당한 느낌이 들었고 그날 밤 이와 같은 꿈을 꾼 것이다.

마리루이제 폰 프란츠(Marie-Louse von Franz, 1915~1998) 박사의 해석이다. 그녀는 사랑 고백의 거절로 끔찍한 충격을 받았다. 그녀는 남자에게 "나를 사랑하나요?"라고 물었는데 누군가에 의해 일격을 당한다. 태권도를 하는 남자는 그녀의 내면에 있다. 꿈은 마치 "넌 외부로부터 충격을 받지 않았어. 너 자신의 본성으로부터 충격을 받은 거야"라고 말하는 것 같다. 35

나의 해석은 이렇다. 이 꿈은 자신의 애정 고백을 거절당한 여성의 상처받은 감정이 잘 극화되어 있다. 꿈에서 창고 같은 여성 화장실은 여성만이 사용하는 은밀한 장소, 즉 그녀의 속마음을 뜻한다. 그녀는 자신의 마음속에 어느새 남자가 들어온 것을 본다. 자신의 속마음을 들킨 그녀의 첫 번째 감정은 분노이다. 그다음에 들어온 사람은 작은 땅딸보이다. 자신의 사랑을 거부한 그 남자에 대한 애정이 증오로 변하면서 꿈에서 그 남자는 작고 보잘것없는 땅딸보로 변화한다. 꿈에서 태권도 사범은 그녀의 마지막 자존심을 지켜줄 내면의 자아이다. 그 내면의 자아에게 급히 자신을 보호해줄 변명거리를 찾기도 전에, 그 땅딸보는 선제적으로 거절함으로서 그녀에게 심적인 일격을 가하고 그녀는 두려워서 깨어난다. 아마도 현실에서 그녀는 그 남자가 자신의 고백을 거절할 줄 미처 생각지 못했던 것 같다.

꿈 4 자기 존중 욕구: 젖꼭지를 만진 남편에게 불쾌감을 드러낸 꿈

샌더스는 데럴을 진정으로 사랑했다. 하지만 결혼은 하워드라는 남자와 했다. 그녀의 결혼 생활은 순탄치 못했다. 그녀는 하워드를 단지 섹스를 원했던 사람으로 기억했다. 그녀는 가끔 자신의 성관계가 유혹보다는 강간에 가깝다고 느꼈다고 회상했다. 1990년 9월 9일, 샌더스는 꿈을 꾼다.

난 하워드와 또다시 침대에 같이 있다. 우리가 잠자리를 함께하지 않은 지 한참 되었는데 하워드가 정말 하고 싶어 한다. 나도 동의했다. 난 누워서 자는 척을 했다. 난 그에게 등을 돌려 누웠다. 그는 천천히 부드럽게 나에게 다가온다. 그는 내가 밀쳐 내거나 거절할까 두려워해서 몹시 망설이며 조심스럽다. 그는 내 뺨을 훑었다. 난 극도로 혐오감을 느꼈다. 그는 내 젖꼭지를 만졌다. 난 움츠러들었다. 난 참으려고 했지만 너무 불쾌했기 때문에 그럴 수 없었다. 나는 앉아서 흐느껴 울기 시작했다. 그는 상처를 받았으며 방을 뛰쳐나갔다. [36]

이 꿈은 그녀가 평소 현실에서 남편을 존경하지 못했던 감정을 그대로 나타낸 것이다. 즉, 현실에서 그녀가 남편에 대해 느꼈던 혐오스러운 감정이 투사되어 꿈으로 창작된 것이다. 아들러는 "어떤 방식으로든 꿈꾸는 사람의 정신 활동에서 표현되었던 것들의 흔적이 꿈속에 나타나며, 그것은 꿈꾼 사람의 행동을 암시한다"[37]고 말했다.

3) 현재의 심적 갈등을 표현하는 심리몽

꿈 1 땅에 균열이 생겨 무너지는 꿈

한 남자가 꿈에서 애인과 한적한 산골짜기를 즐겁게 거닐고 있었다. 갑자기 두 사람 앞에 땅에 균열이 생기더니 점점 더 벌어지기 시작했다. 그는 애인의 손을 잡고 그것을 뛰어넘으려고 했다. 그녀는 겁에 질려 발버둥 치다가 잡은 손을 놓치고 균열 속으로 빨려 들어갔다. 그가 멀리서 돌이 그녀에게 우박같이 쏟아지는 광경을 보고 있는데, 균열 둘레의 흙도 일제히 무너지기 시작했다. 그는 자신도 산 중턱에서 굴러떨어지는 돌에 맞아 죽지나 않을까 싶어 간담이 서늘했다.

파라디는 이 꿈을 꾼 남자에게 설명을 요청했다. 그는 2년 전에 알게 된 애인과 행복하게 지냈는데, 애인이 임신한 사실을 알려 주었다고 했다. 그는 낙태를 권했지만 그녀는 결혼하여 출산하겠다면서 한사코 낙태를 거부했다고 한다.

이 꿈의 내용과 뜻하는 바를 파라디는 다음과 같이 해석했다. 그는 임신이라는 일이 자기를 둘러싼 환경에 갑작스런 변화를 초래했음에 실망했으며 지금까지 안정되어 있던 주위의 세계가 큰 소리를 내며 무너져 버리는 것같이 느꼈다. 큰 실망에 빠진 그는 자신과 애인이 모두 살아갈 수 없다고 단정했기 때문에 꿈속에서 땅의 함몰로 두 사람이 죽는 장면이 나타난 것이다.

그는 낙태에 동의하지 않은 애인을 없애 버리고 싶은 욕망(공격 욕망)에 사로잡혀, 애인을 벼랑에서 밀어 떨어뜨린 것으로 추정된다. 그리고 이러한 자기중심적 욕망을 자신 속에서 찾아낸 그는 스스로를 처벌하기 위해 자신도 죽는 장면을 만들었다고 생각된다. 파라디는 억지로 자기를 합리화하려는 욕망이 무서운 꿈의 원인이며, 꿈은 이

와 같이 그 사람이 놓여 있는 상황을 명확하게 제시해 주는 힘을 가지고 있다고 지적했다. [38]

이 심리적인 꿈의 갈등 구조도 중요한 시점이 현재이다. 꿈을 꾼 사람은 애인의 임신으로 인해 초래된 자신의 처지를 위험하게 생각하고 있으며, 그 위험에서 벗어나기 위해 애인이 현실에서 사라져 버렸으면 하는 소망을 하고 있었다. 꿈을 꾼 사람은 현실에서 안정된 자신의 환경이 위험에 빠지자, 억압되어 있던 애인에 대한 책망이 꿈으로 발현되었다.

나는 전체적으로 파라디의 해석에 동의하면서도, 끝부분에 관해서는 다소간 다른 견해를 가지고 있다. 파라디는 "산 중턱에서 굴러 떨어지는 돌에 맞아 죽지나 않을까 싶어 간담이 서늘했다"는 부분을 "스스로를 처벌하기 위해 자신도 죽는 장면을 만들었다고 생각된다"라고 해석했다. 하지만 이 부분은 낭떠러지에 떨어지는 것과 같은 애인의 파멸이 자칫 자신도 파멸하지 않을까 하는 걱정과 두려움으로 해석하는 것이 더 적절해 보인다. 꿈은 꿈꾼 사람이 처한 상황을 알아야 명확해지기 때문에 해석의 명확성을 높이려면 꿈꾼 사람의 객관적이고 주관적인 환경과 처지를 파악해야 한다.

꿈 2 어느 여성의 쫓기거나 다급하게 싸우는 꿈

나는 쫓기고 있다. 귀신, 괴물 같은 것이 등장한다. SF 영화에 나오는 괴물 같은 것들이 떼로 몰려들어 전쟁을 치른다. 나는 열심히 싸우고 공격하고 방어한다. 때로는 내 편이 있으나 주로 혼자이다. 내 편이 있어도 혼자인 느낌으로 싸울 때가 많다. 도망치면서 싸운다. 못 도망가게 잡아당기는 느낌이어서 조금 도망가다가 돌아서서 또 싸우고, 그러다 도망가다 또 싸우고, 계속 그러다가 잠을 깬다.

꿈꾼 이의 현실은 다음과 같았다. 그의 아버지는 식구 중 누구라도 심기를 거스르면 화가 폭발했다. 내담자는 다른 가족이 아버지를 자극하지 않았으면 하는 심정으로 가족을 살피고 아버지의 눈치를 보면서 살아왔다. 하지만 맏딸로서의 부담감과 책임감, 어머니에 대한 안쓰러움 등으로 가족을 시원하게 떠날 수 없었다. 이에 따른 상담자의 해석이다.

꿈에서 괴물들로부터 도망하는 것은 아버지로 인해 만들어진 가정의 분위기로부터 탈출하고 싶은 심정이다. 하지만 가족을 떠올릴 때 느껴지는 부담감의 무게가 꿈속에서 도망치지 못하게 잡아당기며, 괴물 떼거지가 쫓아오는 느낌과 똑같다고 했다. [39]

나의 해석이다. 이 꿈은 아버지의 폭력을 회피하고 싶은 자신의 본능적 욕구와 어머니와 다른 가족을 보호해야 한다는 장녀의 의무감 사이에서 고통받는 심리적 갈등이 그대로 반영된 꿈이다.

꿈속에서 귀신, 괴물은 화와 폭언을 일삼는 아버지를 상징한다. 상징이란 서로 공통되는 특성을 다양한 방식으로 묘사하는, 은유, 풍자, 표시, 비교, 우화와 같은 개념이다. [40] 여기서는 아버지의 화로 인한 폭언, 폭행 등이 은유적인 방식으로 귀신이나 괴물로 표현되었다. '쫓김'은 자신이 맞닥뜨린, 원치 않는 괴로운 상황에서 벗어나고 싶은 심리 상태를 표현한다.

하지만 장녀인 그녀는 수동적으로 쫓기는 상황에 그치지 않고 책임감을 가지고 어머니를 적극적으로 보호하려고 공격하고 방어도 한다. 아마 현실에서도 아버지의 폭언이나 폭행에 반대하면서 저항하고 대들었을 것이다. 다음 꿈은 상담이 진행되면서 그녀가 심리적으로 상당히 좋아진 상태에서 꾼 꿈이다.

아파트의 엘리베이터를 탔는데 4~5명이 층수를 누른다. 그때 경비
아저씨가 기계실로 내려가는 게 보인다. 분위기가 이상하다. 이 아
저씨가 엘리베이터를 고장 낼 것 같다. 엘리베이터가 서야 할 곳이
아닌 엉뚱한 곳에서 선다. 엘리베이터가 열리는 순간, 내가 제일 먼
저 도망 나온다. 나가서 보니, 내 딴에는 비상계단으로 내려갔는데
철근 구조물이 있다. 크고 높다. 어릴 때 운동장에 있던 정글짐 같
다. 그걸 타고 도망간다. 다른 사람도 그걸 타고 도망간다. 쫓아오는
한 사람이 있다. 경비 아저씨 같기도 하고 아닌 것 같기도 한데 남자
이다. 중간 중간 두세 번 잡힐 것 같았지만 안 잡힌다. 그 사람은 나
를 따라오지 못한다. 나중엔 그 사람이 경찰 같은 사람에게 체포된
다. 경찰이 '당신, 그러면 안 되지 않느냐' 하니, '맞다, 내가 잘못했
다'고 순순히 답한다.

상담자가 꿈꾼 이와 대화하면서 내담자 스스로 이해하고 밝힌 내
용은 다음과 같다. 상담자가 '엘리베이터'는 어떤 의미인지 묻자, 내
담자는 '목적지로 가기 위해 임시로 머무는 곳'이라고 대답한다. 여기
서 내담자는 연상하여 가정도 '벗어날 때까지 임시로 있는 곳'이라고
했다. 엘리베이터 속에 있는 4~5명의 사람은 엄마와 동생, 자신을,
그리고 경비 아저씨는 아버지를 의미한다. 그 엘리베이터는 경비 아
저씨가 기계실로 가서 어떻게 하느냐에 따라 움직이듯이, 내담자의
집안 분위기는 아버지의 심리적 상태에 따라 좌지우지된다. 현실에
서 아버지의 화가 폭발하던 모습은 꿈에서 경비 아저씨가 엘리베이터
를 고장 내 엘리베이터가 엉뚱한 장소에 멈추는 것으로 표현되었다.

현실에서 내담자는 취업하고 나서 가족 중 제일 먼저 가정을 떠나 살았다. 이것이 꿈속에서 제일 먼저 엘리베이터에서 내린 것으로 드러났다.

내담자는 떠났다고 생각하지만 아직도 계속 쫓긴다. 쫓아오는 사람은 작은 키에 대머리로 코믹한 느낌의 사람이라고 했는데, 내담자의 아버지도 배가 나오고 통통하고 거의 대머리라면서 아버지가 연상된다고 했다. 과거처럼 위협적이지는 않다. [41]

상담은 성공적으로 진행된 듯하다. 내담자는 이 꿈을 끝으로 더 이상 쫓기는 꿈을 꾸지 않았으며, 부담스럽고 답답한 상황에서 벗어났다고 말했기 때문이다.

꿈의 끝부분에 대한 나의 추가적인 해석이다. 쫓아오는 어떤 남자가 있었는데 내담자는 잡히지 않았다. 이는 아버지의 굴레에서 심리적으로 벗어났음을 의미하는 은유적 표현이다. 이제 아버지는 그녀에게 더 이상 위협적인 존재가 아니다. 심지어 나중에 경찰에게 체포되어 혼까지 나며 자신이 잘못했다고 순순히 시인까지 한다.

내담자를 집요하게 쫓아왔던 아버지를 가로막은 경찰은 현실에서 누구일까? 내담자를 지지하고 격려하는 상담자일 수도 있고, 심리적인 압박에서 벗어나 자신의 자존감과 자신감을 갖게 된 내담자 자신의 또 다른 자아일 수도 있다.

4) 현재 상황에 관해 주의, 경고 또는 대비를 촉구하는 심리몽

꿈 1 사랑하는 것을 떠나보내지 말라고 주의를 주는 꿈

지난해 누구를 만나러 일리노이에 가 있을 때, 만일 내 여자친구를 얻지 못하면 어떻게 인생을 살아가야 할까 생각했다. 그날 밤 이런 꿈을

꾸었다. 해변에 서서 바다에 돌을 던지고 있었는데 뒤에서 어떤 손이 날 잡아채면서 '당신이 사랑하는 것들을 떠나보내지 말라'고 말했다. 뒤를 돌아보자 그것은 사라졌다. 그때 갑자기 주먹을 꽉 쥐고 있다는 사실을 깨닫고 손을 폈더니 손안에 여자친구의 사진이 있었다. 그 꿈으로 그녀를 그렇게 빨리 포기해선 안 된다는 생각을 했고, 그렇게 했다. 그 꿈은 여태껏 내게 가장 큰 영향을 끼친 꿈이다. [42]

이 꿈은 캘리포니아에 사는 한 젊은이의 꿈이다.

나의 해석이다. 꿈속의 해변에서 돌을 던지는 모습은 자신의 직간접인 경험을 기억 창고에서 꺼내 꿈의 재료로 사용한 것이다. 갑자기 나타난 사람과 그의 손은 자기 자신이다. 그리고 '그녀를 떠나보내지 말고 잡으라는' 자신의 진정한 감정과 접촉한다. 자신의 손을 펴서 직관적 감정을 확인한다. 그녀와 함께하고 싶은 현실의 욕망이 이성의 가식을 벗어 버린 꿈속에서 생생하게 나타난 것이다. 그는 자신의 진정한 감정이 지시하는 대로 행동에 옮겼다.

이 꿈은 자신의 경험과 기억이 현재의 감정에 투사되어 만들어진 창작물이다. 꿈에 나타난 내용은 객관적으로 발생한 사건의 사실 여부와는 상관이 없다. 이 꿈에는 현실의 상황에 대한 자신의 이해와 생각의 주관적 관점이나 태도가 투사되어 있다.

꿈 2 우울증에 걸린 여성에게 치료가 필요하다고 암시하는 꿈

나는 전에도 지나다녔던 길로 자전거를 타고 사교 모임에 갔다 오는 중이었다. 돌아오는 길에 땅이 패여 구멍에 빠지고 말았다. 일꾼들이 나를 끄집어 올렸지만 내 자전거는 그 구멍에 빠진 채로 그냥 그대로 있었다. 그들은 내 자전거를 끄집어내려고 사람을 부르고 있었다. 그때

에도 나는 일꾼들이 들어 올린 채로 내려놓지 않아 공중에 그냥 매달려 있었다.

이 꿈을 꾼 린다는 항상 혼자 힘으로 자기 문제를 풀어 가는 능력이 있고 이에 만족할 줄 아는 여성이다. 최근 어린 시절 고향집에 다녀온 뒤로 우울해진 감정을 혼자 힘으로 풀 수 없게 되자 상담사를 찾았다. 치료가 시작되자 상담사는 그녀에게 꿈을 가져왔으면 좋겠다는 암시를 주었고, 그녀는 이 꿈을 가져왔다.

상담사는 린다를 도와 함께 꿈을 해석했다. 낯익은 길은 자신의 인생이며, 여행은 그녀가 살아가는 과정이다. 과거에는 그 길이 항상 평탄했지만 지금은 땅이 패여 있다. 자전거 바퀴로 비유되는 그녀의 내적인 욕동(drive, 사고와 감정을 유발하는 원동력)이 과거에는 잘 굴러갔지만, 지금은 제대로 기능하지 못한다. 이는 그녀의 우울증을 가리킨다. 일꾼으로 은유되는 자신의 일 혹은 작업이 그녀를 높이 들어 올린 채로 있다. 사실 그녀는 일에 점점 더 많은 시간을 소모했는데, 그 일이 그녀를 붙잡은 것이다. 자신의 인생은 언제까지 들려 올린 채로 있을까? 자신을 도와주는 사람을 만날 때까지다.

"자전거 수리하는 사람은 누굽니까?"

상담사가 묻자, 그녀가 대답했다.

"문제를 해결해 주는 누군가이겠지요."

"그렇다면 당신 인생을 붙잡아 매는 문제를 풀어 가도록 돕는 사람은 누굽니까?"

그녀는 웃으면서 "상담사"라고 대답했다. 이 꿈은 그녀에게 치료가 필요하다는 뜻을 전해주는 메시지였다. [43]

한 사람이 느끼는 갈등의 근원에 직접 도달하는 데 가장 유용한 수단 중 하나가 꿈 분석이다. 꿈을 사용함으로써 이러한 무의식적 갈등을 이해하게 되고 그 이해를 바탕으로 의식적인 변화가 일어난다. 꿈은 진단에 도움이 될 뿐만 아니라 치료적 가치가 있다. [44]

한 가지 덧붙여, 이 꿈에서 나타난 전이(*transference*) 현상을 보고자 한다. 전이란 과거에 중요한 사람에게서 경험한 감정이나 사고가 현재 관계를 맺는 사람에게 무의식적으로 나타내는 심리 현상이다. 예컨대, 어린 시절 부모에게서 느꼈던 감정이나 사고를 성장하여 교제하는 연인에게 유사하게 느끼는 것이 전이이다. 이 꿈에서는 린다가 상담사에게 느끼는 감정과 사고가 나타났다. 그녀의 꿈에서 상담사는 자전거 수리하는 사람으로 은유적으로 나타났다. 즉, 린다는 상담사를 문제를 함께 해결해 나가는 사람으로 본 것이다.

갈등이란 개인의 마음속에 상반되는 두 가지 이상의 감정이나 의지 따위가 동시에 일어나 갈피를 못 잡고 괴로워하는 상황이다. 갈등은 당사자가 고통이 생기는 원인을 밝힐 수 없다는 면에서 무의식적인 경우가 많다. 두려움과 적대감 같은 강한 충동을 표출하는 것은 바람직하지 않다고 가르치는 문화 때문에 그러한 충동이 억압되며, 이에 불안한 감정을 느끼게 된다. 그러나 스스로 그 불안의 원인을 밝히기 어렵기 때문에 문제에 대한 합리적 사고가 더욱 어려워진다.

꿈 3 우울증으로 고통받는 한 여성의 꿈

다음에 소개하는 꿈도 심리적 현재몽이다. 중요 시점이 현재이며, 현재 상태의 우울과 고통이 꿈으로 재연되었다. 앳킨슨은 어느 날 자신의 집 다락방에 올라가는 꿈을 꾸었다.

이 꿈을 꾸기 전날, 나는 무언가를 찾기 위해서 다락방으로 올라갔다.

꿈에서 나는 다락방에서 내려오기를 완강하게 거부했다. 사다리 밑에서 나의 심리 치료사는 다락방에서 내려와도 안전하다고 이야기하는데, 나는 전혀 그렇지 않다고 이를 거부했다. 나는 수많은 거미와 거미줄이 있는 그 다락방에 머물고 싶었던 것이다.

앳킨슨의 해석은 이렇다. 이 꿈이 무엇을 이야기하는지는 분명했다. 그녀는 우울증, 오래된 사고 패턴, 그리고 낡은 행동 양식 등 오래된 장소에 머물고 있었다. 그리고 어떤 도움도 거부했다. 그녀는 변화도 원치 않았고 밝은 곳으로 발길을 옮기는 것 또한 원하지 않았다. 그녀는 이것이 사실이라는 것을 깨닫고 아주 놀랐다. 변화를 원한다고 생각했지만 실제로는 그렇지 않았다. 그녀는 자신이 머물렀던 오래된 장소에서 안전함을 느끼고 있었다.[45]

이 꿈은 전날에 다락방에 올라갔던 경험이 꿈의 재료로 이용되었다. 다락방은 어두컴컴하고 거미와 거미줄이 있는 음산한 장소다. 그런데 자신의 현재 마음도 우울하다. 다락방의 스산한 상황과 그의 우울한 감정은 유사하다. 이 공통적인 요소가 이 꿈을 만들어 내는 요인으로 작용했다.

앳킨슨의 이성적 두뇌는 현재의 낡은 행동 양식을 버리고 변화해야 자신의 상태가 개선된다고 믿는다. 하지만 그녀의 의식 이면에 숨어 있는 무의식은 변화에 대한 두려움 때문에 심리적 저항을 하고 있다. 이 꿈을 통해 앳킨슨은 자신의 무의식적 저항을 깨달았다. 이러한 관점에서 보면, '꿈은 무의식이 전달하는 메시지이다'라는 융의 말이 옳다.

꿈꾸는 동안 뇌에서는 어떠한 일이 벌어지는가? 주로 꿈을 꾸는 렘수면 상태에는 주의하거나 외부로부터 오는 자료를 분석하고 이를 실

행하는 영역인 배외측 전두엽이 활성화되지 않고 쉰다. 반면, 무의
식적 기억, 두려움이나 정서를 담당하는 편도체와 직관적이고 상상
력이 풍부하며 무의식적으로 정보를 처리하는 내측 측두엽 등은 매우
활성화된다. [46] 따라서 심리몽에서는 흔히 감정이 이성을 압도하는
현상이 벌어진다.

3. 심리적 시연몽

흔하지는 않지만 어떤 꿈은 장래 발생할 일이나 사건에 대비하기
위해 미리 실험해 보기도 한다. 나는 이러한 꿈을 시연몽이라고 부른
다. 심리몽 중 하나이며 중요 시점은 미래다.

꿈 1 수리문제를 푸는 꿈
2018년 10월 어느 날, 꿈에서 내가 가르치는 과목의 문제를 풀고 있었
다. 나는 이 꿈을 꾸기 며칠 전부터 중간고사 준비를 위해 여러 문제들
을 학생들과 함께 풀어볼 생각을 하고 있었다.

심리적 시연몽에 관해 심리학자 레본수오는 꿈이 위협적인 사건을
시연함으로써 현실의 위험을 인식하고 대처 방법을 강구할 기회를 제
공해 준다고 설명한다. 레본수오에 의하면, 위협적인 내용의 꿈은
인류가 위험투성이인 선사 시대 환경에 적응하기 위해 등장했다. [47]
시연몽은 주변 환경의 자극이나 위협으로부터 스스로 적응하거나 보
호하기 위해 만들어진다. 그리고 이러한 시연은 과거의 직접적 혹은
간접적인 체험을 바탕으로 한다.

꿈 2 찢어진 웨딩드레스를 들고 울면서 교회에 가는 꿈

어느 기혼 여성은 부부의 첫 번째 결혼을 기념하기 위해 다시 결혼식을 진행할 예정이었다. 그녀는 꿈에 웨딩드레스를 찾았을 때 실망을 금치 못했다. 웨딩드레스는 더럽게 찢어져 있었다. 그녀는 울면서 웨딩드레스를 들고 교회에 갔다. 왜 찢어진 드레스를 가져왔냐고 묻는 신랑만 있을 뿐이었다. 그녀는 꿈에서 혼란스럽고 당황스러웠으며 이상하고 외로움을 느꼈다고 했다.

이 꿈은 자신의 과거 경험을 재료로 사용하여 만들어진 꿈이다. 덧붙이자면, 결혼식에 대한 그녀의 불안감도 곁들여진 꿈이다. 이 꿈은 대부분의 꿈이 실제 경험에 대한 예행연습이라는 폴크스의 주장과 맥락을 같이한다. 홀에 의하면 일반적으로 이 예행연습은 꿈꾸는 사람의 '개념'을 표현한다. 이 꿈에서 그녀의 결혼에 대한 개념은 더럽히고 찢어진 웨딩드레스의 상태이다. [48]

과거 기억의 회상과 앞으로 일어날 일의 예측을 담당하는 뇌의 부위는 동일한 핵심 연결망에 있다. 특히, 내측 측두엽은 기억을 회상할 때 결정적인 역할을 한다. 이 부위는 미래에 발생할 수 있는 사건을 상상하거나 시현할 때 동일하게 활성화된다. [49]

3장

정리몽 · 학습몽

다음은 앞서 사례로 들었던 꿈이다. 나는 꿈속에서 공부를 했다. 1987년경 나는 프랑스어를 열심히 공부했다. 평소에 이어폰을 귀에다 꽂고 다니면서 회화를 듣고 따라서 중얼거리곤 했다. 잘 때도 녹음기를 틀어 놓고 잤다. 그러던 어느 날, 자는 도중에 프랑스어로 말을 했다. 깨어나니 꿈이었다. '꿈속에도 공부를 하는구나!' 하고 생각하니 신기한 느낌이 들었다.

사람의 뇌는 때로 수면 중에 현실에서 경험한 내용을 반복도 하고 저장도 한다. 이 과정에서 낮에 한 경험이 꿈으로 재생될 수 있다. 이러한 꿈을 나는 정리몽 혹은 학습몽이라고 부른다.

이들 꿈은 낮 동안 습득했던 학습, 기술이나 경험이 수면 중에 꿈에서 반복되거나 재연되어 기억이 강화, 저장되거나 불필요한 기억이 삭제 혹은 정리되는 과정에서 나타나는 꿈이다. 따라서 정리몽 혹은 학습몽은 욕망이나 감정이 드러나는 심리몽과는 차이가 있다.

이러한 입장에서 보면 꿈이란 두뇌가 기억을 체계적으로 저장하기 위해 실행하는 일종의 '청소 작업'일 수도 있다. 카쿠[50]는 스스로 학습이 가능한 모든 신경망은 기억을 정리하기 위해 꿈을 꿀지도 모른다고 했다. 홉슨은 1977년에 자신이 꾸었던 헬리콥터에 관한 꿈을 사례로 들며 말했다. "뇌는 수면 시간을 이용해서 장기적 학습 및 기억의 목록을 조금씩 수정해 나간다. 물론 효능과 효율성을 증가시키는 방식으로."[51]

이스라엘의 한 병원의 연구 결과, 꿈은 학습과 기억력 측면에서도 매우 중요하다는 사실이 밝혀졌다. 참가자들은 복잡한 가상의 미로를 빠져나가는 방법을 한 시간 정도 학습했다. 그리고는 일부 참가자는 90분간 수면을 취하고, 나머지 참가자는 다양한 활동에 참여했다. 5시간이 지난 후 참가자들은 다시 테스트를 받았다. 수면을 취하지 않은 이는 조금도 실력이 향상되지 않았다. 수면을 취하긴 했지만 미로에 관한 꿈을 꾸지 않은 사람도 실력이 조금도 향상되지 않았다. 하지만 수면을 취하며 미로에 관한 꿈을 꾼 사람은 수면을 취했지만 미로에 관한 꿈을 꾸지 않은 사람보다 10배 정도 실력이 향상되었다.

연구자의 한 사람인 웝슬리는 "어려운 무엇인가가 있을 경우, 그 문제가 당신에게 유의미해져서 잠자는 동안 뇌가 그 주제에 매달린다. 상황을 나아지게 하기 위해 그 문제에 주의를 기울일 필요가 있음을 잠자는 뇌가 '알고' 있는 것이다. 꿈의 장점이 바로 이러한 측면인 것 같다"[52]고 지적했다. 정리몽 혹은 학습몽은 현실에서 학습, 학업이나 기술의 습득을 위해 노력을 기울이면 수면 중에도 뇌가 활성화되어 지식이나 기술 습득 능력 향상에 도움을 줄 수 있다는 점을 시사한다.

한편, 신경생리학자들은 꿈이 낮에 경험한 기억을 강화하는 것은 의미기억, 표상기억, 감정과 연관된 기억, 신피질에 관련된 기억이라고 한다. 반면, 일화기억, 해마와 관련된 기억은 강화되지 않는다고 한다. [53]

4장

연구몽 · 창작몽

연구몽이나 창작몽은 현실에서 해결하지 못한 과제를 꿈을 통해 탐구함으로써 새로운 발견, 발명이나 창작을 가능하게 하는 꿈이다. 수면 중 뇌에서 일어나는 정신 작용이라는 점에서 심리몽과 같은 범주에 속하지만, 꿈을 촉발하는 요인과 그 결과는 다르다. 심리몽은 욕망이나 불안, 공포, 갈등 등 감정적 요인이 작용하여 꿈이 만들어지지만, 연구몽이나 창작몽은 현실에서 발견 혹은 창작하지 못했던 과제가 꿈으로 회상, 재구성되거나 창작되면서 만들어진다. 따라서 이들 꿈에는 심리몽과는 달리 의식적 혹은 무의식적인 사고나 사유가 더 개입된다. 연구몽 · 창작몽은 꿈에서 드러나는 투시나 은유를 통해 현실의 과제나 문제를 해결할 수 있다는 점에서 특히 유용하다.

1. 연구몽

꿈 1 신경 전달이 화학적 방법으로 이루어진다는 사실을 발견한 꿈

오토 뢰비는 신경 전달이 화학적 방법으로 이루어진다는 사실을 꿈을 통해 깨달았다. 당시까지 과학자는 신경 전달이 오직 전기적으

오토 뢰비

로 이루어진다고 생각했다. 뢰비는 자신의 이론이 옳다는 확신은 있었지만 이를 검증하는 방법은 생각해 내지 못했다.

그는 이 과제를 1921년 부활절 전날 밤까지 미뤄 두었고, 그날 밤 꿈을 꾸었다. 꿈에서 그는 미주신경(*vagus nerve*, 뇌에서 시작해 안면, 심장 등을 거쳐 복부에 이르는 신경)의 흥분이 심장의 박동을 느리게 하는 과정에서 어떤 화학물질이 매개 구실을 하는 것을 보았다. 하지만 뢰비는 깨어나 그 꿈을 기억하지 못했다. 다음 날 밤, 그는 같은 꿈을 또 꾸었다. ● 다음은 뢰비의 기록이다.

나는 깨어나 불을 켜고 조그맣고 얇은 종잇조각에 약간의 메모를 해두었다. 그런 다음 다시 잠을 잤다. 아침 6시에 간밤에 내가 가장 중요한

● 꿈을 꾼 날짜가 1920년 10월 15일 밤이라는 자료도 있다(장디디에 뱅상, 〈뇌 한복판으로 떠나는 여행〉, p. 48 참조).

무언가를 적어 두었다는 생각이 떠올랐다. 그러나 나는 이 휘갈겨 쓴 것을 판독할 수 없었다. 다음날 새벽 3시에 또 한 번 그 생각이 났다. 그것은 17년 전 내가 언급했던 화학적 전도에 대한 가설이 옳은지를 검증하기 위한 실험 설계였다. [54]

뢰비는 당장 실험실로 내려가 그날 꿈에서와 똑같이 개구리 심장에 관한 실험을 재연했다. 생리식염수를 담은 작은 용기에 따로 분리된 채 계속 뛰고 있는 개구리 심장의 미주신경을 전기로 자극하는 실험이었다. 개구리 심장에 전기 자극을 몇 분간 가하고 나서, 인큐베이터의 액체를 다른 개구리 심장이 들어 있는 용기에 부어 보았다. 그러자 그 심장에서도 곧바로 박동이 느려졌다. 뢰비는 이 실험을 통해 미주신경을 자극하면 그 말단에서 어떤 화학물질이 분비되고, 그 물질이 용액 속에서 퍼져 나갔다고 결론을 내렸다. 이 화학물질은 나중에 '아세틸콜린'으로 명명되었다. [55]

뢰비의 실험으로 뇌에서 신경 전달이 전기적 접촉에 의해 이루어지는지, 혹은 화학적 물질에 의해 이루어지는지에 관한 논쟁이 끝을 맺었다. 결국 화학적 신경전달물질이 뇌의 시냅스 간 정보를 전달해 주는 매개체라는 사실이 입증된 것이다. 그는 이 새로운 발견으로 1936년 노벨상을 받았다. [56] 사람들은 그의 발견으로부터 신경과학 분야의 진정한 역사가 시작되었다고 한다. [57] 그리고 뢰비가 당초에 예상하지는 못했지만 그는 뇌에서 꿈이 만들어지는 과정을 이해하는 데도 커다란 공헌을 했다.

연구몽이나 창작몽은 뢰비의 꿈과 같이 현실에서 풀리지 않던 과제나 창의적인 생각이 그대로 투사나 은유를 통한 암시 방식으로 만들어지는 꿈이다. 연구몽이나 창작몽은 신경생리학자도 인정한다.

홉슨은 "꿈꾸는 상태는 가장 창의적인 의식 상태일 수 있다. 이 상태에서 인지적 요소가 무질서하게 즉흥적으로 재결합하면서 정보의 새로운 배열이 일어난다. 즉, 새로운 아이디어가 탄생하는 것이다"[58]라고 말했다. 수면 중에 관리나 집행 기능을 담당하는 전전두엽은 대체로 쉬기 때문에 기억이나 정서를 담당하는 변연계로 인해 엉뚱한 발상을 하거나 상상력을 거침없이 발휘할 수 있는 꿈이 만들어질 수 있다고 본다.

꿈 2 꼬리를 무는 뱀이 빙글빙글 도는 꿈

아우구스트 케쿨레는 구조 유기화학 창시자 중 한 사람이다. 그도 꿈을 통해 중요한 발견을 했다. 케쿨레는 1865년, 뱀이 자신의 꼬리를 물고 있는 꿈을 꾼 후 현대 산업에서 이용하는 화합물인 벤젠 분자의 구조가 고리 모양이라고 상상할 수 있었다.

이 '꿈 사건'은 두 번 있었는데, 첫 번째는 케쿨레가 런던에 있을 당시에 일어났다. 클래펌 숙소에서 기거하던 케쿨레는 또 다른 독일 화학자이자 친구인 뮐러와 저녁을 같이할 때가 많았다. 저녁식사를 하면서 둘은 화학에 관한 이야기를 주로 나누었고, 무엇보다도 분자의 구조에 대해 토론했다. 분자 구조 문제는 케쿨레의 특별 관심사였다. 원자가 분자 내에서 어떻게 배열되는지, 그리고 동일한 원자로 구성된 두 개의 분자(가령, 5개 탄소와 12개 수소원자의 구성)가 어떻게 다른 물질이 되는지에 관한 토론은 아무리 해도 질리지 않는 화제였다.

평소와 마찬가지로 즐거운 저녁식사를 마친 어느 날, 케쿨레는 마지막 마차를 타고 숙소로 갔다. 화창한 여름날 저녁이었다. 그는 말이 끄는 지붕 위에 자리를 잡았다. 다음은 그가 몇 년이 지난 뒤에 그때를 회상하며 쓴 글이다.

나는 몽상(꿈)에 빠져들었다. 원자들이 내 눈앞에서 깡충깡충 뛰어다녔다. 그때까지 이 작은 녀석들은 내 앞에 나타날 때마다 항상 움직이고 있었다. 하지만 그때는 두 개의 작은 원자가 더해져 하나의 짝을 이루는 모습이, 하나의 큰 원자가 두 개의 작은 원자를 감싸는 모습이, 그리고 더 큰 원자가 서너 개의 작은 원자를 붙잡고서 전체가 계속해서 어지럽게 빙글빙글 도는 모습이 보였다. 나는 큰 원자들이 사슬을 이루면서 작은 원자들을 사슬 끝에 달고 다니는 모습을 보았다.

케쿨레는 마차에서 내리자마자 방으로 들어가 밤새도록 구조 이론의 기반이 될 공식을 그려 보았다. 탄소의 원자는 4개라고 알려져 있었다. 그러니까 각 탄소의 원자는 화합물이 될 때, 4개의 다른 원자와 결합할 수 있다는 뜻이다.

그 후 케쿨레는 겐트에서도 이와 흡사한 직관(꿈)을 경험했다. 이번 꿈의 대상은 구조식이 C_6H_6인 벤젠 분자였다. 벤젠은 방향족 화합물의 전형으로, 가장 흥미로운 합성물질과 자연물질이 대부분 포함되어 있다. 다시 케쿨레의 회상을 들어보자.

앉아서 교과서에 글을 끄적이고 있었지만 일에 진전이 없었다. 생각이 다른 데 가 있었던 것이다. 나는 의자를 화로 쪽으로 돌린 뒤 졸았다. 다시금 원자들이 내 눈앞에서 깡충깡충 뛰어다녔다. 이번에는 작은 원자의 무리가 뒤편에 얌전하게 있었다. 비슷한 상황을 반복해 겪은 탓에 더욱 날카로워진 내 심안(心眼)은 이제 다양한 배치를 띠는, 더 큰 구조를 식별할 수 있었다. 긴 줄이 때로 가까이 배치되면서 모두 얽히고 꼬여 마치 뱀처럼 움직였다. '아니, 근데 저게 뭐지?' 뱀 한 마리가 자기 꼬리를 문 형상이 되더니 눈앞에서 나를 조롱이라도 하듯 빙빙 도

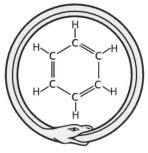
꿈에서 드러난 벤젠 구조

는 것이다. 나는 마치 번개에 맞은 것처럼 깨어났다. 그리고 이번에도 밤새도록 가설의 결과를 정리하느라 바빴다.

그 가설이란 벤젠이 환식분자라는 것으로, 6개의 탄소원자가 육각형을 이루고 각 모퉁이에 수소 원자가 하나씩 붙은 모양이었다. 위대한 유기화학자 바이어가 일생 동안 자신이 이룬 업적을 케쿨레의 이 발견과 바꾸라면 그렇게 하겠다고 할 정도로 대단한 발견이었다. [59]
케스틀러는 케쿨레의 꿈을 요셉의 살찐 소 일곱 마리와 야윈 소 일곱 마리 이래 역사적으로 가장 중요한 꿈이라고 평가했다. [60] 1890년, 케쿨레의 발견 25주년을 기념하는 행사가 열렸다. 케쿨레는 행사에 참석한 사람들에게 이렇게 조언했다. [61] "여러분, 우리가 꿈꾸는 법을 배운다면 어쩌면 진실을 발견할 것입니다."
뢰비의 꿈과 같이 이 꿈도 연구몽이다. 하지만 꿈의 표현 방식이 다소 다르다. 뢰비의 꿈은 직접 나타난 투시적인 꿈인 반면, 케쿨레의 꿈은 분자식이 뱀의 형상을 빌려 상징화된 은유적 꿈이라는 차이가 있다.

꿈 3 당뇨병 치료제를 발견한 꿈

캐나다 출신인 프레더릭 밴팅은 웨스턴대의 생리학 연구실에서 당뇨병을 집중적으로 연구했다. 당시 의학계는 이 병을 억제할 효과적인 방법을 전혀 모르고 있었다. 그러던 어느 날, 밴팅은 그날도 밤늦도록 헛수고를 되풀이하다가 기진맥진해 잠이 들었다. 잠결에 그는 잠재의식의 지시를 받았다. 개의 췌관을 위축시킨 뒤, 나머지 췌장 조직에서 원하는 물질을 추출하라는 것이었다. [62] 꿈을 통해, 인슐린을 추출하라는 암시를 받은 것이다.

인간 핏속의 당이 제대로 쓰이지 못하면 세포는 에너지를 공급받지 못해 온몸에 힘이 없어진다. 그러다 눈이 멀기도 하고 혼수상태에 빠지기도 하며 심할 경우 죽기까지 한다. 당뇨병이라는 무서운 병의 증상이다. 그는 당뇨병 치료제인 인슐린을 발견한 공로로 토론토대에서 의학박사 학위를 받았다. 또한 1923년에 노벨 생리의학상도 받았는데, 노벨 생리의학상 분야의 최연소 수상자가 되는 영광을 누렸다.

꿈 4 어려운 수학 문제를 푼 꿈

수학자 도널드 뉴먼은 꿈속에서 어려운 수학문제를 풀었다. 1960년대, 그는 까다로운 수학문제를 풀고 있었는데 어느 시점에서 완전히 교착 상태에 빠졌다. 당시 뉴먼은 지독히 경쟁적인 수학자 집단의 일원이었는데, 그중에는 훗날 영화 〈뷰티풀 마인드〉에 주인공으로 등장하는 존 내시도 있었다. 현재 은퇴한 뉴먼은 회상했다.

나는 그 문제로 1주일 정도 씨름했습니다. 그리고 도저히 어떻게도 할 수 없을 때 꿈을 꾸었지요. 꿈에서 나는 내시와 케임브리지의 한 레스토랑에 있었어요. 나는 그에게 이 문제를 물어 보았고 이렇게 저렇게 하라는 그의 설명에 귀를 기울였지요. 그렇게 해서 해답을 찾은 겁니다.

뉴먼에게 그런 경험은 처음이자 마지막이었다. 그때의 경험이 너무도 신기해서 그는 그 수학 문제에 관한 논문을 발표했을 때, 비록 꿈속이긴 했지만 존 내시의 공로에 감사를 표했다.

내시가 등장하는 꿈을 꾼 것은 그 특별한 수학 문제에 그도 관여했기 때문입니다. 내시와 친하지 않았다면 나는 그 문제를 해결하지 못했을 겁니다. [63]

하지만 꿈에 나타나 조언해준 내시는 현실의 내시와는 직접 관련이 없다. 꿈속의 내시는 뉴먼이 만들어낸 또 하나의 인물일 뿐이다. 그는 내시의 실력을 믿었기 때문에 그의 뇌가 내시를 등장시켜 조언을 받는다는 형식을 취한 것뿐이다. 꿈에서의 내시는 사실 또 하나의 자아이다.

꿈 5 원소 주기율표를 발견한 멘델레예프의 꿈

드미트리 멘델레예프는 화학 원소의 주기율표를 발견했다. 수백 가지의 가능한 패턴을 시험하고 거절당하며 9년이라는 세월을 보낸 끝에 1869년 3월 1일 오후, 다시 한 번 해답을 찾는 데 실패한 그는 피곤에 지쳐 잠이 들었다. 그러나 그가 잠에서 깨는 순간 갑작스런 통찰의 순간이 찾아왔다. 원소를 원자 무게가 커지는 순서대로 8개의 행으로 정렬해야 한다고 깨달은 것이다. 그는 곧장 원소들을 새로운 자리에 배열하기 시작했다.

"필요에 맞게 원소들이 제대로 배열된 표를 꿈속에서 보았다. 잠에서 깨자마자 그것을 즉각 종이 위에 기록했다. 나중에 수정해야 할 곳은 단 한 곳밖에 없었다."

멘델레예프는 아직 발견되지 않은 원소의 화학적 성질도 예측했다. 그리고 주기율표를 더 자세하게 정리하고 개선시키고자 했다.

처음에는 극소수의 과학자만이 그의 주기율표를 인정했다. 그러나 20년에 걸쳐 그 진리는 자명해졌다. 멘델레예프가 공백으로 남기면서 예측한, 주기율표에서 빠졌던 두 원소, 즉 갈륨(1875년)과 스칸듐(1879년)을 발견하고 그 성질이 밝혀졌을 때 비로소 과학자들은 멘델레예프 주기율표의 중요성을 인정했다. 새로운 원소가 발견될 때마다 주기율표는 확장되고 세분되었다. 그 뒤를 이어 700개가 넘는 변형 주기율표가 생겼음에도 그의 주기율표는 오늘날까지 사용되고 있다. [64]

인지심리학자 앤트로버스는 꿈속에서 번뜩이는 새로운 아이디어가 나타나는 이유를 이렇게 설명한다.

문제를 해결할 때 우리는 그 문제의 주변에 울타리를 세웁니다. 그 울타리는 가능한 해결책으로 고려할 수 있는 것들의 범위를 제한하지요. 하지만 꿈을 꾸고 있을 때는 울타리가 모두 허물어집니다. 따라서 이전에 배제했던 해결책이 가까이 다가올 수 있는 겁니다. [65]

박문호 박사는 꿈을 통한 문제 해결이 가능한 이유를 다음과 같이 설명했다.

새롭고 불확실한 문제를 만났을 때 인간 뇌는 의식과 무의식 두 가지 방식을 모두 사용합니다. 즉, 파충류 뇌 방식인 무의식적 병렬 처리와 포유류의 의식적 수단이 함께 작용합니다. 어려운 문제를 만나면 의식적으로 그 문제에 주의를 집중하지요. 그러면 무의식의 여러 처리모듈이 그 문제를 한꺼번에 병렬로 처리하여 그 결과를 의식 상태에 통보합니다. 꿈속에서 문제 해결의 단서를 발견할 수 있지요. 렘수면 꿈에서는 전전두엽의 의식 수준에서 통제가 약화되어 기억에 자유롭게 접근합니다. 그래서 해결하기 어려운 문제의 정답에 접근할 확률이 높아집니다. 새롭고 불확실한 문제는 기존의 기억 연결이 효과가 없는 상황이지요. 그래서 의식적 통제 없이 무작위적 기억의 조합을 기대하는 상황이지요. [66]

이 연구몽들은 노력도 없이 갑자기 해결 방안이 떠오르는 것이 아니라, 현실에서 끈질긴 노력과 연구가 뒷받침되어 두뇌에 상당히 축적된 이후 만들어졌다는 공통점이 있다.

2. 창작몽

꿈 1 새로운 기계 스위치를 설계한 꿈

해머스트롬은 피츠버그 제철소의 압연공이었다. 그가 일하는 제철소는 최근 새로 제련된 강봉을 냉각상에 보내는 것을 제어하는 기계를 설치했다. 하지만 이 기계는 잘 작동되지 않았다. 기사들은 여러 날 동안 그것을 수리하려고 했으나 소용이 없었다. 해머스트롬도 잘 작동할 수 있는 새로운 디자인을 고안해 내려고 심사숙고했지만 소득이 없었다.

어느 날 오후 그는 누워서 잠깐 졸았습니다. 잠들기 전 그 스위치 문제를 생각했습니다. 낮잠을 자는 동안 꿈을 꾸었는데, 꿈속에서 완전한 스위치를 디자인했습니다. 꿈에서 깨어난 그는 꿈속에서 본 디자인을 따라 새로운 스위치를 설계했습니다. 백일몽을 꾼 덕분에 해머스트롬은 1만 5천 달러의 수표를 받았는데, 이것은 그 회사가 여태까지 참신한 아이디어를 내놓은 사원에게 지불한 최고액의 보상이었습니다. [67]

꿈 2 구글을 탄생시킨 페이지의 꿈

래리 페이지는 구글(Google)의 공동 창업자다. 깨어 있는 세상 전체의 저장고로 불리는 구글은 꿈속에서 탄생했다. 페이지는 2009년 미시간대 졸업식 연설에서 구글 탄생을 이렇게 묘사했다.

스물세 살에 꿈을 하나 꾸었습니다. 갑자기 잠에서 깨어 이런 생각을 했습니다. 전체 웹을 다운로드하고 그저 링크만 남겨둘 수 있다면 어떨까? 나는 펜을 들고 쓰기 시작했습니다! … 놀랍게도 저는 검색엔진을 만들 생각이 전혀 없었습니다. 고려조차 하지 않던 일입니다. 하지만 그로부터 한참 뒤, 우리는 훌륭한 검색엔진을 만들기 위해 웹페이지에 순위를 매기는 더 나은 방법을 우연히 발견했고, 그 결과 구글이 탄생했습니다. 정말 좋은 꿈을 꾼다면 그것을 꼭 붙잡으세요![68]

꿈 3 충격흡수 기술을 적용해 테니스 라켓을 개발한 꿈

세계적인 명사만이 이와 같은 창의적인 꿈을 꾸는 것은 아니다. 다음은 테니스 라켓 골프채로 국내시장은 물론 세계시장 제패에 나선 웨이브엑스 유석호 사장의 꿈이다.

그는 중국 유학 시절 당시 물리학적 이론, 즉 곡선이 직선보다 월등한 충격흡수 효과를 낸다는 것을 알고 "테니스 라켓 등 운동용품에 적용하면 어떨까?" 하고 늘 생각했다. 어느 무더운 여름날 밤, 그는 테니스 대회가 열리는 테니스장에 가서 깜박 잠이 들어 꿈을 꾸었다. 평소 테니스 라켓에 관심이 많아 꿈속의 선수들이 어떤 라켓을 쓰는지에 관심이 가 유심히 살펴보니, 선수 모두가 한결같이 물결무늬로 된 라켓을 쓰고 있었다.

꿈에서 깬 유 사장은 평소에도 테니스에 대한 관심과 애착이 남달라 이런 꿈을 꾼 것이 아닌가 생각하고 아내에게 꿈 이야기를 했다. 그러자 아내는 좋은 아이디어 상품이 될 수 있겠다며 즉시 특허 출원부터 해놓고 제품을 만들어 보자고 권했다. 그는 귀국하여 바로 특허 출원을 했다. 특허를 받은 뒤 국내 최대 테니스 라켓 제조회사 등과 로열티 계약을 맺었고 국내 최초로 테니스 라켓의 미국, 일본, 중국 특허를 획득했다. 그 이후 자체 브랜드로 내수 및 수출을 많이 하여 라켓 분야에서는 한국을 대표하는 브랜드로 자리를 잡았다.

유 사장의 성공은 꿈속에 떠오른 아이디어를 토대로 하여 끝없는 디자인 개발과 기술 향상을 바탕으로 세계 마케팅을 추진한 결과라 할 수 있다. [69]

이 같은 창의적인 통찰은 언제 얻는 걸까? 어느 물리학자는 독일 심리학자 쾰러에게 이렇게 말했다.

"흔히들 3B를 이야기하죠. 과학계의 훌륭한 발견은 버스(bus), 욕조(bath), 침대(bed), 세 장소에서 이루어진다고요."

수학자 푸앵카레는 '버스'를 갈아타다가 버스 계단에 막 내딛는 순간 수학적 발견에 대한 영감이 떠올랐다고 한다. 아르키메데스는 목욕을 하려고 '욕조'에 들어갔다가 물이 넘치는 것을 보고 물체의 부력의 원리를 깨달았고 "유레카!"(eureka) 라고 외쳤다. [70] '침대'에서 잠자는 도중 꿈을 통해 깨닫는 사례는 앞서 설명했다. 여기서 버스와 욕조는 한정된 장소의 의미로만 한정해 사용할 필요는 없다고 본다. 버스는 집중을 요하는 업무에서 벗어나 별생각 없이 걷다가 떠오르는 생각이고, 욕조는 몸도 마음도 편안한 상태에서 떠오르는 좋은 생각이라고 볼 수 있다. 이들의 공통점은 뇌가 골똘히 집중하는 수렴적 상황에서 이탈하여, 자유로운 확산적 상태에서 창의적 생각이 떠오른다는 점이다. 나는 이러한 상황을 '과제 이탈 상태'라고 한다.

심리학자 코벌리스는 딴생각을 하거나 멍 때리는 상태를 mind-wandering이나 wandering mind 상태라고 한다. 이때 뇌가 휴식을 취하는 것 같지만 모든 영역이 쉬지는 않고 일부 영역은 활동한다. 2001년 신경과학자 레이칠도 이러한 상태를 묘사하는 용어를 만들어 냈는데, 그는 '디폴트 모드 네트워크'(default-mode network) 라고 했다. 이는 인간이 딴생각 중일 때 활동하는 뇌의 부위의 연결 상황을 말하는데 전두엽, 측두엽, 두정엽 등이 활성화된다고 한다. [71]

창의력에 대한 연구 결과에 따르면 발명은 다음과 같이 4가지 단계를 거친다. 첫째는 한 가지 주제에 깊이 연구하는 몰입 단계, 둘째는 주제와 관련된 풍부한 자료와 경험 수집 단계, 셋째는 유레카를 외치는 순간, 넷째는 평가하는 검증 단계이다.

두 번째 단계에서, 인간은 먼저 자료를 목적에 맞게 일관성 있는 방법으로 수집하여 정보로 만든다. 이 정보는 지식으로 쌓이고 이윽고 지식은 사고(thought) 로 이어진다.

세 번째 영감을 얻는 단계는 억지로 되는 것이 아니다. 이 단계에 이르려면 몰두했던 작업에서 벗어나 산보도 하고, 수영도 하고, 낮

잠도 자고, 휴식도 취해야 한다. 와트는 글래스고 교외를 산책하다 증기기관의 영감을 받았고, 러시아 항공술의 아버지 주코프스키가 공기역학의 원리를 터득한 것도 휴식을 취했을 때였다. 해밀턴은 아내와 더블린운하 주변을 거닐다가 공식에 대한 아이디어가 떠올라 다리 난간에 주머니칼로 새겨 놓기도 했다. 러시아 기하학자였던 포고렐로프는 출퇴근길에서 독창적인 개념이 떠올랐다고 밝혔다. 철학자 헬름홀츠는 "특별히 한 가지 생각에 집중하지 않을 때 좋은 아이디어가 떠올랐다"고 했다.

러시아의 물리학자 미그달은 창의력은 "의식과 무의식이 만나는 중간 지점에서 발생하며, 이때는 잠잘 때도 의식적인 이성이 발휘되고 깨어 있을 때도 잠재의식 작업이 이루어진다"고 묘사했다. 베르그송은 이런 바람직한 상태를 '무심한 사고 과정'이라 부르기도 했다. [72]

창의적인 깨달음, 즉 '아하!' 하는 순간을 낳는 데 기여하는 신경회로를 콕 찍을 수 있을까? 신경생리학자 캔들에 따르면, 비록 대뇌피질의 모든 영역이 창의성에 기여하지만 창의성의 특별한 측면은 피질의 연합영역에서 생성될 가능성이 더 높다고 한다. 결코 압도적인 증거라고는 할 수 없지만, 대뇌피질의 우반구, 특히 오른쪽 전상측두회와 오른쪽 두정엽이 창의성에 관여한다는 흥미로운 연구 결과가 있다. [73]

워커 교수는 비렘수면보다는 꿈꾸는 렘수면 단계가 더 창의적이라고 한다. 그는 퍼즐을 푸는 실험에서 렘수면 단계에서 전반적으로 문제를 푸는 능력이 급상승했다고 한다. 실험에 참가한 사람들은 렘수면 단계에서 깨워서 퍼즐을 풀게 했을 때, 비렘수면 단계에서 깨웠을 때나 깨어 있는 낮에 풀었을 때에 비해 퍼즐을 15~35% 더 잘 풀었다. [74]

5장

예지몽

꿈의 예지적 능력을 인정할 것인가, 부인할 것인가?

먼저, 꿈의 예지적 능력을 인정하는 융의 꿈을 소개하고자 한다. 융은 어머니가 돌아가신 날 밤에 다음과 같은 꿈을 꾸었다. 그때 융은 자신의 어머니의 서거를 전혀 모르고 있었다.

나는 나무가 빼곡한, 칠흑 같은 어두운 숲에 있었다. … 그것은 장엄한 원시 세계의 풍경이었다. 돌연 나는 날카롭게 울리는 휘파람 소리를 들었다. … 놀라 무릎에 힘이 빠져 버렸다. 그때 숲에서 우지끈 소리가 났다. 그러고는 무시무시한 아가리를 가진 거대한 셰퍼드가 튀어나왔다. … 그 개는 내 곁을 스쳐 지나갔다. 그리고 나는 도깨비의 우두머리가 이제 어떤 인간을 물어 오라고 개에게 명령했다는 것을 알았다. … 다음날 아침에 나는 어머님이 돌아가셨다는 소식을 들었다.

융은 도깨비의 우두머리가 보탄(Wotan)이라고 설명했다. 신화적으로 개는 치유하고 보호하는, 저승에의 안내자로 자주 기술된다. [75] 융은 "무의식은 어떤 논리로도 이해되지 않는 것을 우리에게 때때로 전해줄 수 있다. 동시성 현상과 예언적인 꿈, 예감들을 생각해 보라! 아무튼 나는 무의식의 암시를 기초로 얻었던 견해가 나에게 빛을 밝혀 주고 예감의 영역을 내다보는 눈을 열어 주는 것을 경험했다"고 고백했다. [76] 한편, 프로이트는 예지적인 꿈의 존재를 부인하지는 않았지만 일반화하기 어렵다면서 깊이 탐구하지 않았다. [77] 영국의 심리학자 패러데이도 꿈의 예언 능력을 부인하지는 않았다. 그녀는 다음과 같이 말했다.

나는 인간의 마음에 초과학적인 힘이 존재하지 않는다고 독단적으로 단정하려는 것이 아니다. 내가 강조하고자 하는 것은 우리의 마음에 전혀 초과학적이지 않으면서도 '감지'하고 '예언'하는 상당한 힘이 진정으로 있다는 것이다. [78]

반면 신경생리학자 홉슨은 예지몽을 인정하지 않는 태도를 보였다.

우리는 이제 꿈의 신비로운 속성이 형식적 특성에 의해 만들어졌다는 사실을 알고 있다. 그러나 그러한 꿈의 신비는 오랫동안 사람들로 하여금 꿈이 다른 세계에서 보내온 메시지라고 믿도록 만들었다. 꿈은 예언적인 의사소통 수단으로 여겨졌고, 사람들은 적절하게 해석할 수만 있다면 꿈으로 미래를 예측할 수도 있을 것이라 믿었다. 하지만 이러한 생각은 전혀 과학적이지 않다. … 예언적 꿈을 믿는 사람들은 '실제로 맞아떨어진' 한두 개를 제시하는 반면, 얼마나 많은 다른 꿈이 현실에서 일어난 사건과 무관한지는 무시한다. 꿈의 예언적 측면을 과학적으로 연구하기 위해서는 먼저 꿈과 현실이 일치하는 빈도에 관해 기초를 확립해야 할 것이다. 그리고 그것이 이루어지기 전까지는 꿈속의 예언이 틀린 것이라고 믿는 편이 나을 것이다. [79]

홉슨의 말대로 꿈의 예언적 기능을 인정받기 위해서는 과학적 검증이 필요하다. 그러나 예언적인 꿈이 현실에서 한두 개 맞았지만 다른 수많은 꿈이 현실과는 다르게 나타나기 때문에 인정할 수 없다는 그의 주장에는 찬성할 수 없다. 꿈에는 앞에서 소개한 바와 같이 여러 종류가 있다. 예지몽은 꿈 중에서도 꾸는 빈도가 상당히 낮다. 그렇다고 해서 예지몽의 존재를 부인하는 것은 타당하지 않다. 나는 예지몽의 존재를 믿는 입장이며 실제 경험도 했다.

1. 투시적 예지몽과 은유적 예지몽

예지몽은 미래에 일어날 일을 미리 알려 주는 꿈이다. 심리몽은 주로 자신의 욕망이나 감정이 두드러진 꿈이지만, 예지몽은 인간의 무의식적 직관이나 텔레파시와 같은 예지적 능력이 작용한 결과로 드러난다. 나는 예지몽을 현실을 그대로 혹은 유사하게 보여 주는 투시적 예지몽과 상징을 사용해 드러내는 은유적 예지몽으로 구분한다.

1) 투시적 예지몽

여기서 소개하는 투시적 예지몽은 꿈에서 체험하거나 목격한 사실이 현실에서 그대로 재현되거나 거의 유사하게 일어나는 꿈이다.

꿈 1 트웨인이 꾼 형의 죽음에 관한 꿈

1950년대 말, 미국 작가 마크 트웨인은 누이의 집에서 금속관 속에 형 헨리의 주검이 누워 있는 것을 보는 무서운 꿈을 꾸었다. 꿈속에서는 빨간 꽃 한 송이가 헨리의 가슴 위에 놓여 있었다.

　몇 주 뒤, 헨리는 강에서 배를 타고 가다가 사고로 목숨을 잃었다. 트웨인이 주검을 보러 갔을 때, 주검은 꿈에서 본 것처럼 금속관 속에 누워 있었지만 꽃은 가슴에 놓여 있지 않았다. 트웨인이 관 옆에 서서 주검을 바라보고 있을 때 한 여인이 조용히 방으로 들어오더니, 하얀 꽃들 사이에 빨간 장미 한 송이를 넣은 꽃다발을 주검 위에 살며시 놓았다고 한다. [80]

꿈 2 극작가 맨스필드의 인생 전환점이 된 꿈

　뛰어난 배우이자 극작가인 리처드 맨스필드는 당시 유명한 오페라 회사에서 퇴출당한 후, 한 치 앞을 내다볼 수 없는 상황에 내몰렸다. 런던의 초라한 여관에 도착한 그는 이내 자포자기 상태에 빠졌고 우울한 예감이 그를 덮쳤다. 그는 아무런 희망도 없이 잠을 청했다. 비몽사몽 사이에 꿈속에서 마차가 문 앞에 급하게 멈추는 소리를 들었다. 이윽고 노크 소리가 들려왔다.

　나는 꿈속에서 문을 열었습니다. 문 앞에는 오페라 회사의 비서가 서 있었습니다. 그는 이렇게 외치더군요.

　"지금 당장 짐을 싸서 10분 내로 기차를 타고 가서 회사에 합류하실 수 있겠습니까?"

　"그렇게 하지요."

　나는 꿈속에서 이렇게 대답했습니다. 나는 부랴부랴 짐을 챙겼고 우리는 마차를 타고 역으로 갔습니다.

　이건 모두 꿈이었지요. 하지만 이 꿈은 너무나 생생해서 나는 낯설고 기괴한 느낌과 함께 잠에서 깨었지요. 그때가 6시경이었습니다. …

그때, 마차가 덜컹거리는 소리가 들려오더니 누군가가 내 방문을 두드렸습니다. 방문을 열자 꿈에서 본 것처럼 그 비서가 서있는 게 아니겠습니까? 그는 당황한 얼굴로 이렇게 말했습니다.

"지금 당장 짐을 싸서 10분 내로 기차를 타고 가서 회사에 합류하실 수 있겠습니까?"

"그렇게 하지요."

나는 차분하게 대답했습니다. 그리고 가방을 가리키며 말했지요.

"준비는 다 되어 있습니다. 당신이 오기를 기다리고 있었거든요."

내 말에 그는 다소 놀란 듯했습니다. 하지만 큰 동요 없이 나를 마차에 태웠지요. 그리고 우리는 꿈속에서 보았던 바로 그 역으로 서둘러 갔습니다. 그러고 나서 나는 회사와 장기계약을 맺었지요. 비록 그 뒤에 몇 차례 어려움을 겪긴 했지만, 바로 그 순간이 내 삶의 전환점이었답니다.

이어서 꿈을 꾼 맨스필드는 말했다. "어떻게 그런 일이 내게 일어났는지는 도무지 알 길이 없습니다. 제가 아는 건, 어떤 꿈을 꾼 이후에 정확히 그 꿈에서 있었던 일이 그대로 실현되었다는 것뿐이지요. 저는 미신을 믿는 사람도 아니고, 그 사건에 대해 정신분석학적으로 설명할 길도 없습니다. 제가 아는 일이라곤 그저 그 일이 제게 일어났다는 것뿐입니다."[81]

안타깝게도 지금까지 예지적인 꿈을 과학적으로 설명하지는 못한다. 하지만 과학적인 설명이 불가능하기 때문에 미신으로 치부하는 것도 과학적이지 못한 주장이다. 인간의 뇌의 역량과 작용에 대해 아직도 미지의 영역이 있다는 사실을 인정한다면, 꿈의 예지적 특성에 대해 더욱 겸손한 태도를 가질 수 있다고 본다.

2) 은유적 예지몽

은유적 예지몽은 은유와 암시로 표출되어 해석하기 쉽지 않은 예시적인 꿈을 말한다. 전문적인 해석가의 도움을 받아야 꿈의 의미를 제대로 파악할 수 있다.

1997년 5월 말, 김대중 전 대통령의 측근이 꾼 꿈이다. 12월에 있을 대통령 선거를 수개월 앞둔 시점이었다. 꿈을 꾼 사람이 김대중 전 대통령 자신이 아니라 그의 당선을 목격할 사람이라는 점이 흥미롭다.

나는 짙푸른 바닷가 절벽 끝에 서 있다. 이 모습은 마치 영화에서 빠삐용이 절벽 위에 서있는 것과 같았다. 갑자기 크고 윤기가 흐르는 검은 말이 나타나더니 몸에서 짙푸른 바다색과 같은 색의 커다란 날개가 난다. 이 천마는 푸른 하늘을 향해 힘차게 비상했다. 말의 엉덩이에는 영어로 DJP라는 문자가 선명하게 찍혀 있었다. 한참을 날다가 바다로 둘러싸인 섬에 안착하는 것을 보고 꿈을 깼다. 새벽 3시였다. 남편에게 이야기하니 교보문고에 가서 꿈 관련 책을 읽어 보라고 권했다. 꿈 해설서에는 천마가 하늘을 나는 꿈은 일생에 한 번 있을까 말까 하는 길몽이라고 적혀 있었다. 나는 이 길몽을 민주적 정권 교체를 위해 선거에 임하는 김대중 후보에게 팔아야겠다고 생각했다. 박지원 비서실장에게 면담을 신청하고 오전 10시에 목동의 아파트에 가서 어렵게 말을 꺼냈다. '총재님, 저의 꿈을 사세요' 하면서 이 꿈을 팔았다. ●

● 2005년 4월, 나는 이 꿈을 꾸었던 분에게서 직접 들었다.

이 꿈은 예지몽이다. 꿈속에서 말은 집안 식구, 어떤 사람, 사회단체, 협조자, 일의 방도, 권세 등을 상징한다. [82] 우리나라에서는 후보자가 선거에 나서는 것을 출마(出馬)한다고 표현한다. 천마가 하늘을 나는 모습은 현실에서 하는 일, 작품 등이 세상에 감동을 주고 영광을 얻게 되며 일을 성취한다는 것을 의미한다. 당시 김대중·김종필 연합을 언론에서는 영문 이니셜을 따 'DJP 연합'이라고 불렀으니 이 이니셜이 꿈을 꾼 사람의 뇌에 저장되었을 것이다. 그 기억이 꿈의 재료로 활용되었다. 하늘을 날다가 바다로 둘러싸인 섬에 안착하는 모습을 목격했으니, 꿈꾼 사람과 대통령 당선자가 향후에는 자주 만나지 못할 장소(청와대)에 갈 것임을 암시하고 있다.

꿈은 주변 사람이 꿀 수 있으나 사고팔 수 있는 것은 아니다. 이 꿈은 꿈을 꾼 사람이 당시 김대중 후보의 당선을 목격한다는 의미이다.

2. 인생 시기별 예지몽

1) 출생과 성장에 관한 태몽

임신 및 출산과 관련된 꿈은 태아의 상징물과 접촉, 획득 혹은 목격하는 행태로 이루어진다. 즉, 적극적으로 줍기, 얻기, 받기, 안기, 몰고 오기, 함께 놀기, 먹기, 수확하기, 캐기, 훔쳐 오기 혹은 소극적으로 안기기, 집 안이나 옷 속으로 들어오기, 매달리기, 물리기, 잡아먹히기, 옆에 와서 눕기 혹은 놀라거나 의아해하거나 신기해하면서 목격하기 등으로 나타난다.

꿈 1 호랑이에게 잡아먹히는 꿈

호랑이가 내려와 나를 잡아먹는다고 창문으로 들어오는데, 못 들어오게 멍석을 갖다 놓고 장대로 눌러 놨다. 호랑이가 한 발로 이렇게 하니 그 멍석이 왈칵 무너지고 문이 열려 나를 그만 삼켜버리니 내가 못 산다고 하다가 꿈에서 깨어났다. [83]

호랑이는 장차 태어날 태아를 상징하고, '잡아먹힌다'는 태아가 엄마와 결합한다는 의미이니 임신과 출산이 순조롭게 이루어짐을 예지한다. 이와는 반대로, 유산이나 요절의 경우 꿈꾼 이가 태아의 상징물에서 피하기, 쏟아 버리기, 가지고 사라지기, 뒤돌아 가기, 도망가기, 놓치기, 떨어지기, 사라지기, 죽기 등의 행위로 나타난다.

꿈 2 사자가 되돌아간 꿈

어느 산길에서 큰 사자 한 마리가 나를 향해 달려오는데 무서워서 나무 위로 올라가 숨었더니 사자는 오던 길을 되돌아갔다. [84]

1950년 꿈 해몽가 한건덕 씨가 자신의 첫 아이 유산과 관련하여 꾼 꿈이다. 그는 이렇게 해석했다. "사자가 무서워 피해 숨었고 또 사자가 되돌아갔기 때문에 이것은 틀림없는 유산의 꿈이다. "[85]

꿈 3 옥수수를 쏟아 버린 꿈

어느 이웃집에 가서 옥수수를 꺾어 싸 가지고 오다가 축축한 나무 밑에 쏟아 버렸다. 큰 버드나무 밑의 어두침침한 그늘에서 … 어떤 하얀 노인이 오더니만 옥수수를 다 주워 가지고 가 버렸다. 나는 얼마나 서운한지 한동안 앉아서 울었다. 그리고 확 깨니 꿈이었다. [86]

장차 태어날 아이의 요절을 예지한 꿈이다. 다음은 아이 어머니가 박상란 박사에게 한 말이다.

이게 분명히 태몽인데 아이가 영글지 않아서 세 살 먹도록 잘 크고 인물도 지금 시집보낸 것보다 더 예쁘고 좋더니만 그리 못 살구… 완전히 그애가 내 아기가 안 되더라구. 아파서 죽었어요? 응, 홍역을 치르다…. [87]

꿈 4 아이가 사라진 꿈
꿈에 건강하고 예쁜 사내아이가 나를 향해 아장아장 걸어오다가 푸른 풀숲 사이로 넘어져 버렸다. 나는 아이를 향해 손을 내밀었다. 아이는 내 손을 잡고 일어나 내 어깨 위에 올라앉았다. 나는 아이의 얼굴이 보고 싶어 자꾸만 뒤를 돌아다보았지만, 아이의 얼굴은 없었다. 놀라 소리를 지르다가 눈을 떴다.

무녀 심진송 씨가 아이를 가질 때의 태몽이다. 그녀는 난산 끝에 아이를 낳고 8개월 후에 잃었다. [88] 이 꿈도 꿈 3과 마찬가지로 아이가 성장하지 못하고 요절할 것을 예지한 꿈이다. 이 꿈에서 아이가 넘어져 엄마가 일으켜 세웠지만, 돌아다보니 아이의 얼굴이 없었다는 상황의 반전으로 아이가 태어나더라도 오래 살지 못할 것을 예지하고 있다.

꿈 5 돼지 세 마리가 부엌으로 들어온 꿈
새끼 돼지 세 마리가 마당에서 뛰어놀고 있었다. 부엌에서 밥을 짓고 있었는데 갑자기 세 마리 모두 부엌으로 뛰어들어 왔다. 큰 놈 두 마리는 아궁이 속으로 들어가 버리고 제일 작은 놈 한 마리만 자기 품으로 들어와서 안기는 것이었다.

시집온 지 얼마 안 된 부인이 꾼 꿈이다. 이 예지몽을 꾼 부인은 후에 아들 셋을 두었다. 둘째는 4살이 되던 해 죽고, 맏아들은 결혼 후 사고로 사망했다. 막내아들만이 어머니를 모시고 살다가 어머니의 임종을 지켰다. [89] 엄마의 품에 안긴 돼지는 한 마리이고 나머지 두 마리는 아궁이로 들어가는 상징으로 엄마의 품에서 멀어질 것을 암시한다.

이 꿈에서 새끼 돼지들은 앞으로 태어날 자식에 대한 임신과 출산을 표상한다. 왜 그렇게 해석할 수 있을까? 당시 갓 결혼한 새색시에게 가장 절실한 과제 중 하나는 자식을 낳는 일이었기 때문이다. 왜 돼지일까? 돼지는 재물이나 사업체, 사람의 성격, 신분 등으로 한국인의 집단 무의식에 체화되어 있기 때문이다.

한편, 황영조 선수의 어머니는 태몽으로 "용을 보았다". 또한, 그의 할머니도 같은 용꿈을 꾸었다. [90] 황영조 선수는 1992년 스페인 바르셀로나 올림픽에서 마라톤 금메달을 땄다. 1936년 베를린 올림픽에서 손기정 선수가 금메달을 딴 지 56년 만의 쾌거였다.

꿈 6 커다란 용이 가로막는 꿈
아버지가 난데없이 대통령과 무개차를 타고 시가행진을 하셨는데 차가 갑자기 멈춰 내려 보니, 커다란 용이 길을 막고 있었다. [91]

이 꿈은 MBC 유명한 여성 앵커였던 백지연 씨의 태몽이다. 용꿈인데도 딸이었다.

꿈 7 용이 품속으로 들어오는 꿈

용이 할머니 품속으로 확 들어오더래요. 할머니는 아닌데 아이구 내 딸이 임신했구나 싶어가지고 용꿈이니까. 옛날에 용꿈은 아들이라고 했다는데 아들이로구나 그랬다는 거예요. 그래서 낳았는데 딸이야… . [92]

용에 관한 또 다른 태몽이다. 할머니는 이 태몽을 꾸고 자신이 아닌 딸이 임신했다는 사실을 직감했고, 용꿈이어서 손자로 생각했는데, 낳아보니 손녀였다는 것이다.

꿈에서 재료로 나타난 상징으로 태아의 성별을 알 수 있을까? 셀릭슨 교수는 자신이 모은 2천여 건의 태몽 연구에 의해 태양, 당근, 용, 독수리, 호랑이, 돼지가 등장하는 경우 아기가 남자라는 결과를 얻었다고 한다. 그러면서 그는 첫아이를 가지면서 아내가 작은 뱀이 팔을 무는 태몽을 꾸었고 딸을 낳았다고 덧붙였다.

과연 그럴까? 서정범 교수의 또 다른 연구다.

흔히 태몽이 구렁이나 용이면 아들이고, 보석이나 꽃, 반지 따위는 딸이라고 하나 실제로 실태를 조사했더니 그렇지만도 않다는 사실이 밝혀졌다. 구렁이와 뱀꿈을 꾸어도 딸을 낳고 보석이나 꽃의 태몽인데도 아들을 낳는다. 그러므로 태몽으로 낳을 아이의 성별을 구별할 수는 없다는 결론을 얻을 수 있다. [93]

내가 해석해본 경험에 비추어 봐도 태몽의 재료로 사용된 상징이 반드시 남아와 여아로 구분되지는 않는다. 결국, 꿈에서 사용된 상징만 가지고 태아의 성별을 구분할 수는 없다.

꿈 8 붉은 밤 한 톨 얻어 감추어둔 꿈
백범 김구 선생의 태몽이다.

아버지 휘 순영(淳永)은 4형제 가운데 둘째분으로, 집이 가난하여 제 때 장가를 못 드셨다. 그렇게 한동안 노총각으로 계시다가, 24살 때 삼각혼이라는 기괴한 방법으로 장련(長連)에 사는 현풍 곽 씨의 딸 14살 된 이와 성혼하여 종조부 댁에 붙어 사셨다. 그러다가 2, 3년 뒤에 살림을 차려 나오셨다. 내가 태어난 것은 그 무렵이었다. 그때 어머님의 나이는 17세셨다. 푸른 밤송이 속에서 붉은 밤 한 톨을 얻어서 감추어둔 것이 태몽이라고 어머님은 늘 말씀하셨다. [94]

꿈 9 작은 뱀이 팔을 무는 꿈
앞서 말했듯 셸릭슨 교수는 자신의 아내가 첫아이를 임신할 때 작은 뱀이 팔을 무는 꿈을 꾸었다.

꿈 10 아내의 몸에 봉인이 사자의 모습을 한 꿈
알렉산더 대왕의 아버지 필리포스 2세의 태몽이다. 아내 올림피아스의 몸에 봉인을 했는데, 그 봉인의 흔적이 사자의 모습을 하고 있었다. 여기서 아내의 몸이란 올림피아스의 자궁을 말한다. [95]

꿈 11 피투성이가 된 용이 고민하는 꿈
조선시대 숙종이 꾼 꿈이다.

숙종이 낮에 잠깐 졸았는데 장희빈 궁에서 작은 용 한 마리가 피투성이가 되어 고민하는 것을 보았다. 하도 이상하여 장희빈 궁으로 가보았더니 이때 왕자를 임신한 최숙빈을 장희빈이 잡아다가 문초하고 곤장을 쳐서 피투성이를 만들고 있었다. 상감이 행차에 놀라 통 속에 가두었으나 발각되어 장희빈은 궁중에서 쫓겨나고 최숙빈은 후궁이 되어 왕자를 생산했다. 그가 바로 영조 임금이 되었다. [96]

'태몽이 성장 후 업적이나 할 일까지 알려 주는가?'라는 질문에 대한 대답은 꿈의 내용에 따라 다르다고 할 수 있겠다. 즉, 태몽이 아이가 성장해 할 일이나 업적까지 예지하는지 여부를 알기 위해서는 꿈의 내용까지도 살펴보아야 한다.

앞에서 인용한 꿈 8과 9는 단순히 태아를 무사히 낳게 된다는 사실을 예지한 것이다. 꿈 8에서 '얻다', 꿈 9에서 '물리다'라는 행위는 회임과 출산을 은유적인 방법으로 표현한 것이다. 꿈 8은 김구 선생의 어머니가 회임해서 아이를 갖는다는 의미다. 이 꿈은 김구 선생이 장차 나라를 위해 할 일이나 업적을 예시하지는 않았다. 과일은 보통의 경우 결실을 상징하기 때문에 임신과 출산을 의미한다. 뱀에 물리는 꿈에서도 출산한 아이가 장차 어떤 인물이 될 것인지에 관한 암시는 하지 않고 있다.

한편, 꿈 10과 11은 태아가 장차 어떤 인물이 될 것인지도 표현하고 있다. 꿈 10은 태어날 아이가 사자와 같이 용맹스럽고 강한 인물이 될 것이라고 암시한다. 꿈 11에서 '작은'은 태아나 어린아이를 상징하고 '용'은 권세, 권력, 위대함, 큰 업적 등을 의미한다. 한국이나 중국의 문화권에서 용은 가상의 동물이지만 용을 그린 조각, 황제나 왕의 도포 등으로 전승되어 권력이나 위대함 등을 상징한다.

덧붙여 한국 사회의 문화나 관습으로, 태몽은 천체(하늘, 해, 달, 별 등)나 자연, 동물, 식물, 과일 등을 상징으로 많이 사용한다. 한국의 태몽을 연구한 박상란은 과거에서 현재에 이르기까지 면면이 이어오는 태몽 현상에 대해 다분히 민속적이며, 집단적인 현상이라고 했다. [97] 융의 말대로 표현하면 전통이나 관습이 오랫동안 조상으로부터 전래되면서 형성된 집단 무의식이 꿈으로 발현된 것이다.

2) 실패와 성공에 관한 예지몽

인간은 성장하고 살면서 각종 시련에 부딪치기도 하고 이를 극복하기도 한다. 실패와 성공, 좌절과 극복은 삶의 중요한 단면일 것이다. 여기서는 그러한 예지적인 꿈을 살펴보기로 한다.

꿈 1 축하 박수를 받고 멋쩍어하는 꿈

결혼식장에 있는데 하객으로 변한 군인들이 축하 박수를 치고 있었다. 나는 나를 보고 손뼉을 치는 것으로 생각하고 뒤를 돌아다보았다. 그런데 내 뒤에 신랑신부가 서있었다. 나는 계면쩍었다.

이 꿈은 1993년 2월에 내 아내가 나의 승진 심사 발표를 앞두고 나를 대신해 꾼 꿈이다. 꿈에서 나는 내 아내로 대치되었다. 승진의 기쁨이나 좌절은 부부가 함께 공유할 수 있기 때문에 이 같은 전환이 가능하다. 당시 나는 승진 심사 결과를 초조하게 기다렸고, 아내도 그 사실을 알고 나의 승진을 간절히 바랐다.

하객이 축하하는 장면은 현실에서 승진했을 때 주변 사람이 축하하는 모습을 은유적으로 표현하고 있는 것이다. 그런데 박수는 나를 위한 게 아니라 뒤에 서있는 결혼식 주인공을 위한 박수였다. 며칠 후, 나는 승진 심사에서 떨어졌고 현실에서도 주위 지인에게 상당히 면목 없는 감정적 체험을 했다. 승진은 나의 동기 중 한 분이 했다.

꿈 2 슬픈 여왕이 되는 꿈

샐리는 궁궐 정원에 있는 페르시아의 왕을 배알하는 꿈을 꾸었다. 둘이서 대화를 나눌 때 행복해 보이는 젊은 여자들이 깔깔거리며 정원으로 들어왔고 뒤따라서 다소 슬퍼 보이는 중년 여인이 나타났다. 중년 여인은 왕의 첫 번째 부인임이 틀림없었고 후궁의 처첩들을 관장하는 것이 분명했는데, 왕이 더 이상 성적으로 관심이 없어 집안일을 돌보는 직책으로 강등당해 슬퍼하는 것이라고 샐리는 느꼈다. 젊은 여자 중 한 명이 샐리에게 다가와 "저를 모르세요? 전생에 우리는 함께였는데요"라고 말했다. 샐리는 매우 비참한 느낌으로 잠에서 깨어났다. 왕이 남편을 나타내고 첫 번째 부인이 자신임을 본능적으로 깨달았기 때문이었다.

샐리는 자신의 상황을 이렇게 설명했다. 지난 몇 년 동안 남편으로부터 성적으로 점점 멀어졌고, 영화 산업에 종사하는 남편이 젊고 예쁜 여자를 많이 만난다는 사실도 알았지만 남편이 바람을 피울 수도 있다는 가정을 모두 거부했다. 해석가는 샐리에게 이 꿈이 부부간 관계에 대해 그녀가 느끼는 불안을 반영하므로, 남편과 상황의 변화를 도모하도록 노력하라고 조언했다. 하지만 몇 달 뒤 남편은 젊은 여자를 집으로 데려와 거처를 마련할 때까지 임시로 머물 집이 필요하다고 말했고, 이때부터 남편은 오랫동안 여러 젊은 여자를 수시로 집으로 데려와 바람을 피웠다. 샐리는 그들을 위해 요리하고 청소하는 등 그들을 모두 돌보았다.[98]

이 꿈에서 샐리의 남편은 페르시아의 왕, 그녀는 왕의 첫 번째 부인, 그리고 후궁 내지 젊은 여자는 남편과 바람을 피우는 현실의 여성이다. 앞서 말했듯 나는 이러한 예지몽을 '은유적 예지몽'이라고 부른다. 은유적 예지몽은 전달하고자 하는 내용을 완곡하게 돌려서 표현하거나 나타내고자 하는 인격, 동물 혹은 사물의 특성과 유사한 것을 동원해 표현한다. 이 꿈에서 남편과 샐리는 왕과 왕의 첫 번째 부인으로 은유되었고, 특히 남편은 여러 명의 여성과 관계를 맺을 수 있는 페르시아 왕으로 표현되었다.

꿈 3 미라가 된 인육을 먹는 꿈

1992년 가을에 꾼 나의 꿈이다. 꿈에 방 안에 있는데 미라가 장롱에 가득 있어 장롱이 상당히 불거져 나와 있었다. 아내와 나는 방바닥에서 미라의 일부로 보이는 인육을 먹었다.

당시 나는 지도교수의 지도하에 박사논문을 작성하고 발표 준비를 앞두고 있었다. 이 꿈에서 미라는 완성된 논문을 상징한다. 장롱에 가득 찬 미라는 학교 도서관이나 연구실에 있는 논문을 암시하고 있다. 내가 미라의 인육을 먹은 것은 논문을 음미하고 나의 것으로 만들게 된다는 사실을 뜻한다. 현실에서 나는 지도교수를 포함한 3명의 논문 심사교수 앞에서 2~3시간 정도 논문을 발표하고 평가도 받았다. 당시 아내도 나의 논문 발표 장소에 함께 있었다.

꿈 4 경사진 길에서 내달리다 구출되는 꿈

2013년 12월 17일 밤, 나는 꿈을 꾸었다. 가파르게 경사진 길에서 나는 마구 내달리고 있었다. 점점 가속도가 붙어 몸이 앞으로 고꾸라질 것만 같은데 멈출 수가 없었다. 마침 앞에 철조망이 쳐져 있는 게 보였고 꼼짝없이 부딪히겠구나 생각한 순간, 뒤에서 나를 안아 올려 철조망을 껑충 뛰어넘는 사람이 있었다. 너무 생생한 꿈이라 깨자마자 일기장에 적어 두었다. 그로부터 몇 개월 후, 나는 꿈에서 나를 구해줬던 사람과 결혼했다.

이 꿈이 특별했던 이유는 그날 힘든 하루를 보냈기 때문이었다. 사소한 일 몇 가지가 뜻대로 되지 않았을 뿐인데 그것이 나를 몹시 지치게 했다. 무능하고 쓸모없는 사람이라는 자기 비하의 내리막길에 서있었다. 조금만 앞으로 나아가면 내가 감당할 수 없는 가속도가 붙어 걷잡을 수 없이 깊은 수렁에 빠져들 터였다. 그런 하루의 끝에서 뜻밖에도 꿈을 통해 위로를 받고 안심할 수 있었다. **99**

이 꿈도 장래에 일어날 일을 예고하는 예지몽이다. 꿈을 꾼 사람은 현실에서 낙담하고 있었고, 그는 이 상황을 내리막길의 나락으로 빠지고 있는 것과 같다고 생각했다. 그가 가지고 있는 비관적 감정이 투사되어 꿈에서도 유사하게 재연되었다. 꿈에서 철조망은 자신의 앞길을 가로막는 장애물을 상징한다. 장애물에 걸려 하는 일들이 허사가 될 찰나에 갑자기 도움을 주는 사람이 나타난다. 꿈을 꾼 이는 이 꿈을 통해 각박한 현실이 타개될 거라는 위로를 받고 희망을 품었다. 그 결과 자신이 바라던 사람과 결혼하여 소망을 달성했다.

꿈 5 선배가 불을 땔 수 있도록 장작을 대주는 꿈
선배가 부엌에서 아궁이에 불을 때며 밥을 짓고 있다. 불은 활활 잘 타오른다. 나는 선배가 불을 잘 땔 수 있도록 장작을 계속 대주고 있었다.

위 꿈은 세무사 시험을 준비하던 사람이 꾼 예지몽이다. 이분의 상사 한 분도 그와 함께 세무사 공부를 하던 때였다. 그는 현실에서

그 상사에게 시험 예상문제를 복사해서 주는 등 도움을 주었는데 시험 며칠 전 이와 같은 꿈을 꾸었다. 선배는 합격하고 장작을 대준 이는 떨어졌다.

꿈 6 자신의 몸에 불을 지르는 꿈

선경그룹 창업자인 최종건 회장의 꿈이다. 최종건 회장이 수원에서 코오롱 그룹의 모체가 된 방직 사업을 시작하려던 때의 이야기이다. 그가 한창 돈이 없어 어려워하고 있을 때, 하루는 낮잠을 자다 꿈을 꾸었다. 아버지가 사업 자금을 도와주지 않는다고 자기 몸에 스스로 석유를 붓고 불을 질러 타다가 뜨거워서 놀란 꿈이었다. 그러고는 잠에서 깨어났는데, 그동안 사업 자금을 지원하지 못하겠다던 부친이 돈을 대주어서 사업을 시작할 수 있었다. [100]

꿈 7 불길이 치솟아 집을 태우는 꿈

이스라엘의 한 사업가는 자신이 개발한 디스크온키(USB 메모리)가 어느 한 컴퓨터에서 불타는 꿈을 꾸었다.

밤중이고 어두웠다. 디스크온키가 갑자기 불꽃을 일으키면서 불길에 휩싸였다. 불은 책상에 있는 서류까지 번져 불길이 치솟았다. 그 불이 커튼에 옮겨붙어 집 전체가 타는데 어린아이들이 집 안에 있었다.

나는 식은땀을 흘리며 잠에서 깼다. 그런 잠재적인 재앙을 안고 일할 수 있었을까? 다음 날 아침 퀭한 눈으로 녹초가 된 채 출근했다. 리콜을 실시할지 여부를 아직 결정하지 못했다. 직원들과 만났다. 의견이 분분했다. 그러던 중 정오에 불탄 USB 플래시 드라이브가 베스트바이에서 도착했다. 정말로 타서 바스러져 있었다. 숯 덩어리처럼 보

였다. 그런데 그것은 우리 경쟁업체에서 만든 것이었다! 그 사건은 행복한 결말을 맺었다.[101]

이 꿈을 꾸기 직전인 2004년 말, 그의 디스크온키는 매출이 수억 달러에 이르렀고 미국의 베스트바이와도 합작 사업을 추진했다. 어느 날 그는 베스트바이의 관리자로부터 전화를 받았다.

"한 고객이 당신네 회사의 디스크온키 하나를 반품했습니다. 타버렸네요. 매우 위험합니다."

탔다는 게 무슨 뜻이냐고 물었다.

"완전히 타서 바스러져요. 숯입니다."

전화기 너머 들려온 대답이었다. 그는 한숨도 자지 못했다. 회사가 망할 수도 있는 위기였다.[102]

이 꿈을 꾼 사람은 이스라엘 벤처 신화의 영웅인 모란이다. 그는 M시스템스를 설립했고, 현대인의 필수품인 USB 메모리를 세계 최초로 발명해 그 기술을 세계적인 플래시메모리 업체인 샌디스크에 16억 달러(약 1조 7천억 원)를 받고 매각했다.

꿈 5~7을 비교해 보면, 불의 보편적인 상징은 동양과 서양이 유사한 것 같다. 한건덕는 불의 상징을 이렇게 설명했다.

불이 세차게 일어나는 기세, 모든 것을 태워버리는 위력, 뜨거운 열을 내어 강철도 녹이고 물체를 폭발시키며 빛을 내어 암흑을 밝게 비추는 따위의 여러 가지 현상은 현실에서 거대한 일을 상징하는 데 족하다.[103]

서양에서도 불은 열정, 열, 파괴적으로 폭발하게 될 어떤 억압된 정서 등을 상징하며 액체나 광석도 변화시킬 수 있는 정화와 변화를 상징한다. 에크로이드는 또 "만약 꿈에서 타는 것이 당신 자신을 상징한다고 볼 수 있다면 이는 진정한 자신을 완전히 실현하기 위해 나아가는 길을 가로막던 것을 제거한다는 메시지이다"[104]라고 했다.

요약하면, 활활 타오르는 불의 기세는 변화와 위력, 담대한 일, 나아가서는 사업의 번창이나 성공, 소원의 성취를 상징한다. 꿈 5에서 밥을 짓기 위해 아궁이에 불을 때는 모습은 생계 수단을 영위하려는 노력을 상징한다. 그런데 자신의 아궁이에 불을 때는 게 아니고 선배의 아궁이에 장작을 대주고 있으니 현실에서 선배에게 도움을 주지만 자신은 아무런 실속이 없음을 암시한다. 꿈 6에서 몸은 자신의 사업체를 상징한다. 사업체인 자신의 몸에 불을 지르고 불이 활활 타오르게 했기 때문에 장차 사업의 성공을 상징한다. 꿈 7도 꿈 6과 유사하다. 여기서는 집이 사업체를 상징하고 어린아이들은 동업하는 회사나 함께하는 직원을 상징한다. 꿈 7에서는 자신의 소중한 발명품인 USB 메모리가 꿈의 재료로 쓰였다.

3) 질병과 죽음에 관한 예지몽

인간이 살면서 피할 수 없는 것이 병마와 죽음이다. 여기서는 질병과 죽음에 관한 예지몽을 소개한다.

꿈 1 빛의 영역으로 나를 데려가는 꿈
의사의 도움으로 저혈당으로 인한 혼수상태에서 회복된 한 여성이 꿈을 꾸었다.

나는 내가 실려 가는 것을 보았다. 기관들은 진짜 작은 부분으로, 모든 부분이 각기 다른 색깔을 가지고 있었다. 모든 기관이 내 몸통에서 분리되었다. 간, 심장, 그리고 폐가 있었다. 그것들은 짙고 아름답게 색채의 변화를 이루고 있었다. 그리고 나는 빛의 영역으로 나를 데려가는 것을 보았다. … 돌아와야만 했을 때, 그 기관들은 다시 짜 맞추어졌다.

프란츠는 이 꿈을 이렇게 해석했다. 이 여인은 그녀의 분해된 기관에 관심을 가졌다. 그녀는 특히 색채, "아름다운 색채 변화"를 강조했다. 이것을 육체와는 더 이상 관련짓지 않고 오히려 저승의 체험과 관련지어 묘사했다. [105]

다음은 나의 해석이다. 이 꿈에서 '빛의 영역으로 자신을 데려가는 상황'은 치유를 은유하고 있다. 현실에서 빛은 생명의 탄생과 성장에 필수적 역할을 한다. 따라서 꿈에서도 빛의 보편적 상징은 삶과 희망이다. 그런데 누군가가 자신을 빛의 영역으로 데려가고 있으니 그녀가 앓고 있는 질병에서 벗어난다는 의미이다.

꿈 해석에서 또 다른 중요한 요소는 꿈속에서 느끼는 감정이다. 즉, 감정이 병의 악화와 회복을 판단하는 데 중요한 시사를 준다. 환자는 자신의 장기를 '아름답'다고 느꼈다. 이러한 긍정적 감정은 현실에서 긍정적 체험을 하게 됨을 시사한다.

예지몽에서 무의식적으로 억압된 감정이나 정서가 분출되어 해소되는 경우, 대체로 일이나 소망의 성취를 뜻한다. 반대의 경우 현실에서 실패나 불쾌한 경험을 겪게 된다.

꿈 2 "너는 여기 오는 게 아니다"
내가 상담했던 어느 분의 꿈이다.
"내가 42세 되던 해, 숙모님이 돌아가셨어요. 장례를 치르고 나서 얼마 지나지 않은 어느 날, 배에 물이 차고 몸에 황달기가 왔어요. 병원에서 진단을 받아 보니 급성 A형 간염이래요. 한 달간 입원하고 있으니 이러다가 죽겠다는 생각이 들더군요. 아는 분의 인도로 아내와 함께 한 교회에 나가 열심히 기도했어요.

그러던 어느 날 꿈을 꾸었어요. 돌아가신 숙모가 방에 앉아 있고, 그 옆에 숙모 아들이 있었어요. 숙모가 다짜고짜 "나 좀 주라"고 해요. 그래서 내가 그 아들에게 "드려라"라고 했어요. 그런데 밖에서 노래를 부르며 놀고 있던 사람 중 한 명이 대뜸 들어오더니 숙모 아랫배를 만지면서 점점 목 쪽으로 올라가요. 그리고는 숙모의 목을 휘어잡아 끌고 밖의 우물로 데려가더니 "너는 여기 오는 게 아니다"라면서 우물 안에 던지고 나서 뚜껑을 덮었어요.

또 한 번은 돌아가신 어머니가 꿈에 나타나서 한약을 줘요. 그래서 "어머니, 한약은 달여 주는데, 날것으로 먹으라고요?"라고 물어 보면서도 받아먹었어요. 그 뒤로 몸이 조금씩 나아졌어요."

소개한 두 개의 꿈은 질병의 회복을 예지한 꿈이다. 첫 꿈은 돌아가신 숙모가 자신의 방에 들어왔으니 죽음이 자신의 몸에 다가왔음을 은유적으로 표현한 것이다. 여기서 숙모는 죽음을, 방은 자신의 육체를 상징한다. 밖에서 노래 부르던 사람은 자신의 육체 밖에서 기도하는 자신 혹은 자신을 돕던 사람을 표상한다. 그의 질병을 육체 밖으로 꺼내 우물에 던지고 덮었으니 그가 죽을병에서 벗어나게 됨을 은유적으로 표현한 것이다.

두 번째 꿈에는 돌아가신 자신의 어머니가 나타난다. 하지만 여기서 어머니는 숙모와는 그 역할이 다르다. 꿈에서 어머니는 일반적으로 양육자, 사랑을 베푸는 자나 협조자 등을 상징한다. 현실에서 꿈을 꾼 이와 어머니 사이도 이와 유사했을 것이다. 어머니가 주신 한

약도 현실에서 자신이 실제로 섭취한 약이나 간절한 기도를 표상한다. "날것으로 먹으라고요?"라고 말한 대꾸는 그가 회복을 위해 노력하면서도 약간의 의구심을 가졌음을 은유적으로 표현한 것이다.

꿈 3 자신의 죽음을 암시한 융의 예지몽

융은 죽기 약 두 달 전에 인상적인 꿈을 꾸었다. (꿈에) 낯선 곳에서 그는 볼링겐(취리히의 한 마을로, 이곳의 별장에서 융은 수시로 명상에 잠겼다)에 있는 그의 성탑으로 다가갔다. 그 성탑은 완전히 금으로 되어 있었다. 그는 손에 열쇠를 쥐고 있었는데, 어떤 목소리가 탑이 완성되어 그가 들어갈 수 있다고 말했다. 완전한 고독(주위에는 사람이 없었다)과 그 장소의 절대적인 고요함이 그의 관심을 끌었다. 그리고는 바닷가를 보았다. 담비 한 마리가 새끼에게 헤엄치는 방법을 가르치고 있었는데, 새끼는 아직 혼자서는 헤엄을 칠 수 없었다.

융은 그 성탑이 내세에 있는 그의 원래의 형태, 즉 지상에 있는 자신의 모상(模像)일 뿐이라고 해석했다. 꿈은 이제 내세에 있는 자신의 집이 그가 이주할 수 있도록 완성되었음을 말한 것이다. 융에게 성탑은 이미 지상의 형태로 있는 더 큰 내면의 인간, 또는 자신의 그릇이었다. 이에 관한 회상에서 그는 다음과 같이 말했다.

처음부터 성탑은 내게 성숙의 장소가 되었다. 어머니의 품이거나 어머니의 모습이며, 그 속에서 나는 다시 존재할 수 있었다. 나는 어떠하며, 어떠했으며, 어떻게 될 것인가⋯. 볼링겐에서 나는 나의 가장 진정한 존재 속에, 나에 상응하는 것 속에 있었다. 나는 때때로 시골 경치와 사물 속으로 뻗어 나갔고, 각각의 나무 속에서, 파도가 첨벙거리는 소리 속에서, 구름 속에서, 오가는 동물 속에서, 그리고 모든 사물

속에서 살았다. …

융이 저 세상에 있는 황금 성탑에 관한 꿈을 꾸었을 때, 무의식은 그에게 그가 지상에 모상으로 건축했던 성탑의 영원한 원형을 보여 주었다. 융은 86세에 생을 마감했다.

죽음을 예지한 이 꿈에는 평생 동안 인간의 정신을 깊이 탐구하며 달관한 학자의 인생관이 엿보인다. 꿈에서 융은 완전한 고독과 절대 적인 고요함이 깃든 완성된 성탑에 들어갈 것이라는 의미를 알아차린 다. 아마도 그는 평화로운 마음으로 죽음을 맞이했을 것이다. 그런 데 그의 영혼에 영원한 안식을 줄 탑이 금이다. 성탑은 그가 평생 쌓 은 학문적 업적이고 금은 변하지 않는, 고귀한 속성이 있기 때문이 그가 세운 업적은 사후에도 변함없이 값진 평가를 받게 될 것이다.

꿈의 예지적 특성에 관하여, 프란츠는 이렇게 말한다.

꿈이 단지 무의식적 소망만을 반영한다는 것은 대체로 일반적인 경험 과는 일치하지 않는다. 이에 반해 융이 보여 주었던 것처럼, 꿈은 대개 완전히 객관적인, 자아 소망에 영향을 받지 않는 실제적인 심혼의 '자 연 현상'을 나타낸다. [106]

3. 죽음을 암시하는 예지몽을 피할 수 있는가?

꿈 1 침대에 있는 죽은 육신을 바라보는 꿈

어느 젊은 여자 환자는 암이 뇌까지 퍼져서 의식이 거의 없었다. 그럼에도 분석가는 계속 방문해서 그녀의 곁에 조용히 앉아 있곤 했다. 그런데 그녀가 죽기 24시간 전, 갑자기 눈을 뜨더니 다음과 같은 꿈을 꾸었다고 이야기했다.

"나는 놀이방 침대 곁에 서있었는데, 건강하고 튼튼하게 느꼈습니다. 햇빛이 창문을 통해 밀려들어 왔습니다. 의사가 거기에 있었는데 'O 씨, 당신은 뜻밖에도 완전히 치유되었습니다. 이제 옷을 입고 병원을 떠날 수 있습니다'라고 말했습니다. 그때 나는 몸을 돌려 침대에 있는 내 죽은 육신을 바라보았습니다."

프란츠 박사의 해석이다. 죽음이 '치유'를 의미하고 계속 더 살 것이라 위안을 주는 무의식의 메시지는 여기서는 분명한 소망의 꿈으로 해석될 수 없으며, 아주 잔혹하고 분명하게도 삶의 종말을 예고하고 있다는 것이다. [107]

나의 해석이다. "O 씨, 당신은 뜻밖에도 완전히 치유되었습니다"가 이 꿈의 전반부이다. 이는 환자가 의사에게 간절히 듣고 싶은 말이며, 살고 싶다는 스스로의 강한 바람의 표현이다. 환자는 마음속으로 이 말을 듣기를 간절히 바랐을 것이다. 하지만 후반부에서 환자는 "몸을 돌려 침대에 있는 내 죽은 육신을 바라보"며 경청자에서 갑자기 관찰자로 바뀐다. 그리고 상황도 비극적으로 변화한다. 이 꿈은 자신의 죽음을 예고한 투시적 예지몽이다.

프란츠 박사는 덧붙인다.

여기서는 오직 임박한 죽음이라는 사실에 대해 인간의 무의식, 즉 본능의 세계가 무엇을 말하는가 하는 물음이 중요하다. 주지하다시피 꿈은 조작될 수 없다. 말하자면 이는 우리 속에 있는 본성의 소리이다. [108]

꿈 2 조용한 숲에 편하게 누워 있는 꿈

여기서 소개하는 예지몽은 청소년 시절 나의 아버지로부터 직접 들은 꿈 이야기이다. 나의 아버지는 젊은 시절 한때 탄광에서 일하셨다. 어느 날 함께 일하는 동료가 자신이 꾼 꿈을 얘기했다고 한다.

"형님, 어젯밤 꿈에 내가 깊은 숲에 있는데, 햇볕이 잘 드는 잔디에 누워 있어요. 주위에는 새 소리가 들리고 마음이 아주 편했습니다. 무슨 꿈이죠?"

아버님은 즉답하지 않았다. 그런데 그분은 6개월을 못 넘기고 돌아가셨다고 한다. 그분은 매일 깊은 탄광에서 탄을 캐는 고되고 위험한 생활에서 자신이 편히 쉴 수 있는 곳을 간절히 바랐을 것이다. 그러나 꿈은 자신의 육체가 영원한 안식을 취할 곳은 죽음이라고 은유적으로 표현한 것이다.

꿈 3 두 눈알이 짓밟히는 꿈

"형님, 어젯밤 꿈에 내가 아주 어두운 곳에 있는데, 갑자기 누가 내 뒤통수를 세게 쳤어요. 내 두 눈알이 빠져서 땅에 떨어졌어요. 찾으려고 더듬거리는데, 누가 내 눈알들을 짓이겼어요. 오늘 내가 탄광에 들어가는 날인데 어쩌죠?"

아버지의 다른 동료분 꿈이다. 아버님은 그에게 아프다고 핑계를 대고 쉬라고 조언했다. 그는 책임자에게 그렇게 얘기했다. 그날이 비번이던 아버님도 탄광에 들어가지 않았다고 한다. 바로 그날 탄광이 사고로 무너져 안에 계셨던 분은 모두 죽었다고 한다.

이 꿈도 위험과 죽음을 암시하는 예지몽이다. 결국 그는 죽음의 피해자가 아닌 목격자가 되었다. 즉, 죽음에 관한 예지몽이라고 해서 모두 피할 수 없는 것은 아니다.

6장

꿈 내용에 대한 과학적 통계분석

신경생리학자 홉슨은 "꿈이란 잠자는 동안 뇌의 활성을 우연히 자각하는 것에 지나지 않는다"고 했다. 홉슨은 렘수면 중 꾸는 꿈에 대한 뇌의 생리적 변화를 관찰하고 이 같은 결론을 냈다. 홉슨의 주장은 사실일까?

미국의 심리학자 홀은 1만 건 이상의 꿈 사례가 담긴 저서를 남겼다.[109] 그는 꿈 해석의 문제를 과학적 관점에서 접근했다.

1940년대, 홀은 정신분석가가 치료를 받는 환자를 대상으로 비정상적인 꿈의 표본에 주로 근거하는 것에 불만을 가졌다. 따라서 그는 일반인의 광범위한 꿈을 수집하여 이를 표본으로 꿈을 분석했다. 그는 피험자에게 꿈속의 상황, 나오는 인물, 내용의 전개, 느끼는 감정 등을 구체적으로 묻는 질문이 포함된 서식을 주고, 그들이 기억하는 모든 꿈을 기록하도록 요청했다. 이에 따라 꿈의 특징을 꿈꾼 사람의 나이, 성별, 작업 등 객관적으로 확인된 정보와 상호 비교하면서, 서로 다른 사람이 무엇에 대해 꿈꾸는지에 관한 철저한 보고서를 최초로 제공했다.

홀은 일반인이 꾼 꿈 1만 건을 수집하고 분석하여 얻은 결과를 1953년에 〈꿈의 의미〉라는 제목으로 출간했다. 그는 "꿈은 개인적인 기록이며 자신에게 보내는 편지이다. 신문기사나 잡지기사가 아니다"라고 했다. 또한, 그는 "꿈은 꿈꾼 사람의 마음이 만들어낸 창작물이며, 자신과 타인, 세상, 자신의 충동 등을 어떻게 바라보는지 말해 준다. 꿈을 절대로 객관적 현실에 관한 지침으로 읽어서는 안 된다. 꿈은 어떤 것에 대한 진실을 알려 주는 것이 아니라 우리가 그것을 어떻게 보는지를 알려 주는 영상일 뿐이다"라고 했다. [110]

한 개인의 방대한 꿈의 내용을 통계적으로 분석하려는 또 다른 시도가 있었다. 돔호프는 꿈을 토대로 현실의 예측을 시도하려고 계획했다. 그는 캘리포니아대 사회학 및 심리학 교수였다. 그가 이러한 야심 찬 계획을 할 수 있었던 이유는 한 개인의 엄청난 꿈 기록을 확보할 수 있었기 때문이었다.

바브 샌더스(가명)라는 미국인 중년여성은 1976년부터 1997년까지 22년 동안 자신의 꿈 기록을 무려 3,082건이나 제공했다. 돔호프는 그녀를 몰랐지만, 꿈 기록을 토대로 그녀의 성격과 이력을 알아낼수 있기를 바랐다. 그가 성공한다면 꿈이 그의 성격, 혹은 어쩌면 삶의 핵심목표까지도 알려 준다는 것이 증명되는 셈이었다.

꿈을 이렇게 철저히 살펴보는 연구는 기존에 없었다. 돔호프와 연구진은 1년 동안 샌더스의 꿈 보고를 컴퓨터에 입력해 데이터 뱅크를 만들고 패턴을 분석하는 작업을 했다. 컴퓨터를 이용해 모든 등장인물의 목록을 작성하고 반복되는 꿈 장면을 통계적으로 분석했다.

보고된 꿈 중 상당 부분은 혼란스럽고 무의미한 듯했지만, 3천여 건의 꿈을 통해 샌더스의 성격과 삶을 차츰 예상할 수 있었다. 그녀의 꿈에 등장하는 인물의 수는 여느 여성의 꿈과 비교해 봐도 더 많았다. 돔호프는 이 사실에서 샌더스가 낮에 많은 사람을 상대한다고 추론했다. 또한 그녀는 친절한 사람이 아닌 것 같았다. 상당히 많은 꿈속에서 상대방에게 화를 내거나 퇴짜를 놓았다. 특히, 어머니와의 관계에서 어려움을 느끼는 모양이었다. 그녀는 꿈속에서 거의 열 번에 한 번 꼴로 어머니를 보았고 거의 항상 어머니와 싸웠다. 샌더스의 둘째 딸이 등장하는 꿈은 어머니 못지않게 잦았고 동반된 감정은 더 강렬했다. 그녀는 둘째딸에게 원한을 품은 것일까? 꿈속에서 샌더스는 나머지 두 딸에게는 거의 항상 친절했으며, 여자친구 루시에게는 도움을 주려고 애쓰는 경우가 많았다. 마지막으로 극장에 관한 꿈을 반복해서 꾸었다. 샌더스는 여배우자나 연출자, 또는 극작가로 등장했고 관객의 박수를 몹시 갈망했다. 따라서 돔호프는 그녀가 불타는 명예욕의 소유자라고 짐작했다.

연구진은 이런 가설을 정리하고 나서 샌더스와 그녀의 절친한 여자친구 4명에게 대담을 요청했다. 며칠 동안 진행된 개별 인터뷰에서 연구진은 친구들에게 샌더스의 삶과 성격에 대해서 물었다. 그리고 가설 중 다수가 옳았음을 발견했다. 샌더스는 실제로 여가 시간에 연극에 관여했으며, 샌더스의 동료 배우인 루시는 그녀가 어마어마한 성취욕을 지녔다고 했다. 샌더스 본인도 돔호프의 추측에 전적으로 동의했다. 직업이 치료사인 그녀는 이례적인 집중력으로 많은 사람을 상대했다. 어머니와의 관계는 실제로 삶에서 가장 어려운 문제였다. 그녀는 "내 어머니는 날카롭고 지나치게 비판적인 사람이었으며 신체 접촉을 피했다"라고 말했다. 꿈속에서 샌더스를 자주 화나게 한 둘째 딸 역시 실제로 그녀에게 큰 걱정거리였다. 조울증 환자인 딸은 병 때문에 자주 가출했고, 샌더스는 딸이 17세에 낳은 아이를 맡아 키워야 했다. 마지막으로 루시와 샌더스가 묘사한 서로의 우정은 연구진이 짐작한 그대로였다. 두 사람은 루시가 샌더스에게 치료를 받기 시작하면서 알게 되었다. 이윽고 우정으로 발전했지만 샌더스는 치료사의 역할을 유지했다.

돔호프는 다른 사람들의 꿈 일기를 자료로 삼아 다시 예측을 시도했고 거듭 옳은 결과를 내놓았다. 그의 연구 결과는 대수롭지 않게 보일 수 있지만 기존의 꿈 이론을 정면으로 반박했다. 당시 신경생물학 실험실을 지배하던 견해는 꿈속 장면은 우연히 발생하기 때문에 꿈꾸는 당사자에 대해 알려주는 바가 거의 없다는 것이었다.

생물물리학자인 슈테판 클라인 박사는 이렇게 결론짓는다.

따지고 보면 돔호프는 꿈을 전혀 해석하지 않았다. 그는 꿈 보고가 직접적으로 말하는 것을 그대로 받아들였을 뿐이다. [111]

돔호프가 얻은 결론은 일찍이 아들러가 내린 꿈에 대한 정의를 떠올리게 한다. 그는 "꿈의 목적은 꿈이 불러일으키는 감정 속에 내재해 있다. 개인이 창출하는 감정은 언제나 그 사람의 생활양식과 일치한다"[112]고 했다. 나도 어떤 꿈은 현실에서 경험했던 미해결된 과제나 감정이 수면 중에 투사되어 꿈으로 재현된다고 본다.

7장

요약: 꿈의 유형 비교

생리몽은 신체 외부에서 가해진 소리 혹은 피부에 가해지는 압박처럼 청각 혹은 감각 자극이나, 신체 내부의 배고픔, 통증, 음식물의 과다 섭취로 인한 신체적 압박, 혹은 알코올과 같은 화학물질의 흡입으로 인한 뇌의 통증 등으로 유발된다. 생리몽은 자극의 현재성과 반응의 즉시성을 그 특징으로 한다. 생리몽이 쾌적하고 안전한 수면을 방해하는 경우에는 수면의 보호자가 아니라 수면의 방해자가 된다. 따라서 편안하게 숙면을 취하기 위해서는 이러한 자극 요소를 사전에 제거해야 한다.

심리몽은 인간의 욕망이나 공포, 걱정, 슬픔, 쾌락 등과 같은 정서 등 심리 상태가 촉발요인이 되어 만들어진다. 심리몽은 꿈을 꾼 사람의 내적 심리상황을 드러내기 때문에 심리상담이나 정신 치료에서 중시한다. 심리몽은 꿈꾼 사람의 심리적 고통, 욕망이나 갈등 등이 발생한 근원적 문제에 도달하게 한다. 때문에 상담자나 치료자는 꿈 분석을 통해 심리상담이나 심리 치료에 활용한다.

정리몽이나 학습몽은 현실에서 익힌 기술, 지식, 학업이 꿈으로 재현되어 반복되기 때문에 기억을 강화하거나 습득 능력을 향상하는 데 도움이 된다.

<표 3> 꿈의 유형별 특징과 활용

유형	생리몽	심리몽	정리몽 · 학습몽	연구몽 · 창작몽	예지몽
주된 자극원	신체 내 · 외부의 물리, 화학자극	욕망, 정서	기억, 학습	미해결의 과제	텔레파시
특징	자극의 현재성, 반응의 즉시성	자극과 반응의 시차	반복, 재연	사고, 관념	직관, 초지각
활용	쾌적한 수면 환경	심리상담, 심리 치료	습득능력 향상	과제, 문제 해결	미래 예측

연구몽 혹은 창작몽은 현실에서 풀거나 해결하지 못했던 과제를 꿈의 은유나 암시를 통해 해결하는 것으로, 학습으로 축적된 지식에 사고나 관념이 더해져서 미해결의 과제를 풀 수 있게 된다.

예지몽은 정신감응적 텔레파시가 주된 자극원이며 인지나 지각을 초월한 무의식적 직관을 통하여 꿈으로 드러난다. 이들 꿈을 통해 우리는 장래에 발생할 수 있는 사건이나 현상을 예측할 수 있다.

<표 3>은 이 장에서 살펴본 내용을 정리한 것이다.

4부

꿈의 상징, 재료와 추진력

꿈이란 우리의 의향을 진실하게 해석한 것이지만,
꿈을 분류하고 이해하려면 기술이 필요하다.

— 몽테뉴

1장

꿈의 상징

내가 그의 이름을 불러주기 전에는 / 그는 다만 / 하나의 몸짓에 지나지 않았다. // 내가 그의 이름을 불러주었을 때 / 그는 나에게로 와서 / 꽃이 되었다.

시인 김춘수가 노래한 〈꽃〉의 한 구절이다. 시인이 하나의 형상에 이름을 붙여 주자 비로소 꽃이 된다. 우리가 매일 사용하는 한글이나 영어의 알파벳도 어떤 의미를 나타내기 위한 상징이다. 꿈에서 암시를 받았던 멘델레예프의 원소주기율표 기호도 상징이다. 수학에서 사용되는 미분, 적분 방정식의 기호나 물리나 음악에서 사용되는 수많은 기호 모두 어떤 대상의 특성을 상징으로 표시한다. 국가의 정체성을 나타내는 국기도 상징이며, 기독교의 십자가나 불교에서 진리의 본체를 뜻하는 만(卍) 자도 상징이다. 이같이 현실에서 우리는 상징 속에 살고 있다.

꿈도 현실 이상으로 상징을 많이 사용한다. 프로이트는 "상징 관계의 본질은 비유이다"[1]라고 했다. 융은 "상징이란 일상에서 늘 귀에 익은 용어나 이름, 심지어 그림이지만 그것은 관습적이고 잘 알려진 의미뿐 아니라 아직 표현되지 않은 어떤 특수한 의미를 내포한다"[2]고 보았다. 정신분석에서 상징은 어떤 개념, 갈등, 무의식적 욕망에 대한 간접적이고 비유적인 표상방식을 가리킨다. [3]

심리학자 블레츠너는 "상징의 해독은 꿈 해석에서 가장 쉬운 부분이다. 그러나 상징을 훌륭하게 해독하는 것이 가장 어렵다"고 했다. [4] 사실, 꿈의 모든 상징을 정확하게 해석하기는 쉽지 않다. 특히, 비유적이고 은유적인 표현이 사용된 꿈의 경우에 더욱 그렇다. 하지만 꿈에서 드러난 상징은 비밀의 문으로 들어가는 열쇠와도 같기 때문에 많은 분석가는 상징을 해석하려는 노력을 끊임없이 기울여 왔다.

1. 상징의 보편성 · 특정성

상징도 인류의 문화나 관습에서 비롯되기 때문에 꿈의 상징을 이해하기 위해서는 문화와 관습에 대한 이해가 필수적이다. 한편, 어떤 상징은 시대와 장소를 초월하여 통용되며, 어떤 상징은 어느 특정한 시기나 장소에 한정하여 적용이 가능하다.

따라서 나는 이들 상징을 구분하여, 이들의 명칭을 각각 '보편적 상징'과 '특수한 상징'으로 나누어 사용하고자 한다.

1) 보편적 상징

여기서는 특정한 시간과 장소를 초월하여 동일하거나 유사한 의미로 받아들여지는 몇 가지 보편적 상징으로 곡식, 태양과 별을 차례대로 살펴보고자 한다.

먼저, 곡식은 인간의 생명유지에 필수적인 식물이다. 그중에도 주

식인 쌀, 밀, 옥수수 등은 재물의 상징인 동시에 일의 성취 등을 표상한다.[5]

꿈1 여문 이삭과 야윈 이삭의 꿈

밀은 고대 이집트나 서양에서 주된 양식이다. 밀의 이러한 특성이 물질적인 풍요를 상징한다. 앞서 예를 든 고대 이집트의 파라오가 요셉에게 말한 꿈 이야기이다.

내가 또 꿈에서 보니, 밀대 하나에서 여물고 좋은 이삭 일곱이 올라왔다. 그런데 그 뒤를 이어 딱딱하고 야위고 샛바람에 바짝 마른 이삭 일곱이 솟아났다. 이 야윈 이삭들이 그 좋은 일곱 이삭을 삼켜 버렸다(창세기 41장 22~34절).

요셉은 이 꿈에서 여문 일곱 이삭은 7년의 풍년을 상징하고, 마른 일곱 이삭은 7년의 흉년을 상징하는 것으로 해석했다.

꿈2 빵을 꿀에 적셔 먹는 꿈

고대 그리스 아르테미도로스는 〈꿈의 열쇠〉에서 빵의 상징에 대해서 언급했다. 여기서 밀로 만든 빵은 재물이나 이득을 상징했다.[6]

어떤 사람이 꿈에 빵을 꿀에 적셔 먹었다. 그는 철학 연구로 관심을 돌려 거기서 지혜를 얻었고 그로 인해 많은 돈을 벌었다. 꿀은 당연히 철학적 웅변을 의미했고, 빵은 이윤을 의미했다.

꿈 3 벼가 무성한 꿈

동양에서는 쌀이 주식이다. 예지몽 전문가인 한건덕은 벼와 보리의 상징을 일의 성취, 재물 등으로 해석했다.

(꿈에) 벼가 잘 자라 무성한 것을 보거나 이삭이 나오는 것은 현실에서 사업의 진척 상황을 예시한 꿈인데, 때로는 일의 성취나 부귀영화가 가까워졌음을 암시하기도 한다. 벼나 보리를 패는 것을 보면 재물을 얻거나 혼담이 무르익어 간다. 7

둘째로, 태양은 이 세상에 하나밖에 없는 유일한 존재로, 만물에게 생명을 준다. 햇빛이 없으면 사람과 식물은 생육과 성장이 불가능하다. 고대 이집트에서는 태양신 라(Ra)를 숭배했다. 이들의 신화는 다음과 같이 시작한다.

태초에 빛이 없던 혼돈의 바다 '눈'(Nun) 있었다. 거기서 갑자기 태양신 '라'가 나타나면서 시간이 시작된다. 8

고대 그리스에서는 태양신 헬리오스(Helios)를, 로마는 274년 '솔 인빅투스'(sol invictus, 정복당하지 않는 태양)를 제국의 신으로 선포했다. 9 이러한 이유로, 서양에서 태양은 영광, 밝음, 빛 혹은 그리스도10를 상징한다. 동양에서도 해는 왕, 대통령, 통치자를 상징하며, 태양의 따뜻함은 은혜와 자비, 햇빛은 영광과 경사로움, 소원 충족11 등을 암시한다. 태양은 시대와 장소를 막론하고 영광이나 왕, 통치자를 상징한다.

꿈 4 태양이 밝게 뜨는 꿈

아르테미도로스는 태양이 상징하는 바를 다음과 같이 설명했다.

태양이 밝고 맑게 동쪽에서 떠서 서쪽으로 지는 꿈은 모두에게 좋다. 어떤 이에게 이는 활동을 예고한다. 태양은 잠에서 끌어내 움직이게 하기 때문이다. 또 어떤 이에게는 아이의 출산을 예고한다. 부모는 아들을 '태양'이라고 부르기 때문이다. 노예라면 해방될 것이다. 사람들은 자유를 또한 '태양'이라고 부르기 때문이다. 또 어떤 이에게는 재산이 늘어나게 해준다. 12

꿈 5 태양을 어머니의 입안에 넣는 꿈

중국 전한 시대 6대 황제인 한경제가 즉위한 해, 왕지 부인이 아들을 낳는다. 한경제가 일찍이 꿈을 꾸었는데 천상의 선녀가 양손에 아주 뜨거운 태양을 받들고 그것을 왕미인의 입안에 넣었다고 한다. 13 그 아들이 한나라 7대 황제인 한무제이다.

꿈 6 해가 품안에 떨어지는 꿈

요나라를 흥성하게 한 야율억 왕에 대한 태몽이다. 〈금사〉(金史)에는 요의 태조 야율억의 어머니인 소씨의 꿈에 해가 품안에 떨어지고 나서 임신하여 야율억을 낳았다고 기록되어 있다. 14

한건덕은 태양이 상징하는 바를 이렇게 설명했다.

해는 하늘의 제왕이다. 동에서 떠서 서쪽으로 지며, 그 빛은 온 세상을 밝혀 주고 그 열과 빛은 모든 생명의 근원이다. 하늘은 국가나 사회 기반을 상징하며, 해는 왕·대통령·통치자를 상징한다. 그 빛이 온 세상 구석구석을 밝혀주는 위력은 위대한 인물·위대한 업적·개척자·진리·계몽 사업·절대권자·권력기구를 상징할 수 있다. 따라서 해는 국가·국토·유명인·명예로운 사업의 상징이 된다.[15]

마지막으로, 별의 상징도 동서양이 유사하다. 융 학파의 프란스는 말했다.

별의 세계는 항상 영원하고 신성한 존재의 세계로 주목받았습니다. 그러므로 세계 곳곳에서 별이 떨어지는 것은 영혼이 지구에 와서 아이로 태어나는 순간이라는 민속 전통이 있습니다.

중국과 고대 로마 제국에서 점성가는 유명한 인물이 사망했을 때 새로운 별이 생겨나는 것을 찾으려고 하늘을 보았는데, 그 이유는 죽은 영혼이 하늘로 돌아가 다시 한 번 별이 된다고 생각했기 때문입니다.

나아가 이집트의 장례 의식에서는 "북극 주위를 맴도는 떠도는 별이 되게 하소서"라고 기원합니다. 고대 이집트에서는 영생불멸하는 정신의 영적인 부분이 이른바 바(Ba)로 표상되었는데, 그것은 새나 별로 태어났습니다. 그것은 사후에도 지속되는, 죽은 뒤에 떠도는 별이 되어 태양신을 따라다니는 인격의 부분을 상징화했습니다.

따라서 별은 고유한 인격체의 영속성과 관련됩니다. 그것이 별에 투사된 것입니다. 즉, 뛰어난 인물이 태어났을 때는 새로운 밝은 별이 하늘에 나타납니다. …

이는 시대의 보편적인 관점입니다. 새로운 별은 황제나 위대한 통치자, 또는 인류의 운명을 바꾸어 놓을 누군가가 지상 어디엔가 왔음을 의미합니다.[16]

꿈 7 별과 접촉하고 왕을 잉태한 꿈

중국의 〈제왕세기〉(帝王世紀)에서는 황제(黃帝) 때에 큰 별이 나타났는데 무지개와 같았다고 한다. 그 별이 내려와 저(渚) 땅을 밝게 비추니 여절(女節, 소호의 어머니)은 꿈에 그 별과 의감(意感)으로 접촉하고 나서 잉태하여 소호(少昊, 왕)를 낳았다. [17]

꿈 8 큰 별이 품안으로 떨어지는 것을 보고 임신한 꿈

〈원사〉(元史)에 황진(黃溍)의 어머니는 꿈에 큰 별이 품안으로 떨어지는 것을 보고 임신하여 그를 낳았는데, 그는 저술(著述)로 업적을 남겼다. [18]

꿈 9 별 두 개가 떨어지는 것을 받은 꿈

신라 김유신 장군의 태몽이다. 595년 진평왕 때 김유신의 부친 김서현은 꿈에 하늘에서 형혹성(熒惑星) 두 개가 떨어져 자기에게 오는 것을 받았다. [19]

꿈 10 별이 가슴으로 떨어지는 꿈

자장율사는 신라에 화엄사상을 최초로 소개한 승려로, 신라 율종의 시조이다. 그의 부친인 김무림은 진한 왕족의 후예로 진골 출신이며 신라의 소판(정승)을 맡고 있었지만, 슬하에 자식이 없어 걱정이었다. 김무림은 아들을 얻고자 보시와 공양 그리고 관세음불상을 조성하기도 했다. 얼마 뒤, 그의 아내가 상서로운 별이 가슴으로 떨어지는 꿈을 꾼 뒤로 아이를 갖게 되었고 열 달 뒤 부처님 오신 날인 4월 8일에 아이를 낳았다. 부모는 아이의 이름을 선종랑이라 지었다. 그 아이는 성장하여 훗날 세상에 이름을 떨쳤다. [20]

2) 특수한 상징

특정한 시대, 장소 혹은 사회에서만 제한적으로 통용되는 상징도 있다. 나는 이를 상징의 특수성 내지 특정성이라고 한다. 상징의 특정성에 대해 융은 다음 사례를 들었다.

영국을 방문하고 온 인도인은 고향 친구들에게 영국 사람은 동물을 숭배한다고 말했다. 왜냐하면 그는 오래된 교회에서 독수리, 사자, 소의 조각을 보았기 때문이었다. 그는 (많은 기독교인이 모르는 것처럼) 이 동물들이 네 복음자의 상징이고, 에스겔(선지자)의 환영에서 유래되며, 또한 이집트 태양신 호루스(Horus)와 그의 네 아들과 대비된다는 것을 알지 못했다. … 바퀴나 십자가 같은 것은 전 세계적으로 잘 알려져 있지만 이는 특정한 상황 아래 상징적 의미를 가지고 있다. [21]

기독교 신앙이나 이집트의 관습을 모르면 꿈에서 나타난 이 동물들의 상징이 의미하는 바를 이해할 수 없다.

한편, 프로이트는 꿈의 상징을 해석하기 위해 한편으로는 꿈꾼 사람의 자유연상법에 의해서, 다른 한편으로는 해석자의 상징의 이해를 보충하는 식의 종합기법으로 꿈을 해석해야 한다고 했다. [22]

우선 뱀의 상징을 보자. 뱀에 대한 인식은 시대와 문화, 관습의 차이에 따라 상당히 다르게 인식되었다. 꿈속에서 뱀을 보았다면 좋은 징조일까, 나쁜 징조일까? 이는 뱀이 꿈을 꾼 사람에게 어떻게 인식되느냐에 달려 있다. 더욱 일반화하여, 그가 살고 있는 시대나 문화 공동체가 뱀의 상징을 어떻게 인식하는지의 문제이다.

아르테미도로스는 뱀에 관해 이렇게 말했다.

거대한 비단뱀 피톤(Python)●은 그것이 가진 힘 때문에 왕을 의미한다. 또한, 피톤은 사람들이 보물이 있는 곳에 두기 때문에 부와 금전을 의미한다. 피톤은 그것이 바쳐진 모든 신을 상징한다. 그러므로 피톤이 다가와 무언가를 주거나 말하면, 그리고 사납지 않음을 혀로 보여주면, 이는 대단한 부를 의미한다. 그 반대라면 위험하다. [23]

뱀(ophis)은 질병 또는 적을 의미한다. 뱀이 꿈꾸는 사람을 어떤 상황에 두는가 하는 것은 질병 혹은 적이 그를 대하는 상황을 의미한다. 살모사, 독사는 많은 독으로 인해 '돈'을 의미하며, 같은 이유로 '부유한 여자'를 의미한다. 그것들이 물고 다가와 몸을 감는 꿈은 좋은 것이다. [24]

과거 그리스인에게 뱀은 두려움의 대상이었을 뿐만 아니라 지식을 지닌 동물로 존경받기도 했다. 또 쥐를 없애기 위해 족제비와 같이 애완동물로 키우기도 했다. 어린이들은 뱀과 함께 놀았으며, 여자들은 특히 더운 날에 뱀으로 목과 가슴을 식혔다. [25] 또 다른 기록을 보면, 고대 그리스인 등에게 뱀은 명백히 이로운 피조물이다. 뱀은 생명의 힘이자 발생의 상징이라 지상에 존재하는 뭇 생명에 대한 숭배의 대상이다. 뱀에는 원초적이고 신비로운 무언가가 있는데, 이는 생명이 태동한 심연에서 나오는 것이다. 뱀은 절기에 맞추어 허물을 벗고 겨울이면 동면하는데, 계절에 따라 새롭게 거듭나는 이 특징 때문에 뱀은 지하 세계와 연결된 영원한 생명의 상징이었다.

● 프로그래밍 언어 중의 하나인 파이선(python)도 그리스 신화에 나오는 이 뱀의 명칭에서 비롯되었다.

세계보건기구의 로고

　고대 그리스 신화에 나오는 의학과 치료의 신(神) 아스클레피오스
(Asklepios)는 뱀이 감긴 지팡이를 지니고 다녔다. 그 이유는 다음과
같다. 어느 날 아스클레피오스가 환자를 치료하던 중에 뱀 한 마리가
가까이 오는 것을 보고 지팡이로 쳐 죽였다. 그런데 잠시 후 다른 뱀
한 마리가 입에 이파리를 물고 나타나 죽은 뱀의 입에 물려 주었더니
원기가 회복되면서 살아났다. 이를 본 아스클레피오스는 그 이파리를
이용해 환자를 살려 냈다. 그 후 그는 지팡이에 뱀을 감고 다녔다고 한
다. 그가 들고 있는 지팡이의 허물을 벗는 뱀은 생명과 소생을 상징한
다. 오늘날에도 병원의 구급차나 세계보건기구(WHO)의 로고에 이
상징이 그려져 있다.[26]

　고대 신화에서 뱀은 허물을 벗고 다른 피부가 자라는 능력 때문에
불멸성을 상징한다. 또한 입으로 자기 꼬리를 물고 있는 뱀은 출생,
죽음, 그리고 재출생의 순환에 대한 고대적 상징이다. 그리스-로마
시대의 뱀은 의약의 신에 대한 표상이다.[27]

　한편, 성서 속에서 뱀은 그리스 시대와는 그 상징적 의미가 다르
다. 〈구약성서〉(창세기 3장 1절)에 보면 뱀은 간교하고 교활한 모습
으로 나타나 인간을 유혹하고 타락시켰다. 〈신약성서〉에서도 예수
는 바리새인을 '독사의 자식'이라고 책망했다. 기독교와 유대교에서
뱀은 악마나 마귀를 형상하기도 한다. 한편, 예수가 "너희는 뱀같이
지혜롭고 비둘기같이 순결하라"(마태복음 10장 16절)고 한 점은 특이

하다. 여기서 뱀은 간교하고 사악한 표상이 아니라 지혜로운 동물을 상징한다. 유대의 전통은 뱀을 간교하고 교활한 반면, 지혜로운 동물로 사용하며 다의적 상징으로 사용했다.

꿈 1 큰 구렁이가 하늘로 올라가는 꿈
어느 분의 태몽이다.

커다란 고목에 작은 구멍이 뚫려 있었다. 그곳에서 큰 구렁이가 나오더니 하늘로 올라가는 것을 보았다. [28]

한건덕은 이 꿈을 장차 태어날 아이가 성장하여 발표할 연구 작품이 기관이나 회사를 통해 세상의 칭송을 받을 것이라고 해석했다. 옛날부터 한국에서 구렁이는 집을 지켜 주는 수호동물로 인식되었다. 구렁이는 강대한 세력, 권세 있는 기관 등을 상징한다.

꿈 2 작은 뱀이 팔을 무는 꿈
앞에서 예를 든 셀릭슨 교수의 태몽이다. "꿈에 작은 뱀이 팔을 물었다." 뱀의 형태가 남근과 비슷하다고 해서 남아를 임신했다고 속단해서는 안 된다. 셀릭슨 교수의 경우는 여자아이였다. 여기서 뱀은 지혜로운 아기가 태어난다는 은유적 표현이다.

요약하면, 꿈에서 사용되는 뱀의 상징은 특정한 시대, 문화나 관습에 따라 다르게 인식될 수 있다. 따라서 꿈을 정확히 해석하기 위해서는 상징과 함께 꿈꾼 사람을 둘러싸고 있는 시대, 장소 혹은 문화나 관습의 특수성을 이해해야 한다.

다음으로, 동양과 서양에서 용(dragon)의 상징은 전혀 다르게 인식된다. 서양에서 용은 사탄이나 악마를, 동양에서는 최고의 권력, 영예를 표상한다.

성서에는 하느님이 용을 쳐부수는 장면이 나온다.

그날에 주님께서는 날카롭고 크고 세찬 당신의 칼로 도망치는 뱀 레비아탄, 구불거리는 뱀 레비아탄을 벌하시고 바닷속 용을 죽이시리라 (이사야 27장 1절).

또 다른 장면에서도 용은 악마, 사탄에 비유된다.

그때에 하늘에서 전쟁이 벌어졌습니다. 미카엘과 그의 천사들이 용과 싸운 것입니다. 용과 그의 부하들도 맞서 싸웠지만 당해 내지 못하여, 하늘에는 더 이상 그들을 위한 자리가 없었습니다. 그리하여 그 큰 용, 그 옛날의 뱀, 악마라고도 하고 사탄이라고도 하는 자, 온 세계를 속이던 그자가 떨어졌습니다(요한묵시록 12장 7~10절).

또한 요한계시록에서 요한의 환상 가운데서도 붉은 용이 머리가 일곱이요 뿔이 열 개인데, 머리마다 면류관이 있고 그 꼬리가 하늘의 별 3분의 1을 끌어다 땅에 던졌다고 한다. 제임스와 미카엘 골도 〈꿈의 언어〉에서 용을 사탄의 상징으로 보았다. 29

용에 대한 관념과 상징이 서양에서 어떻게 전승되고 있는지 사례를 들어 보자. 프레이저 보아의 〈융 학파 꿈 해석〉에 소개된 꿈이다.

나는 엄마와 함께 사는 한 젊은이의 꿈에 대해 들은 적이 있다. 그는

29세나 되었지만 여자를 한 번도 방 안에 들인 적이 없었다. 우리는 그가 엄마 집을 떠나 방을 얻을 수 있는지 신중하게 검토했다. 그는 두려워했다. 그는 매우 복잡한 사람이었고 그의 엄마는 상당히 거칠고 강한 성격이었다. 그는 엄마에게 '제가 지금 밖에다 방을 얻으려 해요. 그리고 더는 엄마와 살지 않을 거예요'라고 말해야 하는 순간을 두려워했다. 이사 가기로 마음먹었을 때, 그는 용을 죽여야 했던 꿈을 꾸었다. 엄마에게 이사 가겠다고 말하는 것이 우리에게는 별것이 아닌 일로 보일지 모르지만 그에게는 용을 죽이는 일이었다. [30]

이 소년의 꿈에서 엄마의 그늘에서 벗어나고 싶은 힘든 과제가 용을 죽이는 일로 상징화되어 나타나고 있다.

이와는 반대로, 한국과 중국에서 전설적 동물인 용은 국가의 최고 통치자인 왕이나 황제의 권세를 상징한다. 한건덕은 용을 다음과 같이 표현하고 있다.

이 가상적인 동물을 위대하게 인식함은 역사적 기록물이나 용을 그린 도표·조각물 등에서 얻어진 지식 때문이다. 또 한편 옛사람들은 용은 지상에서 태어났으면서 하늘을 마음대로 날고, 구름을 몰아 꼬리로 쳐서 인간에게 비를 준다고 믿었다. 우레는 용이 호통치는 소리요, 번개는 눈알을 굴리는 섬광으로 믿어 몹시 두렵고 위대하며 하늘의 권세를 마음대로 주름잡는다고 보았다. 용을 인간이 갈구하는 비를 주기도 하고 안 주기도 하는 영험한 존재라고 믿었던 신앙에서, 국가의 최고 통치자의 권세와 같이 보았다. 이 용이 되기 위해서는 뱀이나 이무기가 지상에서 천 년을 묵어야 하고, 천신(天神)의 인정을 받아야 한다고 믿었다. 이러한 잠재지식을 세력을 잡는다는 관념적 상징물로 사용했다. 그래서 왕의 자리를 용상이라고 했고, 과거에 급제하면 등용문에 오른다고 했으며, 군대의 군기나 사찰의 문주, 또는 일용품의 문장이나 호신용 칼자루에까지 용틀임을 위용과 득세의 상징으로 아로새겼으니 어디가나 용은 득세의 상징물로 상식화되었다. 꿈은 이 상징의 의미를 그대로 인용하고 있다. [31]

중국 한나라 문제(文帝)의 어머니는 '자기의 가슴에 용이 서리고 있었다'는 꿈을 꾸고 왕자를 낳았다. [32]

꿈 3 정몽주의 태몽

용에 관한 태몽이 반드시 황제나 왕만을 상징하지는 않는다. 고려 말 충신인 정몽주의 자당(어머니)이 낮잠을 자는데, 꿈에 배나무에 용 한 마리가 있는 것을 보고 괴이하게 생각되어 깨어나 문을 열고 내다보았다. 그때 마침 아들 몽란(몽주의 아명)이 올라가 있는 모습을 목격했다. 어머니의 꿈에서 아들 몽주가 용으로 동일시되었으며, 그가 장차 큰 인물이 되어 득세할 것을 예시한 것이다. [33]

마지막으로, 특정 관습의 상징물로 꿈에 옥(玉)이 등장하는 경우를 살펴보자. 춘추 시대 노나라 공손영제의 꿈이다.

시기는 노(魯) 성공(成公) 17년이었다. 일찍이 성백이 꿈을 꾸었다. 원수(洹水)를 건너는데 어떤 사람이 자신에게 경괴(瓊瑰, 옥의 일종)를 주고 먹게 했다. 성백이 울자 눈물이 옥이 되어 그의 품에 가득 찼다. 이어서 그는 노래를 불렀다.

"원수를 건너는데 내게 옥구슬을 주네. 돌아가려나, 돌아가려나,

옥구슬이 내 품에 가득 찼네."

성백이 두려워서 감히 점을 치지 못했다. 정나라에서 돌아온 임신일에 이신(貍脤)에 이르러 점을 치고는 이렇게 말했다.

"나는 두려워서 감히 점을 치지 못했다. 지금은 사람들이 많고 나를 따른 지 3년이나 되었으므로 내게 아무 해가 없을 것이다."

이 말을 하고 그날 저녁에 세상을 떠났다. 34

이 꿈은 죽음을 예고한 예지몽이다. 이 꿈을 정확히 해석하려면 당시 옥의 쓰임새에 관한 관습을 알아야 한다. 당시 장례에서는 죽은 자의 입에 옥을 물렸다. 이 꿈은 성백의 죽음을 예고한 꿈이라는 사실을 쉽게 짐작할 수 있다. 따라서 꿈을 점치지 않았음에도 성백은 자신에게 '옥을 먹게 한' 상징적 의미가 죽음이라는 사실을 잘 이해하고 있었기 때문에 두려워했던 것이다.

이제 죽은 이의 입에 옥을 물리는 특정한 관습은 더 이상 존재하지 않는다. 따라서 현대에는 옥을 입에 무는 꿈이 죽음을 예지한다고 해석하지 않을 것이다. 이와 같이 상징의 의미도 시대에 따라 변화할 수 있기 때문에 꿈을 꾸는 사람이 속한 특정한 시기의 문화나 관습을 알고 있어야 한다.

2. 상징의 개별성

동일한 시대, 문화와 관습을 공유하는 사회에서 인식하는, 어떤 인물이나 대상에 대한 상징은 보통의 경우 개인에게도 동일한 의미로 받아들여진다. 하지만 개개인이 겪은 경험이나 감정이 그가 속한 사회의 일반적 인식과 다를 경우 개인의 특수한 경험이나 정서가 우선된다. 즉, 꿈 해석에서는 상징의 개별적 의미가 보편적 의미보다 먼저 적용되어야 한다. 따라서 꿈을 제대로 해석하기 위해서는 특정한 문화나 관습 이해에 덧붙여 꿈꾼 사람이 처한 개별적 상황도 이해하고 있어야 한다. 몇 가지 꿈 사례를 들고자 한다.

1) 꿈꾼 사람의 객관적 상황

정신과의사 이동식 박사의 젊은 시절 꿈이다. "아마 모 처녀와 약혼식인가 결혼식인가를 하는데 내가 신부의 방에 들어가려고 하니 이미 내 친구가 그 방에 들어가 있기 때문에 들어갈 여지가 없어 들어가지 못했다."

꿈꾼 이에 대한 개인적 상황을 모른 채 이 꿈을 해석하기는 어렵다. 그가 처했던 객관적 상황을 보자. 당시 이동식 박사는 30세에 가까웠다. 주위 친구들이 여성을 소개해 주기도 했는데, 친구 중에는 여대 교수도 있었다. 친구들은 그 교수의 제자 중 한 여성과 그가 가까워지도록 무척 노력했다. 하지만 그녀는 자신의 스승인 그의 친구를 더 좋아하고 있었고, 이 박사도 그 사실을 어렴풋이 알고 있었다. 결국 혼담은 이루어지지 않았다. 이 박사는 이렇게 말했다.

"그 여성의 마음은 이미 나의 친구가 점령하고 있으니, 내가 들어갈 여지가 없다는 사실을 알려준 꿈이었다."[35]

이 꿈에서 약혼식 혹은 결혼식은 현실에서 그녀와 맺을 인연을, 신부의 방은 그녀의 마음을 상징한다. 즉, 신부의 방으로 상징되는 그녀의 마음이 다른 남자에게 있음을 이 박사는 느낌으로 알고 있었고, 이 박사의 심적인 감정이 이 꿈을 만드는 직접적 촉발 요인이 되었다.

2) 꿈꾼 사람의 주관적 상황

일반적으로 꿈속의 아버지는 현실의 아버지나 아버지에 준하는 윗사람으로 동일시된다. 꿈속의 어머니는 실제의 어머니나 어머니에 준하는 윗사람과 동일시될 수 있다.[36] 하지만 어떤 사람이 부모님에 대해 이와는 정반대의 감정을 갖고 있다면, 부모님은 그에게 보호자가 아니라 가해자나 학대자를 상징할 수 있다. 따라서 꿈 상징을 해석하는 데 있어, 꿈꾼 사람의 이러한 개별적 경험과 감정을 알아야한다. 꿈의 상징은 꿈꾼 사람의 개개인의 객관적 상황 및 주관적 상황이 반영되어 만들어진 것이다.

꿈 1 융, 돌아가신 부친을 꿈에서 보다
부친이 돌아가신 뒤 나타난 꿈으로, 융이 꾸었다.

돌아가신 지 6주가량 지나고 나서 아버지가 나의 꿈속에 나타났다. 갑자기 아버지가 내 앞에 서서 휴가에서 돌아왔다고 했다. 아버지는 휴양을 잘하고 이제 귀가한 것이다. 내가 아버지의 방을 차지했기 때문에 아버지가 나를 불쾌하게 여길 거라고 생각했다. 그러나 거기에 대해 아무 말도 없었다! 그렇지만 나는 아버지가 죽었다고 착각한 것이 부끄럽기만 했다. 며칠 후 또 다시 그런 꿈을 꾸었다. 아버지는 건강이 회복되어 집으로 돌아왔고, 다시금 나는 아버지가 죽었다고 생각한 것을 자책했다.[37]

이 꿈을 제대로 해석하기 위해서는 당시 융의 객관적 상황과 아버지에 대한 융의 진정한 속마음을 알아야 한다. 융은 당시 자신의 상황을 비교적 자세히 밝히고 있어 이 꿈을 해석하는 데 도움이 된다. 융의 아버지는 목사였다. 1895년 말 아프셨고 1896년 초에 돌아가셨다. 살아 계셨을 때 그는 아들의 교육을 위해 헌신했지만, 1892~1894년 기간에는 아들과 격렬한 논쟁을 벌이기도 했다. 아버지가 병상에 누운 후로 융은 아버지를 애처롭게 생각한다. 융의 아버지가 돌아가신 어느 날, 그의 어머니는 말했다.

"아버지는 너를 위해서 지금 돌아가셨구나."

융에게 그 말은 이런 의미로 들렸다. "두 사람은 서로를 이해하지 못했고, 아버지는 너에게 방해가 되었을지도 모른다."

융은 자신의 감정을 솔직히 표현하고 있다.

'너를 위해서'라는 말이 나에게 몹시 아프게 다가왔다. 나는 낡은 시대의 한 조각이 돌이킬 수 없이 끝나 버린 것을 느꼈다. 다른 한편, 그 무렵 남자다움과 해방감이 조금씩 내 안에 싹텄다. 아버지가 돌아가신 후 나는 아버지 방으로 옮기고 집 안에서 그의 자리를 차지했다. 예를 들면, 내가 어머니에게 생활비를 일주일마다 나눠 주어야만 했다. [38]

자신의 아버지에 대해 솔직하게 말하자면, 융은 자기 책망과 해방 감을 동시에 양가감정으로 느꼈던 것 같다. 한때 자신을 성장시키고 대화의 상대가 된 아버지 그리고 말년에는 병마에 시달리던 병약한 아버지의 상에서 그는 아버지에 대한 고마움과 애처로움을 느꼈을 것이다. 다른 한편, 아버지 사망 후 '낡은 시대의 한 조각이 돌이킬 수 없이 끝나 버렸다'고 하는 그의 생각에서, 아버지의 견해나 사고가 고리타분한 과거의 유물에 불과하다고 느꼈음을 읽을 수 있다. 또한 더 이상 아버지의 사고에 대해 간섭받지 않는 데 대한 심리적 해방감과 어머니의 생계를 도와주는 가장의 역할을 통해 남자다움을 느끼고 있다.

꿈에 대해서 말하자면 융의 아버지에 대한 자책감이 이 심리적 꿈을 만들어 내는 촉발 요인이 되었다. 꿈에서 그는 아버지의 방을 차지한 것에 죄송스러움을 느끼고, 아버지의 죽음을 인식한 것을 자책한다. 아버지와 매번 의견이 충돌했던 융에게 어머니가 '너를 위해서 지금 돌아가셨구나'라고 했던 말이 융의 자책 감정을 솟게 하는 또 다른 요인이 되었다. 이처럼, 꿈을 제대로 해석하기 위해서는 꿈꾼 사람의 객관적이고 주관적인 상황을 제대로 이해하고 있어야 한다.

꿈 2 어머니가 초라한 복색을 하고 떠난 꿈

이동식 박사가 정신 치료를 했던 30대 한 남자가 어린 시절부터 반복한 꿈이다. "어머니가 초라한 복색을 하고 먼 길을 떠난다고 하는데 나는 물끄러미 바라보기만 하고 아무 말도 없고 눈물도 나지 않는다."

그는 지난 20년 동안 편두통을 앓았는데, 신경외과에서 치료해도 낫지 않자 정신과에 온 환자였다. 이 환자의 객관적 상황은 다음과 같다. 이 사람은 어렸을 때 아버지가 다른 여자와 살림을 차렸다. 젊은 어머니와 친삼촌들과 한집에 살면서 어머니로부터 오는 마음의 부담을 감당할 수 없었고, 18세에 이발을 하다가 편두통이 생겼다. 그는 정신과 치료를 받으면서 어머니에 대한 적개심을 의식했고, 차츰 적개심을 풀었다. 이후 그는 같은 꿈을 꾸면서 눈물이 난다고 보고했다. [39]

다음은 나의 해석이다. 이 꿈을 정확히 해석하려면 어머니에 대한 상징적 의미를 알아야 한다. 어머니의 보편적 상징은 양육자이고 보호자이다. 어머니는 자신을 낳고 키웠으니 사랑과 존경의 대상이다.[40] 하지만 이 꿈을 꾼 남자의 어머니에 대한 개별적이고 주관적 상징을 보면, 한편으로는 자신의 양육자이지만 다른 한편으로는 현실에서 자신에게 저주를 퍼붓거나 학대까지 했을 가능성이 있는 가해자이다. 이 경우 상징의 해석에는 개별성이 보편성보다 우선한다.

여기서는 꿈을 꾼 남자가 어머니로부터 받았던 부담감이 구체적으로 무엇인지 설명되지 않아 정확히 알 수는 없다. 하지만 어머니가 상처가 되는 원망스러운 말이나 행동을 했을 것이라 추측할 수 있다.

그는 꿈속에서 눈물을 흘리지 않는다. 어머니의 죽음에 대해 슬퍼하지 않는 모습은 어머니에 대한 애정이 더 이상 없는 그의 심리 상태를 드러낸다. 현실에서 어머니에 대한 미움이나 증오 감정이 고마운 감정보다 더 컸던 것이다. 그러다가 그는 심리 치료를 받으면서 어머니에 대한 적개심을 풀고 눈물을 흘린다. 심리적으로 억압되거나 부인되었던 어머니에 대한 사랑과 애처로운 감정이 되살아났을 것이다.

끝으로, 꿈에서 '먼 길을 떠난다'는 것은 흔히 죽음을 상징하기도 한다. 한국의 관습에서는 '죽었다'를 '돌아가셨다'라고도 표현한다. 현실에서 그의 어머니는 그가 정신과 치료를 받기 몇 해 전에 돌아가셨다. 초라한 복색이니 어머니의 죽음도 쓸쓸했을 것이다.

꿈 3 딸이 면접을 앞두었을 때 나타난 아버지의 꿈

미카엘라의 아버지는 그녀가 직장을 얻기 위한 면접을 이틀 앞두었을 때 꿈에 나타났다. 그녀는 어렸을 때 어머니와 아버지가 돌아가셨다. 그런데도 그녀는 부모님에 관한 꿈을 자주 꾸었다. 그녀는 부모의 꿈을 전혀 겁내지 않고 오히려 위로를 느끼며, 자기 인생에서 특별한 두 사람과 대화를 나눈다는 긍정적 의미로 받아들인다. 또한 스트레스를 받았을 때나 중요한 결정을 내려야 할 때도 그런 꿈을 자

주 꾸었다. 면접을 앞두고도 꿈을 꾸었다. 그녀는 꿈속에서 아버지와 이야기를 나눈 것이 즐겁기도 하고 새 삶을 시작하는 인생의 전환기에 그가 자신을 격려했다고 믿었다. [41]

미카엘라가 꿈속 부모와의 대화를 통해 즐거움을 느낀다는 사실은 부모를 자신의 인생 전환기의 조언자, 격려자로 인식하고 있음을 나타낸다. 그녀에게 돌아가신 부모님은 안내자, 보호자로 인식되기 때문에 긍정적 의미로 꿈속에서 표상되는 것이다.

앞서 소개한 융의 돌아가신 아버지 꿈과 어느 남성의 초라한 복색을 하고 떠나는 어머니의 꿈과 같이 보았을 때, 꿈꾼 이의 부모님에 대한 주관적 인식이 서로 다른 사고로 체화되었음을 보여주고 있다.

3. 심리 내적 갈등이 만들어낸 상징들

프로이트는 1923년 그의 저서 〈자아와 원초아〉에서 인간 내면의 구성요소를 밝혔다. 이를 '성격의 삼원구조 이론'이라고도 한다. 프로이트에 의하면, 인간의 정신 세계에는 매우 충동적이고 비합리적인 원초아, 현실을 고려하는 합리적인 자아, 그리고 도덕과 양심을 중시하는 초자아가 있다. 이들 마음의 구성 요소가 서로 충돌하고 타협하면서 외부 세계와 상호 작용한다. [42]

세상을 살아가면서 어려움에 부딪히거나 갈등이 생기면 사람의 마음속에서는 전쟁이 일어난다. 현실에서도 대립된 감정이나 의식이 서로 충돌하고, 때때로 마음은 혼란에 빠지기도 한다. 여기서는 원초적 본능, 자아와 도덕적 초자아가 각기 다른 상징으로 드러나는 꿈을 소개하고자 한다.

심리학자 패러데이가 운영하는 꿈 집단 중 한 사람인 피터는 다음
과 같은 꿈을 꾸었다.

나는 미국에서 돌아오는 길이었다. 배에 탄 두 명의 동승자 중 한 명은
말쑥한 '도시 신사'였고, 한 명은 차(茶) 회사에서 일하는 인도인으로
터번을 쓰고 있음을 막연하게 알아차렸다. 도시 신사는 그 인도인이
자신의 경쟁자이며 정보를 얻기 위해 자신을 따라왔다고 믿었지만 나
는 그것이 전혀 사실이 아니라고 느꼈다.
　우리가 배에서 내려 택시를 타기 위해 줄을 서있을 때, 도시 신사가
갑자기 인도인을 향해 몸을 돌리더니 칼을 휘둘러 두 손을 자르고는 택
시로 뛰어들어 사라져 버렸다. 나는 이 행동이 인도인이 더 이상 자신
을 따라오지 못하게 막기 위한 냉혹한 일격이었다는 느낌을 받았다. 나
는 소름이 끼치도록 무서웠다. 인도인은 두 손을 잃어 당황했지만 아파
서가 아니라 앞으로 가방을 어떻게 들고 다닐지를 걱정하는 듯했다.
　나는 그 도시 신사를 쫓아가 인도인이 그를 따라왔다는 증거가 전혀
없는데도 왜 그런 짓을 했는지 물었다. 그는 이처럼 가혹한 비즈니스
세계에는 양심의 가책이나 의심의 여유조차도 없으며, 살아남는 유일
한 방법은 신속하게 무자비한 행동을 취하는 것뿐이라고 대답했다.

피터는 연상을 통해 꿈에 등장한 인도인이 참을성 있는 자신의 아
버지와 좀 비슷하게 보인다고 했다. 그의 아버지는 몇 년 전에 돌아
가셨는데 모든 자본가, 특히 도시에서 금융 조작으로 손쉽게 돈을 버
는 사람을 경멸했다고 했다. 피터는 자신이 주식을 얼마간 소유하고
있음을 아버지에게 고백할 때마다 항상 죄책감을 느꼈고, 이 꿈은 그
가 해외여행에 필요한 경비를 마련하기 위해 전날 주식을 일부 팔았

던 것을 상기시켰다.

꿈에 나타난 도시 신사는 정열적이고 야심찬 피터 자신의 일면으로, 함입된 그의 아버지에게 항상 쫓기며 위협받는다고 느끼고 있음이 분명했다. 꿈에서 인도인으로 표상된 그의 아버지는 아직도 인도에는 수백만의 굶주리는 사람이 있는데 사치스럽게 사는 것은 사악함이라고 주장하던 특성을 지닌 아버지이다.

패러데이는 이 꿈이 외면상으로는 조용하고 느긋한 피터의 모습 아래에 인격의 심각한 분리가 숨어 있음을 드러냈다고 설명했다. 수익을 올리거나 조금이라도 자신을 위해 돈을 쓸 때마다 그는 지독한 죄책감으로 고통받았고, 이에 대응하기 위해 그는 가난한 사람의 모든 애원을 절도와 유사한 요구로 여기며 잘라내 버리는 '냉혹한 자본가', 즉 극단적인 정반대의 태도가 그 속에 은둔해 있었다. 43

나는 이 꿈을 피터 심리 내부에 자리 잡은, 돈을 벌고 싶다는 자연스러운 욕망과 아버지의 설교에 의해 내면화된 도덕적 초자아 사이의 갈등을 보여주는 꿈이라고 본다. 꿈에서 '도시 신사'는 피터의 원초아를, '나'는 피터 자신의 자아를 상징한다. 그리고 자신의 원초적 욕망이 이성적인 자아를 오히려 설교하는 것으로 끝난다. 피터 마음에는 주식을 통한 이익 추구가 정당하다는 생각이 더 큰 것이다. 즉, 이 꿈에서는 한 사람의 인격이 둘 이상으로 분리 혹은 해리(dissociation)되어 다중인격으로 나타났다. 이 꿈에서는 피터 자신의 무한한 욕망을 표상하는 '도시 신사'와 이성적인 '나'로 인격이 분리되었다.

프로이트의 성격구조 이론을 현대 뇌과학은 어떻게 받아들이고 있을까? 앞에서 우리는 뇌가 영역별로 특화되고 전문화되어 있다는 사실을 살펴보았다. 프로이트의 이론을 뇌과학적으로 규명하고자 노력한 사람 중에는 신경생리학자 솔름스가 있다. 그는 프로이트의 원초

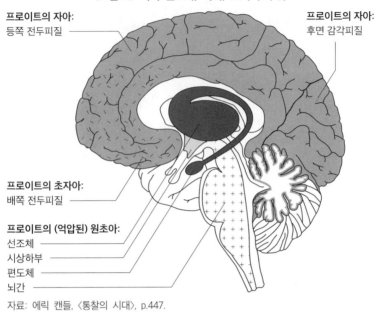

〈그림 5〉 뇌의 원초아, 자아, 초자아 부위

프로이트의 자아:
등쪽 전두피질

프로이트의 자아:
후면 감각피질

프로이트의 초자아:
배쪽 전두피질

프로이트의 (억압된) 원초아:
선조체
시상하부
편도체
뇌간

자료: 에릭 캔들, 〈통찰의 시대〉, p.447.

아, 자아, 초자아의 구조 모형을 현대 뇌과학적 관점에서 설명했다.

먼저, 다마시오가 연구한 전전두엽 배쪽 내측 영역, 즉 편도체를 선택적으로 억제하는 영역에서 오는 입력은 대체로 초자아 기능에 해당한다. 자의식적 사고를 통제하는 전전두엽의 등쪽 외측 영역과 바깥 세계를 표상하는 후면 감각 피질은 대강 자아에 해당한다. 억압된 원초아는 선조체, 시상하부, 편도체, 뇌간 등의 영역에서 담당한다. 따라는 솔름스는 프로이트의 역동적 모형의 핵심이 꽤 이치에 맞는다고 본다. 원시적이고 본능적인 감정 체계가 전전두엽의 더 고등한 집행 체계를 통해 조절되고 억제된다고 한다. [44]

그러면 사람이 꿈을 꾸는 동안 이들 부위는 어떠한 상태로 변할까? 우선 원초아의 영역인 본능과 감정 등 원시적인 충동은 대부분 렘수면 중 변연계의 활성화에 의해 강화된다. 특히, 측두엽의 편도체와 전뇌 하부의 백질 부분이 활성화된다. 이는 모든 종류의 뇌 영상 연구에서 공통적으로 얻은 발견이다. 이것이 바로 프로이트의 원초아이며 현대적 신경과학에 의해 활성화가 확인됨으로써 우리는 본능과 정서가 꿈의 줄거리를 만들어 내는 주요 인자라고 확신할 수 있게 되었다.

또한 꿈 의식에서 종종 나타나는 원시적 성격은 이러한 뇌의 프로그램 때문에 깨어 있는 상태에서는 억제된다고 말할 수 있다. 이러한 관점에서 볼 때 자아와 초자아에 해당하는 것은 배외측 전전두피질이다. 이것이 바로 깨어 있는 상태에서 본능적 행동을 현실의 시나리오에 넣을지 말지를 결정하며 '나'를 구성한다. 꿈의 의식에서 이 '나'는 잠들어 있다. [45] 따라서 꿈속에서는 인간의 원초적 욕구가 더 강하게 작용한다. 이를 통해 현실에서 받았던 스트레스, 억눌렀던 욕구가 표출되어 정신건강의 균형을 이루기도 하고, 두려움과 공포가 압도하는 꿈을 꾸는지도 모른다. ●

생리학자로 노벨상을 수상한 캔들은 덧붙인다. 현대 마음의 생물학에서 중요한 것은 프로이트가 옳았느냐 여부가 아니라, 그가 심리학 자체에 가장 크게 기여한 부분인 인지 지각 과정과 감정 과정을 묘사하기 위해 꼼꼼한 관찰을 활용했다는 점이며, 그 덕분에 그 과정이 훗날 뇌과학 발달의 토대 역할을 할 수 있었다는 점이다. 이런 면에서 프로이트 연구는 새로운 마음의 과학으로 이어지는 경험 연구에 특히 유용하다. [46]

● 홉슨은 자아와 초자아의 영역을 모두 배외측 전전두피질이라고 했는데, 캔들은 이 두 영역을 구분하여 자아는 배외측 전전두엽이고 초자아는 전전두엽 배쪽 내측이라고 특정하여 구분하고 있다.

2장

꿈의 재료와 추진력

꿈의 재료이면서 동시에 추진력이 되는 첫째 요소는 기억이다. 프로이트는 말했다.

꿈의 내용을 구성하는 모든 재료는 어떤 방법으로든지 우리의 체험에서 유래된다는 것과 따라서 그 재료는 꿈속에서 재생되고 기억된다는 것은 명명백백한 사실이다. [47]

둘째는 감정이다. 꿈을 꾸는 렘수면 동안 감정을 담당하는 편도체가 활성화된다. 이런 이유로 나는 감정이 꿈의 또 다른 중요한 재료이며 추진력이라고 본다. 감정은 기쁨과 슬픔, 두려움과 분노, 시기와 호기심, 관심과 죄의식, 부끄러움과 같은 정서적 체험을 말한다.

셋째는 무의식이다. 모든 꿈에 매번 무의식이 발현하는 것은 아니지만 무의식에 의해 유발되는 꿈도 있다. 나는 무의식이 발현되는 꿈을 3가지 유형으로 다시 세분한다. 즉, 현실에서 억압된 무의식, 창의적 무의식과 예지적 무의식이다.

꿈을 불에 비유하면 기억은 땔감이고 감정은 산소이며 무의식은 바람이다. 이 3가지 재료가 꿈 생성의 추진력이 되어 꿈이 만들어진다.

1. 기억

프로이트에 의하면 꿈의 재료가 되는 기억은 다음 3가지다. 최근의 기억, 어린 시절 기억 그리고 의식 너머에 있는 초기억이다.

첫째, 최근의 여러 체험, 특히 전날의 체험이 꿈과 결합한다. 프로이트는 꿈에서 어떤 식물에 관해 '연구서'를 저술했다. 현실에서 그는 이틀 전 어떤 서점의 진열장에서 시클라멘과(科)에 관한 연구서를 보았다. 또 다른 꿈으로 그는 거리에서 두 여자를 보았다. 부녀인데 딸은 그의 환자였다. 현실에서 그가 치료 중인 그 환자는 전날 밤 그에게 계속 치료받는 것을 어머니가 반대한다고 불평했다. [48]

둘째, 과거 어린 시절의 기억이 재료로 사용되기도 한다. 프로이트가 소개한 모리의 꿈이다. 모리는 이렇게 회상한다.

나는 어렸을 때 출생지인 모에서 이웃의 트릴폴트로 자주 놀러갔다. 아버지가 트릴폴트에서 다리 공사의 감독으로 일했기 때문이다. 어느 날 밤 꿈에서 나는 트릴폴트에 가서 어릴 때처럼 큰길에서 놀고 있었다. 그때 어떤 남자가 다가왔다. 그는 제복 같은 것을 입고 있었다. 나는 그의 이름을 물었다. 그는 자기 이름이 C라는 다리지기라고 말했다. 잠에서 깨어난 나는 아무래도 믿기지 않아 늙은 하녀에게 그런 남자를 아느냐고 물었다. 그녀는 "네, 그는 아버님이 공사하시던 다리지기로 있었답니다"라고 대답했다. [49]

셋째, 초(超) 기억적인 꿈이다. 프로이트가 소개한 모리의 또 다른 꿈이다. 어느 날 밤, 그는 어떤 여인과 대화를 나누는 꿈을 꾸었다. 그녀는 자기가 뮤시당 태생이라고 말했다. 그 도시가 어디에 있느냐고 모리가 묻자, 뮤시당은 도르도뉴의 한 도시라고 대답했다. 꿈에서 깬 모리는 꿈속에서 들은 말을 믿을 수 없다고 생각했지만, 지리 사전을 찾아보니 사실이었다. 이런 경우, 꿈이 각성 시 의식보다 더 많은 것을 알고 있다는 사실이 확인된다.[50] 프로이트가 말하는 초기 억은 의식할 수 없는 기억이기 때문에 무의식적 기억이라고 해도 무리가 없을 듯하다.

2. 감정

꿈을 만드는 두 번째 중요한 재료는 감정이다. 기억이 경험과 지식을 단지 저장하기만 한다면 무질서하게 책을 넣어둔 다락방처럼 쓸모가 없을 것이다. 그러니 사건의 가치를 평가하고 서로 연결할 필요가 있다.

감정은 진화의 역사에서 생존과 번식을 보장하기 위해 발생했다. 기쁨은 우리가 유익한 상황에 주목하게 만들고, 공포와 역겨움은 위험을 경고한다. 경쟁자가 우리의 이익을 빼앗으려 하면 분노가 일어나 저항을 유발한다. 그러므로 기억은 감정과 결합되어 있을 때만 우리의 결정에 제대로 기여할 수 있다.[51] 많은 연구자는 감정을 혐오, 공포, 분노와 사랑, 이 4가지로 보는 것에 의견이 일치한다.[52] 깨어 있을 때건 꿈을 꾸고 있을 때건 인간의 삶에는 언제나 감정이 동반된다.[53] 기억은 사랑이나 혐오, 공포나 편안함, 기쁨이나 분노와 같은 감정과 결합되면서 정리된다.

다음 꿈 사례에서 감정에 의해 기억이 재구성된다는 사실을 확인할 수 있다. 감정과 기억의 밀접한 연계성 때문에 뇌의 진화 과정에서 변연계 내에 기억을 통제하는 해마와 감정을 담당하는 편도체가 서로 가까이 있도록 진화해 왔는지도 모른다.

꿈 1 9·11 테러 이후의 불안한 꿈

2001년 9월 11일 오전 9시 45분 그리고 20분 후, 빈 라덴이 주도하는 테러조직 알카에다가 납치한 비행기 2대가 뉴욕의 세계무역센터 빌딩에 충돌하여 3천여 명이 사망하는 전대미문의 끔직한 테러가 발생했다. 비슷한 시각에 또 다른 제트기가 워싱턴의 국방부 청사(펜타곤) 일부를 부수었다.[54] 미국 경제의 상징인 뉴욕은 하루아침에 극심한 충격과 공포 속으로 빠졌다. 이 참혹한 테러로 무고한 수천 명의 사람이 고귀한 생명을 잃었다. 경제적 피해는 돈으로 환산하기 어려울 정도였다.

당시 과학자들은 대규모 조사를 시행했는데, 이 사건은 미국인의 꿈에도 그 흔적을 남겼다. 조사에 응한 사람들은 테러 이전에도 자신의 꿈을 기록하는 습관이 있었다. 이들은 9·11 테러를 전후로 몇 주 동안 꾼 꿈 880건을 보고했다. 거주지는 미국 전역에 흩어져 있었지만, 맨해튼에 사는 사람이나 테러로 가족과 친구를 잃은 사람 혹은 그 테러로 직접 피해를 당한 피조사자는 아무도 없었다.

그럼에도 그 사건은 피조사자의 꿈을 바꿔 놓았다. 테러 이후의 꿈 보고에는 당황스러운 이미지가 확실히 더 많이 등장했다. 그 이미지는 당시 텔레비전에서 끝없이 나오던 장면이나 누구나 9·11과 연관 지을 만한 장면과는 전혀 달랐다. 비행기, 고층빌딩, 폐허가 된 도심은 테러 이전과 마찬가지로 이후에도 극히 드물게 등장했다.

내면의 격동은 오히려 다른 섬뜩한 장면으로 표현되었다. 예를 들면 맹수나 피비린내 나는 전쟁터가 등장했고, 1미터 길이의 스패너와 같은 기이한 대상이 나타나 꿈꾸는 사람을 겁먹게 했다. 그러나 이 시각적 이미지는 납치당한 제트기나 광적인 무슬림 신도 또는 빈 라덴을 상징하지 않았다. 오히려 그것은 단적인 압박감과 불안의 표현이었다. [55]

어째서 꿈에 테러에 관한 내용이 나타나지 않았을까? 벨기에 신경 과학자 마케는 렘수면 단계에서, 변연계에 속한 일종의 스위치인 편도체가 '뇌 활동 전체를 지휘한다'고 본다. 이 견해가 옳다면 감정이야말로 꿈의 추진력이다. 시각적 이미지가 아무리 독특하고 인상적이고 야릇하다고 하더라고 고유한 의미가 없다. 그저 환영(幻影)일 따름이다. [56]

나도 이 점에 관해서 마케와 견해를 같이한다. 즉, 렘수면 동안 감정 혹은 정서를 담당하는 편도체는 활성화된다. 그리고 기억을 저장하는 해마나 내측 측두엽 등에서 꿈꿀 당시 감정에 적합한 기억을 인출하여 감정으로 물들인 후 꿈이 창작된다. 그리고 대개 그 결과는 후두엽의 시각피질에 의해 영상으로 회상된다.

이러한 가설에 반론이 있을 수 있다. 여기서 연구 대상이 된 피조사자는 테러를 직접 당하거나 목격한 피해자가 아니므로, 테러에 관련된 꿈을 꾸지 않을 수 있다는 지적이다. 그러나 다음의 꿈을 보면 꼭 그렇지도 않음을 알 수 있다.

꿈 2 성폭행 당한 여성이 꾼 꿈

앞서 제시한 꿈으로, 꿈을 꾼 여성은 18세 남자에게 성폭행을 당했다. 그는 창문을 통해 커튼을 젖히고 들어와서 그녀를 목 졸라 죽이겠다고 위협했다. 이 트라우마적 사건이 있은 후 그녀는 다음과 같은 꿈을 꾼다. 남자아이들이 친구의 딸을 때리는 꿈, 커튼이 그녀의 목을 조르는 꿈, 기차에 치이는 꿈, 그리고 뱀이 그녀의 목을 조르는 꿈이다. 이들 꿈은 모두 현실에서 그녀가 당한 성폭행을 은유적으로 표출하고 있다. 꿈의 재료는 다르지만 이 꿈들이 촉발되는 공통적 요인은 그녀의 공포이다.

꿈 3 무거운 방패를 들어 올리지 못한 꿈

다음은 나의 꿈이다. 영국의 한 오래된 성에 갔는데 쇠로 만든 방패가 있었다. 내가 그 방패를 들어 올리려고 하니 무거워서 꼼짝도 하지 않았다. 몇 번 애만 쓰다가 깼다.

이 꿈의 재료로 사용된 영국의 고성이나 쇠로 만든 방패를 들어 올리려는 기억만으로는 이 꿈의 진정한 의도를 파악하기 어렵다. 이때는 꿈꿀 당시의 감정을 살펴야 한다. 해석가는 "꿈을 꿀 때 느낌이 어땠나요?"와 같이 물어야 한다. 그러면 "마음이 답답했어요"라는 대답을 들을 수도 있다. "현실에서 마음에 걸리는 무슨 일이 있었나요?"라고 다시 질문한다면, "네, 어제 직장에서 있었던 일인데요. 평소에 가깝게 지내던 동료가 갑자기 점심식사에 나오라고 했어요. 나는 선약이 있어서 갈 수 없다고 말했죠. 하지만 그 친구는 나의 거듭된 사양에도 불구하고 나오라고 계속 쏘아 댔어요. 나에게 해명의 기회도 주지 않고 일방적으로만 말을 쏘아 대니 마음이 답답했죠"라는 대답을 들을 수 있을 것이다.

이 꿈은 해소하기 못하고 답답했던 감정과 고성을 방문하여 체험했던 기억이 결합하여 창작된 꿈이다. 나는 현실에서 영국의 고성에 방문한 경험이 있다. 하지만 쇠로 된 방패를 직접 들어 올린 적은 없다. 이같이 감정은 기억을 자신의 뜻에 맞게 변형하기도 한다.

꿈 4 머리가 끼는 꿈

다음은 공포가 과거의 기억을 불러내 꿈을 작화하는 사례이다. 심리학자 코졸리노의 어린 시절 꿈이다.

기억 속에 남아 있는 아주 어린 시절부터 나는 일주일에 서너 번은 그 악몽을 꾸곤 했다. 꿈의 내용은 아주 다양했다. 나는 숨도 쉬지 못한 채 빙판 아래의 물속에서 헤엄을 치고 있었는데, 빙판에 난 구멍 하나를 발견하고는 그쪽으로 헤엄쳐 갔다. 하지만 구멍이 너무 작아 머리가 끼어 버렸고 나는 익사할지도 모른다는 두려움을 느끼며 허우적대다가 깨어났다.

또 다른 꿈에서 나는 사무용 빌딩의 계단을 내려가고 있었다. 좁은 계단을 내려가니 문이 하나 보였지만 이번에도 문이 너무 좁아서 머리가 끼었다.

꿈속에서 떠오르는 생각은 언제나 같았다. '머리만 밖으로 내밀 수 있다면 나머지 신체 부위도 빠져나갈 수 있을 거야.'

이 밖에도 그는 머리가 끼는 꿈을 반복해서 꾸었다. 그러다가 우연한 기회에 어머니로부터 놀라운 이야기를 듣는다. 어머니가 그를 낳을 때 장시간 산고를 겪었고, 의사가 거꾸로 나오는 그를 빼내기 위해 사용한 의료기구 때문에 그의 왼쪽 뺨에 상처가 났다는 것이다. 어머니는 희미해진 그의 상처를 확인해 주었다. 그는 전혀 몰랐으나, 신체 자각 실습을 하면서 통증을 느낀 부위였다. 코졸리노는 말했다.

그 일은 흥미롭긴 하지만 우연의 일치에 불과할 것이다. 나는 출생 당시를 기억할 수 있다는 사실을 믿을 수 없었다. 이 이야기와 내 출생

사이에 관련성이 있다면, 우리의 신체는 어린 시절의 공포에서 비롯된 매우 복잡한 기억을 갖는다고 추측할 수 있다. 나는 압력, 온도, 통증을 신체적으로 느꼈고 그러한 감각은 위험과 공포의 인식과 관련된다. 이런 원초적 기억은 꿈속에 상징적으로 표현되고 깨어 있는 동안에는 불안이나 우울증 같은 증상으로 나타난다. [57]

그의 초월적 기억으로 어린 시절의 경험을 회상했든지 혹은 살아가는 과정에서 체험한 것이든지 그의 공포심이 이러한 꿈을 작화한 것이다.

꿈 5 연인에게서 보호받고 싶어 병적으로 집착하는 한 남자의 꿈
심리학자 보스가 치료한 어떤 환자의 꿈이다. 이 환자는 16살 연상인 유부녀와 연인 관계였다. 그는 유아 시절의 어머니처럼 그녀로부터 보호받고 싶다는 욕구에 병적으로 집착했다. 다음은 이 남자의 꿈들이다.
한 번은 그가 끝없이 깊은 구렁으로 떨어지고 있었는데, 마지막 순간에 그녀가 그의 옷깃을 붙잡아 구해 주는 꿈을 꾸었다. 다른 꿈에서는 그가 돈을 지불하지 못해 여관 주인과 싸우고 있는데, 그녀가 지불하여 그를 도왔다. 또 다른 꿈에서는 그가 트럭에 거의 치일 뻔했는데, 그녀가 와서 그를 꾸짖었고 길에서는 어떻게 행동해야 하는지를 그에게 가르쳤다. 그가 호수에서 보트놀이를 한 후 정박 장소를 찾지 못하는 꿈도 있었다. 물결이 보트에 휩쓸려 가지 않을까 두려워하면서 무력하게 서있는데, 그녀가 와서 어떻게 배를 정박해야 하는지를 보여 주었다. 마지막 꿈에서 그는 도시의 가장 분주한 광장에서 자고 있었다. 그녀가 와서 그를 사람들의 놀림으로부터 보호했고 집

으로 데려갔다. [58]

이들 꿈이 가지고 있는 공통적인 정서는 자신의 연인으로부터 보호받고 싶다는 강한 욕망이다. 환자의 안전에 대한 욕구가 꿈의 재료이며 꿈을 생성시킨 추진력이다.

3. 무의식

페히너는 의식과 무의식을 빙산에 비유해 설명했다.

빙산의 90%는 물밑에 있다. 그래서 빙산이 움직이는 경로는 표면에 작용하는 바람만이 아니라 깊은 해류에 의해 결정된다. [59]

그가 비유한 빙산은 인간의 정신세계 전체이다. 페히너에 의하면 인간의 정신 중 의식은 일부분에 불과하며, 무의식(물밑)이 대부분을 차지한다는 것이다.

프로이트는 의식과 무의식의 관계를 기수(騎手)와 말의 관계로 설명했다. 프로이트는 무의식과 의식을 구별해 설명하기 위해 말에 올라타 있는 기수의 이미지를 사용하곤 했다. 여기에서 기수는 의식적인 생각을, 말은 무의식을 나타낸다. 즉, 의식적인 생각으로 기수는 자신이 무엇을 원하는지를 알고, 기수의 밑에 있는 말에 해당하는 무의식 역시 자기 스스로의 생각을 갖고 있다. 말에 올라탄 기수의 모습을 생각하면서 과연 누가 진정한 힘을 가지고 있는지 생각해 보자. 물론 기수가 모든 것을 담당할 수 있다고 생각할 수도 있겠지만, 사실 진정한 힘의 주인공은 말이다. 만일 자신이 원하기만 한다면 말은

멈추거나, 기수를 떨어뜨리거나 혹은 도망갈 수도 있다. 60

융은 무의식에 대하여 이렇게 말했다.

확실히 의식의 심리학은 개인의 생활에서 이끌어낸 자료로도 충분히
해나갈 수 있다. 그러나 우리가 노이로제를 이해하려면 의식에 대한
인식보다 더 깊이 들어간 병력(病歷)이 필요하다. 그리고 치료 과정에
서 비상한 결단이 요구될 때 꿈이 나타나는데, 이것을 해석하려면 개
인의 기억 이상의 것이 필요하다. 61

예지(precognition)란 현재 가지고 있는 지식을 근거로 한 추론(推
論)으로는 예측할 수 없는 미래사를 미리 지각하는 것을 말한다. 대
다수 심리학자는 이러한 꿈의 예지적 능력을 인정하지 않는다. 이를
과학적으로 증명하기가 무척 어렵기 때문이다. 하지만 상당수의 꿈
사례는 인간에게 예지적 능력이 있음을 보여 준다. 예지는 때로 꿈을
통해 나타난다. 융은 이러한 예지적 능력을 인간이 가지고 있는 무의
식에서 찾았다. 융은 말했다.

무의식은 우리에게 뭔가를 알려 주거나 영상으로 암시하면서 하나의
기회를 준다. 무의식은 어떤 논리로도 이해되지 않는 것을 우리에게
때때로 전해줄 수 있다. 동시성 현상(의미상 서로 일치하는 두 개의 사
건이 공간을 달리해 동시에 일어나는 현상)과 예언적인 꿈, 예감을 생각
해 보라!62

또한 융은 무의식적인 꿈에 관하여 이렇게 말했다.

꿈을 분석하는 작업이 분석 치료의 핵심을 이룬다. 왜냐하면 무의식에 닿는 길을 여는 가장 중요한 기술적 수단이 바로 꿈을 분석하는 것이기 때문이다. 모두가 잘 알다시피, 분석 치료의 가장 큰 목적은 무의식의 메시지를 찾아내는 것이다. [63]

이는 무의식이 꿈을 발현하는 중요한 요소라는 뜻으로 이해된다. 나는 꿈의 재료 중의 하나인 무의식에 의해 발현하는 꿈을 3가지 유형으로 세분한다. 첫째는 당사자가 현실에서 억압당했던 무의식적 욕망이 꿈으로 표출되는 경우이다. 프로이트가 주목했던 꿈이다. 둘째는 의식을 넘어 꿈으로 발현되는 창의적 무의식이다. 셋째는 인간의 초월의식으로 정신감응적인 무의식이 꿈으로 드러나는 경우이다. 무의식의 예지적인 특성을 인정했던 융은 이러한 유형의 꿈에 주목했다.

1) 억압된 무의식

꿈 1 외동딸이 죽기를 바라는 무의식적 소망이 드러난 꿈

프로이트는 억압된 증오심이 무의식을 통해 어떻게 나타나는지를 보여 준다. 어떤 부인이 꿈을 꾸었고 그 꿈은 현재 열일곱 살 난 외동딸이 죽었으면 좋겠다는 소망으로 해석되었다. 이를 지적했더니, 그녀는 한때 딸의 죽음에 대한 소망을 품은 적이 있었음을 떠올렸다. 그 딸은 이혼까지 했던 불행한 결혼에서 생긴 아이였다. 딸이 뱃속에 있을 때 남편과 심한 말다툼 끝에 격분의 발작으로 뱃속의 아이가 죽어 버렸으면 좋겠다고 힘껏 자기 배를 때린 적이 있었다.

지금은 자기 아이에게 온갖 애정을 다 쏟으며 지나치다는 말까지 들을 정도로 사랑하는 어머니도 과거에는 내키지 않는 마음으로 수태

했고, 또 당시 자기 뱃속의 생명이 자라지 않기를 바란 예는 얼마든지 있다. 다행히도 실제 어머니는 그와 같은 소망을 그다지 해가 되지 않는 여러 다른 행동으로 바꾸어 버렸다. 그러므로 뒷날에는 불가사의하게 느껴지는, 사랑하는 사람이 죽었으면 좋겠다는 소망은 그 사람과의 옛날 관계에서 유래하고 있는 것이다. 64

헤르바르트는 정신을 의식과 무의식 사이에서 끊임없이 갈등하는 이중적 존재로 보았다. 그는 "반대하는 생각 때문에 의식에 닿지 못하고 억압된다"65고 했다.

꿈 2 연인을 만나고 싶다는 무의식적 소망이 만들어낸 꿈
프로이트가 소개한 또 다른 사례다.

선생님도 잘 아시다시피 제 언니에게는 칼이라는 남자아이가 있습니다. 그 아이의 형이었던 오토는 제가 언니 집에 있을 때 죽었어요. 저는 오토를 매우 귀여워했지요. 제 손으로 키우다시피 했으니까요. 칼도 귀엽기는 합니다만, 도저히 오토만큼은 귀여워할 수 없어요. 그런데 어젯밤에 이런 꿈을 꾸었습니다.

칼이 내 앞에 죽어 있는 거예요. 조그만 관 속에 두 손을 포개고 누워 있었어요. 주위에는 촛불이 켜져 있고요. 꼭 그 애 형 오토가 죽었을 때와 똑같았어요. 오토가 죽었을 땐 정말 얼마나 슬펐는지 모릅니다.

선생님, 여기에 무슨 뜻이 있는 걸까요? 선생님께서는 저를 잘 아시니까 말씀해 주세요. 단 하나뿐인 조카가 죽기를 바랄 만큼 제가 나쁜 인간일까요? 아니면 제가 좋아하는 오토 대신에 차라리 칼이 죽었더라면 하고 바라는 것일까요?

프로이트는 이렇게 해석했다.

나는 그 꿈을 올바르게 해석해줄 수 있었는데, 그녀도 그 해석에 긍정했다. 이 꿈 해석에 성공한 것은 그녀의 과거사를 내가 모두 알고 있었기 때문이다.

그녀의 과거사는 이렇다. 그녀는 조실부모한 후 터울이 많이 진 언니네 집에서 자랐는데, 그 집의 방문자 중 한 남자를 알게 되었고 그에게 깊은 연정을 느꼈다. 한때 결혼 얘기까지 나올 정도였으나, 웬일인지 언니의 반대 때문에 좌절되고 말았다. 두 사람 사이가 틀어지고 난 뒤부터 그 남자는 언니의 집에 드나들지 않게 되었다. 그녀도 그동안 귀여워하던 오토가 죽은 지 얼마 안 되어 언니네 집을 나왔다.

그러나 그녀는 그 남자에 대한 연정에서 벗어날 수 없었다. 자존심은 그녀에게 그 남자를 피하라고 명령했다. 게다가 자기를 좋아하는 남자가 새로이 나타났지만, 그녀는 다른 남자에게는 정을 줄 수 없었다. 문학가였던 그 남자가 강연하는 자리에는 어디가 됐든 반드시 그를 보기 위해 달려갔다. 그 외에도 멀리서나마 그를 볼 수 있기만 한다면 어떤 기회도 놓치지 않았다. 내가 기억하기로, 그 꿈을 꾸기 전날 그녀는 나에게 그 교수가 어떤 음악회에 나간다는데 그곳에 가서 멀리서나마 그를 보고 싶다고 말했다. 나에게 꿈 이야기를 해주던 날이 바로 그 음악회가 열리는 날이었다.

그래서 나는 이 꿈의 올바른 해석을 쉽게 내릴 수 있었다. 나는 그녀에게 오토가 죽은 뒤에 기억할 만한 사건이 없었느냐 물었다.

"있어요. 무척 오랜만에 그 교수님이 오셔서 오토의 관 옆에 서 계셨어요."

바로 내가 예상했던 대로였다. 그래서 나는 이 꿈을 다음과 같이 해석했다.

"만일 지금 또 한 아이가 죽는다면 오토가 죽었을 때와 같은 일이 생기겠지요. 당신은 그날은 언니 집에서 보내야 할 것이고 그 교수도 틀림없이 문상하러 오겠지요. 그리하여 오토가 죽었을 때와 똑같은 상황에서 당신은 그를 만날 수 있는 겁니다. 그러니까 당신의 꿈은 내심 항거하고 있지만, 사실은 그를 또 만나고 싶다는 소망을 뜻하는 것입니다. 당신은 지금 음악회의 입장권을 갖고 있지요? 당신의 꿈은 기다릴 수 없다는 의미입니다. 오늘 이루어질 재회를 꿈이 두세 시간 앞당겨 이루어준 셈입니다."

그녀는 분명 자신의 소망을 감추기 위해 그런 소망이 억제되는 상황을 택했던 것이다. 즉, 모두가 슬픔에 싸여 있으므로 연정 같은 것은 생각할 수 없는 상황이다. 그러나 꿈에서 재현된 상황에서도 그녀가 오랫동안 만나지 못했던 연인의 방문에 대해 그리운 마음을 억누르기 힘들었으리라는 것만은 쉽게 상상할 수 있다. [66]

그녀가 진실로 바라는 무의식적 욕망은 사랑하는 연인을 보고 싶어 하는 것이다. 현실에서 자신이 사랑하는 조카가 죽었을 때 그를 만난 경험이 있었기 때문에 다시 칼이 죽는 꿈을 꾼 것이다. 이 꿈은 모든 꿈은 무의식적 소망을 나타낸 것이라는 프로이트의 주장에 딱 들어맞는 꿈이다. 즉, 그녀의 무의식적 소망이 이 꿈을 만들어 낸 주요한 재료이자 촉진 요인이 되었다.

또한, 이 꿈을 제대로 해석하기 위해서는 꿈을 꾼 여성의 젊은 교수에 대한 감정을 이해하고 있어야 한다. 또한 조카 오토가 죽었을 때 무슨 일이 있었는지도 알고 있어야 한다.

꿈 3 아이가 몸서리칠 정도로 엄마를 힘들게 하는 꿈

무의식이 드러난 또 다른 꿈으로, 융이 소개했다.

여자 환자 한 사람이 다섯 살 난 아이를 둔 꿈을 꾸었는데, 꿈에서도 아이가 얼마나 힘들게 구는지 자신의 정신세계에 나쁜 영향을 끼칠 정도였다며 몸서리를 쳤다.[67]

꿈을 꾼 사람은 융이 신참 의사 시절에 치료한 젊은 부인이었다. 그녀는 정신분열증으로 진단받았고 예후도 좋지 않았다. 융은 그녀가 정신분열증이 아니라 일반적인 우울증이라는 인상을 받았고, 연상 검사를 하면서 그녀의 꿈에 관해 대화를 나누었다. 드디어 그녀의 과거가 드러났고, 융은 그녀의 일상적인 병력(病歷)이 밝히지 않는 중요한 사실들을 그녀의 무의식으로부터 직접 얻어냈다. 그리고 이러한 정보를 통해 그녀의 어둡고 비극적인 사연이 드러났다.

한 남자가 있었다. 그녀는 평범한 가정의 딸이었고 남자는 귀족 집안의 아들이었다. 그녀는 매우 아름다웠지만, 그가 그녀에게 무관심한 것처럼 보였기 때문에 두 사람의 사랑이 이뤄질 수 없다고 판단했다. 그 남자가 자기를 진정으로 사랑할 수 있을 것이란 생각이 조금도 들지 않았던 것이다. 그래서 그녀는 다른 남자와 결혼해 아이를 둘 낳았다. 그러다가 3년 전 그 남자의 친구를 만났는데, 그 자리에서 그가 그녀를 진정으로 사랑했으며 그 충격 때문에 결혼을 하지 못했다는 이야기를 들었다.

"당신의 결혼이 그의 심장을 깊숙이 찔렀답니다."

친구의 이 말이 병을 얻는 계기가 되었다. 그녀의 우울증은 그 순간부터 시작되었고 몇 주 후에는 파국에 이르고 말았다.

어느 날 그녀는 아이들을 목욕시키고 있었다. 처음에는 네 살 난 딸을 씻기고 그다음에는 두 살 난 아들을 씻겼다. 그녀는 시골에 살

고 있었다. 맑은 샘물은 마실 물로 사용하고 깨끗하지 않은 강물은 목욕이나 세탁물로 사용했다. 그녀는 어린 딸을 씻기는 동안 딸이 스펀지를 입으로 빨고 있는 것을 보고도 그대로 두었다. 그녀는 심지어 어린 아들에게 깨끗하지 못한 물을 한 컵 주어 마시게까지 했다. 물론 그녀의 이런 행동은 무의식적이거나 반의식적인 것이었다. 왜냐하면 그녀는 이미 우울증 초기 증상으로 들어섰기 때문이었다.

얼마 지나지 않아 잠복기가 지나고 딸은 장티푸스에 걸려 죽고 말았다. 그녀가 무척 사랑하던 딸이었다. 남자아이는 감염되지 않았다. 그때 그 부인은 우울증이 심해져 병원에 온 것이다. 융은 환자에게 물었다.

"5년 전 같은 달에, 무슨 일이 있었죠?"

그녀는 처음에는 아무것도 생각하지 못하다가 어느 순간 당황하는 모습을 보였다. 그녀는 한 남자를 사랑하면서도 철저히 무시하면서 살았다. 그녀는 그가 아닌 다른 남자와 결혼해 지옥 같은 생활을 하면서 이대로 가다간 미쳐 버리는 것이 아닐까 하는 공포감에 사로잡혀 있었다.

융은 말한다. 당연히 그녀는 자신이 하던 짓을 모르고 있었다. 왜냐하면 그녀가 첫 남자를 부정했고 또 존재하지 않는 것으로 치부했기 때문이다. 그 결과 그 악마들은 살을 찌웠고, 남편의 딸을 죽이도록 유혹했다. 이 환자의 경우 꿈에 나타난 무서운 일은 5년 전, 그러니까 그녀가 첫 남자의 친구로부터 그가 그녀의 결혼에 크게 상심했다는 소리를 들은 순간부터 그녀를 괴롭히기 시작한 악마의 장난이었다.

융은 고민하다가 그녀를 치료할 수 있는 유일한 길은 잔인하지만 진실을 말해주는 것뿐이라고 판단했다.

"당신은 결혼 생활을 죽이기 위해 아이를 죽였어요."

직후 그녀는 회복되었고, 14일 만에 퇴원할 수 있었다. [68]

꿈 4 아내의 이름을 하품하듯이 발음하는 남편의 꿈

융이 분석한 어느 45세의 기업가의 꿈이다. 그의 신경증은 조금씩 나빠지고 있었다. 그는 융이 해결책을 제시할 수 있을 것이라고 생각했지만, 융이 모른다고 하자 화를 냈다.

"선생님께서도 모르신다는 말씀인가요?"

어느 날 융은 꿈을 가져오라고 그를 격려했고 그는 자신의 꿈을 다음과 같이 소개했다.

여동생의 아이가 아프다는 소리가 들린다. 그런데 매제가 나를 찾아와 공연을 함께 본 뒤 식사하자고 제안한다. 나는 이미 식사한 뒤지만 그와 함께 외출하는 것도 괜찮겠다고 생각한다. … 이어 내가 매제의 집에 가 있다. 거기서 나는 아픈 아이를 본다. 한두 살 된 작은 소녀이다 (이 대목에서 그는 실제론 그런 아이가 없다고 설명한다. 그의 여동생에겐 두 살 난 아들이 있었다). 아이는 아직 아파 보인다. 누군가가 내게 아이가 나의 아내의 이름 '마리아'를 제대로 발음하지 못한다고 귀띔한다. 나는 마리아라고 하면서 아이에게 "마리아 숙모"라고 따라해 보라고 한다. 그런데 나는 "마리-아-아"란 식으로 말한다. 마치 하품하듯이. 아내의 이름을 그런 식으로 발음하는 것에 대해 주변 사람들이 나를 꾸짖는다.

융은 먼저 이 사업가의 객관적 상황을 소개하고 나서 이 꿈을 분석

한다. 그는 지적이며 교양 있고 돈도 잘 벌며 매우 점잖고 사교적이다. 결혼해 자녀를 셋 두고 있다. 다소 신경질적이며 짜증을 잘 내고 다른 사람이 그를 탓하거나 비판할 상황을 만들지 않으려고 지나칠 정도로 애를 쓴다. 하지만 이면을 들여다보면 성 생활에 약간 문제가 있다. 그는 아내를 다소 멀리하고 있으며, 아내도 그에게 더 이상 특별한 관심을 쏟지 않다 보니 불감증을 겪는다. 그래서 그는 새로운 것, 주로 여자에게 끌리기 시작했다. 가끔 매춘부를 찾고, 그런 일이 있은 뒤에는 그 행위에 대한 보상 심리 때문에 더욱 더 바르게 살려고 노력한다.

다음은 융의 해석을 간략히 요약한 것이다. 이 사업가는 분명히 자기 가족과 관련된 어휘에 사로잡혀 있다. 그렇다면 그의 무의식이 그의 문제는 가족에게 있다는 점을 강조하고 있다고 볼 수 있다. 꿈에서 나타난 여동생의 딸은 단지 소녀의 이미지를 그리기 위해 불려나온 하나의 기억 이미지에 지나지 않는다. 말하자면 그런 이미지는 언제나 하나의 은유로 받아들여야 한다는 뜻이다. 꿈에서 나타난 여동생은 아무런 역할을 하지 않기 때문에 현실 속의 여동생이 아니다. 그렇다면 여동생은 미지의 여자이거나 그의 내면의 여성적 요소를 상징할 수 있다. 따라서 이 꿈은 주관적이고 상징적인 꿈이고, 또 그의 심리 속의 어떤 특이한 상태를 말해 주는 꿈이라고 단정해도 좋을 것이다.

융은 이 남자와 대화를 통해 그의 아내가 일찍 잠자리에 든다는 말에서 해결의 열쇠를 찾아냈다. 그의 아내는 남편과 함께 있으면서 지겨워하느니 차라리 잠을 자는 쪽을 택했을 것이다. 그는 꿈에서 아내의 이름을 발음할 때, "마리-아(하품)!"라고 했다. 그의 가정 상황이 꼭 이렇지 않을까 싶다. 그는 자신이 아내에게 싫증을 내고 있다는 사실을 모르고 있다. 그가 그걸 알고 있다면, 그 일에 대해 꿈을 꿀 필요가 없었을 것이다. 어쩌면 그는 그런 사실을 까맣게 모르고 있을 수 있다. 그걸 암시하는 꿈까지 꿔야 했으니 말이다.

우리 모두는 자신의 무의식을 잘 알고 있다고 주장한다. 당연히 터무니없는 소리이다. 우리가 알지 못하는 것이 바로 무의식이기 때문이다. [69] 융은 환자의 비밀스러운 사연을 아는 데는 의식적인 재료의 탐색만으로는 충분하지 않다면서, 때로는 연상 검사나 꿈의 해석을 통해 가능할 수 있다고 한다. [70]

꿈 5 치료자에 대한 무의식적 적대감을 드러낸 꿈

펙의 저서 〈거짓의 사람들〉에 소개된 꿈이다. 펙이 환자인 찰린을 치료하기 시작한 지 4년째 되던 어느 날, 그녀는 꿈 이야기를 들려주었다. 이 꿈에서 찰린은 치료자인 펙에 대한 그녀의 무의식적 소망을 분명하게 드러냈다.

어젯밤에 꿈을 꿨어요. 지구가 아닌 다른 행성에서 일어난 일이었어요. 우리 편과 외계인 편 사이에 전쟁이 일어났어요. 아주 오랫동안 승패 없는 접전이 계속되었어요. 그런데 그때 내가 공격과 수비를 동시에 할 수 있는 기가 막힌 무기 하나를 만들어 냈어요. 그것은 여러 무기 장치가 복합된, 아주 크고 복잡한 기계였어요. 그것은 물속에서도 수뢰(水雷)를 쏠 수 있고, 장거리에도 로켓을 쏘아 올리며, 화학무기를 뿌릴 수도 있는 등 여러 기능을 가진 무기였어요. 이제 그 기계만 있으면 전쟁은 우리가 이긴 거나 마찬가지였어요. 나는 내 실험실에서 그 기계의 마지막 조작 단추를 손질하고 있었어요. 그때 한 남자가 실험실로 들어왔어요. 상대편 외계인이었어요. 나는 그가 우리 기계를

완성 전에 부숴 버리려고 왔다는 사실을 알고 있었어요. 하지만 놀라지 않았어요. 아주 놀라운 자신감이 솟았어요. 아직 시간은 많았어요.

나는 우선 이 남자와 섹스를 한 뒤 바로 해치워야겠다고 생각했어요. 실험실 한편에는 간이침대가 있었어요. 우리는 거기 누워 정사를 벌이기 시작했어요. 그런데 막 깊은 단계로 들어가려고 하는데 그 남자가 벌떡 일어나 기계 있는 데로 가서 그걸 공격하는 거예요. 나는 얼른 뒤따라가서 방어 장치 버튼을 누르려고 했어요. 작동만 되면 그를 단번에 폭파시켜 버릴 수 있는 장치였어요. 그런데 작동이 안 됐어요. 미처 그 부분은 검사를 못 했고 시험 발사도 해 보지 않았던 거예요. 나는 미친 듯이 이 단추 저 단추를 누르고 레버를 잡아당겼다 밀었다 난리를 쳤어요. 막 그러고 있을 때 잠이 깼어요. 몸이 심하게 요동치고 있었어요. 내가 그 남자의 교활한 공격을 거뜬히 물리쳤는지 아니면 그 남자가 내 소중한 기계를 다 부숴 버리고 말았는지 깨고 나서도 확실치가 않았어요. [71]

이 꿈을 제대로 해석하기 위해서는 찰린의 치료 상황에 대한 이해가 필요하다. 펙에게 치료를 받으러 왔을 때 그녀는 35세였다. 당시 찰린은 애인과 헤어진 뒤 우울증이 있었다. 그녀는 대학을 졸업한 엘리트였으나 이후 여러 번 직업을 바꿨다. 부모는 그녀에게 충분한 돈 말고는 남겨준 것이 별로 없는 듯했다. 아버지는 돈에만 정신이 팔려 그녀와 동생에게 전혀 관심을 보이지 않았고, 어머니는 열광적인 성공회 신자였지만 남편과 딸들을 항상 원망했다. 펙이 그녀를 치료하는 과정에서 찰린은 펙에 대한 성적 욕망을 표출했으나, 그는 그녀의 이러한 성적 접근을 거부했다. 치료가 진전되지 않을 때, 그녀는 이런 꿈을 꾼 것이다. 펙이 물었다.

"그 꿈을 생각할 때 가장 강하게 드는 느낌은 어떤 것입니까? 깨어난 직후에 들었던 그 느낌을 얘기해 보십시오."

"분노. 분노가 부글부글 끓었어요."

"무엇에 대해 가장 분노가 치밀었습니까?"

"그 교활한 협잡꾼 놈이죠. 그는 나를 속였어요. 나와 함께 성관계를 가지려는 것처럼 했었죠. 나는 그가 나에게 관심이 있는 줄 알았어요. 그런데 내 감각 기관이 막 숨이 멎어 들어가려는 찰나 그는 나를 떠나 내 무기를 공격하기 시작했어요. 나를 돌봐 주는 척하고선 정작 한다는 일이 공격이에요? 그는 사기를 쳤어요. 나를 이용해 먹은 거예요."

"하지만 당신도 똑같이 그를 이용하고 속이려 들지 않았습니까?"

"무슨 말씀이시죠?"

"사실 당신은 그 남자가 처음부터 당신의 무기 때문에 거기 들어왔다는 것을 알고 있었습니다. 그가 애초 목표하던 일을 하려고 했을 때 그것이 왜 그리도 당신을 격노케 하는지 나는 잘 이해가 안 됩니다. 그리고 내가 보기에는 당신이야말로 그를 침대로 유혹함으로써 속임수를 쓰려고 했습니다. 그를 성적으로 요구했을 때 당신이 그를 돌봐 주려 했다는 내용은 그 꿈 어디에도 없습니다. 사실 섹스만 끝나면 그를 해치워 버리겠다는 것이 당신의 의도였습니다. 당신은 그를 죽이는 일을 마치 아무 가책 없이 해치울 수 있는 일 정도로 표현하고 있습니다."

"아니에요. 그놈이 나를 속였어요."

펙은 찰린에게 직면 기법을 사용했다. 직면 기법이란 환자인 찰린이 자신의 모습을 피하지 않고 있는 그대로 보게 하는 기법이다. 환자의 모순점을 지적하는 직면도 있고, 환자가 부끄러움을 느끼도록

하는 강력한 직면도 있다. [72] 하지만 이 기법은 찰린의 강한 심리적 저항을 초래했다. 찰린은 계속 우겼다.

"그는 겉으로 나를 사랑해 주는 척하고 실상은 그렇지 않았어요."

"그가 누구를 상징하는 것 같습니까?"

"그거야 박사님이겠죠. 큰 키에 금발 머리가 꼭 박사님 같더라고요. 그렇잖아도 나중에 잠이 깼을 때 이내 그것이 박사님이라고 생각했어요."

"그 사람이 나를 상징한다면, 그 기계는 무얼 상징합니까?"

"나의 지능을 상징한다고나 할까요?"

"자, 한번 이렇게 생각해 봅시다. 그 기계가 당신의 지능이 아니라 당신의 신경증을 상징한다고 생각하는 겁니다. 내가 당신의 신경증을 부수려고 한다는 건 사실이거든요."

"말도 안 돼요!"

찰린은 고래고래 고함을 질렀다. 그 소리가 어찌나 크고 쩌렁쩌렁하던지 펙은 그만 깜짝 놀라 뒤로 주춤했다.

"아니라고요?"

"말도 안 돼요! 그건 신경증이 아니에요!"

찰린은 젖 먹던 힘까지 모아 목구멍이 터져라 고함을 질렀다. [73]
펙은 실패로 끝난 이 치료에 대해 이렇게 말한다.

찰린은 꿈속에서 나를 외계에서 온 자신의 적으로 배역을 정했다. 현실에서 보면 나는 결코 그녀에게 낯선 사람이 아니다. 그녀는 3년도 넘는 기간 동안 매주 2~4번씩 나를 만나러 왔다. 나는 그녀를 애정으로 대하기 위해 최선을 다했고, 그녀가 나한테 지불하는 그 엄청난 돈이 헛되지 않도록 노력했다고도 믿는다. 그녀도 나름대로 자신이 나를 사랑한다고 말했고 또 그렇게 믿었다. 그런데도 그녀의 무의식은 나를 외계인이요 적으로 이미 정해 놓았던 것이다.

나의 해석은 다음과 같다. 꿈에서 우리 편은 찰린이고, 외계인은 치료자 펙이다. 이 전쟁이 승패 없이 접전이 계속된다는 의미는 치료자가 여러 치료 기법을 사용하지만 찰린이 쉽게 설득당하지 않음을 은유적으로 표현한 것이다. 찰린이 개발한 무기는 치료자에 대한 그녀의 방어기제이다. 이 방어기제를 찰린은 그녀의 지혜, 치료자는 그녀의 신경증으로 해석하고 있다. 나는 찰린의 방어기제를 치료 방법에 대한 심리적 저항이나 치료자의 설득에 대한 심리적 부인이라고 본다. 찰린의 실험실은 그녀의 심리적 내면을 의미하고, 찰린은 자신을 설득하는 펙에 대해 모든 수단으로 저항하고 있다. 이 꿈은 치료자에 대한 그녀의 무의식적 저항을 그대로 보여 준다. 즉, 심리 치료에서 가장 중요한 요소인 치료자와 환자 사이 신뢰의 치료동맹이 찰린이 이 꿈을 꾸기 전 이미 깨져 있었으며 꿈과 같이 치료는 파국을 맞았다.

2) 창의적 무의식

서양 격언에 "영감(spirit) 은 인지(cognition) 를 넘어 찾아온다"는 말이 있다. 이러한 정신적 능력은 인간의 잠재력으로부터 나온다. 흔한 일은 아니지만, 어떤 사람은 꿈을 통해 이러한 초인지적인 잠재력을 발휘하기도 한다. 여기서는 주로 인간의 무의식적 잠재력이 꿈으로 표출되는 사례를 소개한다.

신경생리학자 캔들은 무의식적 정신 과정이 창의적 사고에도 필요하다고 한다. 긴장 완화는 무의식적 정신 과정에 쉽게 접근할 수 있다는 점이 특징이다. 그런 의미에서 꿈꾸기와 다소 비슷하다. 우리의 인지적·정서적 삶의 많은 부분이 그렇듯, 우리의 의사 결정도 어느 정도는 무의식적으로 이루어진다는 최근의 발견은 무의식적 정신 과정이 창의적 사고에도 마찬가지로 필요하다는 것을 시사한다. [74]

1862년 스코틀랜드의 수학자 맥스웰은 전자기 방정식을 만들었다. 위대한 수학자는 죽음을 앞두고, 방정식을 발견한 것은 자신이 아니라 '자기 안의 그 무엇'이라고 털어 놓았다. 대체 자신이 어떻게 그런 아이디어를 내놓았는지 모르겠다는, 그야말로 기묘한 고백이었다.

영국의 유명 시인 블레이크도 자신의 작품 〈밀턴〉과 관련해 비슷한 심경을 토로했다. "나는 미리 생각하지 않고 한 번에 열두 줄, 심지어 스무 줄씩 막힘없이 써내려갔다. 내 의지와 아무런 상관없이."

괴테 또한 〈젊은 베르테르의 슬픔〉을 쓸 때 어떤 것도 의식하지 않고 마구 써내려갔다고 말했다. 마치 절로 움직이는 펜을 든 것처럼. [75]

꿈 1 샤갈의 꿈

샤갈이 미술을 공부하던 시절, 페테르부르크의 작은 방에서 꾸었던 꿈이다. 당시 유대인은 특정 구역을 떠나는 것이 금지였다.

갑자기 천장이 열리더니 날개 달린 존재가 내려와 단숨에 방울 소리와 굉음으로, 움직임과 그림으로 뒤덮었다. 날개를 천천히 젓는 소리가 들렸다. 나는 '천사구나!' 생각했다. 눈을 뜰 엄두가 나지 않았다. 그것이 너무 밝았고 너무 빛났기 때문이다. 구석구석을 모두 비춘 다음에 그는 천장에 난 구멍으로 날아 올라갔고 빛과 푸른 공기도 모두 가지고 갔다. 다시 어두워졌고, 나는 잠에서 깨어났다.

샤갈은 〈현상〉(1917)이라는 그림이 이 꿈 덕택에 그려졌다고 말했다. 그러나 그 그림뿐만이 아니다. 샤갈의 그림에는 항상 천사가 한 자리를 차지하고 있다. 샤갈에게 천사는 창조의 여신이자 신성한 영감이었다. 천사가 땅으로 내려올 때, 그러한 영감 또한 실현되었다. 화가 교육을 받던 가장 궁핍하고 가난한, 그리고 가장 불확실한 시기에 꾼 그 꿈은 그에게 자신이 하늘의 명령을 받았다는 확신을 주었다. [76]

꿈 2 달리의 꿈

달리는 프로이트 이론의 영향을 받아 잠재의식 속 환상의 세계를 그림으로 표현했다고 한다. 그는 자신의 초현실적인 그림 가운데 상당수를 "손으로 그린 꿈 사진"이라고 말했다. 그에게 꿈은 많은 작품의 원천이 되었다.

캔버스에 나타난 화려한 이미지를 보고 제일 먼저 놀라는 사람은 바로 나다. 나는 종종 무섭기까지 하다. 사실 나는 내 잠재의식이, 내 꿈이 말하는 것을 아무 판단 없이 가능한 정밀하게 그리는 로봇일 뿐이다. [77]

꿈 3 〈렛 잇 비〉를 작곡한 매카트니의 꿈

매카트니는 꿈에서 영감을 받아 유명한 〈렛 잇 비〉를 완성했다. 매카트니는 이렇게 설명했다.

팽팽한 긴장감이 감돌던 그 시절 어느 날, 나는 10여 년 전에 돌아가신 어머니 꿈을 꾸었다. 놀랍게도 어머니는 나의 불안감을 가라앉혀 주셨다. 꿈속에서 어머니는 이렇게 말씀하셨다. "괜찮아질 거야." 어머니가 '렛 잇 비'(Let it be) 라는 단어를 쓰셨는지는 정확히 기억나지 않지만, 어머니가 말씀해 주신 조언의 골자는 '너무 걱정하지 마라. 모두 괜찮아질 거야'였다. 그래서 나는 〈렛 잇 비〉라는 노래를 만들었다. 말 그대로 나는 그 노래를 "내가 어려움에 처해 있을 때 어머니 메리는"으로 시작했다. 당시 나는 분명히 어려운 상황에 처해 있었다. 메리는 어머니 이름이다. 그 노래는 그 꿈을 바탕으로 지어진 것이다. 78

3) 예지적 무의식

앞서 나는 인간의 무의식에 의해 촉발되는 예지몽을 투시적 예지몽과 은유적 예지몽으로 세분했다. 투시적 예지몽은 장래에 일어날 사건을 거의 그대로 보여 주는 꿈이다. 반면, 은유적 예지몽은 상징이나 비유를 통해 표현되는 꿈이다. 먼저 투시적 예지몽의 사례를 살펴보자.

꿈 1 하얀 관이 놓여 있는 꿈

프란츠 박사가 분석한 52세의 환자는 방광암 수술을 받아야 했다. 그는 수술 결과에 대해 매우 불안해했다. 그때 그는 다음과 같은 꿈을 꾸었다.

꿈에 그를 병원으로 데려가기 위해 앰뷸런스가 왔다(실제로 그는 아직 충분히 택시를 타고 갈 수 있었다). 운전기사가 내려서 뒷문을 열었다. 거기에는 하얀 관이 놓여 있었다. 79

프란츠 박사는 "하얀 관에 관한 꿈이 보이는 것처럼 매우 단호한 방법으로 종말을 알려주곤 한다"고 말한다.

이 꿈은 죽음을 예고하는 투시적 예지몽으로 꿈꾼 이의 무의식적 직관이 꿈을 만들었다.

꿈 2 죽음을 예고한 레넌의 꿈

1979년 말경, 존 레넌은 그의 아내 요코와 함께 식당에서 저녁식사를 하는 꿈을 꾸었다. 꿈속에서 뚱뚱하고 안경 쓴 낯선 남자가 다가왔다. 레넌이 그에게 미치광이 같다며 정상이라는 증거를 대보라고 말하자 그 남자는 흥분해서 날뛰었다. 그러자 경찰이 나타나 뚱뚱한 남자에게 권총이 있다고 레넌에게 알려 주었다. 잠에서 깬 레넌은 꿈이 잘 기억나지 않는다고 몹시 안타까워했다

그리고 1980년 초, 레넌은 자신의 부고를 읽는 끔찍한 악몽을 꾸었다. 게다가 자신이 뉴욕 다코다 근처에서 발생한 살인사건의 혐의를 받고 있다는 기사도 보았다. 피해자이자 피의자로 나온 레넌은 자신은 무죄라고 주장하고 있었다.

레넌은 1980년 12월 8일, 뉴욕 다코다 근처에서 안경 쓴 뚱뚱한 남자에게 살해당했다. 레넌의 살해자는 그의 광적인 팬으로 알려졌으며 레넌과 흡사한 삶을 살았다. 그 역시 일본 여성과 결혼했고 미술품을 수집했으며 살인하기 전날 밤 퇴근 카드에 '존 레넌'이라고 기록할 정도였다. [80]

다음으로 은유적 예지몽의 사례들을 보자. 우선, 무당의 길에 들어선 사람들이 꾼 꿈이다. 이부영 교수는 신내림을 받은 무당의 무의식적 꿈을 소개하고, 융의 분석심리학 입장에서 해석했다.

꿈 3

42세 남자의 꿈이다. 관악산에서 하얀 할머니가 내려와 종이에 쓴 글씨 30자를 내놓으며 그중에서 하나를 짚으라 하여 3 자를 짚었다. 그러자 "너는 때가 되어 오는 2월에 알 일이 있으리라" 하고 사라졌다.

꿈 4

51세 여자는 죽은 친정아버지의 꿈을 꾸었다. 친정아버지가 큰 책한 권을 손에 쥐여 주어 받았다. 이런 일이 있은 이튿날부터 그는 예언을 하고 싶어서 점을 치게 되었다.

꿈 5

47세의 여자는 하얀 할아버지가 나체로 산속에 있는 그녀에게 목탁을 주며 가지라고 명했다.

꿈 6

점잖은 할아버지가 커다란 책을 한 권을 주어 받는 꿈을 꾸었다.

융 학파 이부영 교수의 해석이다. 꿈에 죽은 사람이나 하얀 노인이 나타나 중요한 사실을 알리거나 귀중한 것을 주는 일은 우리나라 고대 문헌에 자주 나온다. 하얀 할머니나 할아버지는 우리나라 무속신앙에서 산신령으로 묘사된다. 입무자(入巫者)가 본 하얀 할머니나 할아버지는 민담에 나오는 노인처럼 집단 무의식의 원형상으로, 심령의 상징이거나 노현자 혹은 자기원형상의 표현이다. 책의 경우, 사주 책이라고 명시되지 않더라도 점술서나 경서 같은 신성하고 신비로운 책임에 틀림없고, 글자는 흔히 자체로 주력(呪力)을 가진 표상이다.

분석심리학 언어로 말하자면, 이러한 꿈은 자아가 무의식의 심층에서 얻은 누미노제(신비한 힘)적 앎과 통찰을 표현한 것이다. 그래서 융은 말한다.

"꿈은 감추지 않는다. 가르쳐 준다."

꿈 7 백마의 배 속으로 들어가는 꿈

백마가 집으로 들어와 나를 물어 삼켰다. 결국 백마의 배 속에 들어가 버렸다. 그곳에서는 말의 내장이 보였다. 어떻게 하다 보니 말의 배 속에서 나와 벙거지를 쓰고 백기, 홍기를 들고 그 말을 타고서 "나는 백마 장군이다"라고 외쳤다.

이부영 교수의 해석이다. 동물의 배 속에 삼켜졌다가 다시 나오는 내용은 전형적으로 신화소(神話素)를 나타낸다. 이와 같은 유형의 태양 신화부터 금강산 호랑이의 배 속에 삼켜졌다가 아버지의 시체에서 발견한 칼로 배를 갈라 원님의 딸을 데리고 나와 그녀와 결혼한 포수의 아들 이야기까지 입무(入巫)의 주제 가운데 하나이다. 말의 배 속에서 나오자마자 입무자는 완전히 다른 사람이 되어 있다.

말의 내장이 보였다는 것도 음미해볼 일이다. 자신의 내장을 보는 것은 요가수행자의 중요한 수행 목적으로, 보이지 않는 자신의 내부를 투시하는 능력을 얻고자 함이다. 내장은 심리적인 의미의 무의식과 같다. 존재하고 작용하고 있으나 우리의 오관과 오성으로는 일부만을 느낄 수 있을 뿐이다. 입무자는 말의 내장을 본다. 그것은 무의식의 내용과 구조를 투시하는 능력을 갖게 된다는 뜻이다. 이 교수는 이 꿈도 원형적인 꿈으로 본다. [81]

다음은 죽음을 예고한 은유적 예지몽의 사례이다.

꿈 8 어두운 해안을 향해 빠르게 가는 배에 탄 링컨 대통령의 꿈

링컨 대통령은 암살당하기 전날 밤, 이상한 꿈을 꾸었고 그날 아침 각료들에게 그 꿈에 대해 이야기했다.

"저는 독특하고 말로 표현할 수 없는 어떤 배에 타고 있었던 것 같습니다. 그 배는 어둡고 뭐라고 표현할 수 없는 해안을 향해 아주 빠르게 갔습니다. 저는 좋은 일이 있거나 승리를 거두기에 앞서, 예전에도 이런 이상한 꿈을 꿨지요. 앤티텀 전투, 스톤강 전투, 게티즈버그 전투, 빅스버그 전투를 앞두고 이런 꿈을 꾸었답니다."

그는 이 꿈이 좋은 징조이고, 좋은 소식을 미리 알려주고 있으며, 굉장한 일이 일어날 것이라고 믿었다. [82]

이 꿈에 대해 나는 링컨 대통령과는 다르게 해석한다. 이 예지몽은 링컨 대통령이 현실에서 불길한 일에 부딪침을 예고한 꿈이다. 배를 타고 항해하는 것은 현재 상황의 변화나 현재와의 결별을 의미한다. 현실에서 직업, 생활, 생명 등에 변동이 일어난다. 그런데 목적지로 가는 해안이 어둡다. 꿈에서 어두움은 현실에서 답답함, 우울함 혹은 생소한 일에 부딪힌다는 부정적인 은유이다.

꿈 9 십자가 중앙에서 사파이어가 빛을 내는 꿈

80세의 어느 부인이 죽음을 앞두고 꿈을 꾸었다. 그녀는 십자가를 보았는데 그 중앙에서 사파이어가 빛을 내고 있었다. 이 꿈은 그녀에게 매우 행복한 느낌을 주었는데, 그녀는 그것이 하늘에서의 삶과 관련이 있음을 느꼈다.

여기서 십자가는 아마 모든 대극(對極)의 결합을 의미할 것이다. 사파이어는 중세의 전통에서 천상의 예루살렘의 '초석' 그리고 그리스도의 돌로 여겨졌다. [83] 에크로이드는 〈꿈의 상징사전〉에서 "십자가의 의미는 개인 무의식이 아니라 집단 무의식으로부터 나올 수 있는 고대적 상징이다"라고 말했다. 에크로이드에 의하면, 죽음을 앞둔 자의 꿈에 나타나는 상징은 다음과 같다.

십자가는 죽음의 상징일 수 있다. 현재 자신 또는 자신 안에 무엇인가가 새롭고 더욱 충만한 삶을 위한 불가피한 서막으로서 '죽어야' 한다는 것을 의미할 수 있다. [84]

4. 무의식에 관여하는 뇌의 부위

신경생리학자도 무의식의 존재를 인정한다. 자전거 타기나 피아노 연주 등과 같이 학습한 지식이 숙달되면 더 이상 의식적인 주의를 기울이지 않아도 능숙하게 페달을 밟거나 연주하는 것을 상정해 보면 이해가 된다. 이러한 상황에서 주의는 불필요해지고 행동은 무의식(자동)적으로 수행된다.

그러면 뇌의 어느 영역이 무의식과 연관될까? 뇌 영상 기술로 얻은 사진을 관찰하여 얻은 결과를 보면, 뇌의 기저핵과 피질의 연결이 무의식적 운동 프로그램의 실행에 관여한다고 한다. [85]

한편, 신경생리학자인 르두에 따르면 암묵기억으로 무의식(비의식) 상태에서 활성화되는 뇌의 부위[86]는 편도체(정서 반응), 선조체(습관, 기술, 도구적 조건화), 소뇌(기술, 고전적 조건화), 운동피질(기술), 신피질(점화)•이라고 한다. 참고로 점화 상태에서 PET 촬영을 하면, 점화는 뇌 뒤쪽의 시각피질, 정확히는 이른바 '혀 이랑'(*lingual gyrus*)과 아래쪽 앞이마 옆 피질과 연관이 있다. [87]

• 점화 또는 프라이밍(*priming*)은 우리의 기억에 저장된 정보가 행동 수행을 촉진할 때 무의식적으로 일어난다.

3장

요약: 꿈 상징의 3측면과 꿈 재료의 3요소

　꿈의 상징에 대한 해석은 꿈의 비밀의 문에 들어가는 열쇠와 같이 중요하다. 상징은 보편성, 특정성, 개별성이라는 3가지 측면이 있다. 보편적 상징이란 시대, 장소나 집단을 초월하여 어디에서나 동일하거나 유사한 의미로 적용되는 상징이다. 예컨대 곡식, 태양, 별과 같은 상징이다. 특수한 상징이란 특정한 시대, 장소, 집단에게만 적용되는 상징이다. 뱀과 용은 시대, 장소, 집단에 따라 다른 의미로 이해된다. 개별적 상징이란 꿈꾼 이에게만 고유한 개별적 체험, 기억, 정서로 체화된 상징을 말한다.

　개별적 상징은 꿈꾼 이가 체험한 객관적 상황과 그가 느끼는 주관적 상황을 각각 고려해야 한다. 예컨대, 꿈에 나타난 부모는 꿈꾼 사람이 현실에서 체험하고 간직한 기억과 정서에 큰 영향을 받는다. 부모의 보편적 상징은 보호자, 양육자이다. 하지만 부모로부터 학대받거나 버림받은 사람이 가지는 부모에 대한 개별적 상징은 보편적 상징과는 다를 수 있다.

　따라서 꿈의 상징을 해석하는 데는 이러한 상징의 3가지 측면에 대한 이해가 필수적이다. 이 3가지 측면이 서로 충돌하는 경우 개별성, 특정성, 보편성 순서로 적용해야 한다. 즉, 상징의 개별성을 보편성보다 우선 적용해야 꿈꾼 이에게 맞는 정확한 해석이 가능하다.

꿈의 재료이자 추진력의 3가지 요소는 기억, 감정, 무의식이다. 앞서 나는 꿈을 불에 비유하여 기억은 땔감, 감정은 산소, 무의식은 바람이라고 했다.

사실 인간의 기억은 과거에 체험한 기억의 조각과 현재의 상황이 결합하여 끊임없이 재구성된다. 따라서 지나간 경험을 되살리는 기억은 과거의 정확한 기억이 아니라 현재 상태에 맞게 과거의 기억이 변형된 '회상'이다. 꿈에 드러나는 기억도 사실은 꿈꾼 이가 만들어낸 회상이라는 점을 강조하고자 한다. 기억은 뇌의 여러 부위에 저장되지만, 특히 해마나 내측 측두엽 등이 중요한 역할을 한다.

꿈의 두 번째 중요한 재료는 감정이다. 벨기에 신경과학자 마케는 감정을 담당하는 편도체가 꿈꾸는 뇌 활동 전체를 지휘한다고 본다. 이 견해가 옳다면 감정이야말로 꿈의 추진력이다. 우리가 무엇에 관한 꿈을 어떻게 꿀지는 감정이 결정한다는 것이다. 클라인은 힘주어 말한다. "시각적 이미지는 아무리 독특하고 인상적이고 야릇하더라도 고유한 의미가 없다. 그저 환영일 따름이다."[88] 특히, 상당수의 심리적인 꿈은 두려움, 공포, 걱정, 환희, 쾌락, 욕망, 갈등과 같은 정서로 채색되어 만들어지는 경우가 많다.

꿈의 세 번째 재료는 무의식이다. 무의식이 모든 꿈에 영향을 미치는 것은 아니지만 상당한 역할을 한다. 나는 무의식을 억압된 무의식, 창의적 무의식과 예지적 무의식으로 세분했다. 억압된 무의식은 심리몽, 창의적 무의식은 연구몽이나 창작몽, 예지적 무의식은 예지몽으로 드러난다. 예지적 무의식은 투시적 예지몽과 은유적 예지몽으로 다시 나눌 수 있다. 무의식을 관장하는 뇌의 부위는 기저핵, 편도체, 선조체, 소뇌 등이다.

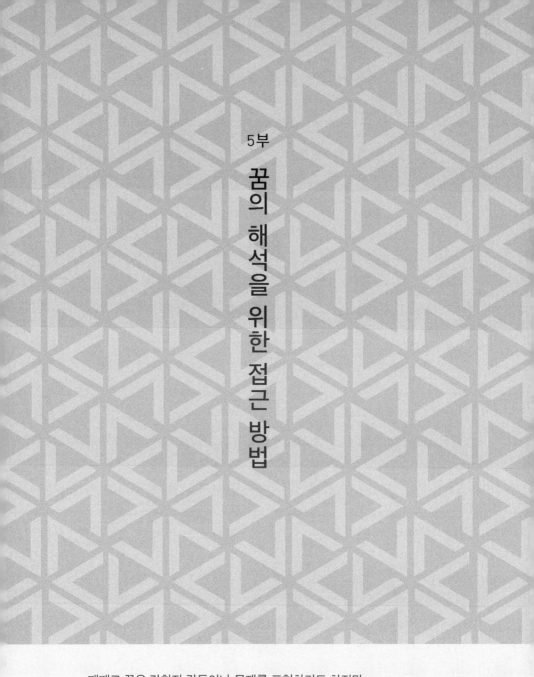

5부

꿈의 해석을 위한 접근 방법

때때로 꿈은 감춰진 갈등이나 문제를 표현하기도 하지만,
어떤 경우에는 모르고 있는 가능성을 보여줌으로써 인생이나 심리적
박전에 미래로 향하는 길을 제시하기도 한다.

— 융

1장

기존의 접근 방법

1. 프로이트의 자유연상법

프로이트는 꿈 상징의 진정한 의미에 다가가기 위해 자유연상법을 고안했다. 자유연상법은 꿈을 꾼 사람에게 어떤 중지 없이 개별 꿈 요소에 대해 그들의 마음에 떠오르는 어떤 것이든 말하게 하는 방식이다. 즉, 하나의 이미지에서 연상되어 유발된 다른 이미지로, 그 다른 이미지에서 또 다른 연상을 유도해 내는 방식이다.

프로이트는 자유연상법을 다음과 같이 활용한다.[1] 조금 서툰 환자(꿈꾼 사람)에게 "이 꿈에서 당신은 어떤 생각이 떠오릅니까?" 하고 물으면, 대개의 환자는 자신의 정신적 시계(視界) 속에서 아무것도 파악하지 못한다. 그래서 꿈을 토막토막 분석해 보이면, 그때서야 환자는 그 꿈의 '이면의 상념'이라고 할 수 있는 일련의 연상을 알려줄 수 있다.

다음은 프로이트 자신이 꾼 꿈의 사례이다.

1895년 여름, 나는 어떤 젊은 여성(Irma)●의 정신 분석을 맡았는데,

● Irma는 한국어로 '이르마' 혹은 '일머'로 번역하는데, 여기서는 이르마로 통일하기로 한다.

그녀는 나의 가족과도 매우 친한 사이였다. 그런데 치료는 부분적으로만 성공을 거둬 환자의 신경증적 불안은 없어졌지만, 그 신체적 증상이 모두 제거된 것은 아니었다. 어느 날 밤(아마도 새벽녘이었던 것 같다) 나는 다음과 같은 꿈을 꾸었다. 눈을 뜨자마자 나는 그 꿈을 기록해 두었다.

큰 홀에서 우리는 많은 손님을 접대하고 있었다. 그 가운데 이르마가 보이기에 나는 그녀를 한쪽으로 데리고 가서 그녀의 편지에 대한 답을 준 다음, 내가 제시한 '해결 방법'을 아직도 수용하지 않은 것을 비난했다. 내가 "아직 완쾌되지 않는 건 사실 당신 탓이오"라고 하자, 그녀는 "지금 내가 얼마나 아픈지 알기나 해요? 목과 위와 배가 졸리는 것 같아요"라고 말했다. 나는 놀라서 그녀의 얼굴을 바라본다. 창백하고 부어 있는 것 같다. '그럼 역시 무슨 내장 기관의 장애가 있었던 것일까?' 하고 생각한다.

그녀를 창가로 데리고 가서 목 안을 진찰한다. 그녀는 싫은 기색을 보인다. 마치 의치를 한 사람이 그러하듯이. 나는 싫어할 필요가 없다고 생각한다. 그리고 크게 벌리라고 했다(현실에서 프로이트가 이르마의 구강을 진찰한 일은 한 번도 없었다).

꿈속의 이 과정으로 얼마 전에 진찰했던 여자 가정교사가 연상되었다. 이 여자는 첫인상이 매우 아리따운 미인으로 생각되었는데, 내가 입을 벌리게 하자 곧 치열을 감추려고 했다. 싫어할 필요가 없다고 생각한 것은 아마 이르마에 대한 것이었는데, 그것 말고 또 다른 뜻이 있었던 것 같다.

세밀하게 분석해 보면, 예측되는 이면의 생각을 충분히 짐작했는지의 여부를 알 수 있다. [2]

이 꿈에 대한 프로이트의 해석은 상세하다. 하지만 여기서는 연상과 관련된 부분에 한정하여 살펴보기로 한다. 이 꿈은 프로이트가 진찰한 환자에 대한 그의 감정과 걱정 그리고 사실 관계를 파악하려는 의도가 잘 드러나 있다. 그는 여태껏 한 번도 진찰한 적이 없는 이르마의 구강을 진찰하면 질병의 단서를 파악할 수 있을지도 모른다는 생각을 한다. 자신이 완치시키지 못했다는 자책감과 자기 책망을 방어하려는 심리 기제가 이 꿈을 만들어 냈다고 본다.

현실에서 서로 관련이 없는 두 명의 여성 환자가 구강 진찰을 매개로 연상이 이루어졌다. 프로이트가 '또 다른 뜻'에 관해 명확히 밝히고 있지는 않지만, 그 여성에 대한 자신의 호기심이나 성적 욕구를 은유적으로 표출한 것이라고 생각된다.

1) 자유연상법의 사례 1: 레스토랑에서 빵부스러기를 먹는 꿈

어느 부인이 불행한 결혼 생활을 하고 있었다. 그녀는 남편으로부터 전처소생의 세 자식보다도 사랑과 관심에서 밀리고 있었다. 다음은 그녀가 꾼 꿈이다.

나는 춥고 굶주려 있다. 나는 따뜻한 음식을 얻을 거라는 희망으로 어느 레스토랑에 들어갔지만 그곳은 얼어붙은 듯 춥기만 하다. 그곳에 내가 맨 먼저 왔는데도 주인은 나보다도 먼저 다른 세 사람에게 음식을 갖다 주고 나에게는 먹다 남은 찌꺼기를 갖다 준다. 내 마음은 상하고 화가 나지만 어쨌든 나는 그 빵부스러기를 먹는다. 그곳을 떠나야겠다고 생각하지만 '문을 연 다른 레스토랑이 없으면 어떻게 하지' 하며 두렵다. 빵부스러기도 없는 것보다는 낫다. 그때 나는 기저귀를 차고 있

다는 사실을 깨닫고 기저귀만 아니었으면 좀더 나은 서비스를 받았을 거라고 생각한다. [3]

　자유연상법을 활용하여 이 꿈 상징의 진정한 의도를 파악해 보기로 한다. 치료자와 내담자 사이의 대화를 다음과 같이 가상으로 구성해 보았다.

　치료자: 꿈에서 레스토랑은 어떤 곳인가요?
　내담자: 음식도 먹고 추위도 피할 수 있는 장소요.
　치료자: 꿈속의 레스토랑과 같은 장소가 현실에도 있나요?
　내담자: 내가 지금 사는 집이요. 집에서는 식사도 할 수 있고 추위도
　　　　　피할 수 있거든요.
　치료자: 그런데 현재 살고 있는 집은 어떤가요?
　내담자: 정말 힘이 들어서 집에서 나오고 싶어요.
　치료자: 왜죠?
　내담자: 남편은 나를 차갑게 대하고 사랑도 없어요. 꿈에서 춥고 음식
　　　　　도 먹지 못해서 굶주려 있는 것과 같이 냉기만 있어요.
　치료자: 빵부스러기는 현실의 무엇이라고 생각하세요?
　내담자: 남편이 전처 아이들에게 사랑을 베풀고 나서 마지못해 나에게
　　　　　던져 주는 최소한의 관심 같아요.
　치료자: 기저귀를 생각하면 무엇이 연상됩니까?
　내담자: 어린 아기요.
　치료자: 그런데 꿈에서는 부인께서 기저귀를 차고 있네요?
　내담자: 남편의 무관심 앞에서 항의하지 못하고 무기력한 아이 같은
　　　　　내 모습이에요.

이 꿈에서 나타난 상징의 의미는 다음과 같다. 레스토랑은 자신의 집, 추위는 현재 냉랭한 남편과의 결혼 생활, 음식을 주는 사람은 남편, 다른 사람은 전처소생의 세 아이, 빵부스러기는 마지못해 던져 주는 남편의 관심, 기저귀는 유아 같은 자신의 무기력감을 상징한다.

이 꿈에서 드러난 '명백한 내용'●을 꿈 탐색 방법인 자유연상법을 통해 마음속에 '잠재된 내용'으로 전환한 결과는 다음과 같다. 이 부인은 남편의 따뜻한 애정을 얻기 위해 결혼했으나, 남편은 아이들에게만 관심을 보이고 그녀에게는 냉대를 한다. 그녀는 결혼 생활에 실망하여 우울하고 불행을 느낀다. 그녀는 이혼하고 집을 뛰쳐나가고 싶지만 두렵다. 그러한 그녀의 무기력한 모습이 기저귀를 찬 아이처럼 느껴진다.

2) 자유연상법의 사례 2: 동물이 살금살금 다가오는 꿈

여기서는 마이클(가명)의 꿈을 자유연상법을 통해 해석하여 억압되었던 두려움의 실체를 드러나게 하고자 한다. 마이클이 대학교 2학년 때 꾼 꿈이다.

작은 동물이 내 침실에 살금살금 들어온다. 종종 그 동물은 개지만 때로는 쥐나 다른 생물이다. 처음에 그것은 내 침실에 작은 그림자로 나타난다. 그다음 자꾸 커져서 온 방을 채운다. 마치 나를 공격할 것처럼

● 현재몽과 잠재몽으로 번역한 글도 있지만 서로 다른 두 개의 꿈으로 오해받을 수도 있어 여기서는 명백한 내용과 잠재된 내용으로 용어를 통일하고자 한다.

다가오기 시작한다. 나는 공포에 사로잡혀 온 힘을 다해 도망친다. [4]

　마이클은 미국 중산층 가정의 다섯 아들 중 막내이다. 가정은 유복했고 부모, 형제와도 화목했지만 마이클은 이 같은 악몽을 일주일에 3~5번 반복해서 꾼다. 그의 악몽은 9살부터 시작되었고, 꿈꾸고 난 후 공포에 휩싸여 머리에 피가 나도록 벽을 들이받으며 괴로워하곤 했다. 마이클의 부모는 아들을 데리고 치료자를 찾아왔다. 치료자는 신중하게 마이클에게 접근했고 대화를 통해 그가 오랫동안 심리적으로 억압했던 사실이 드러났다.
　아래의 대화는 치료자가 수차례에 걸쳐 마이클과 상담한 내용을 재구성한 것이다. 내 경험에 의하면 내담자가 상담 초기부터 자신의 속마음을 털어놓는 경우는 드물다.

　치료자: 9살 때 무슨 일이 있었나요?
　내담자(마이클): 아뇨, 별다른 일은 없었어요.
　치료자: 예컨대 가족이 이사했다든지, 아니면 학교를 옮겼다든지.
　내담자: 그런 일은 없었어요. … 그런데 악몽을 계속 꾸니까 가끔 차라리 죽어 버리면 이런 고통에서 벗어날 수 있을 텐데 하는 상상은 했어요.
　치료자: 음, 그렇군요! 무척 힘들었을 거 같아요. 그때 형제들과는 사이가 어땠나요?
　내담자: 형들은 저를 계집애 같다고 놀렸어요. 제가 엄마를 도와 집 안 장식을 하곤 했으니까요.
　치료자: 그래요, 그런 소리를 들으면 속이 무척 상했겠네요.
　내담자: 엄마는 형들을 낳고 저를 임신하자 딸일 거라고 확신했대요.

그런데 또 아들이었고, 엄마는 아쉬웠는지 틈만 나면 이 이야기를 했어요. 형들은 덩달아서 그러니까 네가 계집애처럼 행동하는 거라고 놀렸죠.

치료자: 그렇게 놀리는 것은 남자로서 자아 정체성을 확립하는 데 위협이 될 수도 있었을 겁니다. 그 나이에 감당하기 어려울 수 있잖아요.

내담자: 그래요. 나중에는 친구들까지 놀려서 참기가 힘들었어요. 그런데 성장하면서 그러한 놀림을 받아들이기로 마음을 먹으니 더 이상 문제가 되지는 않았어요.

치료자: 성숙한 태도를 가졌군요. 좋아요. 형들이 어떻게 놀렸나요?

내담자: 집에 개가 있었는데, 형들은 집에 기르는 개를 부추겨 으르렁거리도록 위협했죠. 무서웠어요. 개가 무척 싫었어요.

치료자: 그래서 꿈속에서 개가 나타나서 공격하기도 하는군요.

내담자: ……(마음의 심한 동요를 느끼는 표정).

치료자: 악몽이 10년 이상 계속되는 것을 보면 이 일 말고도 다른 일이 더 있었다고 생각하는데요.

내담자: …….

치료자: 매번 비슷한 악몽을 꾸잖아요. 그때마다 얼마나 무섭겠어요.

내담자: ……. 선생님이 그렇게 얘기해서 생각해 보니까 무슨 일이 있었네요. 내가 어떻게 그걸 잊을 수 있었지요?

치료자: ……(마이클이 연상을 충분히 할 수 있도록 편안한 표정으로 기다린다).

내담자: 9살 때였어요. 음악 수업을 마치고 집으로 오는데 골목길에서 낯선 아저씨가 내 팔을 잡고 음침한 장소로 데려갔어요. 그러고는 내 몸을 만지고 애무하는 거예요. 저는 엄청난 공포 속에

서도 느슨한 틈을 타서 집으로 도망쳤어요. 숨을 쉴 수 없을 정도로 폐에 통증이 왔지만 빨리 달렸어요. 곧장 내 방으로 들어와 엄청 울었어요. 그 이후 잠도 못 자고 며칠간 공포에 떨었어요. 아무에게도 이 일을 얘기하지 않았어요. 내가 왜 이 일을 기억하지 못했을까요?

치료자: 힘들었을 텐데 이야기해 줘서 고맙습니다. 엄청난 용기가 필요했을 겁니다. 이제 다 털어놓았으니 마음 편하게 갖고 함께 당신이 받았던 마음의 상처를 치유하는 시간을 갖지요.

마이클의 꿈은 트라우마꿈이다. 마이클이 받은, 감당하기 힘든 마음의 상처로 자신을 보호하기 위해 방어 기제 중 하나인 억압이 작동하여 스스로도 기억하지 못하게 된 것이다. 치료자는 마이클이 9살에 있었던 일을 기억하도록 돕고, 그의 어머니가 딸이기를 바랐다는 말, 여자아이 같은 취향 때문에 형과 친구로부터 놀림을 받은 일, 개를 두려워하는 경험을 기억해 내게 했고, 끝내는 낯선 성인남자로부터 성추행을 당했던 일까지 연상시켰다.

마이클의 악몽에 대한 원인을 찾기 위해 치료자가 행한 자유연상법을 도식화하면 다음과 같다.

9세에 발생한 사건들 탐색 → 형과 친구들의 계집애 같다는 놀림 → 개로 마이클 위협 → 개에 대한 두려움과 공포 → 낯선 남자 → 음침한 장소 → 그에게 성추행을 당함 → 트라우마꿈의 반복 → 자살 충동

덧붙이자면, 치료자는 마이클의 치료를 성공적으로 마쳤다.

3) 자유연상법에 대한 비판적 고찰

돔호프는 자유연상법의 유용성을 인정하면서도 동시에 문제점도 지적했다. 일반적인 심리 치료 조건에서 자유연상법이 실제의 꿈을 설명할 수 있다고 확신할 수는 없다는 입장이다. 왜냐하면 꿈꾸는 사람에 관한 요소가 꿈에서 만들어진 '의미'가 될 수 있기 때문이다. 더욱이, 중립적이고 비(非) 판단적인 태도를 유지해야 하는 심리 치료사의 입장에도 불구하고 사회심리학자와 기억 연구자에 의해 형성된 꿈 해석에 대한 대안적 분석을 배제하기는 어렵다. 치료사의 제안, 설득, 전환의 복잡한 과정을 통해 기본적 신념이 내담자의 자유연상을 무의식적으로 형성한다는 것이다.[5]

융도 자유연상법을 비판했다. 꿈은 그 자체로 한계를 갖고 있으며 따라서 꿈 자체의 특정한 형태에 집착해야만 꿈이 무엇을 표현하거나 무엇을 회피하려는지 알 수 있다는 것이다. 그런데 자유연상법은 꿈의 소재로부터 지그재그 선을 그리면서 점점 더 멀어지는 방향으로 우리의 사고를 운전해갈 수 있다. 그와 달리, 융이 사용하는 방법은 꿈의 내용을 중심으로 삼아 그 주변을 돌면서 그로부터 도피하려고 하는 환자의 시도를 묵살한다. 융은 "자, 꿈으로 돌아가지요. 꿈은 무엇을 말하고 있는가요?"라는 말을 수없이 반복한다.[6]

2. 융의 확충법

융은 자유연상법의 대안으로 확충법을 제안했다. 확충법은 본래의 이미지가 다른 이미지로 비약하는 자유연상법의 문제점을 해결하기 위해, 본래의 이미지를 중심으로 하여 집중적으로 연상하는 방식이다. [7] 융은 확충법을 통해 꿈을 한층 폭넓은 신화적, 상징적 문맥 속에 위치시킴으로써 더욱 깊은 의미를 이끌어냈다고 한다.

1) 확충법의 사례 1: 오래된 칼을 건네준 꿈

다음은 융이 제시한 한 미혼 여성 환자의 꿈이다. "누군가가 고분에서 발굴한, 화려하고 장식이 많은 아주 오래된 칼을 나에게 건네주었다."

이 꿈을 프로이트의 정신분석적 관점에서는 다음과 같이 해석할 수 있다.

"환자는 뚜렷한 부성 콤플렉스와 아버지에 대한 사랑의 환상을 풍부하게 가지고 있는데, 그녀는 이를 어릴 때 잃어버렸다. 그녀는 언제나 어머니의 위치에 서 있으면서 아버지에 대해 강한 저항을 가지고 있었다. 그녀는 아버지와 비슷한 남자를 받아들일 수 없었다. 그래서 자기 의지에 반해 약하고 신경증 성향의 남자를 사랑의 대상으로 삼았다. 분석에서도 의사-아버지에 대해 강한 저항을 보였다.

꿈은 그녀의 욕망에 따라 아버지의 무기를 발굴한다. 이론적으로 말하자면 말할 것도 없이 이는 남근 환상을 가리키는 꿈이다."

자유연상법을 통해 꿈속의 칼은 아버지의 무기로, 다시 남근에 대한 환상으로 발전한다.

반면, 이 꿈에 대한 융 학파식 해석은 다음과 같다.

"이 꿈을 보면 마치 환자가 그러한 무기를 필요로 하는 것 같다. 그녀의 아버지는 그런 무기를 가지고 있었다. 그는 정력적이었고 이에 어울리게 살았다. 그 기질의 어려움을 스스로 책임지며 열정에 사로

잡힌 삶을 살기는 했으나 신경증적이지는 않았다.

이 무기는 인류의 오랜 유산이며 환자의 마음속에 파묻혀 있던 것인데 발굴 작업(분석)으로 햇빛을 보게 된 것이다. 이 무기는 통찰이나 지혜와 관계가 있다. 그것은 공격과 방어의 수단이다. 아버지의 무기는 열정적이고 굽힐 줄 모르는 의지였으며 그의 삶은 이런 의지로 관철되었다. 환자는 지금까지 어느 면으로 보나 이와 반대였다.

그녀는 지금, 자신이 그동안 믿어온 것처럼 강요당하기만 하는 입장이 아니며, 또한 요구할 수 있다는 것을 깨달아야 할 지점에 섰다. 인생의 지혜와 통찰을 바탕으로 한 의지는 인류의 오랜 유산이거니와, 이것은 바로 그녀 속에 있는 것이다. 그러나 이는 지금까지 파묻혀서 알려지지 않았다. 그녀는 딸로서의 자리에 머물며 아버지의 총애 속에서 어린애 같은 존재로 이 유산의 진가를 지금까지 인정하지 못했기 때문이다. 그녀는 너무나 수동적이고 성적인 환상에 사로잡혀 있었던 것이다."

확충법을 통해, 칼에 대한 그녀의 생각은 열정적이고 굽힐 줄 모르는 의지와 통찰과 지혜, 공격과 방어의 수단으로 확장되지만 지나치게 비약하지는 않는다. 융은 프로이트처럼 꿈을 억압된 성적 충동의 발현으로만 파악하지 않았다는 점에서 진일보했다고 볼 수 있다. 융은 그녀, 아버지 그리고 칼의 관계를 해석하는 데 있어 어느 정도 연상적 기법을 이용하면서도, 다른 한편으로는 목적론적(예컨대 "환자가 그러한 무기를 필요로 하는 것 같다")으로도 해석하고 있다. 융은 꿈의 해석에 있어 분석 방법보다는 합성 방법을, 환원적 해석보다는 건설적 해석을 중시했다.[8]

2) 확충법의 시례 2: 뱀에게 뒤꿈치를 물린 꿈

다음은 스위스 보병장교의 꿈을 융이 확충법으로 해석한 사례이다. 융을 처음 찾았을 때 그는 다리를 절었다. 그는 발에 통증을 호소했다. 뒤꿈치 부분이 특히 통증이 심하고 가슴에도 '칼로 에는 듯 예리한' 통증이 있다고 했다. 이러한 증상은 융에게 오기 두 달 전부터 시작되었다. 그는 몇몇 의사에게 치료를 받았고 이 과정에서 최면, 전기충격 요법, 목욕 요법 등을 거쳤으나 아무런 효과를 얻지 못했다. 융은 통증이 어디서 시작되었는지 물었으나 그는 모른다고 했다.

융은 지푸라기라도 잡는 심정으로 꿈을 생각해 낸다. 꿈에서 혹시 단서가 나오지 않을까? 꿈은 그냥 새어 나온다. 아무런 통제를 받지 않기 때문이다. 융은 그에게 주술사 취급을 당할 위험을 감수하면서 그가 꾼 꿈에 대해 물었다. 그는 강렬한 인상을 남긴 꿈 하나를 기억해 냈다.

"확 트인 어딘가를 걷다가 뱀을 밟았는데, 그만 뱀이 내 뒤꿈치를 물었어요. 뱀독이 퍼졌을 것이란 생각에 놀라 잠에서 깨어났어요."

융은 그에게 뱀과 관련해 특별히 떠오르는 것이 있는지 물었다.

"뱀은 위험한 동물이에요. 사람을 죽일 수도 있어요. 뱀에 물리면 매우 고통스러워요"라고 대답했다.

현실에서 그가 뱀에 물린 적은 없었다. 그러나 뱀에 물리면 그가 지금 겪는 통증과 비슷한 통증이 나타날 것이다. 융은 성경의 창세기에 나오는 이야기를 그에게 해주었다.

"네가 뱀의 머리를 밟고 있는 사이에 뱀이 너의 뒤꿈치를 물 것이다"라고 융이 뱀의 비유에 대해 이야기하자, 그는 "아, 여자 말입니까?"라고 물으면서 자신의 감정을 내비쳤다.

융은 재차 물었다.

"그와 비슷한 일이 있었어요?"

그는 처음에 부정하다가 결국에는 인정했다. 휴가를 나갔더니 3개월 전에 약혼까지 했던 여자가 다른 남자와 사귀고 있었다고 했다.

"그래서 슬펐어요?"

"그 여자가 나를 원하지 않는다면 나도 다른 여자를 만나야겠죠."

융은 아무리 강한 남자라도 간혹 심한 절망에 빠진다고 강조했다. 무심한 척 꾸미면서 절망을 숨기려 노력하던 그는 어느새 흐느꼈다.

여태까지 그는 그 여자에 대한 감정과 버림받은 데 대한 감정을 꾹꾹 누르고 있었다. 그랬던 그는 융 앞에서 그 여자를 저주하며 여자는 다 똑같다고 말했다. 다른 여자를 만나려고 노력하는데도 왜 사랑을 얻지 못하는지 그 이유를 모르겠다고 했다. 자신의 솔직한 감정을 깨달았을 때, 그는 자신의 마음이 '쿵' 하며 크게 움직이는 것을 느꼈고 발과 뒤꿈치 통증도 사라졌다. 그 통증은 단지 억눌려 있던 심리적 고통에 지나지 않았다.

융은 뱀의 상징을 인류가 가진 집단 무의식에서 찾았다. 남자에게 뱀은 영원히 여자를 상징한다. 빛바랜 옛 그림에 나오는 에덴동산의 뱀은 여자의 머리로 그려진다. 이 남자는 뒤꿈치를 무는 성경의 뱀 이야기를 몰랐을 수도 있지만 그래도 그런 이미지가 그의 무의식에 자리 잡고 있었을 것이다.

이어서 융은 고대 이집트의 신화까지 거슬러 올라갔다. 이 대목에서 이집트 찬가에 등장하는 '라'가 떠오를지 모르겠다. 사랑하는 아내 이시스가 흙으로 빚어 길에 몰래 풀어 놓은 뱀에게 물린 그 '라' 말이다. 이시스가 남편인 라의 몸에 뱀독을 집어넣는 이유는 그를 치료할 기회를 갖기 위해서였다. 이것이 독살을 노리는 여자의 심리다.[9]

3) 확충법에 대한 비판적 고찰

보스는 꿈 내용을 확충법으로 해석하는 융의 방식은 통상적으로 꿈의 이해와 꿈의 치료적 과정 자체에 해가 된다고 보았다. 다양한 신화나 전설을 끄집어내어 소갈비를 먹는 꿈을 '확충'할 수도 있다. 그리고 전설을 통해 '코르누코피아'(cornucopia, 제우스에게 젖을 먹인 염소의 뿔로, 풍요를 상징)와 같은 원형을 추출해낼 수 있다. 이때 코르누코피아는 그의 심적 무의식 안에 있다고 가정한다. 하지만 이런 식의 확충은 단지 꿈꾼 사람을 자신의 세계와 그가 책임져야 하는 개인적 실존으로부터 멀어지게 하고, 대신 그를 먼 세계와 시대의 '흥미로운' 내용에 관해 음미하도록 한다. 그러한 활동 자체가 해롭지 않다고 해도, 그가 신화적 영웅에 관해 보낸 시간으로 인해 자신의 존재 방식의 탐구에 필요한 시간은 갖지 못하게 된다. [10]

3. 펄스의 게슈탈트 해석법

게슈탈트 해석법의 창시자인 펄스는 꿈에서 드러난 상징에 대한 또 다른 접근 방식을 제안한다. 펄스는 꿈에서 나타나는 사람, 사물, 분위기 등을 꿈꾼 사람의 인격 요소로 본다. 그는 오늘날의 인간이 분열된 채로 살아가고 있다고 본다. 이와 같이 분열되고 소외된 인격을 통합해 전체적인 인간으로 다시 만드는 것이 꿈 작업의 목적이라고 한다. 펄스는 그렇게 통합된 전체적인 인간은 효과적으로 기능하며, 자신의 자원에 의지하고, 자신의 성장을 촉진하며, 어디에 있든지 성장에 몰입한다고 확신했다. [11]

즉, 펄스는 꿈에서 나타나는 모든 것이 꿈꾼 사람의 정신의 일부를 대변한다고 주장한다. 이 방법은 꿈에 관해 분석과 해석을 내리기보다는 꿈에 나타나는 여러 사람이나 사물이 되어 보는 연기를 하거나, '그들이 되어 이야기하기'를 주로 다룬다.[12] 펄스는 꿈 이야기를 할 때는 현재 시제를 써야 그 내용을 현실감 있게 되살릴 수 있다고 보았다.[13] 또한 펄스는 꿈의 진정한 의도를 드러내기 위해 역할연기 방법도 사용한다. 펄스와 그의 동료들이 제시한, 꿈 해석을 위한 접근 방식을 살펴보자.

1) 게슈탈트 해석법의 사례 1: 기차를 타고 가는 꿈

펄스(치료자)는 꿈을 꾼 앤(내담자)과 실제로 시연을 했다.

치료자(펄스): 우리는 꿈의 한 장면에 접근해 작업합니다. 실제로 꿈을 완전히 작업한다면 필요한 모든 치료를 할 수 있다고 믿습니다. 당신이 인격을 더 성장시킨다면 실존적 메시지를 얻는 꿈을 꿀 것입니다. 나에게 그 꿈의 의미는 실존적 메시지입니다. 이것은 미해결 과제가 아닙니다. 현재 문제도 아닙니다. 증상이나 성격도 아닙니다. 이것은 실존적인 의미이며 메시지입니다. 이것은 실존 전반을 생각합니다. 이것은 당신의 인생 전반입니다. 네, 다른 분이 나오겠습니까? (앤이 의자로 나온다) 이름이?

내담자(앤): 앤이요. 제가 자주 꾸는 꿈입니다. 아주 상세하게 기억하고 있어요.

치료자: 잠깐 멈추겠습니다. 무척 중요한 꿈입니다. 나는 프로이트와

입장이 완전히 다릅니다. 프로이트는 강박적 반복을 보았습니다. 어떤 일을 계속해서 되풀이하는 것이지요. 그는 반복 행동이 죽음 본능의 기능이라고 결론을 내렸습니다. 저는 무엇인가를 반복하는 꿈은 해결을 향한 시도, 완성을 향한 시도라고 믿습니다. 우리는 길에서 장애물을 치우고 해결할 수 있어야 합니다. 그리고 게슈탈트를 완성해 더 많이 성장해야 합니다. 당신이 반복적인 꿈이라고 느낀다면, 대단히 중요하고 또 위태로운 실존적 주제가 있다고 할 수 있습니다.

내담자: 나는 기차를 타고 여러 사람과 함께 여행합니다. 우리는 어디론가 가고 있습니다. 어디로 가는지 모르겠습니다. 어느 역에서 멈춘 후 나는 사람들 곁을 떠납니다. 남편은 언제나 그 사람들의 무리 속에 있습니다. 나는 쉽게 그를 떠나보냅니다. 그러자 내 목적지가 어딘지 잊어버립니다. 나 자신을 보니 내가 어디에 있는지, 어디서 왔는지 알지 못합니다.

치료자: 처음부터 시작해 봅시다. 당신은 벌써 첫 단계로 들어왔습니다. 당신은 현재 시제로 말했습니다. 자, 지금 무대를 만드세요.

내담자: 헐렁한 니트를 입은 사람들과 함께 기차를 타고 여행 중입니다. 정말로 모르겠어요. 그들이 친구인지, 적인지, 낯선 이인지, 특별한 이인지 모르겠습니다. 우리는 함께 가고 있을 뿐입니다. 그들과 나는 함께 앉아 있습니다. 기차가 덜컹거릴 때 우리도 움직입니다(침묵하다가 흔들리는 몸짓을 취한다). 대화한다는 생각이 들지 않고 특별한 목적지를 향해 간다는 느낌도 없습니다. 다만, 가고 있습니다. 우리가 역에 도착해 있는데, 함께 내렸던 일행은 어디론가 떠납니다. 우리

는 기차에서 내립니다.

치료자: 당신이 감독이 되어 그들이 해야 할 일을 말해줄 수 있나요? 당신은 여전히 앉아 있어요. 기차에서 내리지도 않고 대화를 시작하지도 않았어요.

내담자: 좋아요. 우리는 지금 기차에서 내려요. 커다란 기둥이 있는 아주 큰 역으로 들어가고 있어요. 역 건물은 회색 벽돌로 지어졌고 오래되었어요. 우리는 아무 데도 들어가지 않았어요. 기둥 사이에 있는 로비에 잠깐 서있어요. 나는 기둥에 바짝 붙어 있는데 누구와도 말을 나누지 않고 있어요. 다른 일행도 있지만 우리가 아는 이들은 아니에요.

치료자: 네, 좋습니다. 기둥 하나를 선택하면 좋겠습니다. 기둥과 기차역 역할을 해보세요. 당신이 기둥이라면 어떤 모습이죠?

내담자: 크고 오래된 기차역의 기둥입니다. 많은 사람의 왕래를 봅니다. 어떤 이들은 어디로 가는지 알고 있습니다(울기 시작한다).

치료자: 무엇인가 일어나고 있군요. 역이 되어 보세요.

내담자: 나는 아주 큰 기차역입니다. 많은 사람들이 내 안으로 들어옵니다. 나는 그들을 편안하게 해줍니다. 나는 사람들이 쉬거나 지나가는 장소입니다. 내 안에 들어오는 사람에게 나는 음식을 줍니다. 그리고 화장실과 의자도 있어 그들을 편안하게 해주죠.

치료자: 네, 이런 식으로 만나보죠. 여기 앉으세요. 당신은 앤이고, 여기는 기차역입니다. 서로 이야기를 나누세요. 당신이 벌써 인격의 다양한 본질을 표현했다고 생각합니다. 그것을 '상징'이라고 부르지 마세요. 그것은 인격의 본질입니다.

내담자: 기차를 타고 너에게 도착했어. 사람들과 함께 여기서 내렸어.
그런데 난 안으로 들어가지 않았어. (눈물을 닦는다) 여기서
쉴 수도 있는데. (운다) 날 찾는 이들이 있는지 모르는데. (기
차역 입장이 된다) 왜 바라지 않니? 떠나기 전에 앉아서 먹거나
쉬는 게 어때? 역은 그러라고 있는 거야. (본인이 된다) 쉬면서
편해지는 게 두려워. 쉬지 않고 움직여야 해. 어디로 가는지
몰라도. 나는 가야만 해. (기차역 입장이 된다) 왜? 너는···.
그것은 옳지 않아. 계속 가야만 하고, 또 기차를 타고 어디론
가 가야 하고, 네가 어디에 있는지조차 모르잖아. 게다가 어디
로 가는지도 모르고 여기 친구들이 있는데, 그들을 남겨 두고
떠난다는 것은 말이 안 돼.

치료자: 음, 이것은 실존적인 작은 메시지입니다. 네, 제가 원하는 만
큼 들었습니다. [14]

앞서도 잠깐 소개했지만, 펄스는 꿈 해석 작업을 4단계로 제시한
다. 첫째 단계에서는 꿈의 줄거리를 이야기한다. 둘째 단계에서는
꿈을 살아 있게 만든다. 이때 꿈을 생생하게 현재 시제로 눈앞에 펼
쳐진 드라마를 보듯 이야기한다. 셋째 단계에서는 꿈을 꾼 사람이
무대감독이 되어 꿈을 살아 있는 연기로 표현한다. 꿈을 꾼 사람은
작가, 무대감독, 배우, 소품 등이 된다. 이때 풍부하게 접촉된다.
마지막으로, 이를 통해 갈등을 통합하고 소외된 인격을 재동일시하
게 된다.

펄스는 소외된 인격을 재동일시하면 다시 우리의 인격이 될 수 있
다고 보았다. [15]

2) 게슈탈트 해석법의 사례 2: 카펫에 소변을 본 꿈

심리학자 패러데이가 소개한, 다소 거만하고 보수적으로 보이는 회사원의 꿈이다.

그는 "내가 기억할 수 있는 것은 카펫에 소변을 봤다는 것이 전부다"라고 말했다. 인도자는 그에게 한 의자에서 다른 의자로 옮겨 가면서 각각의 역할을 연기하고 자신과 카펫 간 대화를 해 보라고 요청했다. 그러자 순식간에 그의 인격 속에 있는 상전과 하인이 곧바로 드러났다. 그가 한 연기와 대화는 다음과 같다.

카펫: 왜 너는 내 위에다 그렇게 오줌을 쌌지?
남자: 어이쿠, 네가 있는 줄도 몰랐어. 이제 널 자세히 보도록 할게.
　　　넌 꽤 낡고 닳은 데다 더럽기까지 하네. 오줌을 싸는 것보다 더
　　　나은 용도도 없겠다.
카펫: 음, 이건 공평하지 않아. 난 항의하겠어.

어느 시점에 이르러, 인도자는 그에게 카펫이 어떤 근거로 항의하는지 물었는데, 그는 "나한테 오줌이나 싸는 짓은 집어치워"라는 말을 되풀이하다가 마침내는 격분해서 주먹을 흔들고 소리 높여 그 문장을 외쳐 대며 펄쩍펄쩍 뛰었다. 인도자는 그에게 자신의 자리로 돌아가서 카펫 역할을 계속할 것을 요청했다.

"나는 낡고 좀 닳았을지 몰라도 사람들이 나에게 소변을 보는 것은 싫어. 나는 좋은 재료로 만들어졌고 튼튼하고 유용하며 매우 따뜻해. 사실 나는 정말로 꽤나 좋은 카펫이야."

실존적 메시지는 명확했다. 그는 회사 생활에서 무시당하고 혹사

당하는 존재라고 느끼면서 고통스러워했는데, 그것은 스스로 자초한 것으로 자신이 가치 없는 존재라는 내면의 감정 때문이었다. [16]

참고로 게슈탈트 해석법에서 상전이란 훈계조, 비난조로 말하는 인격의 한 부분이다. 상전이 좋아하는 말은 '너는 반드시 해야 한다', '네가 당연히 해야 한다', '너는 절대로 해서는 안 된다' 등이다. 프로이트의 초자아에 해당한다. 하인은 내면의 비판받는 인격의 한 부분이다. 하인은 대체로 변명하고, 방어하고, 말로 구슬리고, 속이려 하며, 아무런 힘이 없다. 하인은 '그렇다', '당신이 옳은 것은 알고 있다', '그래서 나도 좀 나아지려고 노력할 것이다', '하지만 실패해도 어쩔 수 없다' 등이라 말한다. [17]

3) 게슈탈트 해석법에 대한 비판적 고찰

패러데이는 게슈탈트 해석법의 훌륭한 장점을 이렇게 말했다.

정신분석에서 흔히 하는 것처럼 무엇을 단지 합리적으로 분석하기만 하는 대신, 마음속에 내재하는 '낯선 존재'와 동화하여 실제로 그것이 느끼는 감정을 몸소 경험하는 것이다. … 어떤 해석을 놓고 그것이 사실인지 회의를 가질 수는 있겠지만, 자기 존재의 깊은 곳에서부터 올라오는 어떤 경험을 부인할 수 있는 사람은 없다. [18]

게슈탈트 해석법대로 꿈에 나타나는 여러 다른 인물과 요소의 역할을 맡아 이들 사이의 대화를 연기해 보는 일은 깨어 있을 때의 상상력으로 꿈속의 난제를 풀어 나갈 가능성을 보여준다. 도울 친구와 함께 이 방법을 사용할 수 있고 집에서 혼자 할 수도 있다. [19]

게슈탈트 해석법은 지금-여기에 중점을 두고 역할연기 등을 통해 현실에서 생생한 체험을 재현함으로써 꿈이 전달하고자 하는 진정한 의미에 접근할 수 있는 유효한 방법 중 하나이다. 하지만 성공적인 연기를 할 수 없거나 또 다른 접근 방식을 필요로 하는 꿈도 있다.[20]

또한 게슈탈트 해석법도 프로이트의 자유연상법과 같이 꿈을 해석하는 과정에서 논리적 비약의 우려가 있다. 또한 꿈을 꾼 사람이 회상하고 역할연기를 하는 과정에서 스스로 새로운 감정을 추가하거나 내용을 수정할 가능성도 있다. 왜냐하면 인간은 기억을 갱신 혹은 수정하기 때문이다.

뇌과학자의 연구에 의하면 기억한 정보가 행동과 미래 계획에 유익하려면 기존 지식이나 신념과 통합되어야 한다. 바틀릿이 수행한 실험을 보자. 바틀릿은 피험자에게 아메리카 원주민 설화를 읽어 주고 15분 뒤에 줄거리를 말하게 했다. 그리고 불규칙한 간격(몇 주나 몇 개월)으로 몇 번씩 다시 불러 줄거리를 말하게 하고 줄거리의 변화를 추적했다. 사람들의 기억은 잊히기만 하는 게 아니었다. 이해하기 힘든 요소들은 빠지고 새로운 부분이 추가되면서 어떻게든 '말이 되는' 형태로 변해갔다.[21]

이러한 측면에서 게슈탈트 해석법은 꿈이 밝히고자 하는 진정한 의도에서 멀어지거나 왜곡될 가능성이 있다. 무엇보다도 게슈탈트 해석법이 갖는 문제점 중 하나는 꿈에서 나타난 인물, 사물, 행위 등이 갖는 은유적, 상징적 의미가 무시될 수 있다는 점이다.

4. 보스의 현존재 분석법

보스는 현상학적이고 현존재적 관점에서 꿈을 분석한다. 보스는 자신의 꿈 분석기법을 명료하게 하기 위해 종종 프로이트의 자유연상법이나 융의 확충법과 대비한다. 여기서는 보스가 비교 분석한 여러 꿈들을 소개하여 그의 꿈 분석의 특징을 파악하고자 한다.

1) 현존재 분석법의 사례 1: 딸이 기차에 깔리는 모습을 목격한 꿈

다음은 프로이트가 소개한, 광장공포증이 있는 한 여성의 꿈이다. 그녀에게는 4살 난 딸이 있다. 그녀의 어머니(딸의 할머니)는 꿈에서, 그녀(꿈꾼 사람)의 어린 딸을 강제로 혼자 여행하도록 했다. 그때 그녀는 어머니와 함께 기차여행을 했다. 그런데 그녀는 딸이 기찻길을 직접 걷는 모습을 목격한다. 그녀는 딸의 뼈가 으스러지는 소리를 듣고(불편했으나 정작 공포에 질리지는 않았다) 신체 조각(딸이 치여서 생긴)을 찾을 수 있는지 보려고 기차의 창밖을 뒤쪽으로 바라본다. 이후, 그녀는 어린아이를 혼자서 밖으로 보낸 어머니를 비난한다. [22]

보스에 의하면, 프로이트는 꿈의 내용을 임의로 변환한다. 그녀가 딸의 신체 조각을 찾으려고 기차의 창밖을 "뒤쪽으로" 바라본다는 것을 프로이트는 "뒤에서"로 바꾼다. 그녀가 현실에서 꿈 분석을 하는 동안 프로이트는 자유연상법을 위해 꿈에서 드러난 현상을 과격하게 파괴함으로써 모든 것을 정당화한다. 이러한 논리적 조작을 통해 프로이트는 꿈의 요소를 꿈꾼 사람이 이후에 생각한 내용과 연결한다. 예컨대, 그녀는 과거에 아버지가 화장실에 서있을 때 아버지의 성기를 "뒤에서" 본 적이 있었다. 이처럼 자신의 이론이 가정하는 바와 같이 프로이트는 이 꿈에서 유아의 관음증적 충동을 발견한다. 현상학적 관점에서, 프로이트는 무엇인가를 "뒤쪽으로" 바라다보는 것은 그 무엇을 "뒤에서" 바라다보는 것과는 완전히 반대라는 사실을 무시한다.

보스의 관점에서 이 꿈을 살펴보면, 먼저 그녀는 어머니와 신체적으로 매우 지근거리에 있음을 안다. 그녀는 어머니와 감정적으로도 연결되어 있다. 그러한 만큼 더욱더 어머니는 자신의 딸에게 그녀의 외동딸을 혼자 보내도록 명령할 수 있다. 그러한 태도가 자신의 딸을 매우 위험에 처하게 함에도 처음에 그녀는 따지지도 않고 복종했다. 그 딸은 자신과 어머니가 타고 있는 바로 그 기차에 깔려 즉사한다. 사건이 있고 난 이후에만, 꿈꾼 이는 어머니를 비난하는 모험을 감행한다.

보스는 이렇게 말한다. 아버지의 성기를 "뒤에서" 보았다는 환자의 기억을 추적하는 자유연상법보다, 분석가는 꿈속에서 그녀를 지배하는 어머니의 압도적인 힘에 주의를 환기해야 한다. 어머니와 함께 탄 기차가 어린 딸을 깔아뭉개는 것으로, 그녀의 유아적 의존성에 대한 어머니의 지배력이 꿈으로 드러난다. 그녀는 의존성이 너무도 커서 스스로 독립된 성인이며 완전히 성숙한 여인이자 어머니로 드러나려는 잠재력을 묻어 버린다.

이와 같은 현존재 분석법은 꿈 경험의 사실을 왜곡하지도 지나치지도 않으며 환자의 현실과 완전하게 연관시킨다. 다음 단계의 치료적 개입으로, 분석가는 환자에게 현실에서 어린 시절부터 현재까지 그녀가 어머니에게 이와 비슷한 유아적 의존성이나 종속성을 보였는지를 물어서 회상시켜야 한다. 그러한 상황이 드러나는 순간마다,

분석가는 그녀가 어머니의 폭압을 정말로 참았고, 계속 참고 있었다는 사실에 놀라움을 표현해야 한다. 그렇게 함으로써 환자가 현실과 꿈에서 언제나 알고 있던 주체와는 완전히 다른, 성숙한 여인으로서 행동할 수도 있었음을 처음으로 깨닫도록 도와주어야 한다.[23]

2) 현존재 분석법의 사례 2: 디저트를 찾지 못해 불만스러운 꿈

24세 심리학과 학생은 다음과 같은 꿈을 꾸었다.

몇몇 친구와 함께 서있는데, 한 친구의 약혼녀를 발견한다. 친구가 약혼한 이후 멀어졌던 약혼녀인데 그녀는 바로 암으로 죽었다. 현장에 있던 사람들처럼, 나는 그 소식에 충격을 받는다. 나는 내 친구가 참안되었다고 생각한다.

　장례식을 치른 후, 나는 뷔페에 조문객들과 함께 있다. 모든 사람이 식사를 위해 음식 진열대 앞에 줄을 서있다. 차례가 오기 전에 나는 디저트를 찾는다. 하지만 달콤한 후식은 없는 것 같다. 나는 식탁의 디저트를 찾아 사람들을 헤집고 다니지만 아무것도 없다. 나는 아직도 어딘가에서 달콤한 디저트를 발견하는 희망을 가지고 내 자리로 돌아온다. 그러나 아무것도 찾지 못해 불만스럽다.[24]

보스는 먼저 프로이트 학파의 치료자 관점에서 이 꿈을 해석한다. "꿈꾼 사람의 친구가 약혼식을 올린 후 멀어진다는 사실은 그의 무의식에 질투와 친구에게 빼앗긴 신부에 대한 복수의 욕망을 불러일으킨다. 그 여성에 대한 꿈꾼 사람의 분노가 무의식적인 죽음 소망을 낳고, 그 소망은 꿈에서 약혼녀의 죽음으로 이루어진다."

374

다음은 프로이트식 해석에 대한 보스의 비판이다. 동일한 꿈 현상에 대해 현존재 분석법은 '무의식적 욕망'이 꾸며낸 이야기라는 사실을 완전히 폭로함으로써 이와 같은 재해석에 맞선다. 그 무엇인가를 소망한다고 생각하면서 동시에 그것의 실존을 알아차리지 못한다는 것은 불가능하다. 꿈꾼 자 스스로 현실이나 수면 상태의 의식이 아니라, 자신의 무의식이 그 사실을 알고 있다고 말하는 것은 주어진 현상을 이해하는 데 아무 보탬이 되지 않는다. 이같이 주장된 '무의식'은 식별이 불가능하게 정의되기 때문에, 그러한 설명은 단지 수수께끼 같은 꿈의 내용을 좀더 수수께끼 같은 방식으로 설명할 뿐이다. 따라서 실존 그 자체는 입증되지 않은 채 남게 된다.

현존재 분석법의 관점에서 분석은 이렇다. 꿈 자체에는 약혼녀에 대한 어떠한 질투나 죽음 소망의 증거가 전혀 포함되어 있지 않다. 그녀의 죽음에 대한 꿈꾼 자의 순수한 슬픔은 죽음 소망과는 정반대이다. 말하자면 그녀가 살아 있을 수도 있다는 소망이다. 꿈꾼 이가 여성과의 친밀한 관계를 아직 주도적으로 감당할 수는 없지만, 그의 실존은 이제 가까운 지인과의 관계에서 친밀함을 행동으로 실현할 수 있다는 가능성을 인정할 만큼 충분히 열려 있다.

사라진 디저트를 찾는 장례식 식사에 관한 부분은 프로이트식 이론에 의하면 구강기(oral stage)의 성충동적(libidinal) 억압의 증거로 이용될 것이다. 그러나 이같이 해서는 어떠한 방식의 에너지도 인간 실존의 전제조건을 충족할 수 없다. 우리는 여기서 다시 한 번 "심적 에너지"로서 그러한 성적 충동을 부인해야만 한다.

꿈을 꾼 사람은 처음부터 뷔페식당, 일반적인 디저트, 그리고 디저트의 부재 등과 관련한 다양한 의미를 알고 있다. 환자의 실존은 성인 사이의 애정 관계에 관해 잠깐 열려 있다가 재빠르게 다시 닫힌다. 즉, 그의 실존적 개방성은 감각적 즐거움에 대한 모든 있음직한 가능성 중, 뷔페에서 혼자서만 음식을 먹는 즐거움의 한도 내에서만 받아들여진다. 그리고 음식을 먹는 기회조차도 그에게는 단지 불완전한 형태로만 가능하다. 그는 신체 유지에 필요한 주식은 먹을 수 있다. 그러나 식사의 즐거움을 관습적으로 보충하는 달콤한 후식을 먹을 수는 없다. 후식의 달콤함으로도 욕구를 충족하지 못한다면, 환자는 이성에 대한 달콤한 사랑을 멀리서도 볼 수 없다.

환자가 자신의 꿈을 프로이트식으로 재해석하는 데 익숙해지면 적극적인 치료 효과는 거의 무시된다. 사실, 프로이트의 방식은 환자를 잠재적 살인자로 만들고, 경악시키며, 우울증의 위험한 상태로 내몬다. 동일한 꿈에 대한 현존재 분석법은 꿈 실체 그 자체에 고유한 현상학적 기준에 따라 오로지 의미에만 토대를 둔다. 이 같은 방식은 환자에 의해 즉시 이해되고 받아들여진다. 환자 자신의 말을 사용하여, 그가 깨어나자마자 꿈 경험에 관해 가졌던 모호한 지각이 새롭게 이해되며 그야말로 분명해진다. 환자는 꿈꾸는 동안 그에게 가능했던 것보다도 훨씬 더 큰 자신의 미성숙함을 깨닫게 된다.[25]

3) 현존재 분석법의 사례 3: 황금성배를 지키는 거대한 뱀에 관한 꿈[26]

한 젊은 남성이 지하의 아치형 방 안에 황금성배를 지키고 있는 거대한 뱀이 있는 꿈을 꾼다. 이 꿈은 융이 소개했다. 보스는 이 꿈에 대해서도 융의 해석 방식을 비판하고 현상학적이고 실존적 입장에서 재분석한다.

융은 먼저, 꿈꾼 사람의 협력 없이는 올바른 이해에 도달할 수 없다는 프로이트의 주장을 인용한다. 융은 자신이 발전시켰다고 주장하는, '전후맥락을 모으는' 절차를 시행한다. 이 절차는 "가장 현저한 꿈 현상이 꿈꾼 이에게 드러내는 의미의 세세한 내용을 확증하기" 위해 꿈꾼 자의 연상으로 이루어진다.

이 꿈을 꾼 사람이 자신의 꿈과 연관해 생각할 수 있는 유일한 단서는 동물원에서 거대한 뱀을 본 경험이다. 융은 다음과 같이 설명한다. "그 밖에 그는 동화(童話)의 기억을 제외하고 꿈을 꾸게 한 어떠한 촉발 요인도 제시할 수 없었다. 이러한 실망스러운 전후맥락은 이 꿈이 강한 감정으로 가득 차있더라도 보잘 것 없는 의미밖에 없다고 믿게 한다. 그러나 그 꿈에는 명백히 설명되지 않은 강렬한 특성이 남아 있을 수 있다. 이러한 경우, 우리는 신화를 참고해야만 한다. 이 꿈에서는 뱀과 용, 동굴과 보물이 영웅에 대한 의식 행위를 표상한다. 그러면 '집단적 감정'을 다뤄야 함이 분명해진다. … 보통 사람들이 부딪치는 어려운 문제는 주관성을 간과하고 객관적으로 드러난 의식 부분을 파고든다는 것이다. … 이 경우에, 꿈을 꾼 사람은 주의 깊게 수집된 전후맥락의 도움으로 꿈을 이해하려는 헛된 수고를 하게 된다. 왜냐하면 그러한 맥락은 그에게는 낯설고 익숙하지 않은 신화적 형태로 표현되기 때문이다.

다음은 보스의 비판이다. 이같이 '전후맥락을 모으는' 점에 관해 융은 내담자가 동물원을 방문하고 과거 동화에서 이야기를 들었다는 것에 만족한다. 추측건대, 이 같은 기억은 엄격한 의미에서 꿈의 '전후 맥락'에 속하지 않는다. 그것은 구체적이고 실체적으로 현존하는 뱀과 꿈속에서 만나는 것일 수는 없기 때문이다.

꿈꾼 사람이 인식하는 전후맥락을 주의 깊게 모으려면, 꿈꾸는 동안 그가 인식했던 것들과 함께 그가 만난 특별한 뱀에 대해서만 초점을 맞추어야 한다. 현존재 분석법에서 내담자는 꿈속의 뱀이 그에게 전달하고자 하던 모든 것에 대해 구두로 상세히 설명해야 한다. 현존재 분석법 관점에서 치료자는 융이 내담자에게 꿈속의 구체적인 뱀에서 뱀의 다른 추상적이고 먼 신화적인 개념으로 향하도록 지시하는 것처럼 시작해서는 안 될 것이다. 대신에 그는 거대한 뱀과 그 주위 환경에 대해 직접 지각한 특성을 단순하지만 아주 상세하게 설명해야 한다.

이러한 관점에서 보스의 견해를 요약하면 다음과 같다. 꿈속에서 내담자가 세상에 머무는 장소는 지상에서 완전히 봉쇄되어 낮의 밝고 넓은 세상과 단절된 어둡고 좁은 지하동굴이다. 여기서 꿈꾼 이는 거대한 뱀을 만난다. 이 같은 꿈 현상이 단순히 나타났다고 해서 집단적 정신의 개념을 도입하는 것은 정당하지 않다. 뱀이 특별한 종류의 동물이라는 점으로 단순하게 보는 것이 더 중요하다. 이 동물의 생활은 환경과 관련해 본능적으로 매우 제약이 있다는 점에서 인간의 실존과 구분된다. 뱀은 살고 있는 땅에서 떨어질 수 있는 다리나 체온이 없다. 더구나 뱀과 인간 사이에는 두려움과 불신이라는 특별한 관계가 존재한다. 아주 적은 예외는 있지만, 뱀은 사람을 놀라게 하고 독을 사용하거나 목을 감아 질식시킬 수 있는 잠재력으로 인해 인간의 생명을 위험하게 할 수 있다. 같은 의미가 꿈속에서 마주친 거대한 뱀에게도 적용된다.

이 꿈의 성격과 치료적 메시지는 융의 견해와는 반대로, 어떠한 신화나 민요, 원시적 심리학 혹은 비교 종교학이나 그 밖의 어떠한 심리학의 도움 없이도 드러날 것이다. 대신, 치료자는 꿈꾼 사람과 함께 다음과 같은 인식을 공유할 수 있다.

여기서는 보스가 말한 결론에 해당하는 부분만 소개하고자 한다. 꿈에서 아주 매력적인 성배에 가는 길이 엄청나게 큰 뱀의 등장으로

막혔다. 이제 그는 깨어나, 그가 느끼는 두려움이 정신적 실존을 제약하게 하는 자신의 두려움은 아닌지 깨달아야 한다. 이는 '저속한' 성애적 관계에 짐승처럼 예속될 수 있다는, 스스로의 실존적 잠재성에 대한 사라지지 않는 두려움일 것이다. 그러나 꿈꾼 이가 그러한 가능성을 인정하지 않고, 꿈속의 뱀처럼 사람들이 적대시하는 것들로부터 거리를 두는 한, 그는 반쪽밖에 존재하지 않는 것이다.

보스는 다음과 같은 결론에 도달한다. 현존재 분석에서는 꿈꾸는 동안 뱀, 성배, 동굴, 살 조각 등이 그 자체에 내재하는 의미 이상을 꿈꾼 이에게 드러낼 수 있는 어떤 '무의식'이 '정신' 속 어딘가에 존재한다고 가정하지 않는다. 또한, '상징적 꿈 이미지' 이면에 특별한 지식이 숨어 있어 이중적 의미가 있다는 융의 추측에도 동의하지 않는다. 현존재 분석적 탐구를 통해 내담자는 꿈꾸는 상태보다 현실에서 더 크게 자신을 인식하고 지각한다. 그럼으로써 내담자는 꿈에서 등장한 구체적인 사건과 존재를 감각적으로 인지 가능한 실체로만 지각할 수 있다. [27]

4) 현존재 분석법에 대한 비판적 고찰

보스에 의하면, 꿈속에서 인식한 것들은 깨어 있는 상태에서도 명확하게 표현되는 것들이다. 이어 꿈꾼 이는 꿈과 실제 삶 사이의 유사점을 찾아내는 단계로 옮겨간다. 상담자는 내담자의 경험을 따뜻하게 수용하며 잠재력을 온전히 펼칠 수 있게 도와준다.

보스는 꿈도 현실과 마찬가지로 동일한 실존이라는 현상학적 관점에서 꿈을 분석한다. 꿈에서 드러난 상징의 진정한 의미를 발견하기 위한 자유연상법이나 확충법을 거부함으로써, 프로이트나 융과 같이 해석가의 자의적이고 주관적인 판단이나 연상의 논리적 비약으로 인한 해석의 오류 가능성을 피한다. 하지만 보스도 꿈 상징의 해석에서 프로이트 학파나 융 학파의 뿌리가 되는 상징주의에서 완전히 벗어나지는 못했다는 비판을 받는다. [28]

보스는 꿈의 무의식적 기능을 인정하지 않으나 신경생리학자들은 무의식의 존재를 과학적으로 입증하고 있다. [29] 나는 꿈을 발생시키는 무의식적 요소를 부인한다면 꿈 해석의 폭과 깊이가 지나치게 축소될 것으로 본다.

2장

체계적 분석 방법

1. 기본 가정과 접근 방법

나는 체계적 분석을 통해 꿈을 해석하는 방법을 제시하고자 한다. 나의 꿈 해석 방식은 다음과 같은 가설 위에 기초를 둔다.

첫째, 꿈은 수면 중 뇌의 일부가 활성화되면서 기억, 감정이나 무의식, 혹은 이들 간 결합의 결과로 나타나며 보통은 심상으로 표출된다. 즉, 꿈을 만드는 기본 재료는 기억, 감정과 무의식이다.

둘째, 꿈은 자극원 혹은 촉발 원인에 따라 유형별로 분류된다. 즉, 꿈은 생리몽, 심리몽, 기억몽·학습몽, 연구몽·창작몽, 예지몽 등 서로 다른 유형으로 분류된다.

셋째, 서로 다른 유형의 꿈은 그 기능과 활용 방법이 다르다.

넷째, 꿈은 현실 그대로를 드러내는 투시적인 꿈과 상징을 활용한 은유적인 꿈이 있다.

다섯째, 꿈의 상징은 시대와 사회에 따라 문화나 관습의 영향을 받는다. 인류 문화유산인 일부 상징은 집단 무의식으로 체화될 수 있다.

여섯째, 또한 꿈은 꿈꾼 사람의 개인적인 것이다. 꿈에는 개개인의 체험이나 사고 등이 반영되기 때문에 개인적 경험이나 사고에 의해 형성된 상징도 해석에 중요하다. 상징은 꿈꾼 사람의 개인적이고 주관적인 상황을 알아야 해석이 가능하다.

일곱째, 해석에서 보편적 상징과 개별적 상징의 의미가 서로 다를 때는 개인적 상징이 더 우선한다.

나는 꿈의 상징을 해석하기 위해 프로이트의 자유연상법, 융의 집단 무의식, 펄스의 게슈탈트 해석법 등을 신중하게 활용한다. 자유연상법은 연상 작용의 지나친 비약에만 유의하면 꿈과 현실과의 연결 고리를 찾는 데 적합한 도구라고 생각한다. 융의 집단 무의식 개념은 꿈 상징의 보편성과 특정성을 이해하고 해석하는 데 유용하다. 집단 무의식은 인류가 오랜 역사와 문화를 거치는 동안 누적된 경험을 통해 형성된 것이다. 상징이 집단 무의식적으로 드러난 경우, 역사, 신화, 종교, 전설, 민담 등에 대한 이해가 필수적이다. 한국인이 꾸는 태몽에서 나타나는 상징은 대부분 집단 무의식이 축적된 결과물이다. 태몽을 포함한 예지몽뿐만 아니라 심리몽에서도 상징을 해석하기 위해서는 그 시대와 사회에 통용되는 집단 무의식을 이해해야 한다. 또한, 펄스의 게슈탈트 해석법은 꿈꾼 이가 놓치고 있는 자신의 다양한 인격적 특징을 드러나게 하기 때문에 자신을 잘 드러내지 않으려는 내담자에게 유용하다고 본다.

2. 체계적 분석의 6단계

체계적 분석이라는 의미는 꿈을 만드는 자극원이나 촉발 요인이 다르기 때문에 꿈의 유형 분류와 해석이 체계적으로 이루어져야 한다는 뜻이다. 체계적 분석은 6단계로 구성되어 절차가 진행된다.

첫째, 꿈을 기억해 내는 단계이다. 이 단계를 거치며 꿈의 내용이 보완되기도 하고 완성도도 높아진다.

둘째, 꿈꾼 이의 객관적, 주관적 상황을 파악하여 꿈의 유형을 잠정적으로 분류하는 단계이다. 꿈의 유형에 따라 그 의미와 활용 방법이 다름은 앞에서 상세하게 설명했다.

셋째, 꿈의 내용을 구체적으로 분석하는 단계이다. 이 단계에서는 등장인물, 꿈의 배경과 전개 과정 등에 유의하여 분석한다. 특히, 꿈의 전개 과정에서는 장면의 변화와 드러난 정서 및 행동의 변화에 주목한다.

넷째, 꿈의 주제를 파악하고 현실 문제와 연결하는 단계이다.

다섯째, 꿈의 종류가 분명하지 않을 경우 꿈꾼 이의 핵심적 과제나 감정을 재검토하는 단계이다.

여섯째, 꿈의 유형을 확정하고 종합적인 해석을 내리는 단계이다.

1) 첫째 단계: 꿈을 기억해 내는 단계

꿈 해석의 첫 번째 단계는 꿈꾼 사람이 기억을 되살려 쓰기, 이야기하기, 그림 그리기 등의 방식으로 표현하는 것이다. 이를 통해 꿈속의 장면이 더욱 분명하게 형태화된다.[30] 특히, 꿈을 음성이나 이미지로 다시 회상하면 꿈속의 감정이나 정서 등이 재경험되면서 생생한 묘사가 가능해진다. 또한 이 과정에서 처음 이야기에서 떠올리지 못한 기억도 드러날 수 있다. 다음의 사례를 보자.

나는 집으로 들어가야 했습니다. 그것은 내 집이 아니지만, 그럼에도 내 집이었습니다. 그 안에서 누군가가 나를 불렀지요. 열쇠가 말을 듣지 않았습니다. 나는 흥분했습니다. 도대체 어떻게 해야 문을 열 수 있지? 입구는 또 어디에 있지? 나는 점점 더 흥분하고 불평을 했습니다. 그러면서도 여전히 열쇠로 문을 열기 위해 애썼습니다. 그러다 꿈에서 깨어났지요. 실로 어처구니없는 꿈이었습니다. 그 꿈은 대체 내게 무엇을 말하고자 하는 것일까요?[31]

38세 된 남자의 꿈이다. 꿈을 꾼 남자는 이야기 도중에, 집 안에서 누군가가 외친 기억을 추가로 떠올린다. 그 기억은 꿈을 해석하는 데 중요한 요소가 된다.

그 안에서 누군가가 외쳤어요. 내가 아는 목소리는 아니었습니다. 그 것은 오히려 도움을 요청하는 소리였습니다. 약간 과장되고 무엇을 혼자 하기 너무 싫을 때 내 아들이 내는 것 같은 소리였습니다. 그는 커다란 곤경에 처한 것처럼 갑자기 외쳤습니다. 아마도 곤경에 처했던 게 분명한 것 같아요. [32]

이 단계에서 해석자는 꿈을 꾼 사람이 자신의 기억을 잘 회상하고 부족한 부분을 보완할 수 있도록 지지하고 격려하되, 중립적인 태도를 유지해야 한다. 꿈을 꾼 사람이 적극적인 개입을 요청하더라도 가능하면 다음과 같은 유보적인 태도를 보여야 한다. "이 꿈은 조금 더 탐색을 해봐야 더욱 명확한 의도가 드러날 수 있을 것 같군요."
참고로, 꿈을 꾼 남자의 설명을 토대로 이 꿈을 해석하면 다음과 같다. 그는 이렇게 말했다.

집은 낯선 집, 내가 가지고 싶었던 집, 친구들이 가진 것과 같은 동굴

같은 집이었어요. 그들은 내향적이고 사람들을 꺼립니다. 그 집은 하나의 타협이었습니다. 동굴이었지만 창이 있었으니까요. 나는 밝은 것이 더 좋습니다! 이는 어제 내가 상사와 대화를 나누었던 일을 기억나게 합니다. 그는 나와 좀더 친밀한 이야기를 나누고 싶어 했지만, 나는 속내를 드러내지 않았습니다. 33

현실에서 그는 냉정한 편이라고 덧붙였다.

이 꿈은 현실에서 남과 쉽게 가까워지지 못하는 자신의 답답한 감정이 꿈으로 투사된 것이라고 본다. 꿈속의 집은 자신의 내면을 상징한다. 그는 진실한 속마음을 드러내 놓고 싶어 한다. 꿈에서 집 안에서 외치는 목소리는 다른 사람과의 대화에서 마음의 문을 열어 터놓고 친밀하게 지내라는 자신의 무의식적 의사로 보인다. 꿈에서 열쇠는 현실에서 자신을 쉽게 표현하고 싶은 적극적인 의지를 표상한다. 그러나 자신의 여러 가지 의도를 쉽게 표현하지 못하니 마음이 답답했던 것이다.

2) 둘째 단계: 꿈의 자극원을 통한 유형 추정

꿈이 어떤 종류에 속하는지를 추정하는 단계이다. 이를 정확히 파악하기 위해 해석자는 꿈의 자극원을 찾아야 한다. 융은 말했다.

개인의 상황을 모른 채 꿈을 정확하게 해석하는 것은 운을 기대한다면 모르지만 불가능한 일이다. 34

먼저, 생리몽과 심리몽을 구분해야 한다. 생리몽은 꿈꾼 사람이 자신에게 발생한 변화 혹은 몸 상태를 가장 잘 알기 때문에 쉽게 구분할 수 있다. 이어, 학습몽은 자신의 학습, 공부 혹은 기술 등이 꿈에서 재현되기 때문에 쉽게 구분이 가능하다. 연구몽과 창작몽도 마찬가지이다.

이 부분에서 특별히 언급해야 할 것은 꿈에서 활용되는 3가지 재료, 즉 기억, 감정 그리고 무의식이다. 신체 내·외부의 자극에 의해 생성되는 생리몽을 제외하면, 심리몽, 학습몽, 연구몽 혹은 창작몽은 3가지 요소의 결합과 정도가 서로 다르다. 심리몽의 경우 공포, 걱정, 불안, 원초적 욕망 등 감정적 요소가 강하게 작용한다. 반면, 학습몽, 연구몽은 기억과 사고가 더 강하게 작용한다. 창작몽의 경우는 기억과 직관적 무의식이 함께 작용하는데, 이 경우 직관적 무의식이 더 크게 작용하는 것으로 보인다.

심리몽과 예지몽과의 구별은 미묘하고도 어렵기 때문에 추후 더욱 자세히 서술하고자 한다. 여기서는 생리몽과 심리몽이 어떻게 구분되는지 구체적인 꿈 사례를 통해 살펴본다. 내가 꾼 다음 두 개의 꿈 사례를 두고 꿈의 유형을 추정해 보자.

꿈 1 골프 티샷이 잘 안 되는 꿈

2018년 6월 25일에 꾼 꿈이다. 골프장에서 드라이버로 티샷을 하려고 티를 꽂는데, 앞으로 낮게 경사진 곳이라 꽂을 수 없었다. 다른 곳을 찾았는데 이번에는 위로 높게 경사가 져서 거기서도 제대로 칠 수가 없었다. 할 수 없이 그냥 쳤는데 쭉 뻗어 나가지 못하고 바로 앞 풀이 우거진 곳에 떨어졌다. 마음이 불편했다. 깨어 보니 새벽 4시 40분이 조금 지나 있었다.

꿈 2 시험에서 자꾸 정답이 틀리는 꿈

2019년 2월 9일에 꾼 꿈이다. 꿈에 시험을 치렀다. 내 주변에 시험을 치른 두세 명이 정답을 맞혀 본다. 그들이 가지고 있는 정답을 보니 내가 선택한 답이 자꾸 틀린다. 성적이 이러면 상위권에 못 올라가는데 하는 걱정이 들었다.

이들 꿈의 공통점은 꿈에서 무엇인가를 시도하는데, 내 뜻대로 안되어 불편한 감정이 드러난 꿈이다. 이들 꿈은 당시에 처한 객관적 및 주관적 상황에 대한 이해 없이는 해석이 어렵다. 따라서 당시 꿈을 꾼 나의 개인적 상황을 알아야만 해석이 가능하다. 결론부터 먼저 말하면 꿈 1은 생리몽이고 꿈 2는 심리몽이다.

꿈 1을 꾸었을 때, 새벽 4시 40분경 깨어나니 소변 압박으로 방광에 통증을 느꼈다. 이 통증이 신체적 불쾌감을 주었다. 이 생리적 불편함이 뇌를 자극하여 이 꿈이 생성된 것이다. 이 꿈은 신체 내부의 압박과 불쾌감 때문에 작화된 생리몽이다. 생리몽은 자극의 현재성과 반응의 즉각성을 특징으로 한다. 이 꿈이 주는 의미는 생리적 불편감을 빨리 해소하라는 것이다. 아마도 나는 전날 저녁에 물을 많이 마셨을 것이다.

꿈 2와 관련해, 나는 전날 밤 현상학적 실존주의 꿈 분석가인 보스의 원서를 번역하고 있었다. 몇몇 번역 문장의 한국어 뜻이 매끄럽지 못해 쉽게 이해되지 않았다. 마음이 답답했다. 이 해소되지 못한 답답한 감정이 이 꿈을 작화한 것이다. 이 꿈은 심리몽이다. 심리몽은 생리몽과 달리 신체적 자극이 아니라 정신적 자극이 꿈을 유발한다. 또한, 자극 시점과 꿈으로 생성되는 시점에 시간적 간격이 있다는 점에서 자극에 즉각적인 반응으로 만들어지는 생리몽과 차이가 있다.

이와 같이 꿈의 촉발 요인이 명백하게 드러난 경우 그에 따라 유형 분류가 가능하고 그 의미도 해석하기 쉽다. 하지만 상당수의 꿈은 꿈꾼 이의 개별적 상황을 알아도 명확한 판단을 내리기 어렵다. 이 경우에는 일단 꿈의 종류를 임시적으로 추정하고 다음 단계로 넘어가는 것이 좋다.

3) 셋째 단계: 꿈의 내용 분석

지금까지 꿈꾼 이가 밝힌 꿈의 기억이나 회상, 그의 개별적 상황, 해석가의 전문적 판단으로 수립한 유형 추정을 토대로 꿈의 내용을 더욱 세세하게 분석하는 단계이다. 이 단계에서는 꿈에 등장한 인물, 꿈속에 설정된 배경과 꿈의 전개 과정을 세분하여 분석한다.

(1) 꿈속의 등장인물

꿈속의 등장인물은 현실과 동일하거나, 상징적 인물로 대체되어 표출되거나, 심지어는 한 사람의 다양한 인격적 특성이 여러 인격이나 인물로 나타나기도 한다.

먼저, 꿈속의 등장인물이 현실과 동일한 경우를 보자. 앞서 소개했던 병에 걸린 한 남성의 예지적인 꿈에서는 현실에서 죽은 숙모가 나타나 그에게 말을 걸었다. 꿈속의 숙모는 현실에서는 이미 죽은 숙모의 어떤 특성을 끌어오고자 꿈으로 작화된 것이다. 따라서 죽은 자가 꿈에서 살아있는 모습으로 나타나면 그 상징적 은유를 이해해야 한다. 어떤 꿈에서는 도움을 주는 자, 또 다른 꿈에서는 해를 가하는 자를 표상할 수 있다. 어느 편에 해당하는지는 꿈꾼 이와 생전에 맺은 인연과 꿈꾼 이가 죽은 이에 대해 어떻게 개별적 평가를 하고 있는

지에 따라 달라진다. 이런 지식을 가지고 꿈에서 나타난 인물이 보여
주고자 하는 특성을 평가할 수 있다.

다음으로, 꿈속의 등장인물이 다른 사람으로 대체되는 경우이다.
34세의 한나는 이러한 꿈을 꾸었다.

꿈 1 자동차가 망가진 꿈

한 여자가 우리 부모님 집 앞에 멋지고 잘빠진 자동차를 주차했어요.
아버지는 그녀가 그곳에 자동차를 주차하지 못하게 했지요. 그녀는 말
없이 다시 출발하려고 했어요. 그런데 그럴 수가 없었어요. 배터리가
나간 차에 시동을 걸 때처럼, 차에서는 '끼르륵' 소리만 났습니다. 그
녀는 계속해서 시동을 걸려고 했어요. 그녀의 신경이 점점 날카로워졌
어요. 아버지는 입을 비죽거리며 차에 다가가 비웃듯이 물었습니다.
"기름이 없습니까? 멋진 차긴 한데 유지할 돈이 없나 보지요?" 이 부분
에서 꿈이 약간 어렴풋해졌고, 그 후 나는 개 한 마리가 짖으면서 아버
지에게 덤벼드는 것을 보았습니다. 35

한나의 꿈에서 아버지는 현실의 아버지와 동일인물이지만, '한 여
자'는 현실의 한나와 동일인물이다. 아버지의 비난으로부터 자신을
안전하게 보호하기 위한 심리적 기제가 객관적인 '한 여자'로 만들어
진 것이다.

또 다른 예로 앞서 인용한 펙 박사가 소개한 꿈을 보자. 꿈을 꾼 스
튜어트는 어린 시절에 부모로부터 죽도록 맞고 자랐다. 그는 성장하
여 사회적 성공을 성취했음에도 심각한 우울증에 걸린다. 아마도 그
의 자존감은 아주 낮았을 것이다. 어느 날 꿈에 한 남자가 집으로 들
어와 그의 목을 자르려고 했다. 그 남자는 여자친구의 아버지였다.

그는 소스라치게 놀라서 잠에서 깬다.[36] 여기서 여자친구의 아버지
는 현실의 아버지의 대체 인물이다. 자신의 도덕적 초자아의 비난으
로부터 회피하기 위한 심리적 방어기제로 등장인물을 살짝 바꾼 것이
다. 이러한 심적 현상이 심리적 전치임을 이미 설명했다.

융의 사례도 있다. 융은 아내와 닮은 부인의 죽음을 시사하는 예지
몽을 꾸었다.

꿈 2 융이 꾼 예지몽
나는 아내의 침대가 벽으로 둘러쳐진 깊은 구덩이가 되는 꿈을 꾸었
다. 그것은 어딘지 고풍스러운 분위기를 풍기는 무덤이었다. 그때 나
는 어떤 사람이 혼을 내뿜는 것과 같은 깊은 한숨소리를 들었다. 내 아
내와 닮은 부인의 형상이 구덩이에서 몸을 일으키더니 위로 떠올랐다.
그녀는 흰 옷을 입고 있었는데 그 옷에 이상하게도 까만 표지가 찍혀있
었다.

깨어나 아내를 깨우고 시계를 보았다. 새벽 3시였다. 그 꿈이 하도
기이하여 한 사람의 죽음을 예시하는 것일지도 모른다고 생각했다. 아
침 7시에 아내의 조카가 그 시간에 죽었다는 소식을 들었다![37]

이 꿈에서 융의 아내와 닮은 부인은 현실에서 아내의 조카이다. 아
내와 혈족 관계가 있는 조카가 아내와 닮은 부인으로 쉽게 대체된 것
이다.

다음은 현실의 한 인물이 꿈에서 여러 명으로 나타나는 경우이다.
즉, 한 인물의 인격적 특성이 분리되어 다중인격으로 드러나는 경우
다. 〈지킬 박사와 하이드 씨〉에서 주인공 지킬 박사는 선행을 베푸
는 유명한 의사이다. 하지만 다른 한편 그가 발명한 약물을 마시면

악마와 같은 본성이 나온다. 주인공은 말한다. "인간은 실제로 하나가 아니라 두 개의 자아로 이뤄진 존재라는 진리에 점점 접근했다."[38] 비록 소설이지만 현실에서도 이와 같이 다중인격이 드러나는 경우가 있다.

맥윌리엄 박사는 브로이어와 프로이트가 치료했던 안나 오(본명은 베르다 파펜하임)도 다중인격자였다면서 이렇게 말한다.[39]

(그녀는) 완전히 구별되는 두 가지 의식 상태가 있었는데, 이 두 상태는 아주 빈번하게 그리고 아무런 경고 없이 번갈아 나타났으며 병의 진행과 함께 그 차이가 점점 더 뚜렷해졌다. 이 두 상태 중 한 상태에서 그녀는 자신의 주변 상황을 인식했다. 이때 그녀는 우울하고 불안했지만 비교적 정상이었다. 반면, 다른 하나의 상태에 있을 때 그녀는 환각을 경험했고 '버릇없게' 행동했다. 말하자면, 그녀는 입버릇이 사나웠고 사람들에게 쿠션을 집어던지곤 했다. … 그녀에게는 두 개의 자기가 있는데 하나는 진짜이고 하나는 자신이 나쁜 행동을 하도록 압력을 가하는 사악한 존재라고 호소했다.

꿈에서도 한 인물의 인격이 둘 이상으로 나타나는 경우가 있다. 어떤 꿈에서는 인격이 분열되거나 해리되어 여러 개의 부분 자신들(*partial selves*)이 드러나기도 한다. 해리란 두 개 이상의 다른 성격적 상태가 특징적으로 나타나는 현상이다. 해리의 이러한 특성을 다중인격이라고도 한다.

렘수면 동안 해리 현상이 현실보다 쉽게 나타날 수 있는 이유에 대해 나는 전전두엽이 꿈꾸는 동안 일하지 않고 쉬기 때문이라고 생각한다. 전전두엽은 우리 뇌에 전달된 감각이나 지각 등을 조화롭게 지휘하여 현실에서 통합적이고 일관성 있는 성격을 드러나게 해준다. 전전두엽의 역할은 마치 오케스트라의 지휘자와 같다. 지휘자는 하나의 음악이 통일적이고 일관되며 조화롭게 하는 역할을 한다.

다음에 소개하는 꿈들에서는 인격의 분열이 보다 분명하게 나타난다.

꿈 3 아이의 엄마를 안심시키는 꿈

63세의 클라라는 우울증으로 인한 불쾌감 문제로 심리 치료를 받고 있었다. 다음은 그녀의 우울증 치료가 상당히 진척되던 동안에 꾼 꿈이다.

나는 어린이 놀이터에 있었는데, 약간 한적한 곳에 떨어져 있었어요. 어린 소녀가 거꾸로 미끄럼틀을 타고 내려와 즐거워하며 소리를 질렀어요. 소녀의 엄마는 '조심해, 위험하잖아!' 하고 주의를 주었지요. 나는 그 엄마를 안심시켰습니다. '아이는 아주 안전합니다. 그리고 저렇게 기뻐하지 않습니까?' 꿈은 계속되었지만 그다음은 어떻게 됐는지 잘 모르겠습니다. 40

그녀는 조그마한 기쁨조차도 위험한 쾌락의 전주곡으로 여겨 쾌락과 욕구를 극도로 혐오하는 가정에서 성장했다. 41 이러한 심리적 억압이 그녀를 우울증에 빠지게 했다. 내 견해로, 이 꿈은 클라라 인격의 3가지 측면을 각각 표상하고 있다. 소녀는 그녀의 본능적 욕구, 그녀는 자아, 그리고 소녀의 엄마는 그녀의 초자아이다. 그녀는 심리 치료를 받으면서 점차 자신도 기쁨이나 욕구를 느껴도 된다는 것을 지각했다. 꿈에서 그녀는 어린 소녀가 되어 위험한 놀이도 즐길 수 있게 되었다. 반면, 그녀의 초자아는 소녀의 엄마가 되어 위험하다고 소리친다. 그녀의 자아는 자연스러운 욕구의 편을 들면서 안전하다고 말한다. 이 꿈은 그녀가 우울한 상태에서 벗어나는 과정에 있음을 드러내는 심리몽이다.

꿈 4 노파가 도끼로 여성을 내려치는 꿈
심리분석가 마이클스가 진로를 고민하던 젊은 시절에 꾼 꿈이다.

그녀는 예민하지만 용감한 열아홉 살의 대학생이었다. 그녀는 영화에서 봄직한, 어둡고 낡아 삐걱거리는 흉가의 다락으로 통하는 좁은 계단을 올라가고 있었다. 계단 꼭대기에는 나무로 만든 무거운 문이 있었다. 그녀는 그 문 뒤에 자신을 죽이려고 손에 큰 도끼를 든 노파가 서있음을 알았다. 그 위험한 노파는 차치하더라도, 그 다락은 그녀의 인생을 바꿀 수 있는 비밀을 담고 있었기 때문에 그녀는 계속 올라갔다.

　그녀는 꼭대기에 다다라 심호흡을 한 뒤 문을 열었고, 그때 노파의 손에 있던 도끼가 그녀의 머리를 내려치자 그 자리에서 얼어 버렸다. [42]

이 꿈에서도 마이클스의 인격 분할이 일어난다. 즉, 꿈속의 여학생은 그녀의 자아이며, 노파는 새로운 모험을 두려워하는 그녀의 원초아이다. 인격의 두 측면이 꿈에서는 서로 다른 두 명의 인물로 작화된 것이다.

　마이클스는 꿈꾸던 당시에는 알지 못했던 꿈의 진정한 의미를 몇 년 후 알게 되었다고 말한다. 그녀는 자신의 꿈을 이렇게 해석했다. "나는 그 노파가 내 일부를 나타낸다는 것을 알게 되었는데, 그 일부란 나 자신을 알게 되는 것에 대한 숨겨진 공포를 말한다." 즉, 자신이 젊은 시절 장래 진로를 꿈 탐험으로 정했을 때, 잘될 것인지에 대한 두려움이 있었던 것으로 짐작이 된다. 어째서 노파가 공포의 대체물이 될 수 있을까? 그녀는 어렸을 때, 백발의 주름진 사람을 보면 무서워서 울음을 터뜨렸다. 아마도 그녀는 공포를 매개로 노파의 상징이 어디서 나왔는지 알았을 것이다. 즉, '노파 → 공포 → 어린 시절 백발의 주름진 사람'으로 연상이 이루어졌을 것이다. 꿈에서 그녀는 무서워도 계단을 계속 오르는데, 이는 두렵더라도 꿈 공부를 계속하겠다는 무의식의 확고한 결심을 드러낸다.

내가 다시 잠들었을 때, 나는 내가 이제 막 심리적으로 독립하여 모험적인 성인으로서 내 인생의 새로운 영역으로 들어가고 있음을 직감적으로 알았다. 그 직감은 정확했다. 왜냐하면 꿈 여행을 내가 해 보고 싶었던 가장 훌륭한 내적 모험이며, 유용할 뿐 아니라 매혹적인 주마등으로 판명했기 때문이다. 43

꿈 5 연인과 함께 그녀의 남편을 살해한 꿈

심리학자 패러데이의 꿈에서도 한 사람의 다중인격이 서로 다른 사람들로 작화되었다. 즉, 자신, 살인자, 남성, 군인 등 4명으로 분열되어 나타났다. 어느 날 그녀는 다음과 같은 꿈을 꾸었다.

꿈에서 나는 강인하고 차가운 외모의 정부(情婦)와 공모하여 그녀의 남편을 살해한 남자였다. 그녀는 어느 지하철역에서 시신을 담은 관의 뚜껑을 고정하지 않은 채 지키고 앉아 있었고, 그 옆에는 푸른색 군복을 입은 군인 몇 명이서 울고 있는 과부를 위로하며 애도하고 있었다.

갑자기 그녀가 사라지더니, 군인들이 관의 뚜껑을 들어 안을 들여다보았다. 나는 그 장면을 보고 공포를 느끼며 달아났는데, 그들이 '나쁜 년, 저 나쁜 년'이라고 말하는 소리가 들렸다. 어마어마한 불안에 휩싸인 채 잠에서 깨어나며, 나는 '여자로서 살면 죽게 될 거야' 하고 울음을 터뜨렸다. [44]

이 꿈을 꾼 패러데이는 꿈에 등장하는 인물 모두가 자신이 가진 성격의 면면이라고 느꼈다. 꿈에서는 패러데이의 서로 다른 인격적 특성이 서로 다른 인물로 작화되었다. 즉, 강인하고 차가운 살인자 여성, 우유부단한 남성, 죽은 자신, 성격의 혁명적인 면을 나타내는 군인 등 4가지 인물로 분열되어 나타났다.

강인하고 차가운 여성적인 면이 약하고 우유부단한 남성적인 면과 공모하여 '진정한 나'라고 느끼는 면을 살해하고 난도질한 채로 관 속에 뉘여 놓고 있었다. 프랑스 혁명에나 등장할 법한 군인들은 내 성격의 '혁명적인' 면을 표상했는데 그들은 이 살인에 격노했다. 내가 이 꿈을 주관적으로 해석한 이유는 간단했다. 당시 (지금은 성공가도를 달리는) 나의 첫 번째 남편이 내가 하던 일을 그만두고 집안일을 하며 자신을 내조하지 않으면 헤어지겠다고 위협하고 있었다. 나는 수년간의 긴 연구를 진행하고 있었기 때문에 그렇게 한다면 나 자신의 일부를 파괴하는 것이라고 느꼈지만, 우리 부부가 갈라서는 것은 원치 않았다. 그래서 내가 지나치게 손실을 입지 않으면서 남편이 원하는 것을 이루는 방안을 고민하고 있었다. 이 꿈은 내가 그럴 수 없다는 것을, 그 결과는 살인인 것을, 그래서 우리 부부가 헤어지는 것이 더 낫다는 것을 분명하게 말하고 있었다. [45]

내 견해로는, 그녀가 과거의 경험을 통해 심리 내적 상황에 깊이 들어가려고 하지만 현재 크게 신경 쓰고 힘들어하는 핵심 감정은 놓치고 있다고 본다. 그리하여 사려 깊은 해석가라면 "요즘 무슨 신경 쓰이는 일이 있나요?"라거나, 아니면 "최근에 무슨 일이 있었나요?"라고 먼저 물어야 한다. 어떤 꿈은 현실에서 충족되지 못한 미해결의 감정이나 과제가 투사된 것이기 때문이다.

그리고 이 꿈을 정확히 해석하려면 꿈을 꾼 사람의 객관적 상황과 주관적 심리 상태를 먼저 이해해야 한다. 꿈에 관한 전문지식만 가지고 해석하려고 시도할 때 잘못된 해석을 내릴 가능성이 높다. 이는 마치 의사가 환자의 상태를 자세히 살피지 않고 처방하는 것과 같다.

패러데이는 꿈속에 등장하는 인물들이 갈등하는 마음의 편린을 표상한다고 보는데, 타당한 해석이다. 우리 뇌는 종종 인물, 배경 등을 만들어 낸다. 꿈속에서 등장한 인물은 현실의 인물 그 자체거나, 현실과는 달리 인물이 지닌 어떤 특성 혹은 꿈꾼 이 인격의 다양한 측면을 나타내거나, 심지어는 별다른 의미가 없는 단순한 배역 등으로 다양하게 표상된다. 이는 마치 동일한 발음이나 단어라도 구체적 용어나 추상적 용어의 이중적 의미로 사용되기도 하고, 때로는 전혀 다른 의미로 사용되는 것과 유사하다.

패러데이는 자신의 꿈을 해석하는 데 프로이트식이 아닌 융식 해석법에 의존했다고 말한다.

융은 꿈이 발현되는 내용에 집중했고 숨겨진 것보다는 드러난 것을 발견하려고 노력했다. 때때로 꿈은 감춰진 갈등이나 문제를 표현하기도 하지만, 어떤 경우에는 모르고 있는 가능성을 보여줌으로써 인생이나 심리적 발전에 미래를 향하는 길을 제시하기도 한다고 융은 말했다. [46]

(2) 사람이 동물·식물 등으로 표상되는 꿈

현실의 인물이 꿈에서 동물, 식물, 사물, 괴물, 귀신 등으로 표상되는 경우를 보자. 앞서 인용한 장자의 꿈에서 장자는 나비가 되어 펄펄 날았다. [47] 수면학자 디멘트 교수는 자신의 두 살도 안 된 딸이 꿈에서 깨어나 '아빠, 내가 꽃이었어요'[48]라고 말했다고 한다. 이같이 꿈에서는 현실의 인물이 동물이나 식물 등으로 표상되기도 한다. 즉, 이들 꿈에서는 인격의 어떤 특성이 꿈으로 투사되어 나타난 것이다.

예지적인 꿈인 한국인의 태몽에서는 흔히 꽃·고추·옥수수 등 식물, 물고기·개·돼지·소·말·호랑이·사자 등 동물, 해·별·달 등 천체, 보석과 같은 광물 등 다양한 방식으로 태아를 표상한다. 이른바 융이 말하는 집단 무의식의 발현이다. 앞서 태몽을 다루며 동물이나 해·별 등에 대한 다양한 사례를 이미 들었기 때문에, 여기서는 식물과 물고기에 관한 사례를 살펴보자.

꿈 1 다가오는 연꽃 꿈

하얀 눈이 내리던 날, 너무 큰 하얀 연꽃이 다가오더라고요. 임신인지 아닌지 모르다가 이 꿈을 꾸고 임신을 확인했어요. 큰 꽃이어도 한 송이는 아들이더라고요. [49]

꿈 2 잉어 두 마리를 잡아 온 꿈

시어머니가 꾸신 꿈이다. 물가에 가셨는데, 사람들이 낚시를 하고 있더란다. 그래서 당신께서도 물가에 가셔서 물고기를 맨손으로 잡으셨단다. 팔뚝만 한 잉어를 잡아서 안고 오시는데, 아무래도 한 마리로는 아쉬워서 다시 물가로 가서 다른 잉어를 또 잡아서 양쪽에 한 마리씩

끼고 오셨다고. 난 알밤이만 낳고 말 건데, 둘째가 이미 점지되어 있다는 것인가?[50]

또한 심리몽에서도 현실의 인물이 귀신, 괴물, 동물, 사물 등으로 다양하게 표상된다. 집안에서 화를 폭발해 가족을 불안하게 하는 아버지와 함께 사는 여성의 꿈에서 아버지는 귀신이나 괴물이 되어 등장한다.[51] 또 다른 꿈으로 13세 소년은 꿈에서 커다란 독수리가 되어 현실에서 자신을 괴롭힌 친구에게 똥을 싸서 복수한다.[52] 노벨 물리학상 수상자인 파인만의 꿈에서는 자신이 바람을 피우는 대상인 여성들이 당구공으로 표상된다. 당구와 여성들의 표상은 그가 즐긴다는 공통점이 있다.[53]

심리몽 중 트라우마꿈에서도 가해자는 흔히 위협적인 동물로 나타난다. 앞서 소개한 트라우마꿈에서 18세 남자에게 목 졸라 죽이겠다고 위협당하며 성폭행을 당했던 여성은 '리본이 뱀으로 변하더니 그녀의 목을 조르는'[54] 꿈을 꾸었다. 또한, 어린 시절 성추행을 당했던 마이클은 개, 쥐 등이 침실로 들어와 그를 공격하는 꿈을 꾼다.[55] 앞의 꿈에서 성폭행을 했던 남성은 뱀으로, 뒤의 꿈에서 성추행을 했던 남성은 개, 쥐 등으로 표상되었다.

인격의 분열 현상에 대한 나의 견해는 다음과 같다. 꿈에서 종종 드러나는 인격의 분열은 해롭지 않으며 자연스러운 현상이다. 즉, 이러한 현상은 현실에서 억압되거나 부인되었던 강한 방어기제가 수면 중에 풀리기 때문에 발생한다. 따라서 꿈은 현실보다도 일관성이 없고 다중인격 상태가 되기도 한다. 또한 꿈은 현실보다 더 자유롭고 논리적 사고보다는 상상이나 무의식적 직관이 더 강하게 작용하는 것으로 보인다.

(3) 꿈속의 배경

꿈의 배경도 꿈을 이해하고 해석하는 데 중요한 요소이다. 꿈을 연극에 비유하면 배경은 연극이 분위기에 잘 어울리도록 만드는 무대장치이다. 꿈의 연출가인 꿈꾸는 뇌는 기억, 감정과 무의식을 재료로 꿈의 줄거리를 만든다. 나는 꿈의 배경을 두 가지 종류로 구분한다. 첫째, 현실과 같거나 유사한 배경, 둘째, 공상이나 상상으로 창작된 배경이다. 배경이 현실과 같거나 혹은 창작되었다고 해도 꿈속의 배경은 전달하려는 메시지에 가장 적합한 구도로 만들어진다.

먼저, 현실에서 체험하거나 유사한 배경의 사례를 보자. 앞에서 소개했던 꿈이다. 어린 시절 부모님의 폭행으로 우울증에 걸린 주인공 스튜어트의 꿈은 이렇게 시작된다. 자신이 학대받던 고향집이 배경이 되었다.

"배경은 어렸을 때 살던 미네소타의 집이었습니다. 아직도 거기서 어린애처럼 살고 있는 것 같았어요. 그런데도 지금 내 나이와 똑같다는 느낌도 들었어요. 밤중에 한 남자가 집으로 들어왔습니다. 그가 목을 자르려고 했어요."[56]

앞에서 소개한 또 다른 꿈이다. 우울증으로 고통스러운 나날을 보내던 앳킨슨은 어느 날 자신의 집 다락방에 올라가는 꿈을 꾸었다. 앳킨슨은 이 꿈을 꾸기 전날 무언가를 찾기 위해 자신의 다락방에 올라간 경험이 있었다.[57] 이 꿈은 전날 다락방에 올라갔던 사실이 꿈의 재료로 이용되었다. 어두컴컴하고 거미와 거미줄이 있는 다락방의 음산한 분위기와 그의 우울한 감정은 유사하다. 자신의 감정과 유사한 다락방의 분위기가 이 꿈의 배경이 된 이유이다.

다음으로, 공상이나 상상으로 창작된 배경의 사례를 보자.

꿈 1 영화에 나오는 괴물과 싸우다가 도망치는 꿈
앞에서 예를 든 꿈이다.

나는 쫓기고 있다. 귀신, 괴물 같은 것이 등장한다. 영화에 나오는 괴물 같은 것들이 떼로 몰려들어 전쟁을 치른다. 나는 열심히 싸우고 공격하고 방어한다.

꿈속의 배경이 그녀의 공상으로 창작되었다. 그녀는 상담자에게 "꿈에서 괴물들로부터 도망하는 것은 내담자의 아버지로 인해 만들어진 가정의 분위기로부터 탈출하고 싶은 심정"이라고 밝혔다. 하지만 가족을 떠올릴 때 느껴지는 부담감의 무게가 꿈속에서 도망치지 못하게 잡아당기며, 괴물 떼거지들이 쫓아오는 느낌과 똑같다고 했다.'58 꿈속에서 귀신, 괴물은 화나 폭언을 일삼는 아버지를 상징한다.

꿈 2 융의 어머님의 죽음을 예지한 꿈
앞서 인용한 융의 어머님의 죽음을 예시한 꿈이다.

나는 나무가 빼곡한 칠흑 같은 어두운 숲에 있었다. … 그것은 장엄한 원시 세계의 풍경이었다. 돌연 나는 날카롭게 울리는 휘파람 소리를 들었다. … 놀라 무릎에 힘이 빠져 버렸다. 그때 숲에서 우지끈 소리가 났다. 그러고는 무시무시한 아가리를 가진 거대한 셰퍼드가 튀어나왔다. … 그 개는 내 곁을 스쳐 지나갔다. 그리고 나는 도깨비의 우두머리가 이제 어떤 인간을 물어 오라고 개에게 명령했다는 것을 알았다. … 다음날 아침에 나는 어머님이 돌아가셨다는 소식을 들었다. 59

이 꿈에서는 칠흑 같은 어두운 숲, 날카로운 휘파람 소리 등 음침한 분위기로 불길한 예감을 표현하고 있다. 이같이 꿈의 배경은 꿈이 드러내고자 하는 핵심적 의미를 알 수 있게 해준다.

현존재 분석에서는 꿈에서 드러난 배경을 현실과 연결해 설명한다. 예컨대, "항상 황량하고 아무도 살지 않는 땅에 대한 꿈을 꾸는 사람은 친밀한 관계에 대한 가능성에 닫혀 있는 사람이다." 이들은 꿈을 꾸는 사람이 꿈속에서 드러난 세상에 어떻게 반응하는지에 대해서도 주목한다. "아름다운 공작을 안고 있는 꿈을 꾸는 사람은 세상의 화려함과 정교함에 열려 있을 것이고, 공작을 죽이거나 그로부터 도망치는 꿈을 꾸는 사람은 세상이 보여주는 화려함을 거부하는 사람일 수 있다."[60]

(4) 꿈의 전개 상황

꿈의 정확한 해석을 위해서는 꿈에서 드러나는 전개 상황과 변화에도 주목해야 한다. 다음에 소개하는 사례처럼 꿈의 장면이 변화하더라도 드러나는 메시지가 일관성이 있다면 그 부분에 관심을 갖고 그 상징의 의미를 파악해야 한다. 꿈 자체만으로 해석이 되지 않을 때는 꿈꾼 사람의 현실과 연결해 적절한 가설을 세울 수 있다.

꿈1 레베카의 성적 욕구가 좌절되는 꿈

42세의 레베카는 심리 치료를 시작한 지 두 달이 지난 뒤 다음과 같은 심리몽을 꾸었다. 첫 번째, 레베카와 남편은 빵을 굽고 있고 그런 다음 함께 넓은 모래밭으로 간다. 거기서 그들은 누웠고 그녀가 그의 남근을 쓰다듬는다. 그녀는 검은 머리칼의 여인이 보고 있는 것을 알아차리고 당황한다. 두 번째, 흑인 여의사(그녀의 현실에서 이전의 고용주) 가 레베카 위로 올라간다. 그러나 레베카는 "지금은 아니야"라고 속삭인다. 그녀의 딸이 옆에 있기 때문이다. 역시 그곳에 있는 의사 X가 그녀에게 키스한다. 세 번째, 레베카는 여러 가족구성원과 의사 X와 함께 해변의 집에 있다. 그녀는 의사 X와 함께하기를 원한다. 그는 손가락으로 그녀의 입술을 벌리고 혀를 그녀의 입안에 넣는다. 이것이 그녀를 성적으로 흥분시킨다. 그 순간 검은 머리칼의 남자가 다가와 그들을 바라본다. 61

레베카의 개인적 상황은 이렇다. 그녀는 결혼 후 아이를 셋(딸과 아들 둘) 두었다. 심리상담을 받기 직전에 박사 과정을 마치고 신학교에서 수련을 받으려 시도했으나 두 번이나 거절당해 마음에 상처를 심하게 받았다. 4년 전 남편과 이혼을 생각했지만 부부 치료를 받으면서 결혼 생활을 유지하고 있다. 그녀의 부모는 심한 갈등을 겪었으며 지난 20년 동안 정서적으로 이혼 상태에 있다. 그녀는 어머니를 '냉담, 소원, 거절, 비합리적'으로, 아버지를 '태만하고, 편집증적이며, 없었다'고 묘사했다. 레베카는 "나는 남편을 아버지를 삼으려고 결혼했어요. 남편은 나를 낚아채듯이 결혼했고 나를 지배했어요"라고 말했다.

그녀를 치료하는 융 학파의 로즌 교수는 레베카와의 연상을 통해 다음과 같은 사실을 알아냈다. 첫째, 그녀는 남편과 쿠키를 굽는 장면에서 외할머니를 연상했다. 둘째, 꿈에서 나온 남편의 남근을 쓰다듬으면서 그녀의 자신 속의 긍정적인 남성 에너지와 접촉하고 있는 것처럼 좋게 느꼈다고 말했다. 지켜보고 있는 검은 머리칼의 여자에게서 엄마를 연상했다. 셋째, 흑인 여의사와의 관계에서 그 여의사가 엄마와 같이 그녀의 개인적인 삶에 간섭해 힘이 들었다. 꿈에서 레베카는 그녀에게 강간당할 것을 두려워한다. 넷째, 의사 X가 그녀를 성적으로 흥분시킨 사실은 과거의 성적인 전이와 비윤리적인 성적 행위의 가능성을 암시한다. 그녀는 검은 머리칼의 남자는 아버지와 닮았다고 말했다. [62]

　다음은 이 꿈에 대한 나의 견해이다. 이 꿈은 3개의 서로 다른 장면으로 구성되어 있다. 이들 꿈에서는 3번의 장면 전환이 이루어지지만 주인공인 레베카의 성적 욕구가 표출되고 지켜보던 누군가에 의해 좌절된다는 점이 이 꿈들을 관통하는 주제다. 현실에서 그녀는 남편과 애정 관계가 원만하지 못할 것이라고 추정할 수 있다. 현실에서 남편과 만족스러운 성생활을 했다면 이렇게 자신의 성적 욕구가 누군가의 방해로 좌절되는 꿈은 꾸지 않았을 것이다. 실제로 그녀는 몇 년 전에 남편과 불화로 이혼 직전까지 갔다.

　또 다른 중요한 점은 처음에는 엄마, 두 번째는 딸, 세 번째는 아버지로 연상되거나 나타난 가족의 관찰에 의해 그녀의 성생활이 번번이 좌절된다는 것이다. 나중에 밝혀진 사실이지만 그녀는 심리 치료를 받으면서 어린 시절 아버지로부터 성적 학대를 받았던 사실을 고백했다. 바로 이 점이 그녀의 원만한 부부 생활을 지속적으로 방해했으며, 현실에서 해소되지 못한 그녀의 성적 욕구가 이같이 좌절되는 심리몽을 유발한 것이다.

꿈 2 피정 장소에서 꾼 꿈

　앞과 동일한 인물인 레베카의 꿈이다. 그녀는 치료를 시작한 지 5개월째에 꿈을 꾼다. 꿈에서 그녀는 종교적인 장소로 여행한다. 침실로 간 그녀는 어떤 남자가 그녀의 침대 오른쪽에서 직각의 방향으로 그녀를 대면하고 있는 것을 알게 된다. 그녀는 두려워 침대보를 집어던지고 건물 밖으로 뛰쳐나온다. 뒤돌아보자 그 남자가 방에서 그녀를 보

고 있는 것이 보인다. 그때 신앙심이 깊은 자매 중 몸집이 크고 나이
든 여자가 그녀를 돕기 위해 뛰쳐나오고, 레베카는 그녀의 품에 달려
들어 편안해진다. [63]

당시 레베카는 치료자에게 그녀를 성직자로 고려하고 있지 않다는
주교의 편지에 관해 이야기했다. 그녀는 거절감과 동시에 해소감도
느낀다. 그녀는 목사 보조로 일하는 것을 포기하고 4일간의 피정을
떠났는데, 그녀의 남편은 그녀의 치료적인 체류를 지지해 주었다.
레베카는 피정 장소에 도착한 날 밤에 위와 같은 꿈을 꾸었다.

이 꿈에 대한 융 학파 로즌 교수의 해석이다. 이 꿈이 레베카를 놀
라게 했지만 동시에 그녀는 이것이 전환점을 나타낸다고 생각했다.
레베카는 이것이 부정적인 아버지상으로부터 벗어나려는 것이라고
느꼈다. 성직자가 되려는 욕망을 버리는 것에 대한 상징적인 반응이
다. 그녀를 품어 준 여자 노현자(老賢者)의 상과 자신을 품에 맡긴
레베카의 상의 의미 있는 자기 수용의 은유를 나타낸다. [64]

다음은 나의 해석이다. 이 꿈은 전반부와 후반부로 나뉘어 전개된
다. 전반부는 어떤 남자가 침실에 나타나고 그가 두려워 건물 밖으로
뛰쳐나오는 부분이다. 후반부는 신앙심이 깊고 나이 든 여성을 만나
그녀의 품에 안기고 편안함을 느끼는 장면이다. 로즌 교수는 방 안에
서 대면한 어떤 남자를 부정적인 아버지상으로 해석하고 있지만, 그
남자는 그녀가 만들어낸 상으로, 성직의 길을 가려는데 거절한 주교
를 대신한다고 본다. 그녀는 그로부터 수용받지 못하자 두려움을 느
끼고 뛰쳐나온다. 하지만 여자 노현자를 만나 편안함을 느낀다. 그
녀의 감정의 전개는 거절 혹은 거부에서 수용으로, 두려움에서 편안
함으로 변한다. 그녀의 피정 여행에서 생각과 감정의 변화를 드러내
는 꿈이다. 꿈속의 여성 노현자는 그녀가 작화한 성숙한 자아상이다.

이 꿈을 통해 레베카의 우울한 감정이 어느 정도 극복되고 있음을 알수 있다.

4) 넷째 단계: 꿈의 주제 파악과 현실의 연결

꿈속의 등장인물, 배경과 상황의 전개에 대한 분석이 끝나면 이들 상황을 종합하여 꿈이 진정으로 드러내려는 주제가 무엇인지를 판단해야 한다. 꿈꾼 이의 두려운 감정이나 좌절된 욕망의 표출인지, 현실에서 충족되지 못한 욕구를 보상받으려는 것인지, 미래의 삶에 대한 암시를 시사하는 예시인지 등을 판단하는 단계이다. 이를 위해 꿈꾼 사람이 처한 현실을 고려하여 그의 객관적·주관적인 환경과 상황을 살펴보아야 한다.

먼저, 꿈을 꾼 사람의 객관적 상황을 살펴보아야 한다. 즉, 꿈을 꾼 사람의 나이, 성별, 하는 일, 가족에서 위치, 사회적 역할 등을 살펴보아야 한다. 객관적 상황은 그가 속한 문화적, 사회적 환경을 살펴보는 것으로 시작한다. 왜냐하면 꿈에서 표현된 상징과 은유가 그 사회와 문화에서 보편적으로 통용되는 것일 수 있기 때문이다. 앞에서 우리는 용, 뱀 등의 상징이 시대, 사회, 문화 등의 차이에 따라서 다르게 인식될 수 있음을 살펴보았다.

다음으로 꿈꾼 이의 주관적 상황을 파악해야 한다. 그의 과거 경험, 현재 처한 현실, 가족적, 사회적 관계에 대해 파악해야 한다. 객관적으로 동일한 상징이라 하더라도 주관적으로 다르게 인식된다면 꿈꾼 이의 주관적 감정이나 사고가 우선되어야 한다. 동일한 부모라 하더라도 꿈꾼 이의 체험이 다르면 꿈속의 상징도 다르게 나타나기 때문이다.

꿈 1 조립식 주택 안에서 두려움에 떠는 꿈

다음은 어느 여성의 꿈이다. "우리, 즉 나와 또 다른 여자가 조립식 주택 안에 쭈그리고 앉아 있는 꿈을 꾸었다. 집은 아주 외떨어져 있어, 침입을 당하기 쉬워 보인다. 나는 그 집을 보호하기 위해 불을 켜고 커튼을 치면서 돌아다닌다. 두렵다."

그녀의 개인적 상황은 이렇다. "나는 아주 일찍부터 처세하는 법을 배워야 했고 남자들의 세계에서 살아남기 위해 '남성적' 특성을 습득했다. 일을 마무리 짓고, 답을 해주고, 그리고 남자들과는 안전한 거리를 유지하는 것이다. 그러나 이 '힘'의 이면에는 나약함과 수동성이 있어서 종종 한밤의 침입자를 두려워하면서 잠드는 밤이면 이것이 드러난다. 다른 여자들과 마찬가지로 나도 혼자 집에 있는데 누군가 침입하려고 한 적이 있다. 그러니까 이 꿈은 어느 정도는 경험에 기초한 것이다. 그러나 정작 궁금한 것은 이 꿈에서 내가 정말로 두려워하는 것이 나 자신의 감정이 나를 습격하는 일이 아닐까 하는 점이다."

런던에서 여성 상담소를 운영하는 구디슨은 이를 이렇게 해석했다.

이 꿈은 꿈꾼 이가 해석한 것처럼 어느 쪽으로도 설명될 수 있다. 즉, 서구 사회의 도시에서 밤에 혼자 있을 때 여자가 자주 경험하는, 침입에 대한 두려움을 반영한 것이거나 또는 그를 '갑자기 덮치려는' 위협을 주는 내적 과정과 감정을 반영한 것일 수도 있다. [65]

나의 해석은 다음과 같다. 이 꿈의 주제는 꿈꾼 이의 내적 두려움이다. 그녀의 두려움이 자신의 과거 기억을 재료로 이 꿈을 작화했다. 그녀는 현실에서 혼자 집에 있는데 낯선 누군가가 침입한 적이 있었다. 이 두려움은 실제 체험에 의한 현실적인 두려움이다. 꿈에서 그녀는 자신을 보호해줄 집이 조립식이어서 튼튼하지 않다고 생각한다. 즉, 그녀는 약한 심리적 자아를 가지고 있다. 그녀의 또 다른 두려움은 사회적 관계에서의 두려움이다. 겉으로 약하게 보이지 않으려 노력하지만 남성에 의해 둘러싸인 관계에서 자신이 여성이므로 누군가 얕잡아 보지 않을까, 다른 누군가가 자신의 일이나 직위를 침범하지 않을까 하는 걱정이 있다. 꿈속에서 또 다른 여성은 함께 두려움에 떠는 그녀의 또 다른 자아이다. 이 두 가지 두려움이 이 심리몽을 만들어낸 것이다.

꿈 2 복잡한 도로를 건너지 못하는 꿈

나는 복잡한 도로의 가장자리에 서있고 등에는 무거운 짐을 지고 있다. 나는 길을 가로질러 가려고 하지만 차가 너무 빨리 달리고 있어 건너지 못할 것 같다. [66]

어느 여성의 꿈이다. 그녀가 처해 있는 개인적 현실은 다음과 같다. 그녀는 결혼한 지 5년이 되었고, 남편은 알코올 중독자로 그녀에게 폭력도 행사한다. 그녀는 남편과의 결혼 관계를 정리하고 싶지만 남편의 폭력이 두렵고, 헤어지려고 하니 여러 가지 고려할 요인들로 복잡하다. 그녀의 마음은 심각한 갈등에 놓여 있다.

그녀가 처한 현재 상황을 꿈과 연결해 보면 그녀의 마음이 쉽게 드러난다. 이 꿈은 남편과의 불행한 관계를 청산하고 싶은 강한 욕구가 있지만 남편의 폭행에 대한 두려움으로 진퇴양난에 빠진 그녀의 답답한 심리 상태를 그대로 표출하고 있다.

그녀의 꿈에서 나타난 상징을 차례로 살펴보자. 먼저, 꿈에서 도로는 사람이나 차량이 오고 갈 수 있는 통로이다. 따라서 도로는 어떠한 일의 방도, 수단 등을 상징한다. 그녀가 지고 있는 무거운 짐은 심리적 혹은 물질적 부담을 의미하는데 그 부담이 무겁기까지 하다. 빨리 달리는 차는 그녀가 가고자 하는 길을 가로막는 장애의 상징물로 쓰였다. 꿈속에서 주인공은 자신이 처한 상황에서 새로운 방법 혹은 수단을 찾으려 하지만 상황이 복잡하기도 하고 차들이 가로막고 있어 쉽게 찾지 못할 것 같다고 생각한다.

이같이 전개되는 상황에서 주인공은 복잡한 도로의 끝에 서서 망설이고 있다. 그녀가 처한 상황이 복잡하여 이를 벗어나고자 다른 방도를 선택하려 하지만 마땅치 않아 고민하고 주저하는 심리가 그대로 표출되고 있다.

끝으로 꿈속에서 그녀가 등에 진 무거운 짐은 현실에서 그녀가 부담을 지고 있는 어떤 것이다. 구체적으로 알기 위해 해석가는 꿈을 꾼 주인공과의 대화를 통해 더 탐색해야 한다. 어쩌면 남편과의 결별로 초래될 아이들 양육, 금전적 부담 혹은 직장 문제일 수도 있다.

꿈 3 길을 가로질러 건너는 꿈
앞선 꿈의 주인공이 이어서 꾼 꿈이다. 그녀는 고민 끝에 남편을 떠나기로 결심한 후, 다시 꿈을 꾸었다.

나는 복잡한 도로의 가장자리에 있다. 나는 내 짐 꾸러미를 길가에 두고 길을 가로질러 달린다. 두렵지만 단호하다. 나는 길 건너편에 안전하게 다다라 안도감을 느낀다. [67]

이 꿈은 앞의 꿈의 속편에 해당한다. 동일한 상황이 꿈의 재료로 다시 사용되었다. 도로, 가장자리, 짐 등이다. 앞선 꿈과 달리 이제는 그녀의 길을 가로막고 달리는 차가 없다. 그러자 그녀는 행동으로 상황을 극적으로 변화시킨다. 그녀는 무거운 짐 꾸러미를 포기하고 도로를 가로질러 달린다. 현 상황을 타개하기 위해 실천에 옮긴다는 상징적 의미이다. 그녀는 두려움을 느끼지만 실행에 옮기고 길 건너편으로 상징되는 새로운 인생의 행로에 도착해 마음의 평온을 찾는다. 그녀는 등의 짐 꾸러미가 상징하는, 현실의 속박 요인을 과감하게 포기하고 길을 가로지른다. 그녀가 실제로 행동으로 옮긴다면 현재의 불행한 상황을 벗어날 수 있다는 심리적 결단을 표상한 심리몽이다.

5) 다섯째 단계: 꿈꾼 이의 핵심감정이나 핵심과제의 재점검

모든 꿈이 쉽게 분류되거나 해석되는 것은 아니다. 심리몽으로 분류하더라도 꿈의 주제가 무엇인지 쉽게 잡히지 않는 경우에는 꿈을 꾼 사람의 핵심감정이나 핵심과제를 재검토해야 한다. 이 경우 해석자는 자신의 선입견보다는 꿈꾼 이의 핵심감정이나 핵심과제에 더 집중해야 한다.

꿈 1 문들이 닫혀 있어 외로움과 소외감을 느끼는 꿈

이 꿈은 해석자가 잘못 해석한 사례이다. 한 여성이 꾼 꿈의 내용은 이렇다.

"어느 여성이 꿈에서 긴 복도를 걸어 내려가고 있었고 양쪽에 있는 문은 모두 닫혀 있었다. 희미한 조명 아래에서 낡고 빛바랜 카펫 위를 걷고 있는데 문 너머로 웃고 떠드는 소리가 들려서 그녀는 절망적인 외로움과 소외감을 느꼈다."

그녀를 분석했던 프로이트 학파의 해석자는 긴 복도를 그녀의 질

로 해석했고 그녀가 성생활에서 소외감을 느끼고 있다고 말했다. 분석가는 자신의 선입견을 지나치게 개입해 그녀가 가정생활에서 느낀 심적 고통을 드러내는 꿈을 성적 소외감이 발현된 꿈으로 잘못 해석했던 것이다.

분석가는 꿈꾼 사람이 느끼는 핵심적인 고통, 감정 혹은 핵심과제가 무엇인지 늘 주목해야 한다. 자신의 분석적 기법에 얽매이지 않고 중립적인 입장을 견지하면서, 내담자의 말을 진지하게 경청해야 이 같은 오해석의 가능성을 줄일 수 있다.

이러한 프로이트 학파식 분석에 대하여 꿈을 꾼 여성은 자신의 솔직한 심정을 보나임 박사에게 말했다.

그의 해석은 내게 경악 자체였다. 나는 수긍할 수 없었고 거기서 내가 깨달은 것은 아무것도 없었다. 해석에 깨달음이 있고 가정생활을 개선하는 데 도움이 되는 무언가가 있을 때 고통스럽지만 보람이 있는 방식으로 흥분을 느끼곤 했지만, 이 경우에는 아무런 설렘도 없었다. 대신 나는 충격을 받았고 슬픔을 느꼈다. 나는 그 해석이 뭔가를 놓쳤고 그 꿈에 뭔가가 더 있는데 어쨌거나 그 꿈이 가치를 잃어버렸다고 느꼈다.

그 꿈을 꾼 지 9년이 지난 후 그녀는 말했다.

나는 많은 문이 닫혀 있던 그 복도가 지금도 보인다. 이제는 그 꿈이 당시 내가 생활 전체에 대해 느끼던 방식을 표상한 꿈이라고 확신한다. 나를 향한 모든 문이 닫혀 있고, 내게 남은 삶이란 길고 어둡고 공허한 여정이 될 것이라고 느꼈다. … 만약 내가 그 꿈을 이해하고 내가 결혼 생활에 대해 얼마나 희망이 없다고 느끼는지 의식적으로 알아차렸다면 길고도 비참한 5년의 세월을 더 기다리는 대신 곧바로 거기서 빠져나오는 조치를 취했을 것이다. [68]

심리학자 패러데이는 보나임 박사의 말을 빌려 이렇게 평가했다.

꿈을 해석하는 데 있어 독단적 프로이트 학파의 접근을 거부해야 한다. 꿈을 암호 해독이 필요한, 정교하게 위장된 메시지로 보기보다는 실존적인 사건으로 보면서 '그가 스스로 말하도록' 허용해야 한다. [69]

꿈 2 자신이 살아야 할 집을 선택해야만 했던 꿈

심리학자 패러데이의 꿈이다. 그녀는 언덕 위에 높고 넓게 터를 잡고 집의 대부분을 유리로 만든 근대풍의 주택과 사나운 날씨에 파도가 격렬하게 치는 바다를 등진 작고 아늑한 오두막 사이에서 선택해야만 하는 꿈을 반복해서 꾸었다. 대개의 경우 반복해서 꾸는 꿈은 꿈꾼 사람의 삶의 핵심적 과제나 감정을 드러낸다. 이 심리몽의 주제는 그녀의 앞에 놓인 선택의 갈등이다.

패러데이는 연상을 통해 꿈속의 언덕 위는 학계, 유리로 만든 집은 심리학자로서 대중에게 드러내는 경력을 상징하는 것으로 이해했다. 또한 바다를 등진 작고 아늑한 오두막은 따뜻하고 아늑한 자신의 가정생활을 상징하는 것으로 보았다. 즉, 이 꿈은 심리학자로서의 대중적 인지도와 조용한 가정생활 사이에서 선택해야 하는 어려움과 갈등을 분명하게 드러내고 있다. 그녀는 이 꿈을 촉발한 자신의 난감한 심리상태를 이렇게 설명한다.

당시 남편이 나에게 직업을 포기하고 충심으로 가정에 전념하지 않으

면 나를 떠나겠다고 협박한 것이 그 꿈을 꾸도록 자극했음이 분명하다. 그 꿈은 이러한 곤경에 대해 내가 어떻게 느끼고 있는지를 명확하게 알려 주고 있었다. 나는 고독과 고립의 대가로 나의 자유와 독립(경력)을 유지할 수 있었다. 반면에 안전과 편안함(가정)을 선택한다면 감정적으로 압도당하는 어떤 위험을 무릅써야 했을 것이다. [70]

꿈 3 남편의 사교모임을 망쳐버리는 꿈

한 여성은 남편이 회사 경영자여서, 남편의 동료들을 접대하는 데 많은 시간을 할애했다. 그녀는 이런 사교 모임을 망쳐 버리는 꿈을 반복해 꾸었는데, 어떤 꿈에서는 하녀가 테이블 전체에 수프를 쏟았고, 어떤 꿈에서는 원래 그녀의 억양이 완벽한데도 순 사투리 억양으로 말하고 있었다. 또 다른 꿈에서는 저녁 만찬을 내놓으려는 순간 먹을 음식이 삶은 콩과 소시지밖에 없음을 발견했다. [71]

앞서, 전개 과정의 변화가 있음에도 꿈들의 메시지가 일관성이 있는 경우에는 그 부분을 중점적으로 살펴야 한다고 했다. 이 꿈에서도 남편의 사교 모임을 망친다는 일관성이 있다. 이 꿈의 핵심적 주제를 알기 위해서는 그녀가 어째서 남편의 접대를 계속해서 망치는 꿈을 꾸는지 파악해야 한다.

이 여성의 개인적 상황은 이렇다. 그녀는 자신이 비천한 출신이라는 열등의식에 사로잡혀 있었고, 남들과 어울려야 하는 파티에서 자신의 출신이 드러나지 않을까 하는 불안감에 시달렸다. 즉, 그녀의 핵심감정은 자신의 과거가 드러날지도 모른다는 불안과 공포였다. 그녀의 불안과 공포가 이러한 꿈을 꾸게 하는 촉발 요인이 되었던 것이다.

그녀는 패러데이의 분석을 받으며 "연상을 더 이어가자 남편이 경솔하게 그녀에게 부과하는 긴장에 분개하고 있음이 드러났다."[72] 그녀의 불안감 이면에는 남편이 그녀에게 지속적으로 부탁하는 파티 개최와 긴장 상태 때문에 남편을 향한 분노까지 자리 잡고 있었던 것이다.

6) 여섯째 단계: 꿈의 유형 확정과 종합적인 결론

꿈의 유형 구분은 꿈의 의미 해석과 꿈의 활용성 측면에서 매우 중요하기 때문에 나의 체계적 분석 방식의 핵심을 이루는 사항이다. 하지만 꿈 유형의 확정이 언제나 가능한 것은 아니다. 특히, 심리몽인지 예지몽인지 구별하기 어려운 경우가 있다. 이 점이 꿈의 분석 과정에서 제일 어려운 부분 중 하나이다. 끝까지 구분이 모호한 경우에는 결론을 내리지 않고 시간을 두고 기다리는 것도 한 방법이다.

다만, 반드시 분류가 필요한 경우도 있다. 이런 상황에서 나는 다음과 같은 판단 기준을 활용한다. 첫째, 꿈꾼 사람의 주요한 관심 사항, 현안 문제 혹은 핵심감정을 재점검한다. 둘째, 꿈에서 활용된 상징을 다시 살핀다. 한국인의 경우, 예지적 태몽, 신들린 사람의 꿈, 다른 예지적인 꿈 등 집단 무의식적 상징을 활용하는 경우가 많다. 셋째, 꿈의 재료인 기억, 감정, 무의식 중 강하게 인출되고 있는 부분이 어디인지 살펴본다. 심리몽은 예지몽에 비해 상대적으로 감정이 강하게 분출된다. 외상적 스트레스로 촉발되는 트라우마꿈뿐만 아니라 일반적인 심리몽에서도 원초적 욕망이나 두려움, 공포, 불만, 불안, 슬픔 등 감정이 두드러지게 작용한다. 한편, 예지몽은 감정보다는 직관적 무의식이 더 강하게 작용한다.

(1) 꿈꾼 사람의 주요한 관심 사항, 현안 문제, 핵심감정 검토

판단 기준을 차례로 살펴보자. 우선, 꿈꾼 이의 관심 사항, 중요한 현안 문제와 이들 문제에 대한 그의 핵심감정이 무엇인지를 재검토해야 한다. 중요한 메시지를 담은 꿈은 종종 현실에서 해소되지 않은 감정이나 미해결의 과제가 투사되는 경우가 있기 때문이다. 앞에서 소개한 두 개의 꿈을 예로 들어 설명하고자 한다. 결론부터 말하면 첫 번째 꿈은 심리몽이고, 두 번째 꿈은 예지몽이다.

꿈 1 아버지로부터 무시당하면서 성장했던 한나의 꿈
앞에서 예를 든 한나의 꿈을 요약하면 다음과 같다.

한 여자가 우리 집 앞에 멋지고 잘빠진 자동차를 주차했어요. 아버지는 그녀가 그곳에 자동차를 주차하지 못하게 했지요. 그녀는 말없이 차를 다시 출발시키려고 했어요. 그런데 차에서는 '끼르륵' 소리만 났습니다. 아버지는 입을 비죽거리며 차에 다가가 비웃으면서 말했어요. "멋진 차긴 한데 유지할 돈이 없나 보지요?" 그 후 나는 개 한 마리가 짖으면서 아버지에게 덤벼드는 것을 보았어요. [73]

이 꿈의 핵심적 주제를 파악하려면 분석가는 중요한 등장인물인 한나에게 이렇게 물어야 한다. "아버지는 어떤 분입니까?" "아버지는 제가 어렸을 때부터 제가 하는 일을 비웃었어요. 아버지가 저의 약점을 들추면서 비웃을 때마다, 저는 비참했어요." 분석가는 이와 유사한 한나의 답변을 들었을 것이다. 그녀는 성장한 이후 다른 사람과 관계 맺기가 힘들었다. 자존감이 매우 낮았기 때문이다. 심리 치료를 받으며 드러난 그녀의 핵심감정은 자신에 대한 수치심과 아버지에

대한 분노였다. 그 때문에 꿈에서나마 아버지가 개에게 공격을 받자 고소한 마음까지 들었던 것이다.

꿈 2 "너는 여기 오는 게 아니다"
앞에서 소개했던 꿈을 요약하면 다음과 같다.

돌아가신 숙모가 방에 앉아 있었어요. 숙모가 다짜고짜 "나 좀 주라"고 해요. 그래서 내가 옆에 있는 숙모의 아들에게 "드려라"라고 했어요. 그런데 밖에 있던 사람 중 한 명이 대뜸 들어오더니 숙모 아랫배를 만지면서 그의 손이 점점 목 쪽으로 올라가요. 그리고는 숙모의 목을 휘어잡아 끌고 밖의 우물로 데려가더니 "너는 여기 오는 게 아니다"라면서 우물 안에 던지고 나서 뚜껑을 덮었어요.

나는 그에게 물었다.
"현실에서 무슨 일이 있었어요?"
"내가 42세 되던 해, 몹시 아팠어요. 병명은 급성 A형 간염이었어요. 병원에 한 달간 입원하고 있으니 이러다가 죽겠다는 생각이 들더군요. 교회에 나가서 열심히 기도했어요."
그는 현실에서 잘못하면 죽음에 이르는 병에 걸렸던 것이다. 이는 꿈꾼 이의 생사가 달린 중요한 문제였다. 상황이 이러하면 해석자는 이 꿈과 그의 질병과의 연관성을 추정해야 한다. 나는 숙모에 관한 탐색을 통해 숙모님은 이미 돌아가셨고, 꿈에서는 살아 있는 모습으로 다시 나타났다는 사실을 알게 되었다. 예지몽에서 돌아가신 분이 다시 나타나는 경우 은혜를 주관하거나 죽음을 예고하기도 한다. 중요한 점은 꿈을 꾼 사람의 돌아가신 분에 대한 주관적 관념이 무엇인지 살펴야 한다는 것이다.

여기서는 돌아가신 숙모가 자신의 방에 들어왔다는 상징을 통해 죽음이 자신의 몸에 다가왔음을 은유적으로 표출했다. 여기서 숙모는 죽음을, 방은 자신의 육체를 상징한다. 노래를 부르다 숙모를 끌고 밖으로 나간 사람은 절실히 간구하던 자신, 자신을 돕는 사람들, 의사나 그가 정신적으로 의지하고 있는 성직자 등을 표상한다. 여기서는 죽음의 상징인 숙모를 밖으로 꺼내 우물에 던지고 덮었으니 그가 죽을병에서 벗어나게 됨을 암시한다.

내가 이 꿈을 예지몽으로 보는 또 다른 이유는 이미 죽은 숙모의 등장과 그녀의 행동 때문이다. 나의 청소년 시절, 옆집 아저씨가 암에 걸렸다. 당시만 하더라도 암은 죽음에 이르는 불치병으로 인식되었다. 어느 날 꿈에 그 아저씨가 나타났다. 흔들의자에 앉아 있는데 병색은 완연하고 얼굴은 검었다. 그 아저씨가 나에게 말했다.

"저승사자가 너의 아버지도 데리러 왔는데, 네 아버지가 완강하게 거절해서 3년 후에 다시 온다고 말하고 나를 먼저 데려가는구나."

나는 누구에게도 이 불길한 예지몽에 관해 이야기하지 않았지만, 그 아저씨는 오래 살지 못할 것이라고 직감했다. 수개월 후 이 예지몽은 현실이 되어 그 아저씨는 그해를 넘기지 못하고 돌아가셨다.

(2) 꿈에서 활용된 상징 검토

다음으로, 꿈에서 활용된 상징을 다시 검토한다. 한국인의 경우, 예지적 태몽, 신들린 사람의 꿈, 다른 예지적인 꿈에서 집단 무의식적 상징을 활용하는 경우가 많다. 심리몽에 비해 예지몽은 집단 무의식으로 전승된 상징이 나타나는 경향이 더 크다. 집단 무의식은 흔히 전승되는 관습, 종교, 신화, 민담, 전설 등으로 구성된다. 예컨대, 한국인에게 태몽은 사람이 아닌, 동물, 식물, 천체 등 한국인의 정서에 호응하는 집단 무의식의 상징으로 드러난다. 또한, 융 학파 이부영 박사가 연구한, 신내림을 받은 무당의 예지적인 꿈에서도 집단 무의식적 상징이 주로 활용되었다. 인생을 살면서 경험하는 성공과 좌절을 예시하는 꿈에서 사용된 불의 상징도 그렇다. 죽음을 예지한 경우에도 집단 무의식의 요소로 표출되는 경우가 많다. 하지만 심리몽도 집단 무의식적 상징을 활용하는 경우가 있다는 점에 유의해야 한다.

아래에 소개하는 두 개의 꿈은 각각 심리몽와 예지몽이다.

꿈 1 뱀에게 뒤꿈치를 물린 꿈

앞에서 소개한 스위스 보병장교의 꿈으로, 융이 그의 심리 치료를 담당했다.

"확 트인 어딘가를 걷다가 뱀을 밟았는데, 그만 뱀이 나의 뒤꿈치를 물었어요. 뱀독이 퍼졌을 것이란 생각에 놀라 잠에서 깨어났지요."

융은 뱀이 주는 이미지를 이 보병장교의 무의식에서 찾아낸다. 융은 말한다. "이 남자는 뒤꿈치를 무는 뱀에 관한 성경의 이야기를 몰랐을 수도 있지만, 그래도 그런 이미지는 그의 무의식에 자리 잡고 있었다." 융은 성서로부터 전래된 뱀에 대한 집단 무의식적 관념을 남자에게 회상시키고, 남자에게 뱀은 영원히 여자를 상징한다고 말해준다. 그는 융의 해석으로 꿈속의 뱀에게서 자신을 버리고 떠난 여인을 연상해 낸다. [74]

나의 견해로 프로이트식 자유연상법을 통해 뱀의 상징을 충분히 연상하고 해석할 수 있었다고 보지만, 융은 집단 무의식적 관념에서 뱀과 여자를 연상시켰다. 결과가 어떻든 중요한 점은 심리적인 꿈에서도 집단 무의식적인 관념이 발견된다는 것이다.

꿈 2 돌아가신 친정아버지께 책을 받는 꿈

앞에서 소개한 꿈으로 51세 여자는 죽은 친정아버지의 꿈을 꾸었다. 친정아버지께서 큰 책 한 권을 손에 쥐여 주어 받았다. 이런 일이 있은 이튿날부터 그는 예언을 하고 싶어서 점을 치게 되었다.

융 학파 이부영 교수가 소개했던 꿈이다. 꿈에 죽은 사람이나 하얀 노인이 나타나 중요한 사실을 알리거나 귀중한 물건을 주는 일은 우리나라 고대 문헌에 자주 나온다. 이 같은 현상도 전래되어 체화된 한국인의 집단 무의식적 산물이다. 한편, 꿈에서는 친정아버지가 나타나서 책을 주었다. 꿈속에서 친정아버지가 한 역할로 보아 그녀에게 친정아버지는 생존 시에 은혜를 베푸는 분이었을 것으로 추정된다. 때문에 그가 부성애의 상징으로 나타난 것이다. 한 임무가가 꾼 이 꿈도 예지몽이다.

(3) 감정, 기억, 무의식의 작용 검토

마지막으로, 감정, 기억, 무의식의 작용에 대하여 주목한다. 심리몽은 예지몽에 비해 꿈의 재료인 기억, 감정, 무의식 중 감정이 강하게 작용한다. 외상후 스트레스로 유발되는 트라우마꿈도 심리몽의 일종이며, 원초적 욕망이나 두려움, 공포, 불만, 불안, 슬픔 등 감정이 두드러지게 작용하는 꿈도 심리몽일 가능성이 높다. 한편, 예지몽은 감정보다는 직관적 무의식이 더 강하게 작용한다. 예지몽에서의 감정은 상대적으로 약하게 작용한다.

꿈 1 현실에서 은혜를 입고 죽은 자가 경고하는 꿈

먼저, 아들러가 소개한 꿈을 살펴보기로 한다. 고대 그리스의 시인 시모니데스는 알지 못하는 사람의 시신을 길가에서 발견하고는 아

주 정성스럽게 장례를 치러 주었다. 그 후 그가 배로 여행을 떠나게 되었을 때 은혜를 입은 그 죽은 사람이 나타나 경고하는 꿈을 꾸었다. 그가 그 여행을 떠나면 배가 난파되어 죽게 되리라는 것이었다. 그는 여행을 떠나지 않았고, 떠났던 사람은 모두 죽음을 당했다. 보고된 바에 의하면 꿈과 관련된 이 이야기는 수백 년 동안 엄청난 주목을 끌었으며 인류에게 깊은 인상을 남겼다.

아들러는 이 꿈을 심리몽으로 단언하고 해석을 덧붙인다.

무엇보다도 그 당시에는 수많은 배가 침몰되었다. 이러한 상황 때문에 많은 사람이 배 여행을 떠나기 전날 밤 여행을 가지 말라고 경고하는 꿈을 꾸었을 것이다. 그런데 이 꿈의 내용과 현실에서 벌어진 사건이 매우 정확하게 일치했기 때문에 후세에까지 많은 관심을 받은 것이다. 사건과 사건 사이의 신비로운 관계를 찾아내고 싶은 사람은 특별히 이런 이야기에 약하기 때문에 매우 좋아했을 것이라는 사실을 쉽게 짐작해볼 수 있다.

그러므로 우리는 그 꿈을 다음과 같이 냉정하게 해석할 수 있다. 자신의 육체적 안위를 많이 걱정하던 시인은 여행을 떠나는 것을 그다지 내켜하지 않았을 것이다. 그러나 결단해야 하는 순간이 다가올수록 그는 자기의 주저하는 마음에 그럴듯한 핑계를 대야만 했다. 그는 자기가 장례를 치러 주어 마땅히 그에게 감사해할 죽은 사람을 불러낸 것이다. 그가 스스로 만들어낸 그 기분에 따라 여행을 떠나지 않았음은 물론이다. 만일 그 배가 침몰하지 않았다면 후세 사람들은 그 꿈이나 그 사건에 대해 아무것도 듣지 못했을 것이다. 왜냐하면 우리는 머릿속에서 알 수 없는 동요를 일으키는 것들을 그런 방식으로 경험하기 때문이다. 하늘과 땅 사이에는 우리가 꿈속에서 보게 되는 것보다 훨씬 많은 진실이 숨겨져 있다. 꿈의 예언적인 측면은 꿈과 그에 따른 현실이 한 사람의 일정한 태도를 반영하고 있을 때 매우 이해하기 쉽다.[75]

이 꿈이 심리몽인지 혹은 예지몽인지를 선택하라면 나는 판단을 유보할 것이다. 왜냐하면 시모니데스에게 죽은 자가 나타나서 말하고 행동한 상황이 충분히 묘사되지 않았기 때문이다. 이 꿈의 촉발 요인은 시모니데스가 한 체험과 기억, 그리고 그의 핵심적 감정이었을 것이다. 그런데 시모니데스의 감정은 아들러와 같이 추측만 있을 뿐 드러나 있지 않다. 짐작할 수 있는 것은 시모니데스가 죽은 자에게 은혜를 베풀었으니 그에 대한 시모니데스의 주관적 관념은 긍정적이라는 점뿐이다. 하지만 이 꿈 사례의 보고서에서는 꿈꾸는 당시 시모니데스의 정서나 감정이 나타나 있지 않다. 그가 다음날 있을 항해에 크게 두려워하거나 걱정했다면 심리적인 꿈일 가능성이 높으나, 그러한 감정이 묻어남이 없이 직관적 무의식이 발현되었다면 예지적인 꿈일 가능성이 있다.

꿈 2 치아가 부딪쳐 빠진 꿈

맨 앞 장에서 예를 든, 치아가 빠진 꿈에 대해 결론을 내려 보자. 나에게 해석을 부탁했던 분은 다음과 같은 꿈을 꾸었다.

"제가 아는 한 여성분, 제 딸 그리고 저, 이렇게 셋이서 길을 걸어가고 있었어요. 그런데 제 딸이 그 여성분을 만나서 반갑다고 포옹했는데 그만 그분과 부딪쳐서 제 딸 윗니들이 빠지고 입술이 터져 피가 났어요."

내가 이 꿈을 예지몽이 아닌 심리몽으로 판단한 이유는 꿈꾼 이의 불안한 정서 혹은 감정이 압도했기 때문이다. 현실에서 그녀는 꿈에서 자신의 딸과 부딪친 여성의 평소 행동으로 아주 속상해 있었다. 이러한 불안한 감정이 이 꿈을 촉발한 주요한 재료로 사용된 것이다. 즉, 감정과 그녀에 대한 부정적인 기억이 이 꿈을 작화한 것이다. 그녀는 꿈에서 깨어나서도 몹시 언짢아했다.

꿈 3 외도한 남편이 떠나는 꿈

내가 상담했던 어떤 부인의 꿈이다. 그녀는 이 꿈을 꾸기 전에도 남편의 외도를 의심하고 있었다.

"꿈에 남편이 어떤 여자를 만났어요. 뒷모습에 머리가 긴 여성이었어요. 남편은 저에게 "잘 있어요" 하고 등을 보이고 떠나요. 저는 "가지 마, 아이들은 어떡해" 하고 말했어요. 그런데도 대답도 없이 떠났어요. 꿈속에서도 엉엉 울었고 꿈에서 깨어나서도 울었어요."

이 꿈에서도 꿈꾼 이의 감정이 압도하고 있다. 나는 그녀와의 상담을 통해 그녀의 불안과 걱정을 알 수 있었고, 이 꿈을 심리몽으로 결론 내렸다. 현실에서 그녀는 남편의 외도 가능성에 대해 크게 불안해했으나 이혼은 전혀 고려하지 않았다.

꿈 4 링컨 대통령의 죽음을 예고한 꿈

앞에서 예로 들은 링컨 대통령의 꿈이다.

"저는 독특하고 말로 표현할 수 없는 어떤 배에 타고 있었던 것 같습니다. 그 배는 어둡고 뭐라고 표현할 수 없는 해안을 향해 아주 빠르게 갔습니다. 저는 좋은 일이 있거나 승리를 거두기에 앞서, 예전에도 이런 이상한 꿈을 꿨지요."

링컨 대통령은 이 꿈이 좋은 징조이고, 좋은 소식을 미리 알려주고 있으며, 굉장한 일이 일어날 것이라고 믿었다. [76]

앞에서도 소개했던 이 꿈에 대해 나는 링컨 대통령과는 반대로 해석한다. 이 예지몽은 링컨 대통령이 현실에서 불길한 일에 부딪침을 예고한 꿈이다. 배를 타고 항해하는 것은 현재 상황의 변화나 현재와의 결별을 의미한다. 그런데 목적지로 가는 해안이 어둡다. 꿈에서 어두움은 현실에서 답답함, 우울함 혹은 생소한 일에 부딪친다는 불길함의 은유이다. 이 예지몽에서 링컨 대통령의 감정은 압도하지 않는다. 그의 직관적 무의식이 드러난 꿈이다.

3장

요약: 꿈이 주는 유용성

우리는 사고를 통해 과거, 현재와 미래를 순식간에 여행한다. 어느 순간 현재와의 접속은 끊기고 과거로 혹은 미래로 상상의 나래를 펼치기도 한다. 인간에게 이러한 능력이 없다면 어떻게 될까? 이러한 질문과 함께 시간 감각을 연구한 제임스는 "우리의 의식은 반딧불처럼 지금 막 자신이 위치한 지점만 비추고, 그 지점을 넘어선 모든 것은 완전한 어둠 속에 있게 될 것이다"라고 했다. [77]

꿈의 시계도 현실과 마찬가지로 과거, 현재, 미래에 걸쳐 있다. 어떤 꿈은 과거를 회상하고, 현재 자신의 심리상태를 표출하거나 점검하기도 하고, 현실에서 습득한 지식이나 기술을 재연하여 강화하거나 불필요한 정보는 없애기도 한다. 어떤 꿈은 현실에서 미처 간과했던 지혜를 암시하기도 하고 간혹은 미래를 예시하기도 한다.

꿈을 유형별로 분류하는 분석 작업은 꿈 해석만큼이나 미묘하고도 어렵다. 그럼에도 꿈의 유형 분류와 해석이 주는 이로움 때문에 꿈은 분석할 만한 충분한 가치가 있다고 본다. 모든 과학과 마찬가지로 꿈 과학도 궁극적으로는 인간의 행복에 이바지해야 한다고 믿는다. 이러한 사고가 목적론적으로 꿈을 분류하거나 분석해야 한다는 의미는 아니다. 나는 꿈이 드러내고자 한 그대로 꿈을 분류하고 분석하여 인간이 행복한 삶을 영위하는 데 도움이 될 수 있기를 희망하는 것이다.

꿈의 유형별 분류와 해석이 주는 이점을 다시 열거하면 다음과 같다. 첫째, 신체의 내·외부 자극으로 인한 생리몽은 종종 수면을 방해하기 때문에 수면 직전의 과음, 과식 등을 피해 수면 중 몸을 편안하게 할 필요가 있다. 이와 같이 하면 괴기스럽거나 스트레스를 주는 꿈도 크게 줄어들 것이다.

둘째, 심리몽은 현실에서 채우지 못한 욕망이나, 불안, 공포, 걱정 등 감정의 표출, 고통스러운 갈등의 표출인 경우가 많다. 이들 꿈은 자신의 마음 상태를 더욱 깊이 이해하고 통찰함으로써 심리적 어려움을 극복하는 방편으로 활용할 수 있다. 또한 어떤 심리몽은 마음의 균형을 잡는 데 도움을 주기도 한다.

셋째, 기억몽이나 학습몽은 현실에서 습득한 지식이나 기술을 꿈에서도 반복 재연함으로써 스스로의 기억력을 강화해 주기도 한다. 또한 불필요한 기억은 제거하기도 한다.

넷째, 연구몽이나 창작몽은 우리가 현실에서 해결하지 못한 미해결의 과제를 해결하는 지혜의 원천으로 활용될 수 있다. 연구몽이나 창작몽은 그냥 꾸어지는 것이 아니고, 꿈꾼 이의 부단한 노력과 축적된 지식의 산물임을 여기서 제시한 사례들을 통해서 이해할 수 있었으리라 믿는다.

다섯째, 오랜 옛날부터 인류는 장래에 닥칠 일을 항상 궁금해 했고, 꿈을 통해 그 해답을 얻으려는 노력을 계속해 왔다. 이 책에서 소개한 사례를 통해 어떤 경우에는 예지적인 꿈도 꾼다는 사실을 이해했을 것이라고 믿는다.

성인 기준으로 8시간 수면 동안 2시간 이상은 꿈을 꾼다. 따라서 우리가 꾸는 대부분의 꿈은 기억하지 못하는 망각몽이다. 또한 어떤 꿈들은 단순히 수면 중 뇌의 정상적인 활동의 결과로 발현되어 큰 의미를 두기가 어렵다. 꿈 과학의 발전으로 언젠가는 지금보다도 꿈을 더 잘 이해하고 해석할 수 있으리라는 믿음을 가지고 글을 마치고자 한다.

꿈은 자극 원인에 따라 크게 생리몽, 심리몽, 정리몽 또는 학습몽, 연구몽 또는 창작몽, 예지몽으로 분류할 수 있습니다. 다음 질문에 따라 응답하면 스스로 꿈 종류를 진단할 수 있습니다.

1 꿈이 외부의 소음, 빛, 감각 자극이나 불편한 잠자리로 인한 자극으로 만들어졌다고 생각하시나요? 외부 자극의 강도가 세면 잠에서 깨어나기도 합니다.

　□ 예　　　□ 아니오

‘예’로 답한 경우, 외적 생리몽입니다. ‘아니오’인 경우는 다음 항목으로 이동하세요.

2 꿈이 과음 등으로 머리에 통증이나 자극이 있거나 신체적 불편감 (방광 자극, 신체의 아픈 부위 등)으로 촉발되었다고 생각하시나요? 이 경우에도 대부분 잠에서 깨어납니다.

　□ 예　　　□ 아니오

‘예’로 답한 경우, 내적 생리몽입니다. ‘아니오’인 경우는 다음 항목으로 이동하세요.

3 꿈이 과거에 체험한 두려움, 공포, 걱정, 슬픔, 불안, 기쁨, 행복 등과 연관이 있다고 생각하시나요? 이러한 꿈은 반복해서 꾸는 경우도 있습니다.

　□ 예　　　□ 아니오

'예'로 답한 경우, 심리몽 중 회상몽입니다. '아니오'인 경우는 다음 항목으로 이동하세요.

4 꿈이 낮 동안이나 최근에 몰두하고 있는 두려움, 공포, 걱정, 슬픔, 불안, 고통, 기쁨, 행복 등과 연관이 있다고 생각하시나요?

　□ 예　　　□ 아니오

'예'로 답한 경우, 심리몽 중 현재몽입니다. '아니오'인 경우는 다음 항목으로 이동하세요.

5 꿈이 장래에 있을 상황을 미리 연습이나 체험하는 것이었나요?

　□ 예　　　□ 아니오

'예'로 답한 경우, 심리몽 중 시연몽입니다. '아니오'인 경우는 다음 항목으로 이동하세요.

6 꿈이 깨어 있는 동안 체험한 내용을 반복하거나 학습한 것이라고 생각하시나요?

　□ 예　　　□ 아니오

'예'로 답한 경우, 정리몽 혹은 학습몽입니다. '아니오'인 경우는 다음 항목으로 이동하세요.

7 잠을 자는 동안에 꾼 꿈이 깨어 있는 동안 집중하거나 관심을 가졌던 창작, 저술, 발명에 대한 암시라고 생각하시나요?

□ 예   □ 아니오

'예'로 답한 경우, 연구몽 혹은 창작몽입니다. '아니오'인 경우는 다음 항목으로 이동하세요.

8 잠을 자는 동안에 꾼 꿈이 장래에 일어날 일이나 사건에 대한 암시라고 생각하시나요?

□ 예   □ 아니오

'예'로 답한 경우, 예지몽일 가능성이 있습니다. 어떤 종류의 예지몽인지 알기 위해 다음 항목으로 이동하세요.

9 문 8에 '예'라고 대답한 경우, 자신이나 주위의 분이 임신이나 출산을 앞두고 있거나 출산 후 얼마 지나지 않은 상태에서 꾼 태아에 관한 꿈이라고 생각하시나요? 예지적 태몽은 보통 과일, 식물, 동물(전설적 동물 포함), 천체(태양, 별, 달) 등 상징으로 표현됩니다.

□ 예   □ 아니오

'예'로 답한 경우, 예지몽 중 태몽일 가능성이 높습니다. '아니오'인 경우는 다음 항목으로 이동하세요.

10 문 8에 '예'라고 대답한 경우, 자신이나 주위의 분이 중요한 시험, 사업, 등을 앞두거나 치렀거나 진행되는 상황에서 몰입하다가 꾼 꿈이라고 생각하시나요?

□ 예　　□ 아니오

'예'로 답한 경우, 성공이나 실패를 예시하는 예지몽입니다. '아니오'인 경우는 다음 항목으로 이동하세요.

11 문 8에 '예'라고 대답한 경우, 자신이나 주위의 분이 질병이나 환자로 고통받는 상태에서 꾼 꿈이라고 생각하시나요?

□ 예　　□ 아니오

'예'로 답한 경우, 질병의 완쾌 혹은 악화 등을 예지하는 꿈입니다. '아니오'인 경우는 다음 항목으로 이동하세요.

12 문 8에 '예'라고 대답한 경우, 자신이나 주위의 분이 사고나 죽음을 앞둔 상태에서 꾼 꿈이라고 생각하시나요?

□ 예　　□ 아니오

'예'로 답한 경우, 삶이나 죽음을 예지하는 꿈입니다.

13 문 12에 '아니오'라고 대답한 경우, 수면 중 뇌의 자발적인 활성화에 의하여 만들어지는, 별다른 의미가 없는 꿈일 수 있습니다.

* 자세한 내용은 이 책의 287쪽과 5부를 참조하기 바랍니다.

ㄱ

간뇌(*diencephalon*) : 대뇌와 소뇌 사이에 위치한다. 시상상부, 시상, 시상하
　　부, 시상밑핵 등을 포함하는 영역이다.

개성화(*individuation*) : 융이 제시한 개념으로, 개인의 의식이 타인과 다르게
　　분화되어 가는 과정을 말한다. 개성화의 목적은 최대한 완전히 자기
　　자신을 아는 '자기의식'에 있다.

개인심리학(*individual psychology*) : 아들러에 의해 창시된 이론으로, 인간
　　을 사회적인 관계 속에서 자신이 선택한 목표와 가치를 추구하는 창
　　조적 존재라고 본다. 아들러는 특히, 인간은 사회적 존재이자 목표
　　지향적 존재로서 통합적으로 움직인다고 보았으며 행동의 기본 목적
　　은 열등감의 극복이라고 보았고 무의식보다는 의식을 중시했다.

게슈탈트(Gestalt) : 펄스가 제시한 개념으로, 여러 부분이 하나의 전체로 지
　　각된 형태나 구조를 말한다. 게슈탈트는 개인의 의식에 떠오르는 체
　　험의 자각을 강조한다는 측면에서 현상학적이다. 또한, 개인을 자유
　　로운 실존으로서 자신의 삶을 창조하는 존재로 본다는 점에서 실존주
　　의적이다.

기저핵(*basal ganglia*) : 대뇌피질의 아래 부분에 위치한 피질하 구조로, 자신
　　의 의지나 의도에 따라 통제할 수 있는 행동인 수의적 운동을 통제한
　　다. 수면 중 시상과 함께 근육을 충분히 이완한다. 그 결과 잠든 동안
　　우리는 때때로 움직일 수 없게 된다.

꿈(*dream*) : 수면 중 일어나는 정신 활동이다. 선명한 꿈을 꿀 때는 시각 영역

이 활발하게 활동한다. 악몽을 꿀 때는 편도체의 활동이 활발하다. 최근에 일어난 일이 꿈에 나타나는 것은 해마가 기능한 것이다. 뇌간과 청각기관으로부터 경계 신호를 보내는 경로, 보충운동피질과 시각연합 영역도 활발히 활동하며, 이것이 꿈의 가상현실 감각을 초래한다. 이와 반대로, 사고를 불러 일으켜 현실을 음미하는 전전두엽피질의 배측부는 쉬거나 활발하게 활동하지 않는다.

꿈 영상(*dream imagery*) : 영상이 맺히는 시각 시스템은 크게 두 부분으로 나뉜다. 한 부분은 일차 시각피질이고 다른 부분은 연합구역이다. 뒤통수의 불룩 나온 부분과 목덜미 사이에 위치한 일차 시각피질은 눈에서 온 신호를 수용하고 거르며, 망막에 맺힌 모양과 색깔이 변화했는지 분석한다. 수면 중에는 이 일차 시각피질이 작동을 멈춘다. 반면, 연합구역은 계속 작동한다. 연합구역의 작업 방식은 콜라주 작가와 유사하다. 이미 있는 재료를 훑어보고 적당한 것을 골라 새롭게 조립하고 변형한다. 즉, 과거의 기억을 되살리고 여기에 자신의 지식을 가미한다. 우리는 꿈속에서 본다고 믿는데 사실은 회상하는 것이다.

ㄴ

내담자(*client*) : 상담사의 도움이나 심리 치료를 받기 위해 찾아온 개인, 가족 또는 집단을 말한다. 정신건강과에서는 내담자를 환자(*patient*)라고도 한다.

내측 측두엽(*medial temporal lobe*) : 학습과 기억과 관련된 부위이다. 렘수면 동안 이 부위가 활성화되며 이는 꿈에서 기억을 많이 불러오는 이유다. 여기에 편도체와 전대상회가 관여되면 꿈은 감정으로 채색된다.

노르아드레날린(*noradrenaline*) : 노르에피네프린(*norepinephrine*)이라고도 한다. 기분과 각성에 관여하는 신경전달물질로서 이 물질의 양이 많아지면 행복감, 에너지와 각성 수준이 증가하는 반면에, 이 물질의 양이 적어지면 기분 저하와 우울이 초래되고 심한 경우에는 우울증과 같은 기분장애로 이어진다. 뇌의 쾌락중추라고 불리는 청반핵에서 만들어지며, 꿈을 꾸는 렘수면 중에는 이 물질의 순환이 중단된다.

뇌(*brain*) : 우리 몸의 각 기관을 통솔하는 기관이다. 대뇌, 소뇌, 간뇌와 뇌간으로 구성되어 있다.

뇌간(*brain stem*) : 뇌와 척수가 연결되는 부위에 위치한 뇌의 하부구조로, 뇌와 척수를 이어주는 줄기 역할을 한다. 뇌간은 위에서부터 차례대로 중뇌, 뇌교, 연수의 세 부분으로 구성되어 있다.

뇌교(*pons*, 교뇌 혹은 다리뇌) : 뇌간의 중뇌와 연수 사이에 있다. 뇌교는 꿈을 꾸는 렘수면 중 활성화되는 상행 활성계(*activation system*)가 시작되는 장소이다.

뇌량(*corpus callosum*) : 뇌 구조 가운데 좌우 대칭적인 형태를 이루고 있는 두 대뇌 반구(좌반구와 우반구)를 연결하는 두꺼운 신경 섬유의 다발. 좌반구와 우반구 사이 안쪽에 자리 잡고 있다.

뇌파(*brain wave*) : 뇌의 활동에 따라 뇌의 신경세포가 만들어 내는 전류(電流)를 말한다. 뇌파의 주파수는 $1\sim50\text{Hz}$, 진폭은 $10\sim100\text{mV}$ 사이인데 알파(α), 베타(β), 세타(θ), 델타(δ), 감마(γ) 파로 나뉜다. 주파수별 파형을 보면 델타파는 3.5Hz 이하, 세타파는 $3.5\sim7\text{Hz}$, 알파파는 $8\sim12\text{Hz}$, 베타파는 $13\sim30\text{Hz}$, 감마는 30Hz 이상이다. 꿈을 꾸는 렘수면 동안에는 의식적 각성 상태와 마찬가지로 감마파가 나타난다.

뇌하수체(*pituitary gland*) : 줄기를 통해 시상하부에 부착되어 있으며 이곳에서 우리 몸에 중요한 호르몬이 분비된다.

누미노제(Numinose) : 신비한 힘을 의미한다. 모든 종교 체험의 원천으로 집단적 무의식의 원형상에서 발견되는, 말로 형용할 수 없는 신비한 힘이다. 인간의 원형적 체험에서 경험된다.

ㄷ

대뇌피질(*cerebrum cortex*) : 대뇌 표면을 구성하고 있는 쭈글쭈글한 형상의 회백질(*gray matter*) 부분으로 신경세포가 밀집되어 있다. 그 색깔이 회색이어서 회백질이라고도 한다. 주름이 나온 부분을 회(*gyrus*), 들어간 부분을 구(*sulcus*) 또는 열(*fissure*)이라고 부른다.

도엽(*insula*, 섬엽) : 전두엽과 두정엽을 위로 들어 올리면 보이는 대뇌피질의 한 부위이다. 도엽은 신체-마음-감정을 연결한다.

도파민(*dopamine*) : 신경전달물질의 한 종류로, 쾌감, 동기, 정서적 각성, 움직임 등에 관여하며 중독과도 밀접하게 관련되어 있다. 이 외에도

이 물질의 과다 분비는 정신분열증의 발생과 관련이 있고, 과소 분비
는 파킨슨병과 관련이 있다.

동시성 현상(*synchronicity phenomena*) : 원인과 결과의 관련(인과론)으로는
설명이 불가능한 현상으로, 의미상 서로 일치하는 두 개의 사건이 공
간을 달리해 동시에 일어나는 것을 의미한다. 먼 거리에 사는 친지가
죽은 바로 그 시간에 친지의 죽음을 암시하는 꿈을 꾸는 경우, 자기의
환자가 자살했을 때 같은 시간에 의사가 몸으로 그것을 느끼거나 그것
을 암시하는 꿈을 꾸는 경우 등도 일종의 동시성 현상이다.

두정엽(*parietal lobe*) : 양쪽 귀 바로 위에서 정수리 부분까지 이어져 있다.
촉각을 담당한다. 두정엽은 우리의 손이나 몸을 통해 들어오는 감각
을 처리하기 때문에 체감각 영역이라고 부르기도 한다. 예를 들어 압
력, 온도, 진동, 통증, 쾌감, 촉감, 분별감각, 고유감각 등이 모두
두정엽의 체감각피질에서 통합된다.

디폴트 모드 네트워크(*default mode network*) : 인간이 멍한 상태일 때 활동
하는 뇌의 부위들의 연결망을 말한다. 전두엽(앞이마 겉질), 측두엽
(옆이마 겉질), 두정엽(윗이마 겉질) 등이 활성화된다.

ㅁ ~ ㅂ

무의식(*unconscious*) : 어떠한 시도나 노력을 통해서도 의식적인 자각이나 접
근이 불가능한 마음의 영역을 지칭한다. 융은 무의식이 의식을 낳는
모체(母體)이자 기본 토대라고 보았다.

반복강박(*repetition compulsion*) : 정신분석 용어로, 과거의 고통스러운 상
황을 현재의 삶 속에서 반복하는 강박적 충동을 말한다. 과거에 체험
했던 공포 상황을 계속해서 재연하는 꿈도 반복강박의 예가 된다. 또
한 이러한 강박적인 반복은 자신의 의지와는 무관하게 일어나는 경향
이 있다.

방어기제(*defense mechanism*) : 인간의 내면적 갈등으로 인한 불안을 감소하
기 위해 자아가 발달시키는 기능을 말한다. 억압, 부인, 투사, 합리
화, 퇴행, 승화 등 심리적 기제도 방어기제에 속한다.

배외측 전두엽〔*dorsolateral prefrontal lobe*(*cortex*), 배외측전두피질〕: 주변
환경으로부터 자료를 분석하는 기능을 실행한다. 또한, 기억 영역에

서 들어가는 모든 정보를 비교, 예측, 판단하는 곳이다. 배외측 전두엽이 작업기억과 주의 집중의 영역이다. 작업기억은 현재의 정보를 입력 처리한다. 배외측 전두엽이 수면 중에는 활성화되지 않아, 잠자는 동안에는 작업기억이 작동하지 않고 주의 집중도 이루어지지 않는다.

백질(*white matter, substantia alba*): 대뇌의 겉부분인 회백질 아래에 있으며 색이 하얗다고 해서 백(색) 질이라고 부른다. 백질은 서로 연결되어 있는 수십억 개의 작은 뇌세포로 구성된 신경섬유로, 전선이나 광케이블 같이 뇌 전체를 연결하여 정보를 전달한다.

변연계(*limbic system*): 대뇌의 안쪽 아랫부분, 즉 대뇌피질과 뇌간 사이에 위치한다. '변연'이라는 말은 '가장자리' 또는 '테두리'라는 뜻으로 라틴어 *limbus*에서 나왔다. 변연계를 구성하는 뇌의 구조로는 시상하부, 해마, 편도체 등이 있다. 물 마시기, 음식 먹기, 성행동, 불안, 공포, 공격 행동과 같은 본능적 욕구와 기억, 동기 및 정서와 관련된 기능을 담당하는 뇌 구조의 집합이다. 변연계를 포유동물의 뇌라고도 부르는데, 그 까닭은 이 부위가 인류의 조상을 포함하여 포유동물에게 있는 뇌이기 때문이다.

보상작용(*compensation*): 융이 제시한 용어로, 자신에게 만족스럽지 못하거나 열등감 혹은 사회적 지위에 대한 불만이 강할 때, 그 불쾌감을 보충하려는 심리작용을 말한다. 융은 어떤 꿈들은 현실의 의식이 결여된 것을 보충하고 통합하여 심리적 조화에 이르게 한다고 보았다.

분석심리학(*analytical psychotherapy*): 융이 주창한 이론으로, 인간의 심층적인 무의식의 세계를 설명하기 위해 필요한 개념과 가설을 제시한다. 프로이트의 정신분석학에서와는 달리 융은 무의식을 진정한 자기실현으로 이끄는 지혜의 보고로 본다.

ㅅ

선조체(*striatum*): 뇌의 피질하 구조의 일부인 기저핵을 이루고 있는 부분으로 꼬리 모양의 미상핵과 피각을 포함한다. 신체의 자세와 행동 통제에 관여한다.

성격의 삼원구조이론(*tripartite theory of personality*): 프로이트가 제시한 개념으로 인간의 성격은 원초아(*id*), 자아(*ego*), 초자아(*superego*)

의 세 가지 심리구조로 되어 있다고 한다. 원초아는 원초적 욕망과 충동적이고 비합리적인 마음이며, 자아는 현실을 고려하고 원초와아 초자아 사이의 갈등을 조정하는 마음이고, 초자아는 도덕과 양심을 중시하는 마음의 구성요소이다.

세로토닌(*serotonin*) : 신경전달물질의 한 종류로 행복물질이라고도 불린다. 기분, 우울, 수면, 각성, 섭식 행동 등에 관여한다. 세로토닌의 분비가 왕성하거나 과잉 반응할 때는 기분이 좋아지고 낙천적이 된다. 이 물질이 감소하면 우울감이 증가되고 심한 경우에는 우울증과 같은 기분 장애가 초래된다. 꿈을 꾸는 렘수면 시에는 세로토닌의 분출이 중단되거나 감소한다.

세상-속-존재(*being-in-world*) : 하이데거나 메를로퐁티와 같은 후기 실존주의 철학자가 사용한 용어로, 보스는 꿈 분석에서 이 용어를 활용한다. 사람은 세상에 속해 있고, 세상 속에서만 자신을 알 수 있다는 의미이다. 즉, 존재는 개인 '안'에 위치한 것이 아니라 개인과 세상 '사이'에 존재한다는 뜻이다. 특히, 보스가 말하는 현존재(*Dasein*)는 인간의 존재를 지칭하며, 인간과 세상의 분리할 수 없는 결합을 강조하기 위해 세상-속-존재라고 연결하여 표기하기도 한다.

슬상체(*geniculate body*) : 무릎체라고도 하며, 시각로가 끝나는 곳에 위치한다.

시상(*thalamus*) : 그리스어로 안방(*inner chamber*)이라는 뜻이다. 눈에서 출발한 시신경과 연결된 지점에 있기 때문에 한자로 시상(視床)이라고 한다. 뇌의 다른 부위뿐만 아니라 몸을 연결하는 거의 모든 신경이 만나는 곳이다. 시상은 뇌와 몸의 어느 부분으로든 연결이 가능한 교환대 또는 관제탑이라고 할 수 있다. 외부에서 들어오는 모든 자극은 시상을 거친다. 감각기관(귀, 눈, 피부, 혀, 코)에서 시상으로 신호를 보내면 시상은 이 신호들을 최종 종착지인 대뇌신피질, 즉 의식의 뇌로 보낸다. 이 때문에 시상은 '의식으로 통하는 관문'으로 불린다. 이 감각 관문이 닫히면 감각이 사라진다. 시상은 건강한 잠이 시작될 때 관문을 닫아 잠금으로써, 그 신호들이 피질로 가지 못하게 막아 뇌에 감각 상실 상태를 일으킨다.

시상하부(*hypothalamus*) : 뇌의 구조 중에서 뇌간의 바로 위에 위치하며, 시상 아래에 위치하고 있는 구슬 한 개 정도 크기의 작은 세포조직이다.

식욕, 성욕, 갈증과 같은 본능적 욕구를 다룬다. 시상하부에서는 우리 몸에 작용하는 모든 화학물질이 만들어진다. 시상하부는 우리의 정서 체험에도 가장 중요한 역할을 담당하는데, 이는 외부의 자극과 생각에 상응하는 감정을 느낄 수 있도록 여러 화학물질을 만들어 내기 때문이다.

신경전달물질(*neurotransmitter*) : 뇌의 신경세포 간 혹은 신경세포와 표적세포 간 간격인 시냅스(*synapse*)에 정보를 전달하는 화학물질로. 세로토닌, 노르에피네프린 아세틸콜린, 도파민 등이 있다.

신경증(*neurose*) : 정신질환 중 인격의 와해가 덜하고 뇌가 기질적 장애보다 심리사회적인 요인이 크게 관여하는 질환. 정신 치료의 주된 대상이다.

실존신경증(*existential neurosis*) : 진정하지 않은 삶에서 비롯되는 절망감이나 불안감으로 특징되는 병리적 상태를 말한다. 여기서 진정하지 않은 삶이란 자신의 삶에 책임을 지지 않으며, 선택을 하지 못하고 삶의 의미를 발견하지 못하는 삶을 의미한다.

실존주의(*existentialism*) : 인간 존재에게 주어진 궁극적 속성인 실존(*existence*)에 대한 탐구를 기본으로 하며 죽음, 자유, 고독, 무의미와 같은 존재의 궁극적인 문제를 다루는 동시에 이를 직면함으로써 삶을 적극적으로 선택하고 의미를 발견하여 진실한 삶을 살게 하는 실천 철학 또는 철학적 사조의 하나이다. 개인의 자유, 책임, 선택과 결정의 주관적 및 주체적 관점과 경험을 중요하게 고려한다.

실존 치료(*existential therapy*) : 실존주의적 관점을 바탕으로 진행하는 심리 치료 이론이다. 치료 과정에서 치료자는 내담자에게 자신의 실존 상황을 직면하여 인식하고 자신의 삶의 가치 및 의미를 발견하여 주체적인 삶을 살도록 돕는다. 이러한 과정을 통해서 내담자는 주체적 실존으로서 스스로를 자각하고, 삶의 가치와 의미를 찾게 된다.

ㅇ

아세틸콜린(*acetylcholine*) : 신경전달물질로 수의적 운동의 통제를 비롯하여 주의, 학습, 기억, 수면 등을 통제하는 과정에 작용한다. 새로운 기억을 형성하는 과정에 관여하는 해마 영역에서 많이 발견된다. 아세틸콜린은 꿈을 꾸는 렘수면 동안에 분출된다.

억압(*repression*) : 수용하기 힘든 원초적 욕구나 불쾌한 경험이 의식에 떠오르지 못하도록 무의식 속에 눌러 두는 것을 뜻한다.

연수(*medulla oblongata*, 숨뇌) : 뇌간의 일부로 뇌교 아래, 척수 위에 있다. 호흡·심박동·소화 과정을 조절하며, 소뇌와 함께 운동을 조절하고 내부기관으로부터의 체감 정보를 전달한다. 또한 시상과 함께 각성과 수면을 조절하는 것도 연수의 활동이다.

엽(*lobe*) : 대뇌피질의 넓게 드러난 영역을 말한다. 대뇌의 주요한 엽으로 전두엽, 두정엽, 측두엽과 후두엽 등 4개가 있다.

외측 슬상체(*lateral geniculate body*) : 시상 뒷부분에 약간 드러난 부위로, 시각피질에 정보를 중개해 준다.

원형(*archetype*) : 융이 제시한 개념으로 인간의 정신과 행동의 핵을 이루는 공통적이며 근원적인 구조물을 말한다. 예컨대, 모든 어린아이는 태어나자마자 자기를 돌보는 양육자를 보면 웃고 반응한다. 어린아이는 옹알이를 하다가 민족이나 국가와 상관없이 엄마, 맘마, 마, 마미 등의 단어를 말한다. 융이 말하는 어머니 원형의 한 증거다.

원형상(*archetypal*, 原型像) : 원형 자체는 인간 행태의 선험적 조건으로서 인식할 수 없으나 이것이 인식할 수 있는 형태로 표현된 심상(*imago*, 心象)을 말한다. 이를 통해 우리는 원형의 존재를 알 수 있다.

의미 치료(*logotherapy*) : 실존주의 심리학자인 프랭클에 의해 제시된 개념으로, 인간의 본질이 삶의 의미와 목적을 추구하는 데 있다고 본다. 인간에게는 자신의 삶을 선택할 자유가 있으며, 치료자는 내담자가 자신의 삶을 선택할 수 있는 자유를 회복하여 삶의 의미를 발견하도록 도와야 한다.

의식화(意識化) : 무의식의 내용을 인식하고 이를 의식의 부분으로 동화하는 과정. '깨우침'의 과정이라고도 할 수 있다. 의식화를 통해 자아의식은 더욱 확대되고 심화된다.

이니시에이션(*initiation*, 成人化, 入社, 入巫) : 하나의 사회적 위치에서 다른 위치로 옮겨가기 위한 인류 사회의 오래된 통과 의례의 하나이다. 어린아이가 어른 사회의 일원으로 들어가는 입사식이나 보통 사람이 샤먼처럼 신령을 모시는 치료자가 되는 입무 과정에서 그 예를 볼 수 있다. 일반적으로 시련과 고통, 상징적 죽음과 재생의 과정이 있다.

인지적 재구성(*cognitive restructuring*) : 자신의 부적응적인 생각이나 감정을 변화시켜 더욱 적응적인 사고로 바꾸는 인지적인 태도를 말한다. 삶의 태도가 이같이 변하면 꿈의 내용도 변화할 수 있다.

ㅈ

자기(*self*, 自己) : 융 학파의 분석심리학에서 각 개인의 의식과 무의식을 통틀어 일컫는 전체 정신이다. 자기는 전체 정신을 실현케 하는 무의식의 조절자이고 자율적이며 시공을 초월하는 누미노제를 지닌 타자이다. 즉, 객체 정신이라는 점에서 다른 학파의 자기(*self*)와 구별된다.

자기원형(*self archetype*, 自己原型) : 집단 무의식을 구성하는 많은 원형 가운데 가장 핵심적인 것. 전체 정신을 실현케 하는 인간 정신의 원초적 조건이다.

자아(*ego*) : 내가 나로서 의식하고 있는 의식 세계의 중심을 말한다. '나'는 외부 세계뿐 아니라 내면 세계(무의식)와 관계를 맺고 이에 적응하는 기능을 갖고 있다.

작화(*confabulation*) : 실제로는 없거나 거짓된 사항을 그것이 허위라는 사실을 인식하지 못하고 믿는 정신 현상을 말한다. 꿈에서는 이러한 작화 현상이 종종 발생한다.

전뇌기저핵(*basal forebrain nuclei*, 기저전뇌핵) : 무의식적 자동운동과 관련이 있다. 전뇌기저핵의 마이네르트핵은 아세틸콜린이 가장 많이 분비되는 곳이다. 전뇌기저핵은 꿈속에서 운동의 시작부터 종료까지, 즉 하나의 운동 프로그램을 실행한다.

전대상회(*anterior cingulate cortex*) : 전대상회는 다음의 두 영역으로 구분된다. 첫째, 등측 전대상회(*dorsal anterior cingulate cortex*)는 종종 '인지' 부위로 여겨지는데, 주의력 배분, 실수와 새로움의 탐지, 작업 기억 조절, 인지적 통제, 갈등 반응과 선택 반응과 같은 실행 기능과 연관된다. 둘째, 배측 전대상회(*ventral anterior cingulate cortex*)는 흔히 '감정' 부위로 여겨지는데, 걱정, 두려움, 공격, 분노, 공감과 슬픔을 조정하고 신체적, 정신적 고통을 인식하며, 혈압이나 호흡과 같은 자동조절 기능에 관련된다. 전대상회에 이상이 있으면 주요 우울 장애, 양극성 장애, 주의력 결핍 및 과다행동 장애와 같은 다양한 정신 장애의 병인이 될 수 있다.

전두엽 (*frontal lobe*) : 뇌의 이마 부분으로 중심열 앞부분에 있다. 전두엽은 우리가 생각하고 꿈꾸며 몰입하고 상상하는 능력을 수행한다. 전두엽은 의식적 인식 (*conscious awareness*) 의 중추다. 우리가 의식적으로 무언가를 인식할 때 전두엽은 활발한 활동을 보인다. 물론 시각피질과 측두엽, 두정엽 역시 이미지와 개념, 아이디어 등을 만들어낼 수 있다. 하지만 우리가 의도적으로 어떤 생각을 유지하는 것은 전두엽의 능력 때문이다.

전의식 (*preconcious*) : 즉각적으로 의식화하기는 어렵지만 충분한 주의와 함께 노력을 기울이면 의식 수준으로 이끌어낼 수 있는 마음의 영역을 의미한다.

전이 (*transference*) : 환자 또는 내담자가 과거에 자신에게 중요했거나 중요한 영향을 미쳤던 사람(부모나 형제 등)에 대해 가졌던 태도나 감정을 치료 혹은 상담 장면에서 치료자나 상담자에게 옮겨 대하는 무의식적 과정 또는 현상을 말한다.

전전두엽 (*prefrontal lobe*, 앞이마엽) : 대뇌피질을 구성하는 네 개의 엽 가운데 하나로 전두엽의 앞쪽에 위치한 부분을 지칭한다. 전전두엽은 머릿속의 관리자로서 실행 기능 (*executive function*), 즉 유능한 관리자가 맡아야 할 모든 과제를 담당한다. 이를 구체적으로 살펴보면 다음과 같다. 첫째, 외부 세계에 관한 감각 지각을 감시하고 그것이 장기적인 의도에 부합하는지 검사함으로써 전략적 결정을 내린다. 둘째, 불필요한 정보를 걸러 낸다. 셋째, 목표 달성이 필요한 경우 다른 뇌 구역에 과제를 부여한다. 넷째, 과제 수행에 필요한 모든 데이터를 작업 기억에 보유한다. 다섯째, 결과를 점검한다. 오직 납득할 만한 결과가 나왔을 때만 모든 것이 잘 돌아간다는 느낌을 일으킨다. 잠이 들면 이 관리자는 휴가를 떠난다. 때문에 꿈에서는 충동적이고 돌발적이고 무비판적이며, 상상력이 거침없이 작동한다.

전치 (*displacement*, 轉置) : 정신분석학 용어로, 문제의 초점이나 대상을 바꿈으로써 하나의 생각을 수용하기 쉬운 생각으로 바꾸는 심리현상을 말한다. 꿈에서도 용납하기 어려운 인물이나 대상을 다른 인물이나 대상으로 바꾸는 심리적 전치현상이 발생하기도 한다.

점화효과(*priming effect*, 발화 효과, 프라이밍 효과): 서술기억과는 다른 별개의 기억 현상이다. 최근에 처리해본 자극을 다시 받았을 때 그것을 처리, 감지, 식별하는 능력이 향상되는 것을 말한다. 점화 효과의 핵심적 특징은 무의식적으로 일어난다는 것이다.

정신병(*psychoses*): 정신질환 중 인격와해가 심하고 뇌의 기질적 이상과 관계한다고 보는 장애를 통틀어 가리키는 말이다.

정신분석학(*psychoanalysis*): 프로이트에 의해 창시된 심층심리학의 이론 체계이다. 기본 가정으로는 다음 세 가지가 있다. 첫째, 심리적 결정론(*psychic determinism*)으로 인간의 모든 행동은 심리적 원인에 의해 결정된다. 둘째, 인간의 행동은 의식적 요인보다는 무의식적(*unconsciousness*) 요소에 의하여 더 영향을 받는다. 셋째, 성적 추동(*sexual drive*)이 인간의 가장 기본적인 욕구이며 무의식의 주된 내용을 구성한다. 정신분석학에 토대를 둔 심리 치료는 현대 심리 치료의 모태로 간주된다.

정신 치료(*psychotherapy*): 정신의학의 3대(약물·물리·정신) 치료 가운데 하나로서, 환자의 문제를 심리학적으로 이해하고 치료하는 것을 말한다. 종류가 많고 학파에 따라 관점과 방법을 달리하나 환자의 문제를 정신적으로 다룬다는 점, 정신 치료자가 되기 위해서는 특별한 수련을 거쳐야 한다는 점은 일치한다.

중뇌수도관주위 회백질(*periaqueductal grey*): 대뇌수도관을 둘러싸고 있으며 변연계 내에 있다. 이 부위는 공포를 느끼거나 흥분할 시 얼어붙는 등 방어 행동을 조직하는 중요한 역할을 한다.

지각적 착각(*perceptional illusion*): 인지심리학에서 쓰는 용어로 우리의 지각이 정확하고 직접적이라는 믿음을 가리키는 말이다.

집단 무의식(*collective unconsciousness*): 인류가 오랜 역사와 문화를 거치는 동안 누적된 경험을 통해 형성되어 무의식 영역에 위치하면서 옛 선조로부터 현대인에 이르기까지 세대를 거치며 전해 내려오고 있는 인류 보편적인 심상이나 원형과 같은 심리적 자료를 말한다. 이러한 집단 무의식은 신화, 종교와 같은 문화적 현상이나 꿈으로 나타나기도 한다. 융 학파는 집단 무의식이 인류의 삶에서 지식과 지혜의 원천으로 작용한다고 본다.

측두엽(*temporal lobe*, 관자엽) : 양쪽 귀 바로 위에 위치한다. 측두엽은 우리가 듣는 모든 소리, 즉 청각을 담당한다. 우리가 어떤 말을 듣자마자 바로 이해하는 것은 뇌가 일련의 소리를 순차적이 아니라 동시다발적으로 처리하기 때문이다. 측두엽은 기억을 저장할 뿐 아니라 해마에서 일어나는 장기기억의 형성을 촉진하기도 한다. 그래서 측두엽이 손상되면 새로운 것을 기억하지 못한다. 과학자들은 측두엽에 낮은 전압의 전기 자극을 주는 실험을 했다. 실험 참가자들은 자극을 받자마자 기시감(*déjà vu*, 이미 본 듯한 느낌), 미시감(*jamais vu*, 친숙한 대상을 낯설어 하는 느낌), 자발적 감정의 고조 그리고 이상한 영적 환상 또는 영감을 경험했다.

콤플렉스(*complex*) : 융에 따르면 콤플렉스는 사람들이 인간관계 안에서 유사한 방식으로 반복하는, 하나 혹은 그 이상의 미묘한 감정으로 특징지어진 내재화된 갈등 경험이다. 예컨대, 가족 안에서 제대로 하는 일이 하나도 없다는 콤플렉스를 자극하는 경험을 반복적으로 체험한 사람이 학교에서도 비슷한 비난을 받는다면 그의 콤플렉스는 더 심해지고 그것과 결부된 감정은 더 격해질 것이다. 융 학파에 의하면 꿈에 나타나는 여러 이미지는 무의식의 콤플렉스상이다.

텔레파시(*telepathy*) : 한 사람의 생각이 다른 사람에게 전달되는 현상으로 정신감응이라고도 한다.

통찰(*insight*) : 인간과 같은 유기체가 새로운 문제 상황에 처했을 때 시행착오적인 해결 과정을 거치지 않고 그 문제나 상항을 해결하거나 또는 그 해결 방법을 찾아내는 정신(특히, 인지) 과정을 의미한다.

통찰 치료(*insight therapy*) : 환자나 내담자에게 자신이 겪고 있는 현재의 문제 혹은 증상과 이것의 뿌리가 되는 과거의 근원 간 관련성에 대해 통찰하도록 하는 방법을 사용하는 치료 기법을 말한다.

퇴행(*regression*) : 정신분석학 용어로, 현실에서 좌절 상황에 처했을 때 자신에게 욕구 충족과 만족감을 제공해 주었던 이전의 발달 단계 혹은 수준으로 되돌아감으로써 현재의 불안이나 책임감을 회피하려는 현상이다.

투사(*projection*) : 용납할 수 없는 자신의 감정이나 욕구를 다른 사람 혹은 사물로 돌리는 것을 뜻한다. 이로써 자신이 경험하던 불안이나 두려움에서 벗어나거나 또는 그 수준을 감소하려는 심리적 기제이다.

ㅍ ~ ㅎ

편도체(*amygdala*) : 변연계 내 해마 옆에 있으며 아몬드 모양이다. 위험 상태에서 생존에 치명적인 감각정보를 처리하고 동시에 다른 우회로를 통해 우리 몸을 경계 상태로 만든다. 공격, 기쁨, 슬픔, 공포 등 원초적 감정의 중추이기도 하며, 이러한 감정을 우리의 장기기억과 연결하는 역할을 한다.

피개(*tegementum*, 被蓋, 덮개) : 등쪽 부분으로, 대뇌다리 흑색질부터 뇌교의 지붕 위쪽 연장부로 구성된다. 중뇌의 한 부분으로 운동, 각성, 쾌락 추구, 동기 등에 관여한다. 이 기능들은 도파민 작용과 관련되며 피개에 의해 통제되는 것으로 알려져 있다.

피지오(PGO, *Pons-Geniculate-Occipital*) 파 : 꿈을 측정할 때 나타나는 뇌파. 뇌간의 특별한 유형의 전기 자극으로 PGO파가 뇌간을 따라 올라가면 중뇌의 피개와 전뇌기저핵이 활성화된다. 이들 부위는 각성, 원초적 감정과 핵심적 의식에 관여한다. PGO파는 전뇌의 겉질 구조를 자극하여 급속 안구 운동과 함께 감각 경험을 유발한다. 이렇게 활성화된 전뇌는 내적으로 생성된 정보로부터 꿈을 합성해 낸다.

해마(*hippocampus*) : 옆 이마 안쪽에 위치하며, 바닷속 해마와 모습이 비슷하여 붙여진 이름이다. 해마에서 장기기억이 만들어진다. 우리가 새로운 것을 배우고 기억할 수 있는 것은 바로 이 해마 덕분이다. 해마는 기억을 위한 일종의 정보센터로 들어온 정보를 장기용이나 단기용으로 분류해 정리 · 보존한다. 해마에서 형성된 기억은 대뇌 신피질인 감각연합피질에 저장되어 장기기억이 된다.

해마방회(*parahippocampal gyrus*) : 대뇌피질의 측두엽 중간 안쪽에 융기된 부위로 해마에 걸쳐(*lying over*) 있다. 변연계에 있으며, 공간기억이나 지형학적 기억에 연관된 것으로 여겨진다.

현상학(*phenomenology*) : 각 개인의 삶의 과정에서 자기 자신과 세상을 어떻게 지각하고 이해하며 경험하고 있는지와 같은 개인의 주관적 경험에 초점을 맞추는 접근 또는 연구를 말한다.

현상학적 치료(*phenomenological therapy*) : 치료의 중심을 내담자에게 두는 심리 치료의 한 형태이다. 이 치료는 치료자가 정신분석에서와 같이 개인의 기저에 있는 정신 역동을 해석하기보다는, 내담자가 스스로 의미를 발견하는 과정에 중점을 둔다.

현존재(*Dasein*) : 현존재는 독일어 Da (거기 혹은 여기) 와 Sein (있다 혹은 이다) 의 합성어로, 존재가 드러나는 장소를 의미한다. 독일 철학자 하이데거가 사용한 이 용어는 특별한 형태의 인간의 분명한 존재를 의미한다.

현존재 분석(*Dasein analysis*) : 존재가 세상으로부터 분리되고 구분된다는 생각에서 출발하는 것이 아니라 근본적으로 세상과 연결되어 있다는 사고에서 출발한다. 현존재 분석은 내담자가 다른 사람의 기대에 스스로를 적응하기보다는, 오히려 자신을 수용하고 자신의 잠재력을 인식할 수 있도록 도움을 주려는 분석 방법이다.

확충(*amplification*) : 꿈에 나타난 이미지나 상이나 행동, 사건 등에 대해 꿈 꾼 사람의 연상을 모아서 꿈속에서 그것이 어떤 개인적인 맥락을 지니고 있는 것인지 알아가는 과정을 말한다. 융은 프로이트가 제안한 자유연상법이 갖는 한계를 극복하고자 확충 개념을 고안했다.

활동전위(*action potential*) : 뇌세포인 뉴런이 감각수용기로부터 신호를 수용하거나 인접한 뉴런의 화학적 정보로서 자극을 받을 때, 축색을 따라 이동하는 순간적인 전기 부하를 말한다. 즉, 신경세포의 세포체에서 시작하여 축색돌기 끝까지 이동(*action*) 하는 전기 신호(*potential*) 를 말한다. 이 전기 신호가 축색돌기 끝에 도달하면 신경전달물질이 시냅스로 분비된다.

후두엽(*occipital lobe*) : 뒤통수에 있는 겉질 부분. 머리의 뒤통수 부분이다. 후두엽은 시각중추로 6개 영역으로 나뉜다. 후두엽이 복잡하게 구성되어 있는 이유는 우리가 가장 많이 사용하는 감각이 바로 시각이기 때문이다. 6개 영역은 빛, 움직임, 모양, 형상, 농도, 색조와 같은 시각적 질감을 해석하도록 할당되어 있다. 여기서 얻은 이미지는 측두엽의 연합피질(*association cortex*) 로 보내져 우리가 보는 것이 어떤 의미인지를 파악할 수 있게 된다. 꿈의 영상화도 후두엽의 시각중추에서 이루어진다.

1부 꿈이란 무엇인가?

1 MBC, 〈세상에 이런 일이〉, 2006. 2. 28 참조.

2 송민령, 〈송민령의 뇌과학 연구소: 세상과 소통하는 뇌과학 이야기〉, 동아시아, 2017, p. 67.

3 안드레아 록, 〈꿈꾸는 뇌의 비밀〉, 윤상운 옮김, 지식의숲, 2006; 아리아나 허핑턴, 〈수면 혁명: 매일 밤 조금씩 인생을 바꾸는 숙면의 힘〉, 정준희 옮김, 민음사, 2016 참조.

4 스티븐 라버지, 〈루시드 드림: 성공하는 사람들의 비밀스런 꿈꾸기〉, 이경식 옮김, 북센스, 2008, pp. 13~14.

5 로버트 웨거너, 〈자각몽, 꿈속에서 꿈을 깨다: 영화보다 재미있고 심리분석보다 유익한 창조적 꿈꾸기〉, 허지상 옮김, 정신세계사, 2010, p. 20.

6 앨런 홉슨, 〈꿈: 과학으로 푸는 꿈의 비밀〉, 임지원 옮김, 아카넷, 2003, p. 172.

7 위의 책, pp. 174~176 참조.

8 박문호, 〈그림으로 읽는 뇌과학의 모든 것: 뇌과학 전문가 박문호 박사의 통합 뇌과학 특강〉, 휴머니스트, 2013, p. 609.

9 에마뉘엘 툴레, 〈영화의 탄생〉, 김희균 옮김, 시공사, 1996; 위키피디아, "뤼미에르 형제" 부분 참조, 2018. 1 인출.

10 앨런 홉슨, 앞의 책, p. 23.

11 위의 책, p. 81.

12 지그문트 프로이트, 〈꿈의 해석〉, 김기태 옮김, 선영사, 2005.

13 카를 융, 〈무의식 분석〉, 설영환 옮김, 선영사, 2005.

14 알프레드 아들러, 〈아들러의 실전심리학: 개인심리학의 창시자〉, 김문성 옮

김, 스마트북, 2015.

15 찰스 브레너, 〈정신분석학〉, 이근후 · 박영숙 옮김, 하나의학사, 1987 참조.

16 앨런 홉슨, 앞의 책.

17 한건덕, 〈꿈의 예시와 판단〉, 명문당, 1994, p. 19 참조. 원문에서는 "꿈이란 반수상태(半睡狀態)에서 행위되는 어떤 미해결의 관심사와 미래사를 판단하고 예지한 잠재의식의 표현이다"로 되어 있다.

18 새뮤얼 애덤스 드레이크, 〈신화와 미신 그 끝없는 이야기〉, 윤경미 옮김, 책읽는 귀족, 2017, p. 263.

2부 꿈 해석의 역사

1 데이비드 폰태너, 〈꿈의 비밀〉, 원재길 옮김, 문학동네, 1998.

2 폴 반, 〈고고학의 모든 것〉, 원형준 · 류동현 · 윤민용 · 고은별 옮김, 루비박스, 2008 참조.

3 프랑수아 트라사르, 〈파라오시대 이집트인의 일상〉, 강주헌 옮김, 북폴리오, 2005 참조.

4 재러드 다이아몬드, 〈총, 균, 쇠〉, 김진준 옮김, 문학사상, 2013.

5 브리지트 강디올코팽, 〈문자의 역사: 수메르 문자부터 한글까지〉, 장석훈 옮김, 비룡소, 2007 참조.

6 고바야시 도시코, 〈5천 년 전의 일상: 수메르인들의 '평범한' 이야기〉, 이수경 옮김, 북북서, 2010 참조.

7 김산해, 〈청소년을 위한 길가메쉬 서사시〉, 휴머니스트, 2006.

8 제카리아 시친, 〈수메르, 혹은 신들의 고향〉, 이근영 옮김, 이른아침, 2007, pp. 194~198 참조.

9 고바야시 도시코, 앞의 책.

10 호메로스, 〈일리아스: 인류 최초의 세계대전, 역사로 되살아나다〉, 김원익 옮김, 서해문집, 2007.

11 김영숙, 〈신화로 읽고 역사로 쓰는 그리스〉, 일파소, 2017 참조.

12 호메로스, 앞의 책, pp. 32~33 참조.

13 위의 책, pp. 57~58.

14 플루타르크, 〈플루타르크 영웅전 전집〉, 이성규 옮김, 현대지성사, 2004, pp. 1219~1220 참조.

15 아르테미도로스, 〈꿈의 열쇠: 예지몽〉, 방금희 옮김, 아르테, 2008, p. 313; 와타나베 쓰네오, 〈사람은 왜 꿈을 꾸는가: 꿈 과학 4천 년의 물음과 답〉, 홍주

영 옮김, 끌레마, 2017 참조.

16 지그문트 프로이트, 〈정신분석입문〉, 오태환 옮김, 선영사, 2003 참조.

17 위의 책, p. 253 참조.

18 한국천주교주교회의, 〈성경〉, 한국천주교중앙협의회, 2009, 창세기 41장 1~36절.

19 로버트 모스, 〈꿈의 힘: 꿈, 우연, 그리고 상상의 역사〉, 신현경 옮김, 수막새, 2010, p. 40.

20 마크 엡스타인, 〈트라우마 사용설명서〉, 이성동 옮김, 불광출판사, 2014, pp. 257~258 참조.

21 한건덕, 〈태몽의 모든 것〉, 기린원, 1993; 한건덕, 〈꿈의 예시와 판단〉, 명문당, 1994; 김하원, 〈개꿈은 없다〉, 동반인, 1994 참조.

22 로버트 모스, 앞의 책, p. 70.

23 위의 책, pp. 103~105; 에드워드 기번, 〈로마제국 쇠망사〉, 이종인 옮김, 책과함께, 2012, p. 336 참조.

24 미치오 카쿠, 〈마음의 미래: 인간은 마음을 지배할 수 있는가〉, 박병철 옮김, 김영사, 2015 참조.

25 지그문트 프로이트, 〈꿈의 해석〉, 김기태 옮김, 선영사, 2005, p. 24.

26 아르테미도로스, 〈꿈의 열쇠: 예지몽〉, 방금희 옮김, 아르테, 2008, pp. 13, 17.

27 한건덕, 〈꿈의 예시와 판단〉, pp. 5~6.

28 아르테미도로스, 앞의 책, pp. 31~32 참조.

29 로버트 모스, 앞의 책, pp. 67~68.

30 미셸 푸코, 〈성의 역사 3〉, 이혜숙·이영목 옮김, 나남, 2018, p. 30 참조.

31 위의 책, pp. 17~54 참조.

32 진사원, 〈몽점일지〉, 김재두 옮김, 은행나무, 2008, p. 29.

33 위의 책, p. 19.

34 위의 책, pp. 84~85.

35 위의 책, pp. 53~54.

36 위의 책, pp. 249, 279~280.

37 위의 책, p. 520.

38 김도훈, 〈한 권으로 읽는 이야기 한국사〉, 아이템북스, 2017, p. 41 참조.

39 김부식, 〈삼국사기〉, 이재호 옮김, 솔출판사, 2004.

40 일연, 〈삼국유사〉, 이재호 옮김, 솔출판사, 2002, pp. 174~175 참조.

41 이도학, 〈살아있는 백제사〉, 휴머니스트, 2003, pp. 310~311 참조.

42 한국정신문화연구원 편찬부, 〈한국민족문화 대백과사전 2〉, 한국정신문화연 구원, 1993, p. 581.

43 북애, 〈규원사화〉, 고동영 옮김, 한뿌리, 2005. 규원사화의 이 부분은 발해왕 자 대광현(大光顯) 등이 고려에 들어오면서 소장했던 조대기(朝代記)에 근거 했다고 한다.

44 동아대 석당학술원, 〈국역 고려사: 세가 1〉, 경인문화사, 2008, p. 78.

45 한국정신문화연구원 편찬부, 〈한국민족문화 대백과사전 23〉, 한국정신문화연 구원, 1993, p. 77.

46 조철수, 〈한국신화의 비밀〉, 김영사, 2003, pp. 243~248 참조.

47 홍순례, 〈꿈으로 본 역사: 정사와 야사 속에 남아있는 놀라운 기록들〉, 중앙북 스, 2007, pp. 82~83.

48 피터 게이, 〈프로이트 1〉, 정영목 옮김, 교양인, 2011, pp. 224~225 참조; 지 그문트 프로이트, 〈꿈의 해석〉, 김기태 옮김, 선영사, 2005, p. 143 참조.

49 피터 게이, 위의 책, p. 222; 지그문트 프로이트, 위의 책, p. 21.

50 지그문트 프로이트, 위의 책, p. 146.

51 찰스 브레너, 〈정신분석학〉, 이근후 · 박영숙 옮김, 하나의학사, 1987, p. 149 참조.

52 리즈 고절리, 〈지그문트 프로이트: 정신분석의 창시자〉, 김석희 옮김, 작가정 신, 2007, p. 51 참조.

53 피터 게이, 앞의 책, p. 220 참조.

54 지그문트 프로이트, 앞의 책, p. 226.

55 위의 책, pp. 153~155 참조.

56 앨런 홉슨, 〈꿈: 과학으로 푸는 꿈의 비밀〉, 임지원 옮김, 아카넷, 2003, p. 236 참조.

57 피터 게이, 앞의 책, pp. 468~476 참조; 에릭 캔들, 〈통찰의 시대: 뇌과학이 밝혀내는 예술과 무의식의 비밀〉, 이한음 옮김, 알에이치코리아, 2016, pp. 123~126 참조.

58 에릭 캔들, 위의 책, pp. 125 참조.

59 리즈 고절리, 앞의 책, p. 51.

60 위의 책, p. 88 참조.

61 위의 책, p. 99 참조.

62 피터 게이, 〈프로이트 2〉, 정영목 옮김, 교양인, 2011, pp. 691~701 참조.

63 피에르 바뱅, 〈프로이트: 20세기의 해몽가〉, 이재형 옮김, 시공사, 1996, p. 43.

64 카를 융, 〈기억 꿈 사상〉, 조성기 옮김, 김영사, 2007, pp. 311~312.
65 피터 왓슨, 〈생각의 역사 1: 불에서 프로이트까지〉, 남경태 옮김, 들녘, 2009, p. 1025.
66 미셸 옹프레, 〈우상의 추락: 프로이트, 비판적 평전〉, 전혜영 옮김, 글항아리, 2013, pp. 90~92 참조.
67 카를 융, 〈무의식 분석〉, 설영환 옮김, 선영사, 2005, p. 244.
68 카를 융, 〈기억 꿈 사상〉, 조성기 옮김, 김영사, 2007, pp. 536~539 참조.
69 지그문트 프로이트, 〈정신분석입문〉, p. 252 참조.
70 카를 융, 〈무의식 분석〉, pp. 263~264.
71 위의 책, pp. 263~264.
72 카를 융, 〈기억 꿈 사상〉, pp. 295~296 참조.
73 와타나베 쓰네오, 앞의 책, pp. 59~61 참조.
74 매브 에니스·제니퍼 파커, 〈꿈을 잡아라〉, 장석훈 옮김, 궁리, 2003, p. 81.
75 카를 융, 앞의 책, pp. 302~303.
76 위의 책, pp. 311~312 참조.
77 위의 책, p. 222.
78 위의 책, pp. 276~281 참조.
79 위의 책, pp. 376~377 참조.
80 생활양식의 설명에 관한 상세한 내용은 권석만, 〈현대 심리치료와 상담 이론: 마음의 치유와 성장으로 가는 길〉, 학지사, 2012, pp. 130~131 참조.
81 알프레드 아들러, 〈삶의 의미〉, 김세영 옮김, 부글북스, 2017, pp. 267~269 참조.
82 알프레드 아들러, 〈아들러의 실전심리학: 개인심리학의 창시자〉, 김문성 옮김, 스마트북, 2015, pp. 149~150 참조.
83 위의 책, p. 139 참조.
84 알프레드 아들러, 〈개인 심리학에 관한 아들러의 생각, 정명진 옮김, 부글북스, 2017, pp. 154~160 참조.
85 권석만, 앞의 책, pp. 130~131 참조.
86 알프레드 아들러, 〈아들러의 실전심리학〉, p. 139 참조.
87 페트루스카 클라크슨, 〈게슈탈트 상담의 이론과 실제〉, 김정규·강차연·김한규·이상희 옮김, 학지사, 2010, pp. 203~204.
88 권석만, 앞의 책, p. 368.
89 린다 셀리그먼, 〈상담 및 심리치료의 이론〉(제2판), 김영혜·박기환·서경현·신희천·정남운 옮김, 시그마프레스, 2011, pp. 347~348 참조.

90 김정규, 〈게슈탈트 심리치료: 창조적 삶과 성장〉, 학지사, 1995, p. 281 참조.

91 박재연, "대화에도 핵심이 있어요", 〈가톨릭 다이제스트〉, 2018. 6, p. 63.

92 김정규, 앞의 책, pp. 11~12.

93 권석만, 앞의 책, pp. 343~344; 정성철, "정신치료에서 꿈 분석의 활용", 〈정신치료에서 꿈의 임상적 의의와 활용〉, 한국정신치료학회, 2019. 3. 23, p. 34; 페트루스카 클라크슨, 앞의 책, p. 203.

94 믹 쿠퍼, 〈실존치료〉, 신성만·가요한·김은미 옮김, 학지사, 2014, pp. 103~104 참조.

95 메다드 보스, 〈정신분석과 현존재분석〉, 이죽내 옮김, 하나의학사, 2003, pp. 389~390.

96 위의 책, pp. 390~391 참조.

97 Medard Boss, "I Dreamt Last Night …": A New Approach to the Revelations of Dreaming and Its Uses in Psychotherapy, trans. Stephen Conway, Gardner Press, 1977, pp. 28~32.

98 Ibid., pp. 128~129.

99 Ibid., pp. 129~133.

100 믹 쿠퍼, 앞의 책, pp. 105~107 참조.

101 진교훈, "메다르 보스에게서의 현존재 분석의 의미", 〈철학과 현상학연구〉, 제15집, 한국현상학회, 2000. 11, pp. 45~37; 믹 쿠퍼, 위의 책, pp. 85~93, 103~107 참조; Medard Boss, op. cit., p. 31.

102 빅터 프랭클, 〈죽음의 수용소에서〉, 이시형 옮김, 청아출판사, 2017, pp. 67~68.

103 위의 책, pp. 134~135 참조.

104 빅터 프랭클, 〈죽음의 수용소에서〉, 김충선 옮김, 청아출판사, 2003, pp. 255~256 참조.

105 위의 책, 2003, pp. 257~258 참조.

106 빅터 프랭클, 〈죽음의 수용소에서〉, 2017, pp. 77~78 참조; 믹 쿠퍼, 앞의 책, p. 119.

107 권석만, 앞의 책, pp. 311~132 참조.

108 위의 책, pp. 99~100 참조.

109 믹 쿠퍼, 앞의 책, pp. 106~107 참조.

110 마크 솔름스·올리버 턴불, 〈뇌와 내부세계: 이젠 가슴이 아니라 머리다!〉, 김종주 옮김, 하나의학사, 2005, pp. 23~24; 에릭 캔들, 앞의 책, pp. 435~438; 하지현, 〈정신의학의 탄생〉, 해냄, 2016, pp. 15~21 참조.

111 미치오 카쿠, 앞의 책, p. 27.

112 페터 뒤베케, 〈두뇌의 비밀을 찾아서: 데카르트에서 에클리스까지〉, 이미옥 옮김, 모티브북, 2005, pp. 89~111 참조.

113 정재승, 〈정재승의 과학콘서트〉, 어크로스, 2017, p. 85 참조.

114 강봉균 · 강웅구 · 권준수 · 김경진 · 김은준 · 김종성 · 신희섭 · 전중환 · 정수영, 〈뇌 Brain〉, 재단법인 카오스 기획, 휴머니스트, 2016, p. 93.

115 에릭 캔들, 〈기억을 찾아서: 노벨상을 수상한 위대한 천재 과학자 에릭 캔들의 삶을 통해 보는 뇌와 기억의 과학〉, 전대호 옮김, 랜덤하우스코리아, 2009, pp. 148~149; 에릭 캔들 · 래리 스콰이어, 〈기억의 비밀: 정신부터 분자까지〉, 전대호 옮김, 해나무, 2016, pp. 40~52 참조.

116 에릭 캔들, 위의 책, pp. 150~151.

117 위의 책, pp. 148~149; 에릭 캔들 · 래리 스콰이어, 위의 책, pp. 54~55 참조.

118 슈테판 클라인, 〈어젯밤 꿈이 나에게 말해 주는 것들: 프로이트도 놓친 꿈에 대한 15가지 진실〉, 전대호 옮김, 웅진지식하우스, 2016, pp. 54~55 참조.

119 마이클 코벌리스, 〈딴생각의 힘: 집중 강박에 시달리는 현대인에게 전하는 멍때림과 딴생각의 위력〉, 강유리 옮김, 플루토, 2016, pp. 19~20 참조.

120 제임스 마스, 〈달콤한 수면으로 상쾌한 아침을 여는 책〉, 은영미 옮김, 나라원, 2003, p. 36 참조.

121 정재승, 앞의 책, p. 273.

122 안드레아 록, 〈꿈꾸는 뇌의 비밀〉, 윤상운 옮김, 지식의숲, 2006, pp. 20~26 참조.

123 위의 책, pp. 20~26 참조.

124 앨런 홉슨, 앞의 책, p. 83 참조.

125 안드레아 록, 앞의 책, pp. 26~27.

126 슈테판 클라인, 앞의 책, p. 64.

127 앨런 홉슨, 앞의 책, pp. 69~82 참조.

128 와타나베 쓰네오, 앞의 책, p. 128.

129 앨런 홉슨, 앞의 책, pp. 105.

130 슈테판 클라인, 앞의 책, pp. 69~70.

131 마크 솔름스 · 올리버 텀불, 앞의 책, p. 241.

132 하지현, 〈정신의학의 탄생〉, 해냄, 2016, p. 58; 와타나베 쓰네오, 앞의 책, p. 93 참조.

133 앨런 홉슨, 앞의 책, p. 105.

134 장디디에 뱅상, 〈뇌 한복판으로 떠나는 여행〉, 이세진 옮김, 해나무, 2011,

p. 141.

135 와타나베 쓰네오, 앞의 책, p. 130.

136 앨런 홉슨, 앞의 책, pp. 105~111 참조.

137 위의 책, p. 113.

138 안드레아 록, 앞의 책, pp. 27~29 참조.

139 매슈 워커, 〈우리는 왜 잠을 자야 할까: 수면과 꿈의 과학〉, 이한음 옮김, 열린 책들, 2019, pp. 68~69 참조.

140 앨런 홉슨, 앞의 책, 2003, pp. 92~93.

141 마크 솔름스 · 올리버 턴불, 앞의 책, p. 248 참조.

142 박문호, 〈뇌, 생각의 출현: 대칭, 대칭의 붕괴에서 의식까지〉, 휴머니스트, 2008, pp. 361~363; 앨런 홉슨, 〈프로이트가 꾸지 못한 13가지 꿈: 꿈의 신경 과학적 해석〉, 박소현 · 김문수 옮김, 시그마북스, 2009, p. 95 참조.

143 박문호, 위의 책, pp. 365~366 참조.

144 앨런 홉슨, 〈꿈〉, pp. 16~19.

145 앨런 홉슨, 〈프로이트가 꾸지 못한 13가지 꿈〉, pp. 349~351 참조.

146 안드레아 록, 앞의 책, p. 106.

147 앨런 홉슨, 앞의 책, pp. 357~358.

148 위의 책, p. 358.

149 지그문트 프로이트, 〈정신분석입문〉, pp. 168~170 참조.

150 마크 솔름스 · 올리버 턴불, 앞의 책, pp. 250~251 참조. 보다 상세한 내용은 Mark Solms, *The Neuropsychology of Dreams*, Lawrence Earbaum Associates, 1997; Mark Solms, "Dreaming and REM sleep are controlled by different brain mechanisms", *Behavioral and Brain Sciences*, 23, 2000, pp. 843~850.

151 마크 솔름스 · 올리버 턴불, 앞의 책, pp. 253~273 참조.

152 안드레아 록, 앞의 책, pp. 81~101 참조.

153 마크 솔름스 · 올리버 턴불, 앞의 책, pp. 276.

154 에릭 캔들, 앞의 책, p. 82 참조.

155 Ole Vedfelt, *A Guide to the World of Dreams*, Routledge, 2017, pp. 21~26.

156 슈테판 클라인, 앞의 책, pp. 88~91 참조.

157 위의 책, p. 69.

158 매슈 워커, 앞의 책, pp. 295~323 참조.

159 슈테판 클라인, 앞의 책, p. 290.

160 베레나 카스트, 〈꿈: 당신을 변화시키는 무의식의 힘〉, 원석영 옮김, 프로네시스, 2007, p. 45 참조; 김석주, "꿈과 수면의 정신신경생리적 최신지견", 〈정신치료에서 꿈의 임상적 의의와 활용〉, 한국정신치료학회, 2019. 3. 23, p. 6 참조.

161 박문호, 〈그림으로 읽는 뇌과학의 모든 것: 뇌과학 전문가 박문호 박사의 통합 뇌과학 특강〉, 휴머니스트, 2013, p. 591.

3부 꿈의 자극원에 따른 유형 분류

1 홍순례, 〈꿈이란 무엇인가?: 꿈의 해설과 유형별 분석〉, 어문학사, 2012, pp. 81~91 참조.

2 윌리엄 디멘트, 〈수면의 약속〉, 김태 옮김, 넥서스BOOKS, 2007, p. 178 참조.

3 와타나베 쓰네오, 〈사람은 왜 꿈을 꾸는가: 꿈 과학 4천 년의 물음과 답〉, 홍주영 옮김, 끌레마, 2017, pp. 37~38 참조.

4 대니얼 스캐터 · 대니얼 길버트 · 대니얼 웨그너 · 매슈 녹, 〈심리학개론〉(제3판), 민경환 외 8명 옮김, 시그마프레스, 2016, pp. 135~142 참조.

5 에릭 캔들, 〈기억을 찾아서: 노벨상을 수상한 위대한 천재 과학자 에릭 캔들의 삶을 통해 보는 뇌와 기억의 과학〉, 전대호 옮김, 랜덤하우스코리아, 2009, p. 335 참조.

6 위의 책.

7 지그문트 프로이트, 〈정신분석입문〉, 오태환 옮김, 선영사, 2003, pp. 107~108.

8 윌리엄 돔호프, 〈꿈의 과학적 탐구〉, 유미숙 · 이세연 · 백소윤 옮김, 시그마프레스, 2011, pp. 23~24 참조.

9 와타나베 쓰네오, 앞의 책, p. 69에서 재인용.

10 리즈 고절리, 〈지그문트 프로이트: 정신분석의 창시자〉, 김석희 옮김, 작가정신, 2007, p. 48 참조.

11 안드레아 록, 〈꿈꾸는 뇌의 비밀〉, 윤상운 옮김, 지식의숲, 2006, p. 192.

12 스티븐 제이 슈나이더, 〈죽기 전에 꼭 봐야 할 영화 1001〉, 정지인 옮김, 마로니에북스, 2005, p. 734 참조.

13 안드레아 록, 앞의 책, pp. 190~191 참조. 하버드대 심리학 교수이며, 〈트라우마와 꿈〉(*Trauma and Dreams*, 2001)의 저자인 데어드레 배럿(Deirdre Barrett)이 이 트라우마꿈을 소개했다.

14 스캇 펙, 〈아직도 가야 할 길: 그 길에서의 명상〉, 최미양 옮김, 율리시즈,

2011, pp. 269~274 참조.

15 안드레아 록, 앞의 책, pp. 187~188; Ole Vedfelt, *A Guide to the World of Dreams*, Routledge, 2017, pp. 161~162 참조. 원전은 Ernest Hartmann, *Dreams and Nightmares*, Plenum, 1998이다.

16 메리 베스 윌리엄스·소일리 포이줄라, 〈외상후 스트레스 장애 워크북〉, 오수성·신현균·김상훈 외 옮김, 학지사, 2009, pp. 99~100.

17 앤드루 터넬, "외상과 아동보호를 위한 해결중심 단기치료", 소라나 넬슨·프랭크 토머스, 〈해결중심 단기치료: 이해와 실제〉, 김희정 옮김, 409~434쪽, 학지사, 2017, pp. 422~427 참조.

18 슈테판 클라인, 〈어젯밤 꿈이 나에게 말해 주는 것들: 프로이트도 놓친 꿈에 대한 15가지 진실〉, 전대호 옮김, 웅진지식하우스, 2016, pp. 242~243.

19 안드레아 록, 앞의 책, pp. 191~192 참조.

20 리영희, 〈대화〉, 한길사, 2005, pp. 147~148.

21 위의 책, p. 147.

22 김동연, 〈있는 자리 흩트리기: 나와 세상의 벽을 넘는 유쾌한 반란〉, 쌤앤파커스, 2017, p. 296.

23 김정희·이호영, 〈꿈을 읽다: 꿈에 대한 궁금하고 쓸모 있는 이야기〉, 책읽는귀족, 2017, pp. 210~211 참조; Gayle Delaney, *Living Your Dreams: The Classic Bestseller on Becoming Your Own Dream Expert*, Harper San Francisco, 1996, 1996, pp. 149~150에서 재인용.

24 〈중앙일보〉, "노재현 묻고 '노무현의 남자' 문재인 답하다", 2011. 2. 2.

25 위의 기사.

26 대니 오펜하이머, 〈만화로 보는 지적이고 오싹한 현대심리학: 이그노벨문학상 수상 심리학자의 재기발랄 심리학 수업〉, 그래디 클라인 그림, 이남석 옮김, 다른, 2018, p. 60; 안드레아 록, 앞의 책, p. 194 참조.

27 김정희·이호형, 〈꿈 해석의 실제〉, 시그마프레스, 2010, pp. 121~125 참조.

28 조앤 초더로, 〈춤·동작 치료와 심층심리학〉, 임용자·나해숙 옮김, 물병자리, 2004, p. 102.

29 카를 융, 〈무의식 분석〉, 설영환 옮김, 선영사, 2005, pp. 186~188 참조.

30 Leonard Mlodinow, *Subliminal: How Your Unconscious Mind Rules Your Behavior*, Random House, 2012, p. 62.

31 리처드 파인만, 〈파인만 씨, 농담도 잘하시네 1〉, 김희봉 옮김, 사이언스북스, 2000, pp. 65~66.

32 지그문트 프로이트, 앞의 책, p. 156.

33 박문호, 〈그림으로 읽는 뇌과학의 모든 것: 뇌과학 전문가 박문호 박사의 통합 뇌과학 특강〉, 휴머니스트, 2013, p. 615.

34 카를 융, 〈인간과 무의식의 상징〉, 이부영 외 옮김, 집문당, 2008, pp. 283, 294 참조.

35 프레이저 보아, 〈융 학파의 꿈해석〉, 박현순·이창인 옮김, 학지사, 2004, pp. 199~202 참조.

36 윌리엄 돔호프, 앞의 책, pp. 154~155 참조.

37 알프레드 아들러, 〈아들러의 인간이해: 세 가지 키워드로 읽는 아들러 심리학〉, 홍혜경 옮김, 을유문화사, 2018, p. 150.

38 오오하라 켄시로우, 〈꿈의 신비를 파헤친다, 우홍식 옮김, 사진과 평론사, 1978, pp. 124~126.

39 김정희·이호영, 〈꿈을 읽다〉, pp. 248~249 참조.

40 Ole Vedfelt, *op. cit.*, p. 53.

41 김정희·이호영, 앞의 책, pp. 252~254 참조; 저자들은 동일인이 꾼 다른 꿈들도 소개하고 있으나 여기서는 생략했다.

42 프레이저 보아, 앞의 책, p. 27 참조.

43 릴리 바이스, 〈정신치료에서의 꿈분석〉, 김종주 옮김, 하나의학사, 1987, pp. 99~100 참조.

44 위의 책, pp. 97~98 참조.

45 수 앳킨슨, 〈우울의 심리학: 누구나 겪을 수 있는 우울증에 관한 심리 치유 보고서〉, 김상문 옮김, SJ소울, 2010, p. 278.

46 Ole Vedfelt, *op. cit.*, pp. 20~27 참조.

47 마이클 코벌리스, 〈딴생각의 힘: 집중 강박에 시달리는 현대인에게 전하는 멍때림과 딴생각의 위력〉, 강유리 옮김, 플루토, 2016, p. 176 참조.

48 윌리엄 돔호프, 앞의 책, pp. 38~44 참조.

49 Daniel L. Schacter & Donna Rose Addis, "On the nature of medial temporal lobe contribution to the constructive simulation of future events", in Moshe Bar, *Prediction in the Brain: Using Our Past to Generate a Future*, Oxford University Press, 2011, pp. 58~69.

50 미치오 카쿠, 〈마음의 미래: 인간은 마음을 지배할 수 있는가〉, 박병철 옮김, 김영사, 2015, pp. 271~272 참조.

51 앨런 홉슨, 〈꿈: 과학으로 푸는 꿈의 비밀〉, 임지원 옮김, 아카넷, 2003, pp. 212~218 참조.

52 아리아나 허핑턴, 〈수면 혁명: 매일 밤 조금씩 인생을 바꾸는 숙면의 힘〉, 정준

희 옮김, 민음사, 2016, p. 172 참조.

53 김석주, "꿈과 수면의 정신신경생리적 최신지견", 〈정신치료에서 꿈의 임상적 의의와 활용〉, 한국정신치료학회, 2019. 3. 23, p. 22.

54 리처드 레스탁, 〈나의 뇌 뇌의 나 2〉, 김현택·류재욱·이강준 옮김, 학지사, 1997, pp. 213~214.

55 데일 퍼브스 외, 〈신경과학〉(제3판), 김상적 외 옮김, 월드사이언스, 2007, p. 96 참조.

56 아리아나 허핑턴, 앞의 책, p. 168 참조.

57 장디디에 뱅상, 〈뇌 한복판으로 떠나는 여행〉, 이세진 옮김, 해나무, 2011, pp. 48~49 참조.

58 아리아나 허핑턴, 앞의 책, p. 167.

59 월터 그라처, 〈위대한 발견의 숨겨진 역사〉, 김우열 옮김, 청림출판, 2005, pp. 74~76.

60 아리아나 허핑턴, 앞의 책, p. 168.

61 슈테판 클라인, 앞의 책, p. 26.

62 조지프 머피, 〈잠재의식의 힘〉, 김미옥 옮김, 미래지식, 2011, p. 233.

63 안드레아 록, 앞의 책, pp. 225~226.

64 필립 로건·리처드 로건, 〈위대한 영감: 네 안에 잠든 천재를 깨워라〉, 전소영 옮김, 브레인, 2007, p. 160; 아리아나 허핑턴, 앞의 책, p. 168 참조.

65 안드레아 록, 앞의 책, pp. 223~224.

66 박문호, 앞의 책, pp. 672~673 참조.

67 조지프 머피, 앞의 책, pp. 254~255.

68 아리아나 허핑턴, 앞의 책, p. 165 참조.

69 박윤호, 〈돈 버는 아이디어 엿보기〉, 한국생산성본부 정보문화원, 2002, pp. 94~95.

70 마이클 코벌리스, 앞의 책, pp. 175, 234 참조.

71 위의 책, pp. 22, 86 참조.

72 로버트 모스, 〈꿈의 힘: 꿈, 우연, 그리고 상상의 역사〉, 신현경 옮김, 수막새, 2010, pp. 198~199 참조.

73 에릭 캔들, 〈통찰의 시대: 뇌과학이 밝혀내는 예술과 무의식의 비밀〉, 이한음 옮김, 알에이치코리아, 2016, p. 561.

74 매슈 워커, 〈우리는 왜 잠을 자야 할까: 수면과 꿈의 과학〉, 이한음 옮김, 열린책들, 2019, pp. 295~323 참조.

75 마리루이제 폰 프란츠, 〈꿈과 죽음: 죽어가는 사람의 꿈은 우리에게 무엇을 말

하는가〉, 한오수 옮김, 한국융연구원, 2017, pp. 117~118 참조.

76 카를 융, 〈기억 꿈 사상〉, 조성기 옮김, 김영사, 2007, pp. 536~539 참조.

77 지그문트 프로이트, 앞의 책, p. 252 참조.

78 앤 패러데이, 〈정신치료와 꿈의 힘: 꿈에 관한 과학적인 연구와 심층심리학적
인 이해〉, 정성철 옮김, 나들목, 2017, p. 228.

79 앨런 홉슨, 앞의 책, pp. 44~45.

80 리즈 고절리, 앞의 책, p. 46.

81 새뮤얼 애덤스 드레이크, 〈신화와 미신 그 끝없는 이야기〉, 윤경미 옮김, 책읽
는 귀족, 2017, pp. 272~273 참조.

82 한건덕, 〈꿈의 예시와 판단〉, 명문당, 1994, pp. 586~587 참조.

83 박상란, "현대의 태몽담 연구 시론: 6남매 태몽담을 중심으로", 한국사상문화연
구원, 〈한국사상과 문화〉, 50권, 163~191쪽, 2009, pp. 173 참조. 면담자의
사투리를 표준어로 수정하여 재구성함.

84 한건덕, 〈태몽의 모든 것〉, 기린원, 1993, pp. 156~157 참조.

85 위의 책, pp. 156~157.

86 박상란, 앞의 논문, pp. 178~179 참조. 면담자의 사투리를 표준어로 수정하여
재구성함.

87 박상란, 앞의 논문, pp. 178~179.

88 심진송, 〈신이 선택한 여자〉, 백송, 1995, p. 96.

89 김정희·이호영, 앞의 책, pp. 159~160 참조.

90 황영조, 〈나의 꿈 나의 이야기〉, 신구미디어, 1993, p. 22.

91 백지연, 〈MBC뉴스, 백지연입니다〉, 문예당, 1993, p. 228.

92 박상란, "현대 태몽담에 나타난 가족관계의 양상과 의미: 딸태몽담을 중심으
로", 〈구비문학연구〉, 31권, 157~200쪽, 2010. 12, p. 168.

93 서정범, 〈무녀들의 꿈 이야기〉, 우석출판사, 2003, pp. 217~219.

94 김구, 〈원본 백범일지〉, 서문당, 1989, p. 18.

95 플루타르크, 〈플루타르크 영웅전 전집〉, 이성규 옮김, 현대지성사, 2004,
pp. 1219~1220 참조.

96 한건덕, 앞의 책, pp. 182~183 참조.

97 박상란, 앞의 논문, p. 160 참조.

98 앤 패러데이, 앞의 책, pp. 221~222 참조.

99 정신후, "내가 아니라 나를 안고 계신 주님을 바라볼 것", 의정부 주보, 2018.
10. 28, p. 3.

100 김하원, 〈개꿈은 없다〉, 동반인, 1994, pp. 236~237.

101 도브 모란, 〈100개의 문과 미친 아이디어: 세계 최초로 USB를 발명한 이스라엘 벤처 영웅의 성공 스타트업 전략〉, 이원재 옮김, 아라크네, 2017, pp. 313~316 참조.

102 위의 책 참조.

103 한건덕, 〈꿈의 예시와 판단〉, p. 769.

104 에릭 애크로이드, 〈꿈 상징 사전〉, 김병준 옮김, 한국심리치료연구소, 1997, pp. 228~229 참조.

105 마리루이제 폰 프란츠, 앞의 책, pp. 158~159 참조.

106 위의 책, p. 10.

107 위의 책, pp. 10~11.

108 위의 책, p. 7.

109 제니퍼 파커, 〈꿈과 대화하다: 프로이드와 융 심리학으로 해석하는 86가지 흥미로운 꿈의 비밀〉, 한상연 옮김, 생각의날개, 2011, p. 38.

110 앤 패러데이, 앞의 책, pp. 158~164 참조.

111 슈테판 클라인, 앞의 책, pp. 182~192 참조. 샌더스의 꿈에 대한 연구는 윌리엄 돔호프, 앞의 책, pp. 143~175에 상세하게 서술되어 있다.

112 알프레드 아들러, 〈아들러의 실전심리학: 개인심리학의 창시자〉, 김문성 옮김, 스마트북, 2015, p. 139 참조.

4부 꿈의 상징, 재료와 추진력

1 지그문트 프로이트, 〈정신분석입문〉, 오태환 옮김, 선영사, 2003, p. 167.

2 카를 융, 〈인간과 무의식의 상징〉, 이부영 외 옮김, 집문당, 2008, pp. 16~17.

3 장 라플랑슈·장메르트랑 퐁탈리스, 〈정신분석 사전〉, 임진수 옮김, 열린책들, 2005, pp. 194.

4 Mark J. Blechner, *The Mindbrain and Dreams*, Routledge, 2018 p. 121.

5 한건덕, 〈꿈의 예시와 판단〉, 명문당, 1994, p. 699 참조.

6 아르테미도로스, 〈꿈의 열쇠: 예지몽〉, 방금희 옮김, 아르테, 2008, p. 384.

7 한건덕, 앞의 책, p. 701.

8 시바사키 이유키, 〈이집트 지식여행〉, 박정임 옮김, 서해문집, 2007, p. 10.

9 서울대 역사연구소, 〈역사용어사전〉, 서울대 출판문화원, 2015, pp. 1783~1786.

10 Jim W. Goll & Michal Ann Goll, *Dream Language*: *The Prophetic Power of*

Dreams, Revelations, and the Spirit of Wisdom, Destiny Image, 2006, p. 235.

11 한건덕, 앞의 책, p. 807.

12 아르테미도로스, 앞의 책, p. 196.

13 영진, 〈한무제 1〉, 최우석 옮김, 청양, 2002, pp. 31~32 참조.

14 진사원, 〈몽점일지〉, 김재두 옮김, 은행나무, 2008, pp. 145~146.

15 한건덕, 앞의 책, pp. 806~807.

16 프레이저 보아, 〈융 학파의 꿈해석〉, pp. 68~69 참조.

17 진사원, 앞의 책, p. 52~53.

18 위의 책, p. 162.

19 한건덕, 〈태몽의 모든 것〉, 기린원, 1993, p. 181.

20 성운대사, 〈성운대사의 관세음보살 이야기: 중생의 자비로운 보호자, 관세음보살은 어디에 계시는가?〉, 조은자 옮김, 운주사, 2012, p. 191 참조.

21 카를 융, 앞의 책, p. 17 참조.

22 지그문트 프로이트, 〈꿈의 해석〉, 김기태 옮김, 선영사, 2005, pp. 376~377.

23 아르테미도로스, 앞의 책, pp. 161~162 참조.

24 위의 책, p. 161 참조.

25 이바스 리스너, 〈고고학의 즐거움〉, 최영인·이승구 옮김, 살림출판사, 2008, p. 227.

26 김영숙, 〈신화로 읽고 역사로 쓰는 그리스〉, 일파소, 2017, p. 239 참조.

27 에릭 애크로이드, 〈꿈 상징 사전〉, 김병준 옮김, 한국심리치료연구소, 1997, p. 221.

28 한건덕, 앞의 책, p. 246.

29 Jim W. Goll & Michal Ann Goll, *op. cit.*, p. 228.

30 프레이저 보아, 앞의 책, pp. 137~138.

31 한건덕, 〈꿈의 예시와 판단〉, pp. 622, 627~628.

32 한건덕, 〈태몽의 모든 것〉, p. 191.

33 한건덕, 〈꿈의 예시와 판단〉, pp. 622~623 참조.

34 탕누어, 〈역사, 눈앞의 현실: 엇갈리고 교차하는 인간의 욕망과 배반에 대하여〉, 김영문 옮김, 흐름출판, 2018, p. 156 참조.

35 이동식, 〈현대인과 노이로제〉, 한강수, 2012, pp. 22~23 참조.

36 한건덕, 앞의 책, pp. 446~447 참조.

37 카를 융, 〈기억 꿈 사상〉, 조성기 옮김, 김영사, 2007, pp. 185~186.

38 위의 책, pp. 177~186.

39 이동식, 앞의 책, pp. 25~26 참조.

40 한건덕, 앞의 책, p. 447 참조.

41 피오나 스타·조니 주커, 〈꿈: 제발 날 깨우지 말아줘!〉, 남경태 옮김, 휴머니
    스트, 2003, p. 101 참조.

42 권석만, 〈현대 심리치료와 상담 이론: 마음의 치유와 성장으로 가는 길〉, 학지
    사, 2012, p. 63 참조.

43 앤 패러데이, 〈정신치료와 꿈의 힘: 꿈에 관한 과학적인 연구와 심층심리학적
    인 이해〉, 정성철 옮김, 나들목, 2017, pp. 256~258 참조.

44 에릭 캔들, 〈통찰의 시대: 뇌과학이 밝혀내는 예술과 무의식의 비밀〉, 이한음
    옮김, 알에이치코리아, 2016, pp. 445~446 참조.

45 앨런 홉슨, 〈꿈: 과학으로 푸는 꿈의 비밀〉, 임지원 옮김, 아카넷, 2003,
    p. 236 참조.

46 에릭 캔들, 앞의 책, pp. 225~447 참조.

47 지그문트 프로이트, 앞의 책, p. 30.

48 위의 책.

49 위의 책, pp. 36~37.

50 위의 책, p. 33.

51 슈테판 클라인, 〈어젯밤 꿈이 나에게 말해주는 것들: 프로이트도 놓친 꿈에 대
    한 15가지 진실〉, 전대호 옮김, 웅진지식하우스, 2016, p. 229 참조.

52 리타 카터·크리스토퍼 프리스, 〈뇌 맵핑마인드〉, 양영철·이양희 옮김, 말글
    빛냄, 2007, pp. 162~163.

53 베레나 카스트, 〈꿈: 당신을 변화시키는 무의식의 힘〉, 원석영 옮김, 프로네시
    스, 2007, p. 83.

54 강준만, 〈미국사 산책〉, 인물과사상사, 2010, p. 120 참조.

55 슈테판 클라인, 앞의 책, pp. 179~182.

56 위의 책, pp. 178~179.

57 루이스 코졸리노, 〈심리치료의 비밀: 뇌, 마음, 관계를 바꾸는 대화〉, 하혜숙·
    황매향·강지현 옮김, 지식의 날개, 2018, pp. 77~79 참조.

58 메다드 보스, 〈정신분석과 현존재분석〉, 이죽내 옮김, 하나의학사, 2003,
    p. 310.

59 피터 왓슨, 〈생각의 역사 1: 불에서 프로이트까지〉, 남경태 옮김, 들녘, 2009,
    p. 1030.

60 릭 브라운, 〈이마고 부부관계치료: 이론과 실제〉, 오제은 옮김, 학지사, 2009,
    p. 45.

61 카를 융, 앞의 책, p. 373.

62 위의 책, p. 536.

63 카를 융, 〈꿈의 분석〉, 정명진 옮김, 부글북스, 2016, p. 12.

64 지그문트 프로이트, 〈정신분석입문, 꿈의 해석〉, 김양순 옮김, 동서문화사, 2008, p. 189.

65 피터 왓슨, 앞의 책, p. 1030.

66 지그문트 프로이트, 〈꿈의 해석〉, pp. 174~176.

67 카를 융, 앞의 책, p. 86.

68 위의 책, pp. 86~87; 카를 융, 〈기억 꿈 사상〉, pp. 222~226 참조. 두 책에 서술된 내용을 토대로 편집했다.

69 카를 융, 〈꿈의 분석〉, pp. 17~34, 76 참조.

70 카를 융, 〈기억 꿈 사상〉, pp. 222~226 참조.

71 스캇 펙, 〈스캇 펙의 거짓의 사람들〉, 윤종석 옮김, 비전과 리더십, 2007, pp. 322~323 참조.

72 장성숙·노기현, 〈한국인의 심리상담 이야기〉, p. 353 참조.

73 스캇 펙, 앞의 책, pp. 323~330 참조.

74 에릭 캔들, 앞의 책, pp. 544~545.

75 데이비드 이글먼, 〈인코그니토: 나라고 말하는 나는 누구인가〉, 김소희 옮김, 쌤앤파커스, 2011, pp. 13, 20~21.

76 베레나 카스트, 앞의 책, pp. 157~158 참조.

77 아리아나 허핑턴, 〈수면 혁명: 매일 밤 조금씩 인생을 바꾸는 숙면의 힘〉, 정준희 옮김, 민음사, 2016, p. 165.

78 위의 책, pp. 164~165.

79 마리루이제 폰 프란츠, 〈꿈과 죽음: 죽어가는 사람의 꿈은 우리에게 무엇을 말하는가〉, 한오수 옮김, 한국융연구원, 2017, pp. 60~61 참조.

80 로버트 모스, 〈꿈의 힘: 꿈, 우연, 그리고 상상의 역사〉, 신현경 옮김, 수막새, 2010, pp. 191~192 참조.

81 이부영, 〈한국의 샤머니즘과 분석심리학: 고통과 치유의 상징을 찾아서〉, 한길사, 2012, pp. 99~106 참조.

82 데일 카네기, 〈나의 멘토, 링컨〉, 이인석 옮김, 리베르, 2010, p. 414.

83 마리루이제 폰 프란츠, 앞의 책, pp. 203~204 참조.

84 에릭 애크로이드, 〈꿈 상징 사전〉, 김병준 옮김, 한국심리치료연구소, 1997, p. 275.

85 제럴드 에덜먼, 〈뇌는 하늘보다 넓다: 의식이라는 놀라운 재능〉, 김한영 옮김,

해나무, 2006, pp. 103~111 참조.

86   조지프 르두, 〈불안: 불안과 공포의 뇌과학〉, 임지원 옮김, 인벤션, 2017, pp. 252~253 참조; 강봉균·강웅구·권준수·김경진·김은준·김종성·신희섭·전중환·정수영, 〈뇌 Brain〉, 재단법인 카오스 기획, 휴머니스트, 2016, p. 92.

87   에릭 캔들·래리 스콰이어, 〈기억의 비밀: 정신부터 분자까지〉, 전대호 옮김, 해나무, 2016, pp. 357~365 참조.

88   슈테판 클라인, 앞의 책, pp. 178~179 참조.

5부 꿈의 해석을 위한 접근 방법

1   지그문트 프로이트, 〈꿈의 해석〉, pp. 123~132.

2   위의 책, pp. 126~142.

3   릴리 바이스, 〈정신치료에서의 꿈분석〉, 김종주 옮김, 하나의학사, 1987, p. 166.

4   스테이스 마이클스, 〈무의식의 보고 꿈〉, 최현배·김영경 옮김, 학지사, 2007, p. 195.

5   윌리엄 돔호프, 〈꿈의 과학적 탐구〉, 유미숙·이세연·백소윤 옮김, 시그마프레스, 2011, pp. 68~69.

6   카를 융, 〈무의식 분석〉, p. 245.

7   이부영, 〈분석심리학 이야기〉, 집문당, 2014, p. 130 참조.

8   이부영, 〈분석심리학〉, 일조각, 1998, pp. 200~201 참조.

9   카를 융, 〈꿈의 분석〉, 정명진 옮김, 부글북스, 2016, pp. 34~38 참조.

10   Medard Boss, "*I Dreamt Last Night* …": *A New Approach to the Revelations of Dreaming and Its Uses in Psychotherapy*, trans. Stephen Conway, Gardner Press, 1977, pp. 31~32 참조.

11   프리츠 펄스, 〈펄스의 게슈탈트 심리치료〉, 최한나·변상조 옮김, 학지사, 2013, pp. 260~261 참조.

12   루시 구디슨, 〈여자들의 꿈: 마음을 여는 여행〉, 김인성 옮김, 또 하나의 문화, 1997, pp. 50~51 참조.

13   피오나 스타·조니 주커, 〈꿈: 제발 날 깨우지 말아줘!〉, 남경태 옮김, 휴머니스트, 2003, p. 90.

14   프리츠 펄스, 앞의 책, pp. 267~270.

15   위의 책, pp. 261 참조.

16 앤 패러데이, 〈정신치료와 꿈의 힘: 꿈에 관한 과학적인 연구와 심층심리학적인 이해〉, 정성철 옮김, 나들목, 2017, pp. 190~191.

17 위의 책, pp. 185~187 참조.

18 위의 책, p. 289 참조.

19 루시 구디슨, 앞의 책, pp. 51~52 참조.

20 위의 책, 참조.

21 송민령, 〈송민령의 뇌과학 연구소: 세상과 소통하는 뇌과학 이야기〉, 동아시아, 2017, p. 55.

22 Medard Boss, *op. cit.*, p. 144.

23 *Ibid.*, pp. 144~147 참조.

24 *Ibid*, pp. 147.

25 *Ibid*, pp. 147~150 참조.

26 *Ibid*, pp. 162.

27 *Ibid*, pp. 162~174 참조.

28 믹 쿠퍼, 〈실존치료〉, 신성만·가요한·김은미 옮김, 학지사, 2014, p. 110 참조.

29 제럴드 에덜먼, 〈뇌는 하늘보다 넓다: 의식이라는 놀라운 재능〉, 김한영 옮김, 해나무, 2006, pp. 103~111; 조지프 르두, 〈불안: 불안과 공포의 뇌과학〉, 임지원 옮김, 인벤션, 2017, pp. 252~253 참조; 강봉균·강웅구·권준수·김경진·김은준·김종성·신희섭·전중환·정수영, 〈뇌 Brain〉, 재단법인 카오스 기획, 휴머니스트, 2016, p. 92 참조.

30 베레나 카스트, 〈꿈: 당신을 변화시키는 무의식의 힘〉, 원석영 옮김, 프로네시스, 2007, p. 50 참조.

31 위의 책, pp. 41~42.

32 위의 책, pp. 42~43 참조.

33 위의 책, pp. 42 참조.

34 앤드루 새뮤얼스, 〈C. G. 융과 후기 융 학파〉, 한국심리치료연구소, 2012, p. 506.

35 베레나 카스트, 앞의 책, p. 123.

36 스캇 펙, 〈아직도 가야 할 길: 그 길에서의 명상〉, 최미양 옮김, 율리시즈, 2011, pp. 270~271 참조.

37 카를 융, 〈기억 꿈 사상〉, 조성기 옮김, 김영사, 2007, pp. 536~539 참조.

38 로버트 루이스 스티븐슨, 〈지킬 박사와 하이드 씨: 신의 영역에 도전한 어느 지식인의 비극〉, 마도경 옮김, 대교북스캔, 2008, p. 147.

39 낸시 맥윌리엄스, 〈정신분석적 진단: 성격 구조의 이해〉, 이기련 옮김, 학지사, 2018, p. 449.

40 베레나 카스트, 앞의 책, pp. 73~74.

41 위의 책, pp. 73 참조.

42 스테이스 마이클스, 앞의 책, p. 17.

43 위의 책, pp. 18~19.

44 앤 패러데이, 앞의 책, pp. 140~141.

45 위의 책, p. 141.

46 위의 책, p. 145.

47 진사원, 〈몽점일지〉, 김재두 옮김, 은행나무, 2008, p. 520.

48 윌리엄 디멘트, 〈수면의 약속〉, 김태 옮김, 넥서스BOOKS, 2007, p. 114 참조.

49 홍순래, 〈태몽〉, 어문학사, 2012, p. 69.

50 위의 책, p. 144.

51 김정희 · 이호영, 〈꿈을 읽다: 꿈에 대한 궁금하고 쓸모 있는 이야기〉, 책읽는 귀족, 2017, p. 248 참조.

52 프레이저 보아, 〈융 학파의 꿈해석〉, 박현순 · 이창인 옮김, 학지사, 2004, p. 108.

53 리처드 파인만, 〈파인만 씨, 농담도 잘하시네 1〉, 김희봉 옮김, 사이언스북스, 2000, pp. 65~66.

54 안드레아 록, 〈꿈꾸는 뇌의 비밀〉, 윤상운 옮김, 지식의숲, 2006, pp. 187~188; Ole Vedfelt, *A Guide to the World of Dreams*, Routledge, 2017 p. 161~162. 원전은 Ernest Hartmann, *Dreams and Nightmares*, Plenum, 1998이다.

55 스테이스 마이클스, 앞의 책, p. 195.

56 스캇 펙, 앞의 책, pp. 269~274 참조.

57 수 앳킨슨, 〈우울의 심리학: 누구나 겪을 수 있는 우울증에 관한 심리 치유 보고서〉, 김상문 옮김, SJ소울, 2010, p. 278.

58 김정희 · 이호영, 앞의 책, pp. 248~249 참조.

59 마리루이제 폰 프란츠, 〈꿈과 죽음: 죽어가는 사람의 꿈은 우리에게 무엇을 말하는가〉, 한오수 옮김, 한국융연구원, 2017, pp. 117~118 참조.

60 믹 쿠퍼, 앞의 책, p. 104 참조.

61 데이비드 로즌, 〈우울증 거듭나기〉, 이도희 옮김, 학지사, 2009, pp. 211~212.

62 위의 책, pp. 212~213 참조.

63 위의 책, pp. 213~214 참조.

64 위의 책, 참조.

65 루시 구디슨, 앞의 책, pp. 53~54 참조.

66 스테이스 마이클스, 앞의 책, p. 192.

67 위의 책, pp. 192~193.

68 앤 패러데이, 앞의 책, p. 144 참조.

69 위의 책.

70 위의 책, pp. 172~173 참조.

71 위의 책, p. 165.

72 위의 책, p. 165 참조.

73 베레나 카스트, 앞의 책, p. 123 참조.

74 카를 융, 〈꿈의 분석〉, pp. 36~37.

75 알프레드 아들러, 〈아들러의 인간이해: 세 가지 키워드로 읽는 아들러 심리학〉, 홍혜경 옮김, 을유문화사, 2018, pp. 148~149 참조.

76 데일 카네기, 〈나의 멘토, 링컨〉, 이인석 옮김, 리베르, 2010, p. 414.

77 슈테판 클라인, 〈안녕하세요, 시간입니다: 심리학과 뇌과학이 파헤친 시간의 비밀〉, 유영미 옮김, 뜨인돌, 2017, p. 113 참조.